一本书读懂
世界历史和中国历史

张琦　主编

中国华侨出版社

图书在版编目 (CIP) 数据

一本书读懂世界历史和中国历史 / 张琦主编 . — 北京：中国华侨出版社，2016.9
ISBN 978-7-5113-6288-9

Ⅰ.①—… Ⅱ.①张… Ⅲ.①世界史—通俗读物②中国历史—通俗读物 Ⅳ.
① K109 ② K209

中国版本图书馆 CIP 数据核字 (2016) 第 216394 号

一本书读懂世界历史和中国历史

主　　编：张　琦
出 版 人：方　鸣
责任编辑：江　冰
封面设计：彼　岸
文字编辑：杨　君
美术编辑：吴秀侠
经　　销：新华书店
开　　本：720mm×1020mm　1/16　印张：28　字数：520 千字
印　　刷：德富泰（唐山）印务有限公司
版　　次：2016 年 9 月第 1 版　2021 年 4 月第 4 次印刷
书　　号：ISBN 978-7-5113-6288-9
定　　价：75.00 元

中国华侨出版社　北京市朝阳区西坝河东里 77 号楼底商 5 号　邮编：100028
法律顾问：陈鹰律师事务所
发 行 部：（010）88893001　　　传　　真：（010）62707370

如果发现印装质量问题，影响阅读，请与印刷厂联系调换。

前言
PREFACE

　　在较短时间内全面掌握尽可能多的历史知识，是古往今来无数人的梦想与追求，也是中华民族一脉相承、历史悠久的一个优良传统。仅以中国为例，从第一部纪传体通史《史记》的诞生到张居正向万历皇帝上图文并茂的《帝鉴图说》，从司马光呕心沥血编撰编年体巨著《资治通鉴》到吴乘权等著述《纲鉴易知录》，中国近代史家更是创造了成熟的通史体例，其间无一不是将多如恒河沙数的历史事实予以压缩、整合、编辑，无一不渗透着速读的精神。我们编写的这部《一本书读懂世界历史和中国历史》也正是继承和发扬这种速读理念的。当然，为了适应当代读者的需求，满足更高层次的阅读需要，编者还在如下方面进行了一些创新和开拓。

　　一、编写体例科学简明。在吸收借鉴通史体例精华的同时，特别增设了"大事年表""重大成就""主要人物"等栏目，多角度、多层面地解读历史，将关键知识点一一展现给读者，使之能在较短时间内对历史的全貌有一个清晰的认识和把握。

　　二、文字凝练。为了在有限的篇幅内勾勒出历史的大致轮廓并使之尽可能丰满起来，本书精心斟酌文字，力避生涩艰深，力求晓畅易懂，以使读者理解和接受。如此，凝练的文字和适中的篇幅相结合，必将大大节省读者的宝贵时间。

　　三、图文配合。由于时代变迁和文化差异等原因，历史对当代人而言无疑会有一种隔膜感。而具象的图片能够消除这种隔膜，拉近读者和历史的距离，多角度、全方位地再现不同历史时期的社会风貌、人文精神，且能弥补文字叙述无法言传之缺憾。本书精选数百幅精美图片，内容包括历史遗迹照片、名人画像、历史名画、珍贵文物照片、自然风光、手绘地图等，本身即具有丰富的内涵、高度的典型性和强烈的视觉冲击力，加以精心组织以后，构成一个形象具体的"图片史"，必将大大深化读者对历史的认识。

四、版式创新精美。在追求精美的同时，我们还对版式进行了精心的创新。力图将图与文、历史与现实、严肃与活泼等相辅相成或对立统一的元素有机结合起来，架构一部井然有序、内容丰富充实的大历史，使读者能够轻松阅读，提高学习效率，以满足其在较短时间内全面掌握尽可能多的历史知识的初衷，而且，这种满足必将在一种轻松愉悦的氛围中达成！

如此，本书通过编写体例、文字、图文配合和版式设计的有机结合，使一部宏大的历史浓缩于很小的篇幅内，使读者仿佛置身于回归历史的时空隧道中。在这里，历史人物栩栩如生，古代文明色彩斑斓，人类生活真切鲜活，历史事件宛然在目！

目录
CONTENTS

◎ 世界历史篇 ◎

第二章　古典文明的辉煌与终结

第三章　东方占据优势的时代

第六章　资本主义时代的来临

第七章　两次世界大战

中国历史篇

第一章　中央的中国

第二章　东方的中国

三国鼎立——魏蜀吴

世界
历史篇

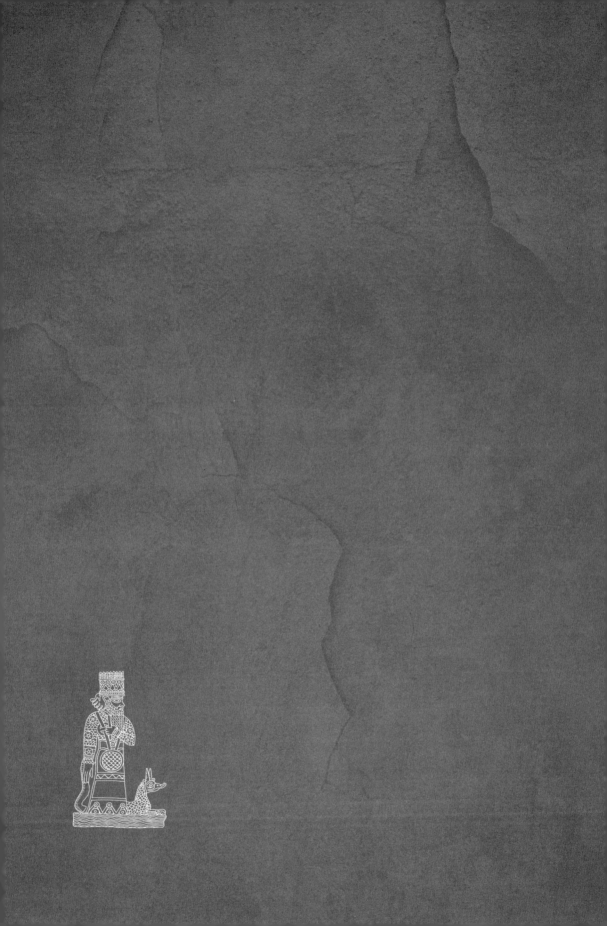

第一章

文明的曙光

人类最初的文明中心，大都出现在大河流域，
因为那里有充足的水源和肥沃的土地。
美索不达米亚平原（古巴比伦一带）的两河流域、
埃及的尼罗河流域、
中国的黄河流域以及古印度的印度河流域，
这四个国家和地区创造了人类早期文明，
所以它们今天被称为"四大文明古国"。
稍晚一些时候，古希腊文明出现了，古希腊文明深刻地
影响了欧洲历史，进而影响了人类社会。

↑金字塔及狮身人面像

重大成就

◆ 金字塔的修建。
◆ 出现最早的太阳历。
◆ 出现象形文字。
◆ 数学上的成就。

尼罗河的赠礼
——埃及文明

古王国时期

古代埃及文明始于公元前4000年左右，其地理位置基本上相当于今日的埃及。埃及全境处于漫漫黄沙之中，只有尼罗河从南到北贯穿其间，埃及大约有95%的居民集中在尼罗河两岸。尼罗河由发源于非洲中部布隆迪的白尼罗河与发源于苏丹的青尼罗河汇合而成，途中流经森林和草原地带，富含丰富的腐殖质，每年7月至11月定期泛滥，在河岸两侧沉积成肥沃的黑土地。尼罗河这种少有的特点，使尼罗河谷成为埃及的粮仓，所以古人说："埃及是尼罗河的赠礼。"

埃及文明的创造者是讲哈姆语的北非土著与讲塞姆语的来自西亚的人种融合而成的，语言属哈姆－塞姆语系。从古代埃及留下来的大量文物可以看出，现代埃及人的身体特征与古代埃及人极为相似，这一点是由于埃及在地理位置上的优越性所致。埃及西面是撒哈拉沙漠，东面是阿拉伯沙漠，南部是努比亚沙漠和瀑布，北面是地中海，这样的天然屏障使埃及人流动性小。

早在公元前6000—前5000年，埃及的农业就已相当发达，并使用铜器。经过长期的发展，埃及形成了两个独立的王国：一个王国位于尼罗河盆地的南部，称为"上埃及"；另一个占有尼罗河盆地的北部和三角洲，称为"下埃及"。在公元前3100年左右，上埃及的国王美尼斯征服了下埃及，统一埃及，创建了所谓的第一王朝。此后，到希腊人征服埃及之前，埃及共经历了31个王朝更迭。其中，公元前3100—前2686年，称为早王朝时期，包括31个王朝中的第一至第二王朝；第三至第六王朝称为古王国时期，时间为约公元前2686—前2181年。

美尼斯在统一埃及后，在下埃及三角洲地区建立孟斐斯作为都城，创立了世袭的专制王朝。

◆大事年表◆

● 公元前4000年左右
埃及文明开始形成
● 公元前3100年左右
美尼斯统一埃及，建都孟斐斯，开始第一王朝
● 公元前2900年左右
胡夫金字塔开始建造
● 公元前2181年
埃及古王国时期结束，进入第一中间期

埃及的国王称为"法老"，意为"住在宫殿里的人"。法老是被神化了的统治者，拥有至高无上的权力。埃及全国的土地，在名义上都属于法老。法老下设宰相和大臣，主管司法、行政、经济和宗教事务，他们对法老负责。法老还是军队的最高统帅、司法领域的终审法官。法老是集军、政、法大权于一身的极端专制君主。

古王国时期是古代埃及奴隶制经济得到重大发展的时期。水利灌溉系统的发展，使得农业生产大大进步，加上尼罗河两岸本就很肥沃的土地，农业产品的剩余足以供给庞大的统治阶级和手工业者。手工业门类已经相当繁多，主要有建筑、采矿、冶金和金属加工、造船、酿酒、纺织等。在公元前2900年左右，埃及人已经知道铸造比较坚硬的青铜器。国内外贸易也开展起来，但这时还没有货币，还停留在物物交换的层次。对外贸易则控制在国家手中，并常常伴有对外掠夺。

古王国时期开始修建金字塔，而且最大的胡夫金字塔也建于此时，故古王国时期亦称金字塔时期。金字塔是古代埃及法老的坟墓，因其形状很像中国的汉字"金"字，所以中国人称之为"金字塔"。在尼罗河下游的平原上，矗立着许多高大的金字塔，其中最大的一座是法老胡夫的金字塔，建于公元前2900年左右。这座金字塔位于今开罗西郊的吉萨地区，用230万块花岗岩砌成，平均每块重2.5吨，塔每边长230米，高147米，但历经4800多年的风吹雨打后，现每边长225米，高138米。直到1889年法国的埃菲尔铁塔建成之前，胡夫金字塔一直是世界上最高的建筑。胡夫金字塔旁还有两座金字塔，分别为哈佛拉和孟卡拉两位法老

↓尼罗河是埃及的生命线，两岸靠近沙漠的地方是绿色的文明带。人们乘坐芦苇船沿着繁忙的河流上下穿梭。

的金字塔。在哈佛拉金字塔前有著名的狮身人面像（斯芬克斯），高 20 米，长 50 米，用一整块花岗岩雕成，已经存在了 4700 多年。

金字塔是古代埃及文明的象征，是古埃及人民智慧的结晶。但金字塔的修建加重了人民的负担，耗费了国家的人力和财力，深化了国内的各种矛盾。

古王国末期，王权衰落，地方贵族势力增长，古王国统一局面不复存在，埃及陷入混乱的局面，进入第一中间期。

▌中王国时期

古王国瓦解后，君主专制不再存在，埃及分裂为诸多小邦，彼此混战不休。这种局面持续了百余年，史称"第一中间期"。混战的结果，是相互兼并，最后只剩下几个势力较大的邦国。

兴起于埃及南部的底比斯建立了第十一王朝，经过长期的斗争，重新统一了埃及，开始了埃及的中王国时期（公元前 2040—前 1786 年）。中王国时期的埃及，定都于底比斯，主要崇拜的神也由太阳神"拉神"变为"阿蒙神"。

中王国时期统一局面的建立者是第十一王朝中期的孟图霍特普二世。他即位伊始便致力于加强王权，削弱地方权力。但贵族的势力十分强大，经过古王国末期及第一中间期的鲸吞兼并，已经发展成强大的地方势力，渐成尾大不掉之势，新的王权还不能有效地控制到他们。况且，古王国时期的君权神授理论已经破产，新的理论尚未建立，于是地方贵族拥兵自重，并不甘心受中央王权的制约。

第十二王朝的建立者阿美涅姆赫特一世上台后，采取打击贵族势力和加强王权的政策，这一政策经过几代人的努力，颇见成效，地方势力受到沉重打击，君主专制逐渐强化起来，王权强化后，国力渐强，遂进行向外扩张，尤其是针对南方努比亚地区。

国家的重新统一，使埃及的社会经济得以发展，水利灌溉系统得到进一步发展，开拓了许多新的良田。手工业方面，青铜器的使用更为普遍。最引人注目的事件，当属沟通地中海与红海之间地峡的开凿，这一运河是苏伊士运河的前身，但比后者早了3700多年。埃及商船从此便可从地中海驶入尼罗河口，之后进入红海，再远航到达印度洋。中王国时期的埃及与巴比伦建立了商业联系，同地中海中克里特岛的商业关系也进一步扩大。

中王国时期与古王国时期的一个重大的不同之处在于：古王国的君主专制主要依靠旧的氏族贵族专政，而中王国时期则主要依靠地方新兴的奴隶主贵族专政。原因在于所谓"涅杰斯"的兴起。"涅杰斯"意为"小人"，指那些并非氏族贵族的平民阶级。这些原本并非贵族的平民，在社会经济的发展中实力不断增强，最后当然产生政治上的要求。"涅杰斯"的出现是中王国时期埃及社会经济发展的一个重要现象。

中王国时期的繁荣不过是昙花一现，奴隶制经济

◆ 大事年表 ◆

● 公元前 2040 年左右
第十一王朝兴起，重新统一了埃及，埃及进入中王国时期

● 公元前 19 世纪
埃及人开凿了沟通地中海（尼罗河口）与红海的地峡

● 公元前 18 世纪初
中王国时期结束，埃及进入第二中间期

重大成就

◆ 沟通地中海和红海之间地峡的开凿，这是苏伊士运河的前身。

↓ **木乃伊金棺**
埃及法老的木乃伊就存放在这种豪华的金棺中。

↑ 埃及国王的黄金宝座

⌘ 主要人物 ⌘

孟图霍特普二世：第十一王朝埃及法老，建立中王国时期的统一局面。

阿美涅姆赫特一世：第十二王朝埃及法老，采取打击贵族势力和加强王权的政策。

的发展使得整个社会的贫富差距不断扩大，涅杰斯兴起了，同时大量的居民破产、贫困化，甚至沦为奴隶。统治者也并非精诚团结，王室内部争权夺势，宫廷之中矛盾重重。这些问题加在一起，便把中王国导向衰落。第十三王朝时，埃及再度陷入四分五裂的状态，进入了第二中间期（第十三王朝至第十七王朝）。

▌新王国时期

进入第二中间期的埃及，不仅自己四分五裂、混乱不堪，而且还受到喜克索斯人的入侵和统治，可谓内忧外患并存。喜克索斯人主要是塞姆族的游牧部落，最初可能在今叙利亚及巴勒斯坦一带，后大概由于牧场受干旱的影响，故入侵埃及水草丰美之地。由于埃及的统一已不复存在，所以喜克索斯人得以渐次入侵并站稳了脚，进而建立起统治政权。需强调的是，这种入侵并非短期内大规模的侵略，而是长期渐进式的渗透。喜克索斯人开始入侵埃及大约是在公元前1750年，此时埃及进入第二中间期已经三十几年了。喜克索斯人靠着战马打败了只会用步兵作战的埃及人，占领了尼罗河盆地的北部，建立起政权，统治了大约140年。

在喜克索斯人统治时期内，埃及人从未停止过反抗，他们逐渐学会了用马和战车，并在反抗外族的斗争中团结起来。大约在公元前16世纪中期，他们推翻了喜克索斯人的统治，逐走了侵略者，埃及进入了新王国时期，重新获得了独立和统一。

由于反喜克索斯人的斗争，民族主义得到发展，地方势力衰落，法老们的统治也前所未有地得到巩固。埃及在不断的向外扩张过程中，由一个地域王国变成一个大帝国。帝国的建立始于图特摩斯一世，至图特摩斯三世时达到版图最大。图特摩斯三世在叙利亚获得了统治权，使巴比伦和亚述大为震惊，纷纷与其建立友好关系。在埃及南部，埃及的统治范围达到尼罗河第四瀑布以外。

在新王国时期，埃及的社会经济得到了重大的发展，各种手工业和冶金、纺织、玻璃制造等行业都有很大的发展。特别值得一提的是建筑业，底比斯附近的阿蒙神庙即是在新王国时期建造的。整个神庙占地 500 余亩，正殿用 136 根巨大的石柱构成，中间有最大的 12 根巨柱，高约 21 米，柱的顶端可站 100 人。

新王国时期最著名的事件当属埃赫那吞改革。埃赫那吞即是法老阿蒙霍特普四世（公元前 1379—前 1362 年在位）。改革的原因要从头说起，在新王国时期王权仍然和神权结合在一起，王权获得神权的保佑，神权得到王权的认可。掌握神权的祭司阶层的力量不断强大起来，对王权构成威胁。当时埃及人信奉多神教，但"阿蒙"神是主神，因而阿蒙神庙不仅掌握神权，而且在经济和政治上的实力也最为雄厚，成为仅次于法老的大地主、大奴隶主。掌握神权的祭司阶层实力不断增长，进而产生了政治上的野心。他们或与地方贵族相联合，或与王权联合对付地方贵族，从中渔利。最终当神权要危及甚至操纵王权的时候，法老就不得不采取措施来限制祭司阶层的膨胀。阿蒙霍特普四世（即埃赫那吞）即采取措施来改变这种局面，他的办法是，一方面用阿吞神来代替阿蒙神，另一方面用一神教来代替多神教。同时他还建立新都阿马尔那，没收阿蒙神庙的财产。但这一改革终因反对派势力强大而归于失败，埃赫那吞死后，他的继承者重新把首都迁回底比斯，恢复了对阿蒙神的信仰，归还了没收来的财产。但埃赫那吞改革有一重大意义，便是人类历史上首次提出一神教的思想。一神教思想是人类文明从低级、分散形态走向高级、集中形态的一个重要标志。

埃赫那吞忙于国内改革，无暇顾及西亚地区的问题，在此期间，西亚的霸主是赫梯，于是埃及与赫梯在叙利亚、巴勒斯坦的争夺便不可避免。在法老拉美西斯二世（公元前 1303—前 1213 年）时期，双方的冲突达于顶点，最终导致了卡迭石会战之后的两败俱伤。两国于公元前 1283 年缔结和约，标志着近一个世纪争霸的结束。

穷兵黩武的结果，是国力的衰弱，争霸结束不久，赫梯被"海上民族"所肢解；埃及虽然顶住了"海上民族"的侵略，却也从此一蹶不振，再也无法恢复元气。至公元前 12 世纪中叶，埃及国力大为衰落，周边民族不断入侵，终于在公元前 1085 年，第二十王朝结束，新王国时期也因此结束，埃及进入后王朝时期。

→ 王权的守护神何露斯像

美索不达米亚

——古代两河文明

苏美尔城邦、阿卡德王国和古巴比伦王国

"美索不达米亚"是古希腊语，意指"两河之间的地方"，所以也称为两河流域。这两河便是发源于土耳其的底格里斯河和幼发拉底河。古代，两河流域分南、北两部分，南部称巴比伦，北部称亚述；巴比伦又分南、北两部分，南部称苏美尔，北部称阿卡德。

最早的美索不达米亚文明的创建者是苏美尔人，他们利用两河的河水，创建了第一个文明。到公元前3000年时，苏美尔地区出现了一系列独立的城市国家。各城市国家为争夺霸权连年征战，大大削弱了它们的实力。在公元前24世纪，来自南部的闪米特人征服了它们。闪米特人的领袖是著名的萨尔贡，他以阿卡德为基地，征服了苏美尔地区的诸城市国家，建立了一个从波斯湾到地中海的庞大帝国。他自称"沙鲁金"（阿卡德语"天下四方之王"），建立了中央集权统治，铭文说："他使全国只有一张嘴。"

↑阿卡德君王的青铜头像
精心编成辫子的头发和卷曲的胡子勾勒出这位阿卡德君王的英俊形象。

重大成就

◆ 中央集权制度的实行：神权和王权的结合，开创了人类政治制度的新篇章。

◆ 货币的使用：特别是用银作为货币，表明当时的经济已经比较发达。

◆ 文字的发明：楔形文字是世界上最古老的文字之一，标志着人类进入文明时代。

◆ 历法的制定：苏美尔人根据月亮运行的规律制定了历法。

◆ 数学知识：苏美尔人和巴比伦人发明了十进制和六十进制；古巴比伦数学家已经能进行四则运算，能解多元方程组；能够计算三角形、长方形和梯形的面积。

◆ 颁布《汉谟拉比法典》。

阿卡德王国并不长寿；来自东北部山区的库提人打败了萨尔贡的孙子，毁灭了阿卡德王国。但库提人并没有建立统一的国家，于是苏美尔各城邦逐渐复兴。乌尔城邦崛起后，赶走了库提人，乌尔

↑**汉谟拉比头像**

公元前第二个千年间在位的伟大的古巴比伦国王，曾将整个美索不达米亚都置于他的统治之下。

主要人物

萨尔贡（约公元前2371—前2316年）：阿卡德国王，第一次统一两河流域。

乌尔纳木（约公元前2113—前2096年）：乌尔王，驱走库提人，建立乌尔第三王朝，颁布世界上第一部法典——《乌尔纳木法典》。

汉谟拉比（约公元前1792—前1750年）：统一两河流域，建立起古巴比伦王国，颁布《汉谟拉比法典》。

王乌尔纳木建立起乌尔第三王朝（乌尔第一、第二王朝存在于苏美尔早王朝时期），这大约是在公元前2113年。乌尔第三王朝时期，中央集权大大加强。乌尔纳木颁布了现今所知世界上第一部法典——《乌尔纳木法典》。约公元前2029—前2006年，东南面的埃兰人和西面的阿莫里特人入侵两河流域，乌尔第三王朝灭亡，两河流域又陷入诸邦分立的局面。

埃兰人在入侵后旋即退回东方山地，而阿莫里特人定居下来，接受了苏美尔－阿卡德文化。阿莫里特人建立起一系列国家，这些国家和以前一样，为争夺两河流域的统治权连年混战。

巴比伦位于幼发拉底河中游，是西亚贸易要冲。巴比伦城市出现较早，但作为一个城邦大约是公元前1894年由阿莫里特人建立的。到巴比伦国王汉谟拉比时期，经过连年征战，建立起巴比伦帝国。汉谟拉比建立起中央集权制度，并宣扬君权神授，自称"众神之王"，王权和神权趋于统一。和他的前辈一样，汉谟拉比建立的王国并不稳固，奴隶暴动此起彼伏，外族频频入侵。在内外交困的情势下，古巴比伦王国在约公元前1595年被北方入侵的赫梯人消灭。

在苏美尔城邦时期，神庙是经济的中心。神庙拥有大量的土地，这些土地是城邦国有的财产。神庙经济内部分工细密，有农业、畜牧业和捕鱼业，还控制了手工业和商业。后来随着王权的强化，神庙地产逐渐演变为王室地产。乌尔第三王朝时，青铜器进一步使用，水利灌溉设施进一步完善，农业工具中出现了带有播种器的犁。国王直接控制全国3/5以上的土地。白银已成为公认的货币。到了古巴比伦王国时期，国王把王室土地交给对王室负有不同义务者经营。土地私有制

↑ 苏美尔泥板

这块图文相结合的泥板残片记述的是一些算术题，写于公元前 1700 年。

已经相当发达，并且出现了租赁制和雇佣制。

在阿卡德王国时期，建立起了中央集权统治，但当时的中央集权还不完备；此后经乌尔第三王朝与巴比伦王国时期的发展，到汉谟拉比时代最为完备。汉谟拉比时代，不仅地方上有国王派去的总督，甚至连低级官吏都由国王钦定。

苏美尔 – 巴比伦文明时代，产品已经很丰富。农业上最重要的产品是大麦和椰枣，大麦酒是人们喜爱的饮料，椰枣是主要的食物。蔬菜有蚕豆、豌豆、大蒜、洋葱、萝卜和黄瓜；水果有甜瓜、石榴、无花果和苹果。羊毛是主要的纺织纤维。手工业也很发达，在青铜器、金银工艺品和铜器的铸造上已经达到了很高的技术水平。

▎亚述

在公元前 3000 年左右，即略晚于塞姆族的阿卡德人定居于美索不达米亚中部时，另有一支塞姆族的部族也迁徙到底格里斯河上游。他们以亚述城为中心发展起来，故称为亚述人。亚述人所在的区域，原是美索不达米亚北部的一片高地。此处对两河流域而言居高临下，而且气候干燥，有一定的草地，故亚述人主要以畜牧和狩猎为生，农业不甚发达。

亚述的历史分为早期亚述、中期亚述和亚述帝国，亚述帝国是其历史上最强盛的时期。（本节只谈早期亚述和中期亚述；至于亚述帝国，在后面第二章详细介绍。）

早期亚述时期（约公元前 3000—前 1500 年），亚述城邦实行与苏美尔类似的制度，有贵族会议和国王，但王权直到阿卡德时期才逐渐强大。早期亚述时期，亚述的商业贸易相当发达，它同小亚细亚、叙利亚、南部美索不达米亚、亚美尼亚等地有商业联系，并在小亚细亚建立了若干商业殖民地。亚述的一些城市，如尼尼微、亚述城和阿尔贝拉等都靠贸易变得富有起来。在文化上，亚述人多受苏美尔人、阿卡德人、赫梯人及胡里安人的影响。他们从苏美尔人那里学得历法、农业技术和工艺，并用苏美尔人的"楔形文字"来拼写他们自己的语言，在建筑和军事技术方面则效法赫梯人。

> ### 主要人物
>
> **沙马什阿达德一世（公元前 1815—前 1783 年）**：亚述国王，其在位时亚述开始了向外扩张的历史。
> **提格拉特帕拉沙尔一世（公元前 1115—前 1077 年）**：亚述国王，其在位时亚述国势最为强盛。

> ### 重大成就
>
> ◆ 冶铁技术的发明和使用，是西亚地区最早发明冶铁术的国家。
> ◆《赫梯法典》的制定。
> ◆ 赫梯是埃及文明、两河流域文明和爱琴海地区文明沟通的桥梁。

两河流域是诸多城邦及定居部族与游牧部族之间的角逐之地，在历史上，征服者与被征服者更迭频仍。早期亚述时期，它多受苏美尔人、阿卡德人、阿摩利人、赫梯人、喀西特（加喜特）人、胡里安人所制，所幸得以保持其独立状态。

到国王沙马什阿达德一世（公元前 1815—前 1783 年在位）时，开始向外扩张，埃什努那、马里等城邦都表示臣服，就连汉谟拉比早年亦向亚述表示归顺。沙马什阿达德一世以后，亚述的势力渐衰。公元前 16 世纪，胡里安人在两河流域北部建立了米坦尼王国，亚述受其压制百余年。后来米坦尼因遭赫梯打击而衰落，亚述人乘机复兴，从此进入中期亚述时期（约公元前 1500—前 900 年）。

中期亚述时期，亚述的王权加强了，已实行君主专制统治，国王任免官吏，贵族会议失去作用，产生了由国家供养的常备军。这个时期的《中期亚述法典》反映了亚述社

→ **亚述军队步兵像**
这个亚述步兵身穿铁制铠甲，手持长矛，右手握一个带有彩色花纹的盾牌。

↑亚述人喜欢狩猎，此类与雄狮竞斗的浮雕在亚述宫墙非常流行。

会已发展到和巴比伦同样的水平。国王提格拉特帕拉沙尔一世（公元前1115—前1077年）在位时，亚述国势最为强盛，他率军劫掠小亚细亚一带，追亡逐北，一直达到黑海之滨，在西面还曾远征过腓尼基。然而好景不长，由于阿拉美亚人的打击，国势被严重削弱。

在长期的边疆冲突中，亚述人形成了一种尚武的精神，锐意发展军事，后从喀西特（加喜特）人那里学会使用马和战车，从赫梯人处学得冶铁之术，更加如虎添翼，这为其后来的穷兵黩武埋下了伏笔。

◆ 大事年表 ◆

● 公元前3000年
亚述城建立，开始了亚述的历史

● 公元前15世纪
亚述人打败米坦尼，得以复兴

● 公元前12世纪末
亚述国势最为强盛

赫梯

在古代亚洲西部那片广大地区内，东起伊朗高原，西至小亚细亚，杂居着许多原始部落。当两河流域和埃及的居民迈入文明的门槛时，那些部落还十分落后。古代历史上，最初以武力建立帝国的，便是赫梯人。

赫梯国家是由讲哈梯语的哈梯人和公元前2000年迁来的讲涅西特语（属印欧语系）的涅西特人共同创造的。赫梯国家形成于公元前19世纪，初时只是一系列小国，并不统一，到古巴比伦后期逐渐强盛。拉巴尔纳二世在位时，正式使用"赫梯"作为整个赫梯人的国家之名称。其继承者穆尔西里一世于公元前1595年灭古巴比伦王国，饱掠而归。赫梯因哈什尔与穆尔西里两人的征伐，成为当时近东地区的一个大国。

穆尔西里一世死于宫廷阴谋，赫梯即陷入王位之争。公元前16世纪后期，赫梯国王铁列平进行了改革。铁列平改革是赫梯历史上的一件大事，使赫梯的王权得以强化。铁列平确定了王位继承的原则：首先由长子继承；如长子不在，则由次子继承，依次排列；如无子，则由女婿继承。这一改革调整了王室内部的关系，巩固了王权，使赫梯国势日盛。

公元前15世纪末至公元前13世纪中叶，是赫梯王国最强盛的时期。此间，赫梯人摧毁了米坦尼王国，并趁埃及法老埃赫那吞改革之机，染指埃及在叙利亚的领地。埃及第十九王朝的法老们，都与赫梯交过手。在埃及法老拉美西斯二世在位期间，赫梯国王穆瓦塔鲁与其战于卡迭石城下，史称"卡迭石会战"。经此一役，双方均损失惨重，结果于公元前1283年（一说公元前1296年），赫梯国王与埃及法老罢兵言和。他们当年缔结的和约原本，至今尚存。公元前13世纪末，"海上民族"席卷地中海东部地区，赫梯被肢解；公元前8世纪，赫梯王国的残余被亚述所灭。

↑赫梯人的战车模型
这种战车广泛地被其他中东国家仿制，数个世纪里它在交战中起到决定性作用。

> **◆ 大事年表 ◆**
> ● 公元前19世纪
> 赫梯国家形成
> ● 公元前16世纪
> 赫梯国王铁列平进行改革，巩固王权
> ● 公元前13世纪
> 与埃及在叙利亚争霸，经卡迭石会战后订立和约

▌腓尼基

腓尼基东倚黎巴嫩山，南邻巴勒斯坦，北连小亚细亚，是地中海东北部狭长的沿海地带。腓尼基人是塞姆人的一支，约在公元前3500年，他们便迁移到这一地区（大约相当于今天的黎巴嫩）。腓尼基人从未形成一个统一的国家，而是形成了许多各自独立的城邦。"腓尼基"在希腊语中是"紫红色"之意，这是因为当地居民潜海捕捉一种海螺，从中取出一种可做染料的紫红颜色。

约从公元前3000年起，在腓尼基相继形成一些城市国家，如乌嘎利特、比布鲁斯、西顿和推罗。各小邦彼此争夺不休，在贸易上又有利害冲突，从未统一。这些城市国家一般都实行贵族政治，国王权力并不很大，受贵族议会约束。自然环境方面，没有平原大河，所以农业和畜牧业都不可能很发达；倒是此地处于古

代东方商路中心，濒临地中海，交通便利，山区所产之林木又适于造船，所以腓尼基人很早就从事航海经商活动。

　　进入文明时代的腓尼基，由于并不统一，所以常常处于外族统治之下。公元前 2000 年，它受控于埃及，公元前 1000 年之后，又相继为亚述帝国、亚历山大帝国所统治。

　　腓尼基的工商业和航海业非常发达。在公元前 2000 年左右，腓尼基就与埃及和克里特岛进行贸易，后又开辟了通往地中海西部的航路，与北非沿地中海地区、西班牙南部地区，以及地中海的许多岛屿都建立了贸易关系。在航海方面，他们甚至越过直布罗陀海峡，南下非洲西海岸，北上不列颠群岛，在古代世界，腓尼基人是最优秀、最勇敢的航海者。

　　伴随着经商和航海过程的是殖民过程。腓尼基人的殖民活动开始于公元前 1000 年前后，他们在塞浦路斯岛、西西里岛、非洲北岸及西班牙南部都建立了殖民地。在这些殖民地中，最重要的是推罗城的殖民者在北非建立的殖民地迦太基。后来这个殖民地发展成地中海的强国，与罗马争雄，对罗马以及整个西方的历史产生了深远的影响。

← **腓尼基商人**
腓尼基人在整个地中海地区买卖谷物、橄榄油、玻璃器皿、紫色布料、雪松木材及其他商品。他们更喜欢边走边卖。

摩亨佐·达罗

——印度文明

哈拉巴文化

　　这里要谈的印度，不是指今天的印度，而是指整个南亚次大陆。印度的北部是喜马拉雅山，东、南、西三面环海，成为一个独特的地区，古代印度文明即在这种条件下诞生。

　　在20世纪20年代之前，人们一直认为印度的古文明是在雅利安人入侵之后才发展起来的。然而1922年考古学家在印度河流域发现了一处文化遗址，这一重大发现推翻了上面错误的观点，把印度的历史向前推进了1000多年。经过数十年的努力，考古工作者把一个面积巨大的文化遗址区呈现在人们的面前，这便是"哈拉巴文化"。

　　哈拉巴文化有两个中心：一个是印度河下游的摩亨佐·达罗，一个是印度河上游的哈拉巴。二者相距500

↑摩亨佐·达罗的舞者

↓摩亨佐·达罗城中的大浴池遗址

↑ 这幅浮雕刻画的是古典印度教诸神中的三大主神：梵天、毗湿奴、湿婆。

◆ 大事年表 ◆

● 公元前 2500 年左右印度河流域出现最初的文明，即哈拉巴文化
● 公元前 1750 年左右哈拉巴文化突然消亡，消亡原因至今不明

多千米，南北对峙，习惯上称为哈拉巴文化。哈拉巴文化的年代范围约为公元前 2500—前 1750 年，它虽然在年代上晚于埃及的古文明和苏美尔的古文明，但却同样是远古时代伟大的文明。

哈拉巴文化已进入文明时期，已经有文字，但文字至今无人破译成功。哈拉巴文化的主要经济部门是农业，种植的农作物种类已经相当丰富；在生产工具上，是铜石并用；在手工业方面，各种金属的手工艺品显示了当时工匠们的技艺水平已经较高，纺织和制陶是重要的部门；在贸易方面，哈拉巴文化已经和两河流域有商业往来。

哈拉巴文化的城市已经很繁荣，不论大城小城，一律由卫城和下城组成。众多城市中较大的只有几处，最大的则为哈拉巴和摩亨佐·达罗。

摩亨佐·达罗古城遗址，有几处是令人感到惊讶的。城呈长方形，周长约 5 千米。卫城是政治中心，筑有高墙和塔楼，内有议事厅，有可供百人同时使用的"大浴池"。下城是居民区，有宽阔的街道，有完备的下水道设施，并有路灯照明。有的民居有浴室和排水设备，有的则只是简单的住房，可见当时贫富分化已很严重。学者们根据公共建筑和粮仓以及遗址的规模对当时的城市人口进行估计，推算出当时哈拉巴和摩亨佐·达罗各有 3 万人口。这在远古时代显然已是繁华的都市了。

哈拉巴文化的创造者显然只能是当时印度的土著，而不可能是雅利安人。但

→在哈拉巴发现的小方印章，上面的文字至今未被解读。

由于哈拉巴文化的文字至今尚未被解读，所以大多数论断都只能是推测。哈拉巴文化延续约六七百年，到公元前1750年左右便突然消亡了。关于消亡的原因，学者们众说纷纭，莫衷一是。有人认为哈拉巴文化的衰亡是地震、泥石流等自然灾害的结果；有人认为是外族入侵使哈拉巴文化归于毁灭；还有人认为是生态环境的恶化导致了哈拉巴文化的衰落。

哈拉巴文化的消失之谜还有待人们破解。

▌吠陀时代

哈拉巴文化消亡以后，印度进入了"吠陀时代"。之所以称为"吠陀时代"，是因为这一时期丰富的传说资料都收集在"吠陀"文献中，因此得名。"吠陀"的意思是"知识"，是长期积累下来的大量文献汇编，共分四部：《梨俱吠陀》《沙摩吠陀》《耶柔吠陀》《阿闼婆吠陀》。其中《梨俱吠陀》出现时期最早，因此它所反映的时期被称为"早期吠陀"（约公元前14世纪—前900年），相应的，其余3部反映的时期称"后期吠陀"（约公元前900—前600年）。

"吠陀"的编纂者们自称"雅利安"，意为"高贵的人"。雅利安人所说的梵文是属于印欧语系的，雅利安人在公元前1500—前1200年间，逐渐侵入到印度，征服了当地的居民，此后便在那里定居。

> **重大成就**
> ◆"吠陀"文献，不仅是研究当时历史的重要文献，而且是具有文学价值的史诗。
> ◆婆罗门教形成。

↑吠陀时代的陶盆

正如《荷马史诗》是古希腊人的史诗一样，"吠陀"也是印度雅利安人的史诗。从"吠陀"中，我们能够了解到当时的社会经济状况。雅利安人定居印度后，最初还保留着氏族公社的制度。后来，随着社会经济的发展和私有财产的积累，国家产生了，原先的军事首领现在摇身变为世袭君主。王权与神权结合起来，对人民实行统治。不过，后期吠陀时代的国王还远远不是专制君主。吠陀时代，随着奴隶制的发展和社会的分化，印度逐渐形成了两种具有民族特色的体制，即种姓制度和婆罗门教。种姓制度，简言之，就是把人分为四个等级，即婆罗门、刹帝利、吠舍和首陀罗，不同等级的人有不同的权利和义务，绝不平等。婆罗门主管宗教祭祀，也可从政，享有极大的政治权力。刹帝利是武士阶层，掌握军事权力。吠舍是平民，从事农牧业和商业，没有政治权力。首陀罗是地位低下受苦难的人，从事"贱业"，与前三个等级不同，他们连参加宗教仪式的权利也没有，属于"非再生族"。种姓制度产生前，一家人可以从事不同的职业，人的身份可上可下；种姓制度确立之后，一个人的社会地位完全取决于家庭出身，子子孙孙，世代不变，各等级之间原则上禁止通婚；在法律面前，不同等级的人绝不平等。种姓制度在后来变本加厉地发展，成为套在印度人民身上沉重的枷锁。

在早期吠陀时代，雅利安人的宗教基本上还是一种简单的自然崇拜，祭祀也比较简单，不存在比较抽象的宗教哲理。到了后期吠陀时代，这种简单的宗教逐渐发展成为有完整体系的婆罗门教。婆罗门教的最高信仰为梵天，梵天是世界精神、最高主宰、宇宙创造者，世界万物皆为梵天所创。婆罗门教还创造出灵魂投胎的"业力轮回"说，宣称人生的痛苦与欢乐，都是因前世的功或业决定的：积善者，必有善报，来世有享不尽的荣华富贵；作恶者，必有恶报，来世受不完的艰难困苦。这种说教对麻痹人民，使人安于现状，把幸福的希望寄托于来世，从而不要反抗是很有作用的。

婆罗门教和种姓制度合在一起，成为束缚印度人民的两条绳索。后来婆罗门教日趋神秘，对印度的历史产生了深远的影响。

公元前 600 年左右，印度告别吠陀时代，进入列国时代。

← **青铜马车**
印度文明成熟时期的产物。

欧洲的先觉者
——爱琴文明

▌克里特岛

　　人类最初的文明在西亚的两河流域和埃及的尼罗河流域形成后，地中海东部地区便在此两大文明的照耀下，产生了新的文明中心，这便是爱琴文明。爱琴文明是指爱琴海地区的青铜文明，以克里特岛和希腊本土的迈锡尼两地为主，故也称"克里特－迈锡尼文明"。

　　爱琴海中有480多个大小不等的岛屿，其中以克里特岛为最大。在公元前2000年左右，克里特人已经从氏族公社演进到国家，有了类似于古巴比伦和埃及那样的政治组织。克里特文明最显著的特征是王宫的建造，每个城市国家都以王宫为中心形成。克里特文明根据王宫的建造分为早王宫时期和后王宫时期，中间以公元前1700年为界。克里特岛上的诸王宫屡建屡毁，原因可能是因为地震，也可能是因为内部起义而人为摧毁。至公元前1400年最后一次王宫被毁，遂不复重建。

↑米诺斯王宫北入口

重大成就

◆ 手工艺品的精巧别致，独具一格。
◆ 各城市王宫的修建，为古代世界所罕见，尤以克诺索斯王宫为著名。

　　早王宫时期（公元前2000—前1700年）城市刚刚兴起，主要分布在克里特岛中部和东部地区。其中最著名的是北部的克诺索斯和南部的法埃斯特。到早王宫时代末期，克诺索斯已经统一全岛。此时已经出现文字，初为象形文字，后来发展为音节文字，即线形文字A，不过这已经是后王宫时代的事情。克里特岛上社会经济在此时也有重大发展，农业以种植谷物、橄榄、葡萄为主。手工艺品以精巧为特征，克里特人能制作一种薄如蛋壳的陶器，堪称一绝。商业方面，克里特

↑ 米诺斯王宫内景

人很早就从事航海与海上贸易。值得一提的是，克里特岛的防卫力量几乎全靠海军，各城市都不设防，这一点与东方各国的城址不同。早王宫时代末期，岛上许多王宫和城市都毁灭了，原因至今不明。

后王宫时期（公元前 1700—前 1380 年），是克里特文明新的繁荣期，此时统治克里特岛的是克诺索斯的米诺斯王朝。各城市的王宫都重新修建，比以前更为宏伟。其中克诺索斯王宫于 1900 年被英国考古学家伊文思发掘出来，使这座湮没于地下 3000 多年的宫殿重见天日，这便是希腊神话中的"米诺斯王宫"。整个宫殿依山而建，错落有致，布局不求对称，但求出奇精巧，所以有"迷宫"之誉。宫殿里有水管和浴室设备，墙壁上有琳琅满目的浮雕和壁画，陈列着精美的陶器、织物与金银、象牙等奢侈品。克诺索斯王宫在古代历史上是罕见的，充分表明了当时克里特文明

↓ 黑皂石雕成的公牛状酒器
此器皿是米诺斯人用来盛圣液的，而公牛具有特殊的宗教意义。

的繁荣。

米诺斯王朝在爱琴海地区建立了海上霸权，控制了东部地中海的海上贸易网。当时的首都克诺索斯大概有 10 万人口，无疑是地中海上最大的城市。此外，在后王宫时期，克里特人的文字已经演进到线形文字 A，这种文字至今未能得到解读。

公元前 1450 年左右，一批操希腊语的人占领了克诺索斯王宫，克里特岛突然遭到毁灭的灾难。后来，克诺索斯城虽又重建，但规模已远远不如以前。克里特文明衰落了，爱琴文明的中心转移到希腊本土的迈锡尼。

> **主要人物**
>
> **阿伽门农（公元前 13 世纪）：** 迈锡尼王，率领希腊联军发动对特洛伊的战争。

迈锡尼

迈锡尼人的语言属印欧语系，是从欧洲内部迁徙到希腊的。约公元前 2000 年，他们定居在伯罗奔尼撒半岛。此时的克里特已经进入文明时代，而迈锡尼人则比较落后，还没有出现国家。迈锡尼文明得名于伯罗奔尼撒半岛东北部的迈锡尼城。

克里特文明有两种文字，即象形文字和线形文字 A，迈锡尼人的文字是线形文字 B，后者由前者演变而来，是希腊文字最早的写法。如前所述，约公元前 1450 年，操希腊语的人在克诺索斯站住了脚，此后，他们放弃线形文字 A，改用线形文字 B，后来又把线形文字 B 带回希腊。

↑发现于斯巴达附近的金杯，堪称迈锡尼时期的艺术精品。

迈锡尼人在公元前 1600 年左右才成立国家，此后随着与先进文明地区的交往，迈锡尼的经济文化得到了迅速的发展。迈锡尼文明充分吸收了克里特文明，但也有自己的特点，如城堡都有巨石围墙，喜用马拉战车，崇尚武力，等等。

迈锡尼不是一个统一的国家，而是一系列的城市

> **◆ 大事年表 ◆**
>
> ● 公元前 1600 年左右迈锡尼人形成国家
> ● 公元前 1450 年左右迈锡尼希腊人毁灭克里特文明
> ● 公元前 1250 年左右特洛伊战争，希腊联军摧毁特洛伊城
> ● 公元前 1200 年左右多利亚人入侵，迈锡尼文明毁灭，希腊进入"荷马时代"

国家，其中最为强大的是迈锡尼，此外还有斯巴达和派罗斯，以及中希腊的雅典、底比斯。迈锡尼城的遗址主要是城堡，并有高大的城墙，这与克里特岛上的王宫有很大不同。著名的"狮子门"即是迈锡尼卫城的大门。在迈锡尼文明繁荣时代，有一件值得注意的事，这便是"特洛伊战争"。《荷马史诗》中的《伊利亚特》讲的即是特洛伊战争的故事：特洛伊的王子帕里斯从斯巴达诱拐了美丽的王后海伦，回到特洛伊。此举激怒了希腊人，他们在迈锡尼王阿伽门农的率领下，去攻打特洛伊城。攻城战异常艰辛，十年不下，最后谋士俄底修斯献"木马计"，才打败特洛伊人。当然这只是传说，战争爆发的实际原因应为以迈锡尼为首的希腊诸邦与特洛伊在商业利益上存在冲突。

特洛伊战争之后，约在公元前 1200 年，另一支称为"多利亚人"的希腊人，侵入希腊中部和伯罗奔尼撒半岛。多利亚人的社会发展较为落后，他们毁灭了迈锡尼文明之后，并未建立国家，所以希腊本土出现了一段相对落后的时期，甚至连线形文字 B 也失传。这一时期称为"黑暗时代"，又因反映这一段时期历史的主要文献是《荷马史诗》，故又称"荷马时代"。

重大成就

◆ 迈锡尼城堡，其中有著名的"狮子门"。
◆ 线形文字 B。

↑狮子门——迈锡尼卫城的入口处，除了防御功能，城门还具有浓厚的宗教色彩。

↑绘在陶瓶上的《荷马史诗》
英雄俄底修斯率其伙伴弃舟登岸的情景。

荷马时代

多利亚人入侵希腊中部和伯罗奔尼撒半岛，毁灭了辉煌一时的迈锡尼文明，使希腊地区的文明出现了长达300多年的倒退，直到公元前8世纪的古典时代，希腊诸城邦才再度兴起。

> **✑ 主要人物 ✑**
>
> **荷马（公元前9世纪）**：古希腊游吟诗人，《荷马史诗》的主要编订者。

这一时期，我们了解历史的主要文献是《荷马史诗》，因而这一时期也被称为"荷马时代"。荷马，约为公元前850年左右的人，传说他是一位盲眼的游吟诗人。《荷马史诗》包括两部作品《伊利亚特》和《奥德赛》，这两部作品并非荷马一人独立创作，而是长久以来经过无数民间歌者的积累，最后经荷马修订完成的。

> **◀ 大事年表 ▶**
>
> ●公元前10世纪左右希腊地区开始使用铁

《伊利亚特》叙述了希腊人最后征服特洛伊城的经过；《奥德赛》描写的是参加特洛伊战争的英雄俄底修斯在战后漂泊海上十年，最后返回祖国的故事。《荷马

重大成就

◆《荷马史诗》的出现。
◆希腊人学会了冶铁术。

史诗》既是研究荷马时代希腊社会的重要文献，也是世界文学宝库中的一部不朽的作品。

荷马时代整个社会发展水平和文明程度，与迈锡尼文明相比，是大大地倒退了，但有两点却值得注意：一是在这个时期希腊人学会了使用铁。地中海地区最早使用铁的是赫梯人，赫梯人在公元前13世纪被"海上民族"肢解后，其冶铁术遂在小亚细亚地区流传开来，但迈锡尼文明却仍不知道用铁，而是多利亚人在学会了冶铁之后，才把这一技术带入希腊地区，这对于希腊地区后来的发展有重大意义。二是多利亚人在整体文明程度方面虽不及迈锡尼人，但他们摧毁了迈锡尼暴君们的宫殿和城堡，为后来文明、自由的希腊文明扫清了道路。

公元前8世纪，希腊地区在爱琴文明灭亡后重新出现城市国家，荷马时代结束。

第二章
古典文明的辉煌与终结

在一个很长的历史时期，
人类的各个文明之间是相互隔绝的。
然而当生产力发展到一定的阶段后，
这些原来相互隔绝的地区便有了联系，而且范围不断扩大，
内容日益丰富。
当然，有时是和平的交流，
有时却是通过战争激烈地碰撞。
无论如何，在这一过程中，各民族的人们相互学习，
取长补短，
促进了双方的发展，
中国人引以为荣的"丝绸之路"便见证了
这一历程……

古老的帝国
——西亚、北非诸国的盛衰

▌亚述帝国

↑ 亚述王塑像

　　在公元前 11 世纪，亚述国王提格拉特帕拉沙尔一世在位时，国势最为强盛，但后来由于阿拉美亚人的打击，国势一度衰落。无独有偶，古代各地区的文明中心都不约而同地经历了普遍的衰落。印度河的哈拉巴文化早已消亡，雅利安人入侵后的印度，正处于早期吠陀时期；在两河流域古巴比伦王国为赫梯人所灭，赫梯人在与埃及的争霸中大伤元气，终于被"海上民族"肢解；埃及虽然挡住了入侵，却也一蹶不振，从此走上了不可挽回的衰落；克里特文明之后的迈锡尼文明，也在多利亚人的打击下覆灭，开始了希腊的"黑暗时代"。唯一没有衰落的，应该说只有中国的周代商，周朝是中国奴隶制王朝发展的鼎盛时期。然而，到了与中国西周时代相当的时期，亚述再次崛起。

　　当时的亚述可谓天时地利占尽，在国际上，它四周无强敌；在国内，铁器的使用，不仅促进其社会经济进一步发展，也使其拥有了锐利的武器，为进一步扩张提供了条件。从公元前 10 世纪末叶起，亚述经过两个多世纪的东征西讨，建立起一个横跨西亚、北非的奴隶制大帝国，将两河流域南部和北非这两大文明中心置于自己的统治之下，成为

> **◆ 大事年表 ◆**
>
> ● 公元前 9 世纪
> 亚述开始走上扩张的道路，逐渐形成了一个大帝国
> ● 公元前 671 年
> 亚述征服埃及
> ● 公元前 612 年
> 迦勒底人建立的新巴比伦王国联合米底王国，攻陷亚述首都尼尼微，亚述帝国灭亡

铁器时代的一个大帝国。

　　亚述国王那西尔帕二世（公元前883—前
859年在位）及其子沙尔马纳塞尔三世（公元前
859—前824年在位）东征西讨，北起亚美尼亚，
南尽波斯湾头，都成为其兵锋所触之地。公元前
8世纪中期，亚述进入帝国时期。亚述帝国的真
正创建者是国王提格拉特帕拉沙尔三世（公元前
746—前726年在位），他南侵巴比伦尼亚，北并
乌拉尔图王国的一部分土地，西征叙利亚，于公
元前732年攻陷了大马士革，把西亚置于自己的
统治之下。公元前722年，贵族出身的萨尔贡自
立为亚述国王。因为在历史上，阿卡德有一个国
王称萨尔贡，所以这位亚述王被称为萨尔贡二世。
萨尔贡二世打败了以色列，打败了乌拉尔图，并
同米底王国进行战争；其子辛那赫里布（公元前

↑ **人面有翼公牛像**
这尊具有人的头像、长着翅膀的巨大公
牛，于公元前710年由亚述国王萨尔贡
二世建造，用来守卫在雄伟的王宫门口。

704—前681年）毁掉了巴比伦城。到公元前7世纪，亚述又征服了埃及。经过长
期的征战，亚述建立起了世界历史上第一个领土广袤的大帝国。它第一次把两河流
域、埃及、小亚细亚、叙利亚、巴勒斯坦等地区拽聚在统一的政权之下。亚述人的
武力扩张，是以极其血腥残暴的方式进行的。亚述军队每到一处，便烧杀抢掠，无
恶不作。攻下城池，便把城内百姓屠杀一空，其酷刑令人发指：剥皮、钉火刑柱、

↑ **亚述宫墙上的雄狮中箭浮雕**

插尖桩，等等。这也正是古代西亚民族对亚述人切齿痛恨的缘故。

　　亚述帝国时期，亚述的社会经济得到了很大发展。铁器的使用和战争带来的战俘作为劳动力，有助于亚述提高生产力水平。广袤的国土，成为商业贸易活动的巨大区域。但亚述人尚武轻文，在文化上却无甚建树。

　　公元前 612 年，迦勒底人建立的新巴比伦王国联合米底王国，攻陷亚述首都尼尼微，亚述帝国灭亡，其遗产被新巴比伦王国和米底王国瓜分。

后王朝时期的埃及和新巴比伦王国

　　公元前 1085 年，底比斯的阿蒙祭司长赫里霍尔夺取了埃及政权，建立了第二十一王朝，从而结束了新王国时期，埃及进入后王朝时期（公元前 1085—前 332 年）。

　　这一时期，埃及经常处于外族的统治或控制之下，利比亚人、努比亚人、亚述人先后统治埃及。亚述帝国的统治崩溃之

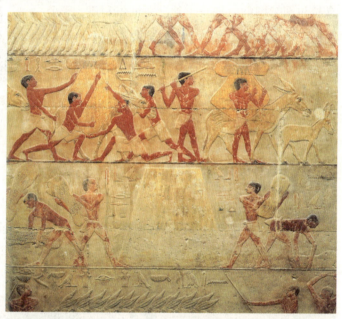

↑ 古埃及谷物收获图

后，埃及建立了第二十六王朝，统一了国家，埃及一度呈复兴之势。

　　公元前 525 年，波斯国王冈比西斯征服埃及。

　　公元前 332 年，亚历山大大帝征服了埃及，埃及文化在希腊文化的掩映之下，失去了昔日的光彩。

　　在两河流域，公元前 612 年，迦勒底人建立的新巴比伦王国与米底王国联合，攻陷亚述首都尼尼微，亚述帝国灭

← 这只长角的蛇龙是巴比伦的神——马尔杜克的象征

❧ 大事年表 ❧

● 公元前 626 年
新巴比伦王国建立
● 公元前 539 年
新巴比伦王国为波斯所灭
● 公元前 525 年
埃及为波斯人征服
● 公元前 332 年
亚历山大大帝征服埃及

↑ 巴别塔　油画
据《圣经》记载，最初人类使用同一种语言，他们建造这座高塔希望能进入天堂，但上帝为了破坏人类的团结，创造了多种语言使他们无法再自由交流。于是这座未完成的高塔便成了伟大的废墟。

亡，其遗产被新巴比伦王国和米底王国所瓜分。迦勒底人是塞姆人的一支，他们约在公元前 1000 年来到两河流域南部，吸收了当地的先进文化。公元前 626 年，亚述人让迦勒底人的领袖那波帕拉沙尔驻守巴比伦，他却建立了新巴比伦王国，反抗亚述人的统治。在灭亡亚述之后，新巴比伦王国取得了两河流域南部、叙利亚、巴勒斯坦和腓尼基。公元前 605 年，尼布甲尼撒二世（公元前 605—前 562 年在位）即位为新巴比伦国王；公元前 586 年，尼布甲尼撒二世进攻投靠埃及的犹太王国，攻陷耶路撒冷，将其臣民掳至巴比伦，这便是历史上著名的"巴比伦之囚"。尼布甲尼撒在位时的新巴比伦王国，国势臻于极盛。他大力扩建巴比伦城，把巴比伦城建成当时世界上最繁华的都市。他还在城中修建了一座"空中花园"，呈正方形，每边长 120 米，高 25 米，堪称当时世界的一大奇迹。但新巴比伦王国寿命不长，公元前 539 年，新巴比伦王国被波斯人所灭。

重大成就

◆ 埃及人的宗教、天文学、数学、医学、象形文字以及木乃伊、金字塔。

◆ 新巴比伦王国的天文历法，尤其它的历法，非常之精细。

◆ 新巴比伦王国的"空中花园"。

波斯帝国

波斯位于伊朗高原西南部，靠近波斯湾。到公元前6世纪中叶，波斯兴起，此后逐渐发展成一个大帝国，地域横跨欧、亚、非三洲。

波斯帝国的创立者当属波斯王居鲁士二世（约公元前600—前530年），他在公元前550年，率众推翻米底王国而据有其地，建立了阿黑明尼德王朝。在此之前，公元前558年，居鲁士二世在波斯称王，建都波斯波利斯；灭米底王国后，其首都埃克巴塔那成了波斯的第二个首都；公元前549年，居鲁士二世征服了埃兰，其首都苏撒成为波斯的第三个首都。波斯帝国兴起时，地中海东部的国际形势是这样的：新巴比伦王国占有两河流域、叙利亚和巴勒斯坦；吕底亚王国控制着小亚细亚；希腊人的城邦已经在希腊半岛、爱琴海诸岛以及小亚细亚西南部的爱奥尼亚地区，逐渐兴盛起来，形成一个希腊人的世界。这些国家和地区面对着波斯的兴起，便联合起来以谋自存。波斯人本打算先灭掉新巴比伦王国，可又担心它的强大，遂先进军小亚细亚。在公元前546年，波斯人灭掉吕底

> **◈ 主要人物 ◈**
>
> **居鲁士二世（约公元前600—前530年）**：波斯王，波斯帝国的创立者。
>
> **大流士（公元前522—前485年在位）**：他在位期间，波斯臻于极盛。

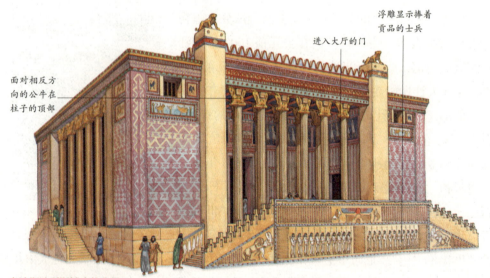

面对相反方向的公牛在柱子的顶部

进入大厅的门

浮雕显示捧着贡品的士兵

↑ **波斯波利斯城内的宫殿**
在波斯波利斯城内巨大的宫殿。大流士一世和薛西斯一世在波斯波利斯城修建了宏伟的宫殿。沿着巨大的楼梯向上进入宫殿，楼梯是如此宽大，可以供8匹马并排行走。从帝国各地来的人们向坐在高高王位上的国王敬献贡品。

← 波斯帝国

这幅地图显示：在公元前518年，波斯帝国达到最强盛的时期。那时，波斯是当时世界上所见到的最大帝国，苏撒是首都。它的疆域从印度到地中海，包括了以前创造文明的地区：埃及、苏美尔、印度河流域以及安纳托利亚。

亚王国，并占有其在小亚细亚的全部领土以及曾与吕底亚结盟的小亚细亚希腊诸城邦。公元前539年，波斯进军两河流域，轻而易举地征服了新巴比伦王国。在征服新巴比伦王国后，居鲁士二世采取了一些怀柔政策，他允许巴比伦人保持其原有的宗教信仰，还释放了一大批被尼布甲尼撒二世掳至巴比伦的犹太人，让他们回到耶路撒冷。至此波斯人已经占有整个西亚。

波斯帝国不仅向西扩张，而且多次对东方用兵，居鲁士二世于公元前530年率军远征中亚，把巴克特里亚（即大夏）、粟特和花剌子模并入帝国版图。居鲁士在与中亚的游牧部落马萨吉特人作战时阵亡，其子冈比西斯（公元前530—前522年在位）继位，并于公元前525年征服了埃及，并由此进兵到努比亚和利比亚，企图攻击腓尼基人在北非的殖民地迦太基，但并未成功。至此波斯的版图已包括小亚细亚、两河流域、巴勒斯坦、埃及、伊朗高原及中亚的广大地区，形成一个横跨欧洲、亚洲、非洲的大帝国。

就在冈比西斯在埃及和利比亚用兵时，公元前522年，僧侣高墨达在国内发动政变，夺取了波斯的政权，波斯境内的各地人民纷纷响应，波斯帝国处于风雨飘摇之中。远在异域的冈比西斯闻讯后火速班师，但于途中暴卒。大流士（公元前522—前485年在位）联合其他波斯贵族，杀死高墨达及其余众，夺得政权，成为波斯王，高墨达暴动历时7个月，最后归于失败。大流士上台后，对各地的反抗起义实行残酷的镇压，并把这一过程用古波斯文、埃兰文、巴比伦楔形文三种文字刻在贝希斯敦山崖上，这便是著名的"贝希斯敦铭文"。

大流士上台后，又相继征服了印度河流域（公元前517年）和巴尔干半岛的色雷斯地区，从而使波斯成为古代世界第一个横跨亚非欧三大洲的大帝国。

◆ 大事年表 ◆

- 公元前550年
  波斯灭米底王国
- 公元前546年
  波斯灭吕底亚王国
- 公元前539年
  波斯灭新巴比伦王国
- 公元前525年
  波斯灭埃及
- 公元前522年
  波斯国内发生高墨达暴动
- 公元前330年
  波斯帝国灭亡

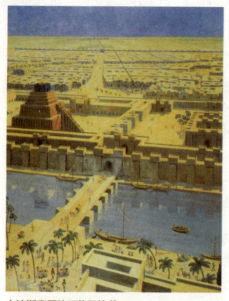

↑ 波斯帝国治下的巴比伦

波斯帝国的建立，在古代东方的历史上标志着一个新的时代。它把伊朗高原、两河流域、小亚细亚、叙利亚、巴勒斯坦以及色雷斯和埃及置于一个统一的帝国之下，并接近另一个文明中心——希腊。这种大一统的局面，促进了各地区的文化交流；然而，波斯帝国只是一个庞杂但不稳固的集合体，尤其缺少经济、文化和民族性的纽带。波斯帝国的统治并不长久，公元前 5 世纪初，波斯帝国曾三次进攻希腊，结果都遭到失败。到公元前 330 年，波斯帝国被马其顿亚历山大的军队灭亡，随后土崩瓦解，从此西亚、北非文明归于消亡，开始了希腊化时代。

塞琉古帝国、帕提亚帝国和萨珊帝国

亚历山大大帝虽然灭亡了阿黑门尼德帝国，但是他却前往阿黑门尼德帝国早期的首都帕萨尔格迪拜谒了居鲁士的陵墓，并且宣称自己是阿黑门尼德王朝的继承人，他基本保留了阿黑门尼德王朝的各项遗产，特别是王朝原来的很多官员都继续留在自己的职位上工作，似乎一切都没有什么变动。公元前 323 年，亚历山大大帝病逝，而他所建立的庞大帝国也立即随之瓦解，帝国被分割成几个部分，亚历山大前护卫军团长官塞琉古攫取了原阿黑门尼德帝国的大部分领土，建立了塞琉古帝国。塞琉古仿

↑ 帕提亚人射箭

帕提亚骑兵假装后退，然后出其不意地、准确地向后面的追兵射箭。

效亚历山大，也保持了阿黑门尼德帝国的传统，然而塞琉古对于波斯人来说却是异族，异族的统治必然会遭到本土民族的激烈反抗，塞琉古帝国的统治一开始就相当地不稳定，有一些地区甚至很快就脱离了帝国的统治而独立。公元前 3 世纪中期，伊朗东部的帕提亚人逐渐强大起来，后来，他们取代塞琉古帝国，在波斯地区建立了自己的统治，不过帕提亚人并没有消灭塞琉古帝国，塞琉古帝国在剩余的领地上一直延续到公元前 83 年，最后为罗马人灭亡。

尽管塞琉古帝国存在了 200 多年的时间，但是公元前 2 世纪中期以后，也就

是塞琉古帝国的后半阶段，它在波斯地区就已经不再扮演主要角色了，延续波斯帝国展现在历史舞台上的主角是帕提亚帝国。帕提亚是中亚大草原上的一个半游牧的民族，他们兼具农耕社会与游牧部落的特点，既从事农业耕作，也极为看重游牧生活，并且这种游牧部落的特点在政治和军事上也都有着鲜明的体现。帕提亚人并没有建立中央集权的政府，他们的最高权力机构是由一些部落首领所组成的政治联盟，不是由单一的最高领袖发号施令，而是由部落首领的集体会议来决定国家的各项政策。先前，帕提亚人的部落是塞琉古帝国的一部分，但是一直不断地在谋求独立，并且独立之后就立即走上了扩张的道路，逐步恢复了阿黑门尼德帝国的大部分领土。

帕提亚帝国前后延续了 400 多年的时间，具体说来，是从公元前 247 年到公元 224 年，大体上与中国历史上的汉朝统治时间相当。对于中国人来说，帕提亚帝国这个名字可能较为陌生，而另一个名字则较为熟悉，那就是安息帝国。安息帝国指的就是帕提亚帝国。帕提亚帝国是以其部族的名字来称呼的，而安息帝国的叫法则源自其开国君主的名字，只是，现在习惯上将帕提亚帝国的第一代君主的名字译作阿尔萨息，而汉朝时则译作安息。公元前 247 年，阿尔萨息带领帕提亚人杀死了塞琉古帝国的总督，以尼萨（今土库曼斯坦首都阿什哈巴德）为都城建立了帕提亚帝国。其后，塞琉古帝国派出军队来镇压，一度挫败了帕提亚人，但是塞琉古帝国却很快因为内部纷争而无暇顾及帕提亚，帕提亚人这才得到喘息的机会，没有被扼杀在摇篮之中。然而，在此后的几十年间，帕提亚的国力都没有超过塞琉古，帕提亚帝国甚至要向塞琉古帝国称臣纳贡，而一位杰出帝王的出现改变了帕提亚帝国的被动局面，他就是帕提亚帝国历史上最为伟大的君主密特里达特一世。

公元前 171 年，

↑ 泰西封城

萨珊都城泰西封建造在底格里斯河边，靠近现在伊拉克的巴格达。在萨珊王朝时期，泰西封城规模很大，可能有几十万居民。萨珊人把城市划分为两个大的部分。一部分安置从罗马帝国抓来的俘虏，另一部分居住着皇帝与其家庭。王室生活在大的、石头建成的带拱顶大厅的宫殿里。

密特里达特一世登基，在位 34 年的时间中，他将帕提亚帝国变成了西亚地区最为强大的国家，帝国的领域北至里海，南至波斯湾，东至印度，西至幼发拉底河，面积达到了 200 多万平方千米。此后大约 3 个世纪的时间中，帕提亚帝国都维持着地区霸权。然而在公元 1 世纪的时候，随着两大帝国的崛起，帕提亚帝国的发展空间受到了严重的打压，这两大帝国就是帕提亚东北的贵霜帝国和西部的罗马帝国。当时，贵霜帝国、罗马帝国、帕提亚帝国和汉帝国是世界上最为强大的四个国家，汉帝国与帕提亚帝国并不接壤，因此对帕提亚帝国并不构成威胁，而贵霜帝国和罗马帝国的日

↑ **灰泥板**
萨珊人房屋装饰的一部分。上层人喜欢奢侈品，他们的房屋装饰华丽，用的材料是灰泥。这个灰泥板有家禽纹饰。

益强大则使得帕提亚帝国东西两边的疆界都大为回缩。当然，实力犹存的帕提亚帝国不会选择坐以待毙，它采取了积极的抵御措施，特别是与罗马对亚美尼亚进行了激烈的争夺，你来我往，反反复复，持续了长达半个世纪之久。这种争夺是一种漫长的消耗战，双方的国力在旷日持久的战争中都遭受了极大的削弱。

帕提亚国王阿尔班达五世在位时，帕提亚军队不仅击退了罗马的入侵，而且大举反攻，长驱直入罗马境内，使得罗马皇帝不得不与阿尔班达五世签订城下之盟，以重金求和。然而，阿尔班达五世前线得胜之时，却不料后院起火，帝国内部的萨珊家族乘机发动叛乱，其首领阿尔达希尔率部占领了帕提亚帝国的大部分地区。阿尔班达五世与阿尔达希尔之间发生了三次战役，最后，公元 226 年，阿尔班达五世在伊斯法罕西北的霍尔米兹达干之战中阵亡，持续了 400 多年之久的帕提亚帝国由此宣告灭亡，代之而起的是萨珊帝国。

萨珊帝国接手了帕提亚帝国的领土，但是却无法像帕提亚帝国立国之初那样走向大规模扩张的道路，因为帕提亚帝国灭亡了，而贵霜帝国和罗马帝国却依然强盛，并没有给萨珊帝国的统治者留下足够的扩张空间。萨珊帝国自立国之后，就在东西方边境分别与贵霜帝国和罗马帝国处于紧张对峙的状态，最后，谁都没能将谁消灭。400 多年之后，即公元 651 年，阿拉伯人结束了萨珊帝国的统治。

↑ **石头浮雕**
萨珊统治者在本国远方行省的悬崖壁上雕刻令人着迷的浮雕，在浮雕上记载他们的功绩。这些浮雕表现的主题是波斯骑兵以及萨珊的军队。

西方文明的源头
——希腊

希腊城邦时代

公元前 11 世纪，多利亚人入侵希腊中部和伯罗奔尼撒半岛，毁灭了爱琴文明。希腊地区的文明出现了长达 300 多年的倒退。公元前 8 世纪，希腊诸城邦再度兴起，进入希腊城邦时代。

公元前 8 世纪，希腊地区重新出现国家，但此时的国家皆是以一个城市或城镇为中心，结合周围的农村而成，一城一邦，独立自主，所以称为希腊城邦。在公元前 750 年到前 700 年间，众多的城邦涌现在希腊世界，如满天星斗一般。希腊作为一个后起的文明，广泛地利用东方文明历经数千年才取得的成果，同时也有自己的特点：希腊人把腓尼基字母加以改造，创造了自己的文字；于公元前 776 年举行了第一届奥林匹克运动会；荷马之后，又有希西阿德为世界文学宝库留下了不朽的作品。

↑ 阿波罗和达佛涅 1622—1624 年 贝尔尼尼

群雕《阿波罗和达佛涅》是贝尔尼尼为当时罗马有势力的红衣主教波尔盖兹所作，题材取自于希腊神话，陷入情网的阿波罗正在发狂地追赶着达佛涅，而美丽的少女却冷若冰霜，竭力躲避他。

古希腊文明最大的特点，就是它不同于其他文明那样由小国寡民发展到王国、帝国，而是长期保持众多小城邦纷立的局面，并且，其文明繁荣昌盛的顶峰也是在城邦体制下达到的。这种体制，使得希腊人建立了古代公民权利最发达的民主政治。

希腊人不仅建立了自己的城邦，也积极向外殖民。希腊境内多山而土地贫瘠，一旦人口增长，城邦无力承担，只好向外移民以谋生路，这一风气既开，不独被迫移民者有之，做生意的商人、破产的农民、失意的政客，都选择远走他乡，于是便开始了"大殖民"。这种殖民，既不同于古代的民族迁移，也不同于近代的资本主义殖民侵略。原有的邦为母邦，殖民新成立的邦为子邦，母邦子邦彼此独立

←希腊地势狭长，缺少平地，难以获得丰收。这些不利条件促使许多伯罗奔尼撒和阿提卡居民到爱琴海地区寻找可定居的新土地。

而又平等。据统计，当时在各地建立的殖民城邦至少有139座，如此大规模的殖民，其后果是深远的。这种殖民，缓解了希腊城邦发展过程中的矛盾，促进了整个希腊商品经济的发展，由此进而影响到政治和文化方面的成就。

希腊的商品经济发展和大殖民互相促进，使得希腊产生了一个由经营工商业而致富的阶层，这个阶层由平民组成。因此，平民和贵族便有斗争，并时有获胜，这也正是希腊能够产生民主制的原因之一。早期希腊城邦的政治体制，更多地取决于该城邦商品经济的发展程度。商品经济越是发达的城邦，王权就保留得少一些；反之，王权则保留得多一些。公元前8世纪至前6世纪，平民与贵族的斗争尚在初级阶段，所以在城邦中普遍实行贵族政治；由于平民反对贵族的斗争不断深入，所以民主政治的因素也就越来越大。这一时期，希腊城邦出现了"僭主政治"。僭主是通过政变夺取国家权力的独裁者，其地位颇似君主。僭主为争取平民的支持和巩固其统治，一般都执行打击氏族贵族，维护工商业奴隶主利益，改善下层平民经济状况的政策。因此早期僭主政治客观上推动了工商业和小农经济的发展，以及民主政治的建立。

在希腊众多的城邦中，有两个应大书特书，这便是斯巴达与雅典。

斯巴达是希腊诸城邦中最大的一个。斯巴达人在公元前9世纪开始建立国家。传说中斯巴达建国之初，有一位名叫来库古的人主持国政，订立法制，由此形成其国家制度，这就是传说中的来库古改革。来库古改革确立了斯巴达的政治制度，那就是包括双王、贵族议事会和人民大会三种组织形式在内的以贵族议事会为核心的寡头政治。斯巴达重武轻文，其程度在世界历史上空前绝后。每个斯巴达男性公民从小就会受到严格的体育和军事训练，成年后则一直生

◆ 大事年表 ◆

● 公元前8世纪
希腊地区重新出现国家
● 公元前776年
第一届奥林匹克运动会在希腊举行
● 公元前594年
梭伦当选为雅典"执政兼仲裁"，开始梭伦改革
● 公元前560年
庇西特拉图当上雅典僭主，从此开始雅典30多年的僭主政治
● 公元前508—前507年
克里斯提尼改革

活在军营中，所做的事情就是打仗和训练；精神上，被灌输为国捐躯、视死如归的观念。如果60岁还没有死，那么可以回家过平民生活。这样不近人情的制度，虽然使斯巴达死气沉沉，毫无生气可言，并在文化上一无建树，但是，这也确实造就了一支希腊城邦中战斗力最强、纪律最严明的军队。有了战斗力强的军队做后盾，斯巴达因此能够在伯罗奔尼撒半岛上称霸。公元前8世纪中期到前7世纪中期，斯巴达对其邻邦美塞尼亚进行了两次大规模的战争，史称美塞尼亚战争。征服美塞尼亚之后，斯巴达人把俘虏全部变成奴隶，对他们实行异常残酷的统治和剥削。到公元前6世纪后期，伯罗奔尼撒半岛上的各个城邦，大部分都被斯巴达纠集加入伯罗奔尼撒同盟，斯巴达是这个同盟当然的领袖和核心，利用伯罗奔尼撒同盟，斯巴达在整个希腊城邦的地位便举足轻重了。

在希腊诸城邦中，雅典的面积仅次于斯巴达。传说雅典也是经过一位英雄的改革而建国的，这便是所谓的提休斯改革。但雅典是以协议方式建国，和斯巴达通过征服建国不同。提休斯改革导致了对氏族制度的破坏，这是雅典国家萌芽的标志。但他的改革也造成了贵族专政，这也为后来平民与贵族的斗争埋下了伏笔。

商品经济的发展和大殖民相互促进，产生了一个由经营工商业而致富的阶层，这个阶层由平民组成。随着雅典工商业的发展，他们不满贵族专政的现状，要求推翻贵族统治，梭伦改革应运而生。梭伦出身贵族，他年轻时周游海外，大大开阔了眼界，丰富了知识。公元前594年，梭伦当选为"执政兼仲裁"，开始改革。改革的几项措施：一、颁布《解负令》，即解除债务，并永远废止债务奴隶制；二、按

↑绘在陶罐上的《阿喀琉斯与埃阿斯玩骰子》。

土地收入的财产划分公民为四个等级，四个等级各自对应着不同的政治权利；三、设立新的政权机构，如四百人会议，限制贵族会议的权力；四、制定一系列促进工商业发展的法规。经过这些改革，雅典走上了建立奴隶制民主政治和发展奴隶制工商业的道路，梭伦的改革奠定了雅典日后繁荣昌盛的基础。

公元前560年，庇西特拉图当上了雅典的僭主，他统治雅典30多年。在任僭主期间，他进一步推行梭伦的改革，并采取一系列有利于工商业者和小农的政策措施，在雅典进行大规模的市政工程建设，重视雅典的文化事业，整理《荷马史诗》。在庇西特拉图统治期间，氏族贵族的权力进一步削弱，工商业者和农民的地位得到提高，雅典变得更加繁荣昌盛。

庇西特拉图于公元前527年去世，其子继位为僭主，到公元前510年，人民推翻僭主统治。此后雅典又进行了克里斯提尼改革，时间是在公元前508至前507年。克里斯提尼也提出了一些改革措施，其中包括著名的"陶片放逐法"。克里斯提尼的改革以新的地域组织代替了原始的血缘组织，标志着雅典国家的最终形成。他的改革使雅典所有的公民都有机会参与国家最高级的政治事务，雅典的民主政治建设至此基本完成。

在近百年的时间内，雅典因一系列的民主改革而一跃成为希腊城邦中居领导地位的城邦，对后世产生了极为深远的影响。

←雅典城的保护神——雅典娜，发现于盛极一时的雅典卫城。

↑ 古希腊雅典卫城遗址

希腊古典时代

　　希腊经过城邦时代的发展，到公元前5世纪已颇具规模。此时，波斯帝国正是国势最强盛的时期，在连续东征西讨达半个世纪之后（约公元前550—前500年），波斯帝国已成为横跨亚、非、欧三大洲的帝国。这样，以波斯为代表的古代东方世界与以希腊为代表的古代西方世界终于爆发了战争，即希波战争。

↑ 希波温泉关战役图

　　公元前500年，小亚细亚的希腊城邦米利都发动反抗波斯统治的起义，但被镇压，居民惨遭屠杀。公元前492年，波斯君主大流士率海陆军入侵希腊，借口是雅典曾在米利都起义中为其提供援助。但天不遂人愿，波斯海军因遇暴风而全军覆没，波斯不战而败。希腊方面，由雅典与斯巴达牵头，联合希腊众城邦组成统一指挥的希腊联军，以抵抗波斯的入侵。

　　公元前490年，大流士派其外甥率军再次远征希腊，在攻下厄律特里亚之后，波斯大军直扑雅典，但在雅典东北部的马拉松平原，雅典军队斗志高昂，誓死保卫雅典，结果以1万人对波斯军5万人的巨大悬殊而获胜。一名叫腓力匹得斯的战士飞速跑回雅典，将捷报传给雅典父老后便倒地而死，马拉松长跑也由此而来。

　　波斯方面虽两度受创，但整个帝国的实力犹存，大流士死后，其子薛西斯于公元前480年率波斯大军50万

重大成就

◆ 高度的民主政治。

◆ 哲学上的成就非凡。

◆ 自然科学是古代世界光辉的典范。

◆ 艺术、雕塑、建筑上别具一格，如帕特农神庙、掷铁饼者像。

◇◎ 主要人物 ◎◇

伯里克利（公元前5世纪）：古希腊政治家，在"伯里克利时代"，雅典的民主政治发展到古代最高水平。

德谟克里特：古希腊哲学家，他的原子学说是古代唯物主义的最高体系。

苏格拉底：古希腊哲学家，他的哲学主要探讨与人生有关的伦理问题。

柏拉图：古希腊哲学家，彻底的唯心主义者，对后世影响巨大。

亚里士多德：古希腊百科全书式的学者，在自然科学和社会科学领域均有建树。

希罗多德：古希腊史学家，撰有《历史》，被称为"西方史学之父"。

↑ **马拉松无名战士冢**
192 名在马拉松战役中遇难的雅典人长眠在这里。

卷土重来。希腊的 31 个城邦联合起来，共同抵抗侵略。在希腊的温泉关，斯巴达王李奥尼达率 300 名斯巴达战士及其他几个城邦的战士，与波斯的几十万大军殊死决战。结果，因敌我力量对比悬殊，驻守的希腊战士全部壮烈牺牲，温泉关失守。薛西斯随后攻占雅典，将城市付之一炬。公元前 480 年秋，希腊和波斯海军在萨拉米湾展开海战。萨拉米湾海战是整个希波战争的转折点，希腊海军利用有利地形，充分发挥自己灵活机动的特点，重创波斯舰队。薛西斯率余部仓皇逃走，以后再也无力组织大规模的侵略。公元前 449 年，波斯与希腊缔结和约，波斯承认小亚细亚希腊各邦独立，希波战争正式结束。希波战争是世界历史上的一件大事，战争以希腊的胜利告终，以后世界格局遂成东西方并立之势。

希腊的胜利使希腊各邦继续发展，雅典由此空前繁荣，成为日后西方文明的源头。

在希波战争当中，雅典曾组织中希腊、爱琴海诸岛和小亚细亚的一些城邦成立同盟，以对抗波斯，史称雅典海上同盟。雅典与各邦的关系很特别，由各邦交纳盟金给雅典，雅典用来组建海军，但这盟金后来却演变为一种经济勒索。最终，同盟性质变为雅典的霸权，雅典因此更加繁荣。侵夺自然引起反抗，在以斯巴达为首的诸城邦的反抗下，希腊世界内部出现了相残的局面，这便是所谓的伯罗奔尼撒战争。

战争的双方是以斯巴达为首的伯罗奔尼撒同盟和以雅典为首的雅典海上同盟。公元前 432 年，伯罗奔尼撒同盟向雅典提出放

← **掷铁饼者**

逐伯里克利（公元前约495—前429年）和解散雅典海上同盟的要求，遭到雅典的拒绝。公元前431年，斯巴达军队侵入雅典，战争全面爆发。战争从公元前431年至公元前404年，可分为两个阶段。第一阶段（公元前431—前421年），双方互有胜负。但不幸的是，雅典的一场瘟疫夺去了全城1/4人口的生命，伯里克利也因此去世，此后雅典的政治陷入混乱，实力也大为下降。公元前421年，双方缔结和约，战争的第一阶段结束。公元前415年，雅典远征西西里岛上的叙拉古，结果雅典海军受到重大损失，远征彻底失败。此后斯巴达多次侵入雅典并于公元前405年的羊河之役中，全歼雅典海军，雅典失败。公元前404年，双方谈和，雅典海上同盟解散，雅典只保留12只舰船用于警卫，并加入伯罗奔尼撒同盟。

伯罗奔尼撒战争之后，斯巴达成为希腊世界的霸主，又引起新的矛盾。一方面，失败的雅典海上同盟各邦不满斯巴达的专断独行；另一方面波斯从中挑拨离间。于是，希腊各邦开始了数十年的混战，这种混战耗尽了希腊各邦的力量，毁灭了整个希腊的自由。就在希腊各邦埋头混战之时，希腊北部的马其顿悄然崛起，历史注定了希腊古典时代的结束。

一般而言，公元前5世纪和公元前4世纪都属于希腊古典时期，而后人所称羡的古典文明的光辉成果都产生于这两个世纪之中。

> ◆ **大事年表** ◆
>
> ● 公元前490年
> 马拉松战役
> ● 公元前480年
> 温泉关战役，同年，萨拉米湾海战
> ● 元前431年
> 伯罗奔尼撒战争爆发
> ● 公元前404年
> 伯罗奔尼撒战争结束，标志着希腊古典时代的结束

▌亚历山大东征与希腊化时代

就在希腊诸城邦连年混战、劳民伤财的时候，希腊北方的马其顿悄然兴起了。马其顿位于希腊北部，马其顿人不是纯粹的希腊人，但与希腊人有渊源关系，马其顿人文明开化较晚。马其顿的真正强大是在国王腓力二世之时，腓力二世早年曾在底比斯为人质，对希腊各邦有所了解。公元前359年，腓力二世即位为马其顿国王。

腓力二世上台之后，便开始大刀阔斧的改革，政治上加强王权，军事上设立常备军，经济上进行币制改革。这一系列的改革使马其顿一跃而成为巴尔干半

↑ 亚历山大大帝像

岛上的强国。马其顿既已强大，下一步自然要四处征伐。面对这种形势，希腊城邦内部却分成了截然不同的两派，反马其顿派不愿受马其顿的控制，希望恢复城邦往日的辉煌；亲马其顿派则希望借马其顿的领导发动对波斯的战争，一方面可报希波战争之仇，另一方面可以掠夺财富。希腊诸城邦不能精诚团结，马其顿人便得以乘机而入。公元前349年，腓力二世率军南下，攻占了奥林托斯。公元前340年，雅典、科林斯等城邦组成反马其顿同盟，以图对抗，但在公元前338年的喀罗尼亚战役中，希腊盟军战败，自此之后，希腊城邦失去了政治独立，处于马其顿的控制之下。

公元前337年，腓力二世在科林斯召开全希腊会议，希腊各邦及马其顿结成同盟，盟主当然是马其顿。同盟决定对波斯宣战，选举腓力二世为军队最高统帅。然而就在此后不久，公元前336年，腓力二世突然遇刺身亡，其子亚历山大继位。

公元前334年春，亚历山大继承父亲的遗志，东征波斯。亚历山大率步兵3万、骑兵5000，渡过赫勒斯滂海峡，踏上了波斯的亚洲领土。经过格拉尼卡斯河交锋，波斯军队一触即溃，因此小亚细亚诸希腊城邦获得自

主要人物

腓力二世（公元前4世纪）：马其顿国王，确立了马其顿在希腊世界中的霸主地位。

亚历山大（公元前4世纪）：亚历山大帝国的建立者。

欧几里得：希腊化时代数学家，所著《几何原本》直到近代仍被用作教材。

阿基米德：希腊化时代杰出的物理学家，发现浮力定律。

↑ 表现亚历山大大帝追击大流士战马的图画

← ↓古希腊数学家欧几里得及其希腊文《几何原本》书影

由。公元前 333 年，亚历山大在伊苏斯城与波斯王大流士三世相遇，大流士三世临阵脱逃，波斯军随即崩溃，大流士三世的母亲、妻女皆成为亚历山大的俘虏。公元 332 年，亚历山大在腓尼基的推罗遇到顽强抵抗，围城 7 个月后，才攻下推罗。随后亚历山大进入埃及。在

埃及，亚历山大在尼罗河口建立了以他的名字命名的亚历山大里亚。公元前 331 年，亚历山大东渡幼发拉底河，在尼尼微附近的高加米拉与大流士三世进行决战，大流士三世再次逃跑，波斯战败。经此一役，波斯再无力组织抵抗，大流士三世此后疲于奔命，后被部将杀害。亚历山大此后一路势如破竹，相继攻下巴比伦、苏撒、波斯波利斯等城。波斯帝国灭亡。此后，亚历山大又于公元前 327 年进入印度西北部，当他要继续东进时，由于部下的反对，只得返回巴比伦。东征至此结束。

　　亚历山大的东征，建立起一个横跨欧、亚、非三洲的大帝国，在历史上第一次把东、西方世界联为一体。为实现东、西方的融合，亚历山大一方面以埃及法老和波斯国王的合法继承人自居，另一方面以联姻通婚的方式加强东西方统治阶级的联合。公元前 323 年，一场恶性疟疾夺走了亚历山大的生命。他死后，他的部将们为继承人问题展开争夺，他一手建立起来的庞大帝国也土崩瓦解。他的部将们经过 20 多年的混战，逐渐成为三支各据一方的势力，这便

↑亚历山大士兵所戴的佛里几亚头盔

是托勒密埃及王国、塞琉古西亚王国及马其顿王国。往昔繁荣昌盛的希腊文明宣告结束，一种混合希腊和东方的新文明产生了，这一时期被称为希腊化时代。

　　希腊化时代的文明，综合了东、西方的因素，是一种新型的文明，它对以后地中海地区及整个世界历史的发展，都产生了深远的影响。在政治方面，东方的君主专制政治与西方的城邦体制产生了一种结合，在东方出现了希腊人建立的自治城市，希腊的民主传统也传到了东方。在经济上，东方在希腊化时代繁荣起来，亚历山大里亚是整个希腊化世界的经济文化中心。在文化上，东西方文明的优秀成果经过碰撞和交融，使自然科学取得突飞猛进的发展，其中以天文学的成就最大，亚里斯托库斯提出了"太阳中心说"。数学方面，欧几里得的《几何原本》一直到近代仍是教科书。物理学方面，以阿基米德的成就最大。在哲学方面，产生了斯多噶派、伊壁鸠鲁派、犬儒学派和怀疑主义。艺术方面，罗德斯岛的太阳神巨像、亚历山大里亚的灯塔、"米洛斯的阿佛洛狄忒"（即断臂的维纳斯）都是该时期的杰作。

　　古代希腊文明，经过希腊城邦时代、古典时代到希腊化时代基本完成了一个从成长壮大到繁荣，再到衰败的过程。当然，这种衰败，不是文明传承的衰败，而是希腊本土的衰败。因为，在亚历山大帝国崩溃后的希腊化时代，位于亚平宁半岛上的罗马已经开始崛起，此后，罗马征服了东方的各希腊化国家，开始了西方文明的罗马化时代。

↑ 古希腊物理学家阿基米德像

←埃皮道鲁斯剧场　公元前4—前3世纪
埃皮道鲁斯剧场沿山坡开凿而成，半圆形的坐席铺盖了陶砖，能够容纳1.4万名观众。

从共和国到辉煌的帝国

——罗马

▌伊特鲁里亚人

意大利中部的古代居民被称作伊特鲁里亚人，这个民族在历史上仍然是个谜。尽管他们已经能够书写，学者们也破译出他们的一些文字，但是大量有关他们的文献却很少保留下来。我们所知的伊特鲁里亚人的历史主要来自于希腊和罗马作家的记述。

↑伊特鲁里亚人通过开矿获得财富，这些矿区位于地中海中部地区，主要是一些铜矿和铁矿。工匠们则将这些金属加工成精美的艺术品。如图所示的是一尊奇美拉铜像，奇美拉是一种狮头蛇尾的怪物。

伊特鲁里亚大致与现代意大利的托斯卡纳地区相当，这一地区盛产铁矿和铜矿石，其海岸线上有着许多天然的港口。因此伊特鲁里亚人是技术娴熟的金属加工工匠和水手。他们用船装载着铁块、铜和其他货物，频繁往来于意大利海岸和法国南部，这种贸易使他们获得大量财富。在大约公元前 800 年，当罗马仍然是山丘上一串不起眼的小屋时，他们已经开始在城市中生活。

伊特鲁里亚商人在地中海东部面临腓尼基人和希腊商人的竞争。约公元前 600 年，希腊人在马西利亚建立了一块商业殖民地。以此为基地，希腊人得以控制沿罗讷河直至中欧的重要商路。为了弥补这一损失，伊特鲁里亚人与北非的商业城市迦太基结成同盟。

伊特鲁里亚人在技术上居于领先地位，他们修建了道路、桥梁与运河。他们从希腊人那里借用了字母文字、瓶绘艺术和神庙建筑。在公元前 6 世纪期间，伊特鲁里亚人以故地为中心向北和向南进行扩张。根据罗马作家的记述，在这个时候，12 个重要的伊特鲁里亚城市结为松散的政治联合体。

伊特鲁里亚诸王在一段时期内统治了罗马城。公元前 510 年的时候，一群罗马贵族奋起反抗在罗马的最后一位伊特鲁里亚国王，传统上认为，这一事件标志着罗马共和国的建立。从这时起，罗马人逐渐取代伊特鲁里亚人成为意大利的统治者。伊特鲁里亚人在公元前3世纪时最终退出历史舞台，被罗马人不断扩张的政治力量所吞噬。

罗马人从伊特鲁里亚人那里继承了许多文化观念，例如占卜——相信人们可以通过观察自然现象，如飞行中的鸟群，来预知未来。他们也继承了伊特鲁里亚人关于工程和金属制造方面的知识，甚至某些军事战术。

▌早期罗马

古罗马的发祥地是意大利亚平宁半岛，亚平宁山脉自北向南纵贯其境，北部是阿尔卑斯山脉。大约从公元前1000年起，意大利进入铁器时代。古代意大利的主要居民是印欧人，其中最重要的一支为意大利中部的拉丁人，罗马就是拉丁人建立的国家。

公元前8世纪起，又有新的移民浪潮涌向意大利，这些移民中，有伊特鲁里亚人、希腊人、高卢人。伊特鲁里亚人究竟是外来还是本土产生，迄今尚无定论，但他们在公元前8世纪到公元前6世纪这一时期，在意大利发展起了高度的文明。公元前7世纪，他们形成了一系列城市国家，有国王，但王权不很强大，后来即演变为贵族政治。不过，伊特鲁里亚的这些城市国家始终没有统一成一个国家，而是各自为政。后来罗马兴起，伊特鲁里亚的各城市国家也相继被征服。

罗马城建立于公元前753年（但也有人认为在公元前600年左右）。罗马城建立之前，各民族部落处于分散状态，后来经过联合和统一，便成为城市国家。王政时代（公元前753—前510年），是罗马从原始社会

← 古罗马城遗址

罗马城的历史可追溯到公元前12世纪。公元前27—公元476年，它是古罗马帝国的发祥地和首都；公元750—1870年，它是教皇国首都；1870年，意大利统一后，它被定为首都。

↑ **母狼育婴青铜像**
这座著名的埃特鲁斯坎青铜像铸造于公元前 480 年，是罗马的城市象征。

的公社制向国家过渡的时期，传说王政时代共有七个王，在前四王时期，罗马人尚处于军事民主制之下。到王政后期，伊特鲁里亚人在罗马建立了统治，即所谓的塔克文王朝。塔克文王朝时期，王权逐渐加强，国王成为最高的统治者。这一时期产生了所谓的"法西斯"，即国王身边的 12 名侍从，手捧一束棍棒，上插一把斧头，象征着绝对权力，因此后来成为专制独裁的代名词。

王政时代的第六位国王塞尔维乌斯为适应当时社会发展和对外扩张的需要，实行了一系列的改革。其中包括：一、建立新的地域部落，代替原来的按照血缘关系组织起来的氏族部落；二、创立森都里亚会议，即百人会议，取代库里亚会议；三、把罗马居民按财产之多寡分为五个等级，并确定其相应的权利和义务。经过塞尔维乌斯改革，罗马由氏族社会转变为国家。

王政时代的最后一位统治者高傲者塔克文（公元前 534 年—前 510 年），是个暴君，对外扩张，对内压迫，贵族和平民联合起来，驱逐塔克文及其家族，罗马由此进入共和国时代。

罗马共和国时代

罗马王政时代结束之后，进入共和制时期。这时不再有国王，执政的是两名执政官，任期均为一年。但共和初期，元老院却是国家的权力中心。执政官本身就是元老。森都里亚大会虽有重大权力，但最后的决议却要经元老院批准。元老院的成员均为贵族，故罗马共和国的实质是贵族共和国。贵族在推翻王政后掌握政权，逐渐凌驾于平民之上，在政治和经济上均压迫平民。

↑ 古罗马元老院议员浮雕

平民中只有少数人能通过经营工商业致富，大部分平民生活困苦，甚至沦为奴隶。因此，平民与贵族的斗争势不可免，由此展开了长达200年的平民与贵族的斗争。

当时罗马的军队，已由贵族的骑兵为主过渡到平民的步兵为主，所以平民首先便以"撤离"权——即集体退出军队相威胁。公元前494年，罗马与附近部落发生战争，恰在此时，平民第一次"撤离"，贵族惊慌失措之余，不得不做出让步，允许平民选出两名保民官，以保证一些平民的利益。在法律上，由于贵族随意解释习惯法，于是平民便要求成文法的制定，这一斗争的成果，便是罗马历史上第一部成文法《十二铜表法》，其内容虽然以保护贵族权益为主，但也限制了贵族随意曲解法律而滥用职权。此后，平民与贵族的斗争不断取得新的成就：公元前445年，废除贵族不与平民通婚的禁令；公元前367年，规定两名执政官之一必须由平民担任；公元前326

↑ 胜利女神
罗马帝国的皇帝在庆祝战役胜利时，常常将胜利女神放在战车上。

年，废止债务奴隶制；公元前287年，平民霍腾西阿被任命为执政官。至此，平民与贵族的长期斗争，以平民的胜利宣告结束。

平民与贵族斗争的结果，使平民在法律上获得了罗马公民在政治和社会方面的全部权利。债务奴隶制的废除，使罗马的公民集体变得稳固，转而奴役外籍奴隶。国家的高级官职对平民开放，平民和贵族的关系大为改善，罗马由氏族贵族的专权走向奴隶主贵族专权的道路。在内，罗马有平民和贵族的斗争；在外，罗马不断向外扩张。罗马本是台伯河岸的一个小城邦，却在后来不断四出征伐，最终征服了极其广大的地区，而成为一个极其复杂

↑ 古罗马斗兽场遗址全景

的国家。

公元前 406 年，罗马人征服伊特鲁里亚的维爱城，迈出征服意大利的第一步。

公元前 343 年至前 290 年，罗马人经过 3 次战争，征服了萨谟奈人，版图扩及南部意大利。

公元前 272 年，罗马彻底征服希腊移民城邦他林敦，至此，罗马人征服了除波河流域外的全部意大利。

罗马人既在意大利立足稳固，便寻求进一步扩张，第一个敌人便是北非的强国迦太基。迦太基是腓尼基人的殖民地，到公元前 6 世纪时，迦太基已是一个包括北非西部海岸、西班牙南部、巴利阿里群岛、撒丁岛、科西嘉岛和西西里岛的帝国。因罗马人称迦太基人为"布匿人"，故罗马与迦太基的战争亦称"布匿战争"。

布匿战争前后三次，历时百余年。第一次布匿战争（公元前 264—前 241 年），是因双方争夺西西里岛而起。罗马经过 23 年的苦战，最终占领西西里。迦太基不甘心就此失败，于是在公元前 218 年爆发了第二次布匿战争。迦太基名将汉尼拔率军从西班牙出发，翻越阿尔卑斯山，直取意大利。公元前 217 年，经特拉西美诺湖一战，罗马惨败；第二年（前 216 年），经坎尼一战，

◆ 大事年表 ◆

- 公元前 264 年
第一次布匿战争爆发
- 公元前 218 年
第二次布匿战争
- 公元前 149 年
第三次布匿战争
- 公元前 215—前 168 年
罗马发动三次对马其顿的战争
- 公元前 30 年
征服埃及托勒密王朝

↓ 迦太基古城遗址

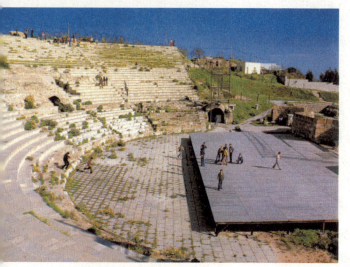
↑ 迦太基露天剧场

罗马再次惨败。坎尼战役的失败使罗马大为震动，全国军民同仇敌忾，全国17岁以上的公民即入伍参军，一方面与汉尼拔周旋，一方面又进攻西班牙。汉尼拔首尾不能兼顾，退回迦太基。罗马人后来也选出自己的名将斯奇比奥。公元前202年，斯奇比奥与汉尼拔决战于扎马，汉尼拔有生以来第一次战败，后饮鸩自杀。公元前201年，迦太基被迫求和，赔款之余又交出所有海外属地，并丧失了独立地位，罗马人在西地中海确立了海上霸权。半个世纪之后，迦太基又渐显繁荣之象，罗马担心它再度崛起，于是在公元前149年再度挑起第三次布匿战争。这次战争完全是强者对弱者的征服，迦太基城被困3年，于公元前146年城破，5万居民被卖为奴，城市则被夷为平地。

罗马人既在西地中海建立起霸权，进攻的矛头遂指向东方。亚历山大死后，他所建立的帝国四分五裂，形成三个大的王国，这便是马其顿王国、托勒密埃及王国、塞琉古王国。这些王国彼此时有争斗，内部矛盾又积重难返，于是便使罗马在不到一个世纪的时间内，控制了东地中海地区，称霸于整个地中海。

在第二次布匿战争期间，罗马先后发动了三次马其顿战争（公元前215—前168年）。马其顿战争的结果是罗马征服了希腊和小亚细亚。公元前190年，罗马又发动了对叙利亚的战争，使叙利亚沦为罗马的属国。公元前149年，希腊诸城邦爆发了反抗罗马的起义，但终因力量对比悬殊而归于失败。至此，罗马人控制了整个

重大成就

◆ 公元前5世纪，罗马制定《十二铜表法》，这是罗马历史上第一部成文法。
◆ 罗马崛起后，四出征伐，建立起一个庞大的罗马帝国。

↑ 罗马人与迦太基人的战斗

↑ 罗马执政官出行图

∽ 主要人物 ∾

马略（公元前2世纪）：古罗马政治家，进行军事改革。

斯巴达克（公元前1世纪）：古罗马奴隶起义领袖。

恺撒（公元前1世纪）：古罗马政治家，罗马事实上的第一位皇帝。

屋大维（公元前1世纪）：古罗马的第一位皇帝。

地中海沿岸，版图横跨欧、亚、非三大洲，成为地中海的霸主。

　　罗马在所征服的地区建立行省制度来统治当地人民，行省由罗马派总督进行治理。长期的对外征战，罗马掠夺了大量的土地和财富之外，也掠夺了大量的奴隶。罗马的奴隶制也由家内奴隶制发展为发达的奴隶制。广大奴隶的生活极其悲惨，毫无自由和地位可言，只不过是"会说话的工具"。奴隶为罗马的繁荣创造了条件，也埋下了奴隶起义的伏笔。

▌罗马帝国时代

　　伴随着罗马长年累月的对外扩张，大量的战俘成了罗马奴隶的丰富来源。罗马的奴隶制获得发展，奴隶和奴隶主的矛盾不断激化，奴隶起义此起彼伏。在这样的情形下，终于爆发了西西里奴隶起义。公元前137年，叙利亚籍奴隶攸努斯率400名奴隶揭竿而起，攻占恩那城，并曾一度建立政权"安条克"。攸努斯领导的起义得到西西里其他地区奴隶的积极响应。起义者人数日益增多，据称达20万人之众。起义军屡败罗马军队，后于公元前132年被镇压。不久，第二次西西里奴隶起义爆发，罗马在战胜北方的日耳曼人后，得以专心对付奴隶起义，最终起义又被镇压。两次起义虽以失败告终，但也沉重地打击了罗马统治者，揭开了大规模社会斗争的序幕。

　　与奴隶起义相对应的是所谓的"格拉古兄弟改革"。公元前133年提比略·格拉古就任保民官，他上任之后，立即着手进行土地改革。当时的罗马土地集中现象严重，大量农民

→ 斯巴达克塑像

失去土地。提比略·格拉古因之提出土地改革法案，限制每人占有土地的最高数量。这个法案自然招致占有大量土地的元老院贵族们的仇恨，提比略及其追随者300余人竟被活活打死。公元前123年和前122年，提比略之弟盖约连任两届保民官，他不仅恢复提比略所提出的改革法案，并且又提出给予意大利人同盟者以公民权的法案以及在迦太基进行殖民的法案，这又引起了包括平民在内的所有罗马人的反对。盖约和其兄提比略一样，也被逼迫致死，其追随者还被处死。格拉古兄弟改革失败了。

格拉古改革失败后，罗马内部分为民主派和贵族派，彼此争斗不休。公元前111年，朱古达战争爆发。战争初期，罗马军事制度腐败，军队连连失利，在此时，马略出现了。马略于公元前107年当选为执政官，获得朱古达战争的指挥权。马略上台后，着手进行军事改革，一方面改罗马公民兵制为募兵制，另一方面改革了军团组织。经这样的改革之后，罗马军队的战斗力大大提高，故马略终于在公元前105年打赢了朱古达战争。不久，马略又打败了条顿人与森布里人，解除了日耳曼人对罗马的威胁。马略的军事改革意义重大，募兵制代替公民兵制不仅使兵源更加充实，也在一定程度上巩固了罗马社会。马略的成功使他走到了罗马政治舞台的中心，但马略出身低下，故元老院贵族们不信任他，只有民主派真正地拥护他。

↑ 竞技场上的厮杀

↑ 表现恺撒被刺死的绘画

　　罗马一面在进行改革，一面又与其他意大利"同盟者"争斗不休。原因是罗马在征服意大利后逐渐使意大利罗马化，但众多的意大利"同盟者"的地位反而恶化，他们实际上受罗马的剥削，无法获得罗马公民权。这就使"同盟者"们极其不满，最终于公元前91年爆发了"同盟战争"。同盟战争的结果是大部分意大利人获得了罗马公民权。另外，在战争中，马略的部将苏拉脱颖而出，声望渐有超过马略之势；并且苏拉出身贵族，故为贵族派所支持。苏拉于公元前88年当选为执政官，当时恰在东方爆发米特里达提战争，马略和苏拉为争夺指挥权而展开争斗，苏拉占据上风，马略被判为人民公敌，逃到北部。苏拉把罗马城内安排好后，出兵赴东方作战。马略趁苏拉远走之际，又联合秦纳攻占罗马城，对苏拉党羽大肆翦除，又当选为公元前86年的执政官。苏拉结束战争后，火速赶回罗马，其时马略和秦纳都已去世，但其余党尚在。苏拉经过艰难的战斗，总算在公元前82年攻入罗马，无数贵族和平民被杀，苏拉在血泊中树立了个人的统治权，被"选举"为终身独裁官。这为后来恺撒等人的独裁开了先河。公元前79年苏拉放弃独裁官而隐退，次年去世。苏拉的独裁，已为罗马由共和制向帝制的转变埋下了伏笔。

　　公元前73年，爆发了举世闻名的斯巴达克起义。斯巴达克是色雷斯人，被俘后选入角斗士学校充当角斗士，以博奴隶主贵族荒淫无耻的快乐。他不满奴隶的非人待遇，遂揭竿而起。起义一开始，便得到无数奴隶的响应，起义队伍很快发展到几万人。起义军所向披靡，一直从意大利南部的卡佩尼亚打到北部的阿尔卑斯山。后因故又南下，欲与西西里的奴隶会合。罗马元老院情急之下任命克拉苏为统帅，并从海外调回罗马军团，以解燃眉之急。克拉苏与斯巴达克展开决战，斯巴达克不幸战死，起义军阵亡 6 万人，6000 人被俘后被钉死在道旁的十字架上。斯巴达克起义虽然失败了，但也给罗马统治者造成极大的打击，促使此后的奴隶剥削方式发生了变化。

斯巴达克起义之后，罗马政坛上出现了三位人物：身为富豪而又在镇压斯巴达克起义中立下功劳的克拉苏，苏拉的部将、剿灭海盗有功的庞培，雄心勃勃的没落贵族恺撒。三人当中，恺撒除慷慨乐施博得好名声之外，最无政治资本。公元前 70 年，克拉苏和庞培共同当选执政官，而恺撒此时正在凭借人缘和反抗苏拉时攒下的政治声望逐渐捞取政治资本。公元前 62 年，恺撒当选为法官，开始介入政坛，后出任西班牙总督。公元前 60 年恺撒返回罗马与庞培、克拉苏三人结成同盟，史称"前三头同盟"。但前三头同盟只不过是三人暂时妥协的产物，绝非真心诚意的结盟。公元前 58 年，恺撒出任高卢总督，任期 5 年。恺撒在高卢的 5 年，不仅开拓疆土，掠夺了大量的财富和奴隶，也为自己积攒了雄厚的政治资本。公元前 56 年，三巨头在路卡达成协议，延长恺撒在高卢的任期。后克拉苏在公元前 53 年死于帕提亚战争。庞培于公元前 52 年当上"没有同僚的执政官"，开始了独裁统治。元老院继而宣布恺撒为公敌，恺撒与庞培之间的争斗明朗化了。公元前 49 年，恺撒回兵罗马，庞培逃走后在埃及被杀。恺撒于公元前 48 年当选为终身保民官，公元前 45 年又被宣布为终身独裁官。恺撒实际上是罗马的第一个皇帝。公元前 44 年，恺撒被刺杀。

恺撒死后，罗马政局重陷混乱，不久出现了另外三个处于政治舞台中心的人物：屋大维、安东尼和雷比达。安东尼和雷比达手握军权，实力雄厚，屋

←罗马的强劲对手
一位高卢人在杀死妻子后，宁可自杀也不愿向敌人投降。

大维只有恺撒的财产和声望。三人于公元前 43 年结成同盟，史称"后三头同盟"。同前三头同盟一样，三人各有打算，只不过暂时妥协。经过十几年的钩心斗角，屋大维成了最后的赢家，雷比达的军权被解除，而安东尼因与埃及艳后克列奥帕特拉坠入情网而不能自拔。屋大维于公元前 31 年和安东尼决战，安东尼战败自杀，埃及艳后也在勾引屋大维失败后自杀。

至此，屋大维总揽军政大权，成为罗马的第一个皇帝。罗马也由共和制走向帝制，进入了罗马帝国时代。当然屋大维并未称"王"，而是自命为"元首"；罗马在形式上保持"共和"，实质上已是君主专制。不过与东方帝国不同的是，罗马的"元首"并不世袭。元首制从公元前 27 年，屋大维被授予"奥古斯都"的称号开始，到公元 284 年结束，这一时期为罗马早期帝国时期。

→ 屋大维像

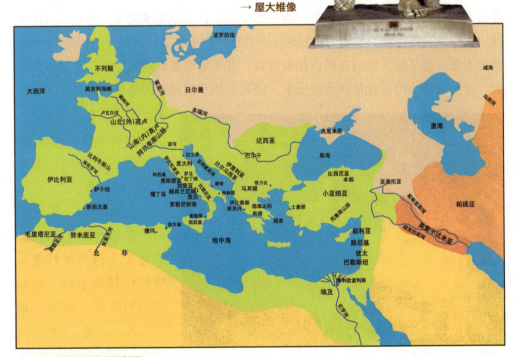

↑ 公元 2 世纪罗马帝国版图

孔雀帝国

——印度文明

▍列国时期

大约到公元前600年，印度开始进入所谓的"列国时代"。之所以称"列国时代"，是因为这一时期的印度存在若干大小不等、发展程度不同的国家，据佛教经典记载有"十六大国"。列国时代的一个主要转变在于，古印度的政治中心已经从印度河流域向恒河流域转移，恒河中、下游地区繁荣起来。列国当中，大部分是君主制度，间或有实行贵族共和制的国家。

列国时期的印度，社会经济已有很大的发展，铁器已开始广泛使用，各行业的分工进一步细化，商业也繁荣起来。商品经济的发展，使得社会各阶级的分化明显起来。一些婆罗门本是贵族，但此时却穷困潦倒；吠舍本是一般平民，此时却可以经商致富；甚至地位最低的首陀罗，有的也发了财。这种经济上的变化反映到政治上，便是对婆罗门种姓的特权地位越发无法忍受。所以，在行动上，人民的反抗起义此起彼伏；在思想上，出现了"百家争鸣"的局面。

列国时期，各种新的学说和思潮纷纷兴起，并且无一例外地具有反婆罗门教的思想。当时的思想流派，据佛经载有"六十二见""九十六外道"，其中影响最大的，

> ◆ 大事年表 ◆
> ● 公元前600年左右印度进入"列国时代"
> ● 公元前566年佛教的创始人悉达多·乔答摩诞生

↑ 悉达多降生人间图

↑菩提树
相传佛陀就在这棵菩提树下悟道 6 年。

除佛教之外，当属耆那教。耆那教认为，世界是永恒的，世界无始无终，世界上的所有事物都包含物质和精神两部分。耆那教的最高理想是使灵魂脱离躯体，超越轮回，处于无所不知、无所不能的极度状态。耆那教主张用战胜自己情欲的办法求得自己的解脱，否认人的种姓差别。

佛教的创始人是悉达多·乔答摩，他是伽毗罗卫城（今尼泊尔境内）释迦族首领净饭王的儿子。一般认为他生于公元前 566 年。他在 29 岁时离家出走去修道。经过多年的修行，终于在七天七夜的冥思苦想后大彻大悟，创立佛教，人们尊称他为"佛陀""释迦牟尼"。佛教也

↑阿育王时期在萨那斯的一根石柱上雕刻的四头雄狮，如今已成为印度的象征。

接受轮回说，不过它是从人生入手去阐发教义的，而不是探究宇宙的本原。佛教的核心教义是"四谛"即苦谛、集谛、灭谛、道谛。苦谛即是说人生是苦的；集谛即是说产生苦的原因，佛教认为产生苦的根本原因在于人有多种欲望；灭谛即是说佛教的目的是要消灭苦，消灭苦的关键在于消除欲望；道谛即是说明佛教修道的主张和途径，包括八正道。佛教与婆罗门教的最大不同是主张"众生平等"，佛教认为种姓的不同只是社会的产物，而不是天然就如此，这是佛教的积极作用。佛教后来传到印度之外，成为世界三大宗教之一。

列国时代后期，各国混战不休，后来归于统一，这便是所谓的孔雀帝国。

孔雀帝国的兴衰

列国时代后期，各国征战不休，在此过程中摩揭陀逐渐强大起来，统一了其他各国。

摩揭陀历史上第一个著名的国王是瓶沙王（约公元前544—前493年），他建都于王舍城，用通婚的方法与各国保持友好的关系。到了瓶沙王之子阿阇世在位时期，摩揭陀已成为恒河流域的一个强国。到难陀王朝时期，摩揭陀已经统一恒河流域，并打算向西征服印度河流域，但这一计划被亚历山大的东征打断了。亚历山大在征服波斯之后，便东进到印度河流域，因部下反对而放弃继续东进，只得返回巴比伦。亚历山大一走，印度人民就开始反抗马其顿人，亚历山大的总督率兵逃走，印度河流域又回到印度人手中。在印度人民的起义

↑这根沙岩柱是公元前3世纪由信奉佛教的阿育王下令建造的，阿育王将他的敕令和法规刻在上面。

中，一个名叫旃陀罗笈多的人成为领袖，公元前324年，他在西北印度自立为王，后向东推进，灭难陀王朝，并摩揭陀。旃陀罗笈多建立起新的王朝，因其家庭出身为养孔雀者，故王朝名为"孔雀王朝"。孔雀帝国历史上赫赫有名的阿育王，是旃陀罗笈多的孙子。他在争夺王位时大动屠刀，终于登上了国王的宝座，这一年是公元前269年。阿育王对南印度进行了大规模的征伐，除南印度小部分地区外，都划入了孔雀帝国的版图。

孔雀帝国是君主专制帝国，国王拥有军政大权，对全国实行分省而治，但其制度远远比不上中国秦汉时期建立起来的郡县制那样严整。阿育王完成帝国统一后，偃武修文，改变了治国方略。因帝国幅员辽阔，各地人民的状况差别很大，种姓之间的矛盾也很突出，故阿育王大力弘扬佛法，宣扬仁爱和慈悲，大力倡导非暴力。阿育王本人也成了佛教徒。佛教经典中把阿育王从嗜杀的暴君转变成仁慈的君主这一过程归结为佛法慈悲精神的感化，其实阿育王之所以弘扬佛法，不过是为了用它来维护帝国的统治。

孔雀帝国的统治并不稳定，阿育王死后不久，国家便分裂了。到公元前187年，帝国灭亡。

◆ 大事年表 ◆

● 公元前324年
旃陀罗笈多自立为王，后开创孔雀王朝

● 公元前269年
阿育王即位

● 公元前187年
孔雀王朝灭亡

蛇形土墩

——北美文明

▌北美的文明

　　北美早期的文明因为他们的坟墓土墩而著名，一些遗迹一直保存到现在。这些巨大的结构包括成千吨的泥土，需要许多人几个月或者成年地劳动来修建它们。北美文明最著名的是居住在俄亥俄河谷的霍普韦尔人，以及密西西比河地区土墩的修建者。

↑霍普韦尔人的墓穴
这是巨大蛇形土墩内部的典型情况。当一个人死后，人们通常在一个神圣的围栏内火化尸体。火化后，他们在上面修建一座土墩。以后，其他的人有时候也会被埋葬在这座土墩内。

　　霍普韦尔土墩成群地聚在一起。在霍普韦尔本地，38 个土墩形成 0.45 平方千米的综合体，绝大多数是圆形或者长方形。它们包括几具尸体，以及霍普韦尔人在墓穴的尸体旁边放置的包括工具、珠子、项链等装饰品的供品与财物。

　　一些墓穴是用从远方运来的原材料修建的，因为霍普韦尔人进行远距离的贸易。他们

鸡蛋形土墩————

蛇的嘴————

↑巨大的蛇形土墩
在俄亥俄，长382米的土墩呈蛇形。它的腭张开，像正在吞咽一个鸡蛋，但是实际上那是一个椭圆形的墓穴土墩。蛇可能是神或是霍普韦尔人祖先的象征。

输入佛罗里达的海贝、落基山脉的黑曜石以及伊利诺伊的燧石。同时他们制造烟斗、陶器雕塑以及各种铜装饰品进行对外贸易。

约公元 400 年后，霍普韦尔人的贸易网络开始瓦解，文明逐渐地衰落。没有人知道原因。可能是由于人口太多引起食物短缺，而气候开始变得寒冷，也减少了食物供应。

但这时候，在密西西比河地区生活着另一群修建土墩的人们。他们修建了大的城市——卡霍基亚，在卡霍基亚大约有 3 万人居住。这座城市建在肥沃的冲积平原上，由木头与草屋组成，在中心地区有超过 100 座的土墩。最大的是芒克斯土墩，它有 30 米高，顶部是一个用草木混合材料修建的庙宇。卡霍基亚可能是当地首领的宗族所在地，其最盛期持续了约 200 年，即 1050—1250 年。

▍密西西比文化

在中美洲群山和河流以北，几个世纪以来，一些独特的文明在这里兴起又衰落。一般而言，生活在现在美国土地上的各个民族主要聚集在偏远的小部落而不是城市之中。但是在公元后第二个千年开始的时候，密西西比河流域和西南部的沙漠里，人们创建了影响巨大的城市文明。

兴起于密西西比河流域并一直繁荣到 1000 年的文化并非突然出现，我们可以清楚地看到这一文化是早期阿德纳和霍普韦尔文化发展的结果。它们在土地肥沃的河边低地培育同样的农作物，如南瓜、豆子和玉米，在农耕之余有着相同的游戏活动，并且都采集同样的蔬菜、坚果等食物，也都为部落的重要人物修建高大的土墩。

↑产自新墨西哥西南明布雷斯流域的精美的陶器。它的制造者是莫戈永文化的一支，但是他们的文化也有着自己鲜明的特征，比如他们在陶盘上装饰有颇具特色的人、神和动物的形象。上图的陶盘显示的是一只蝙蝠的形象。

但即便如此，密西西比文化发展的程度和社会的复杂性仍有着不同于上述两种文化的地方。密西西比文化的人口往往达到数千，他们都生活在真正的城市而非农村中。土墩与上述两种文化的土墩相比，显得有些矮小，但是它们不仅是为了埋葬逝去的先辈，还是为了纪念推动社会向前发展的集体努力的精神。农业规模很大，农作物的产量更高，特别是一种可能进口自中美洲经过改良的玉米。剩余的农产品被储存在公共的谷仓里，这样，人们就有精力和资源用于奢侈品的生产和交易，并且从事舞蹈、运动等娱乐活动以及其他社会活动。

→亚利桑那萨瓜鲁国家公园的岩画。这种图案设计风格属于霍霍卡姆文化，霍霍卡姆文化繁荣于公元前300—1450年的希拉河和索尔特河流域附近。霍霍卡姆人能够使用发达的灌溉系统来提高的粮食产量。

西南部干燥的沙漠地带则与密西西比河流域草木繁茂的环境迥然不同，这里的农业发展因此显得比较困难。不过，几百年来，通过每年春天收集从山上流入河流里的融化的雪水，最初生活在这里的霍霍卡姆人以及后来的阿纳萨兹人逐渐发展出一种农业文明。到公元初年时，霍霍卡姆人已经能够顺着灌溉渠道运送珍贵的水资源；公元800年的时候，他们有了一个发达的灌溉系统，这一系统的大部分至今还能使用。同时，莫戈永人在高地附近开始种植玉米和豆类，尽管他们主要还是狩猎者和食物采集者。

阿纳萨兹人稍后出现在更北的地区，后来扩展到了今天美国的犹他州和科罗拉多州。对农业而言，他们是新手，十分希望学习他们的邻居以获得农业技巧。不过，到1000年时，他们已经是北美西南部最发达的社会了。阿纳萨兹人生活在由沙石和土坯搭建的地窖之中，这些地窖起初为半地下，后来完全建造在地面之上。地窖由一道共同的墙联系起来，就像蜂巢中的一间间蜂房，换句话说，就像最早的公寓。这些村落通常修建在尽可能有安全保障的地方，哪怕是面对山崖也无所谓，就如科罗拉多的梅莎维德。这些建筑至今仍是北美地区的人造奇迹。

密西西比河流域的大都市

在圣路易正东，一座30米高的小山矗立在地平线之上，它是密西西比河流域卡霍基亚城的遗址。在1000年以前，这座人工小山是北美最大的建筑，它不只是一个土丘，而是一个用土堆建起来的金字塔。人们猜想，土丘的顶端建有神庙，它位于一个8平方千米的广场的中心。这座广场上还分布着不少于100座的小型建筑。整座城市生活着3万多人，他们的住处分布在长达20千米的河岸两侧，人们都居住在共有的、木结构的、上面搭有茅草的房子里。这个显然十分繁荣的定居地于1400年遭到遗弃，原因至今不明，成为哥伦布到达美洲之前的一个重大的历史之谜。

欧亚剧变

——古典文明的终结

↑ 匈奴人复原图

▎游牧民族的大迁徙

远古时代，人类尚处在食物采集者的阶段，采集的食物不外乎植物与动物，当然，这是广泛意义上的"采集"。随着人类的进步，由采集植物转变为耕种，由"采集"动物——狩猎转变为游牧。亚欧大陆上，各民族或耕种或游牧，大体上取决于自然环境。气候温润、土壤肥沃的地方适于耕种；而水草丰美、土地贫瘠的地方适宜放牧。由此而产生两个世界：农耕世界与游牧世界，大体上农耕世界在欧亚大陆的南部，游牧世界在欧亚大陆的北部。两大世界既成，必有相互的影响，这影响不外两种：一为和平交流，二为暴力冲突。

一般而言，农耕文明因属于定居的性质，故能创造出较高的文明，游牧文明的本质是"逐水草而居"，故相对而言较为落后。两个世界发展到一定阶段，游牧世界为掠夺财富，便时时南下侵扰；农耕世界为绥靖边疆，也常常主动出击，因此暴力冲突不断。农耕文明常因这种斗争而毁于一旦，游牧民族亦有被农耕世界赶走，发生大规模的迁徙。

公元前3世纪末到公元3世纪初，亚洲东部大部分属中国秦、汉的版图。南部为农耕世界，北方草原和沙漠地带则是游牧民族的天下，有匈奴、鲜卑、乌桓、月氏、乌孙等部落。当时最为强大的部落是匈奴，匈奴不仅侵扰中原，同时对其他游

↑ 阿提拉头像

素有"上帝之鞭"之称的匈奴王阿提拉率军横扫欧洲，给罗马人以沉重打击。

→公元419年，西哥特人在法国西南建立了西哥特王国，这幅浮雕下图表现的是哥特人对罗马人战争的胜利，上图是西哥特王国开始建立政权。

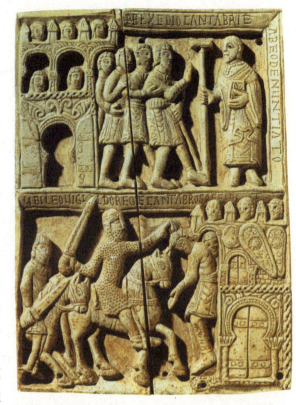

牧民族也大肆侵犯。匈奴向东进展，赶走东胡，后东胡便分裂为乌桓和鲜卑；向西进展，赶走月氏，月氏只好西走，于是便打败乌孙。乌孙后与匈奴联合，报复月氏，月氏便分为两部，一部西迁，称大月氏；一部留在祁连山区，与羌族融合，称小月氏。西走的大月氏贵霜部，联合大夏王国的吐火罗部，建立起贵霜帝国。匈奴南下，与中国秦汉时期的王朝交兵。汉朝与匈奴交战，失败居多，后以和亲政策得以暂时维持和平。汉武帝时，国力强盛，遂对匈奴采取主动出击的战略，汉将卫青、霍去病多次率军进攻匈奴，屡屡获胜。匈奴内外交困，终于分裂为南北两支。南匈奴后来投降汉朝，与汉人聚居，逐渐融合到中华民族当中；北匈奴受汉朝和其他民族如鲜卑的打击，四面受敌，只好"远引而去"。此后，北匈奴一直向西迁徙，时走时停，后来竟深入欧洲腹地。受到匈奴西迁的压力，其他游牧民族，如波涛相逐一般，先后涌入亚欧大陆的农耕世界，这便是游牧民族的大迁徙。

公元3到5世纪，中国的魏晋时期，北方5个游牧民族匈奴、羯、鲜卑、氐、羌先后进入西晋的北部，灭亡了西晋政权，先后建立起16个政权，这便是"五胡十六国"。后来，这些民族基本上和汉族融合，接受了汉族的先进文化，也发展成了农耕文明。

中亚的游牧民族哒哒人于公元4世纪到5世纪初，向南方迁徙，曾侵入萨珊波斯、印度（笈多王朝时）

◆ **大事年表** ◆

● 公元前127年，前121年，前119年
西汉三败匈奴

● 公元前100年左右
通过丝绸之路，罗马和中国之间有了贸易往来

● 公元89年
东汉军队出塞3000余里，大破北匈奴，匈奴余部被迫西迁

● 公元395年
罗马帝国分裂

● 公元476年
西罗马帝国灭亡

↑公元前 2 世纪用黏土制成的帕
提亚的战士头像。

等地，先后接受了波斯和印度的先进文化，也与当地民族融合。

从公元 1 世纪东汉帝国击败北匈奴开始，游牧民族发生了大规模的西迁。不仅是亚洲各游牧民族，欧洲各游牧民族也因此大量涌入东罗马帝国和西罗马帝国，促使欧洲文明的进程发生重大变化。

古代的希腊、罗马人，把他们周边不发达、不开化的民族称为"蛮族"或"野蛮人"，他们主要是指日耳曼人和斯拉夫人。在民族大迁徙之前，罗马人和"蛮族"人就有交往。"蛮族"中的条顿人和森布里人曾入侵意大利，罗马也开始吸收"蛮族"。

日耳曼人是一个统称，其内部仍然分为许多小部族，主要分为东、西日耳曼人两大部分；西日耳曼人包括撒克逊人、苏维汇人、法兰克人和阿勒曼尼人；东日耳曼人主要包括哥特人、汪达尔人、伦巴德人，其中哥特人又分为东、西哥特人。

促成欧洲民族大迁徙的是匈奴的西迁。公元 372 年，匈奴击败阿兰人，后渡过顿河，侵入东哥特，东哥特首领兵败自杀；公元 375 年匈奴击败西哥特人，西哥特人遂进入罗马世界。从此，汪达尔人、苏维汇人、阿勒曼尼人、勃艮第人、阿兰人便如潮水一般涌入罗马世界。

日耳曼人入侵罗马世界的结果，先是使罗马帝国一分为二，分为东罗马帝国（即拜占庭）和西罗马帝国两部分；后来更是灭亡了西罗马帝国，时间是公元 476 年。东罗马帝国勉强支撑，又存在了一千年。西罗马灭亡后，境内已是"蛮族"的天下，西欧、北非的奴隶制国家结束，进入封建社会的中世纪。

游牧世界居民在公元 4—5 世纪大规模地向农耕世界迁徙，是亚欧大陆普遍发生的现象，是世界历史上一个极其重要的阶段。游牧民族大迁徙的结果，是促进了两个世界的沟通与交流，改变了人类文明的进程。

▌安息帝国

所谓的安息帝国即是帕提亚，它位于伊朗高原东北部、里海东南一带。这里原来是波斯帝国的领土，亚历山大东征，灭掉波斯帝国，此地遂并入亚历山大帝国的版图。亚历山大帝国瓦解后，又成为塞琉古王国的属地。公元前 247 年，塞琉古王国正和埃及的托勒密王国争斗，一个叫帕奈人的游牧民族乘机和当地人民一起反抗塞琉古王国，最终获得独立，这即是帕提亚。帕奈人首领阿尔萨息成为国王（公元前247—前226年在位），中国史书翻译为"安息帝国"。

塞琉古王国自然不能容忍安息独立，于是屡次出兵征伐，安息虽然战败，但并未丧失独立的地位。可这时偏偏罗马人也向东进展，塞琉古王国便顾不上东面的安息，只好全力对付西边的罗马。安息见有机可乘，便趁机西进，一路进展顺利，公元前155年，攻占米底；公元前141年，攻占底格里斯河重镇塞琉西亚；后来又占领了巴比伦尼亚。此后虽互有争斗，但塞琉古王国已明显处于劣势，不得不局促于叙利亚一带。公元前64年，罗马灭亡了塞琉古王国，于是和安息直接对峙，二者不可避免地发生冲突。罗马"前三头"之一的克拉苏，就是在与安息的战争中战死，这一年是公元前53年。"后三头"之一的安东尼，也曾与安息交过战，互有胜负。此后安息与罗马时战时和，战多和少，这种局面一直持续了200多年。

安息帝国应该说是古波斯帝国的继承者，在经济上同样存在发展不平衡的问题。但安息帝国在政治上相当松散，波斯帝国尚且对各地实行行省制度，派总督统治，而安息帝国的各地区基本上是自治，国王的权力并不大，往往受制于贵族。在语言、文化上，安息基本上很好地继承了波斯的遗产。

贵霜帝国兴起后，安息帝国日益衰落，后又与罗马发生战争，自身力量大为削弱，国内又起纠纷，内外交困。公元226年，安息帝国灭亡，取代它的是萨珊波斯。

日耳曼人的入侵与罗马的衰亡

屋大维死后，罗马维持了200多年的和平，这在历史上是罕见的。当然其中也有动乱时期，不过相对而言不占重要位置。公元68年，暴君尼禄被迫自杀，此后罗马政局出现短暂的动荡。公元96年，涅尔瓦为元首，从此开始安敦尼王朝，一直持续到公元192年。安敦尼王朝时期，政局稳定，经济发展，是罗马帝国的"黄金时代"。

从公元2世纪末到3世纪末，罗马爆发全面的危机。奴隶制经济已经走到尽头，政治上也混乱不堪。

↑四帝共治浮雕，右二为戴克里先。

↑ 被毁灭的罗马

公元 410 年，西哥特人占领并洗劫了罗马，屠杀了许多当地居民。公元 455 年，汪达尔人也同样如此。但是罗马作为一个繁华的都市继续存在到 546 年，此时，东哥特人占领罗马并将城中的所有居民驱赶出去，才使之成为一片废墟。

◆ 大事年表 ◆

● 公元 68 年
罗马暴君尼禄自杀
● 公元 96 年
罗马进入安敦尼王朝
● 公元 284 年
戴克里先取得罗马政权，进行了一系列改革
● 公元 306 年
君士坦丁即位，他把帝国首都从罗马迁到君士坦丁堡
● 公元 392 年
罗马皇帝提奥多西定基督教为国教
● 公元 395 年
罗马帝国分裂为东、西两部分
● 公元 476 年
西罗马帝国灭亡

重大成就

◆ 基督教的诞生。
◆ 罗马人的法律制度是留给全人类的一份宝贵遗产。
◆ 罗马的建筑别具一格，如万神庙、大圆形竞技场。

公元 193 年，安敦尼王朝结束，开始塞维鲁王朝，公元 235 年，塞维鲁王朝也灭亡了。外部形势也不容乐观，此时"游牧民族大迁徙"已经开始。日耳曼人中的法兰克人、哥特人突破帝国西部边境，进入罗马帝国，东部的萨珊波斯也已经崛起。

混乱的局面直到公元 284 年才好转，这一年，戴克里先取得政权。戴克里先进行了一系列改革，在一定程度上稳定了帝国的统治。公元 306 年，君士坦丁即位，废除了戴

克里先的"四帝共和制"，实行完全的君主专制，并且把帝
国首都从罗马迁到东方的拜占庭，并改称为君士坦丁堡。

公元 395 年，罗马皇帝提奥多西死，帝国由他
的两个儿子继承，于是罗马被分为东、西两部，东
部也称拜占庭帝国。西部的西罗马帝国，此时正处
于"蛮族"入侵的境况下。

公元 410 年，西哥特人攻陷罗马；公元 455
年，汪达尔人再次攻陷罗马；公元 476 年，日
耳曼人奥多亚克废黜罗马最后一个皇帝罗慕
路斯，西罗马帝国灭亡。

东罗马帝国即拜占庭帝国，又持续了
近千年，与西罗马帝国的命运不同。

在罗马帝国时代，另一件大事当属基

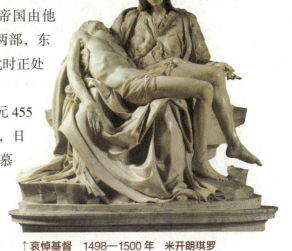

↑ 哀悼基督　1498—1500 年　米开朗琪罗

督教的诞生。基督教本是犹太教的一个教派，但它在某些方面超越了犹太教。在
思想方面，基督教声称上帝爱所有的人类，而不像犹太教那样，只认为犹太民族
是耶和华的"选民"，这无疑扩大了它的群众基础。而且耶稣与耶和华相比，更加
友善、慈祥，令人有亲切感。传说中的耶稣诞生在公元元年。基督教经典《新约

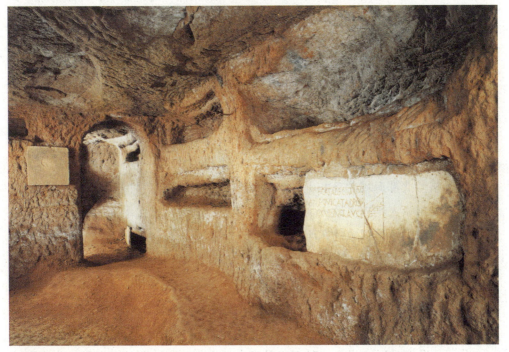

↑ 早期基督教活动的密室　公元 1 世纪

主要人物

戴克里先：罗马皇帝，进行了一系列改革。
君士坦丁：罗马皇帝，迁都君士坦丁堡。

全书》约成书于公元1世纪到2世纪，以希腊文字写成。

基督教诞生时，几乎每个君主都对它采取严厉的打击态度，但君士坦丁改变了对基督教的态度，他在公元313年颁布"米兰敕令"，承认基督教的合法性；公元323年，君士坦丁又召集了第一次宗教大集结，制定了基督教的正统教义。公元392年，罗马皇帝提奥多西颁布法令，正式确定基督教为国教。

维京人

对那些受到攻击的人来说，维京人就是海盗——来自海上的强盗。而对记录下他们侵袭行为的基督教修士来说则更加糟糕——维京人还是异教徒。维京人崇拜北欧的一些原始神，如奥丁和托尔，且对教会和修士毫无尊敬之意。维京武士确实是让人恐惧的敌人，但他们也有着积极的一面。在北欧的工匠制作出精美的艺术品的同时，那些海上的冒险家开始在冰岛和格陵兰等地定居，并成为最早到达北美洲的欧洲人，且帮助建立了最早的俄罗斯人的国家。

←尽管维京人多以作战技巧为人所知，但他们也是灵巧的工匠，此图所示的精美的装饰用的胸针就是明证。维京人倾向于设计复杂精巧和抽象的工艺品，上面往往饰有人和动物的图像。

维京人是生活在现在挪威、瑞典和丹麦的不同民族的总称，他们被共同的语言、宗教和生活方式联系在一起。维京人中多数出身农民，但由于缺少足够的土地，他们便被赶出斯堪的那维亚的家园。其中一些人找到之前无人居住的地区定居下来，如冰岛和格陵兰。另外一些人则漂泊在海上，首先是四处劫掠，然后才会考虑到定居。

不同的维京人在不同的地区展开活动。挪威的维京人于公元8世纪初期开始居住在苏格兰北部海域的岛屿上，然后来到不列颠西海岸并进入爱尔兰及冰岛北部。丹麦的维京人则攻击欧洲大陆的西海岸，在公元9世纪中期，他们入侵英格兰，逐渐占领了这个国家的东半部，他们统治的地方被称为丹麦区。来自瑞典的维京人穿过波罗的海进入东欧。借助河道，他们渐渐到达君士坦丁堡，并在公元860年对君士坦丁堡进行了未获成功的围攻。这些在东欧的维京人很多在河流边新兴的港口城市安居下来，成为商人。当地的斯拉夫人将之称为"罗斯人"，他们对于第一个俄罗斯国家的建立帮了大忙。

公元9世纪时，这些又是武士又是商人的维京人在波罗的海以及整个欧洲建

维京人的长船

  自罗马帝国灭亡以来，维京人的长船是造船史的一个重要进展。早在公元 8 世纪晚期，这种造型轻巧、漂亮的船只就运载着维京战士在地中海和西欧四处劫掠，或运送他们穿越大西洋，远至北美海岸。像所有维京人的工艺品一样，长船有很强的实用性。这种船形状狭小，吃水很浅，使它可以在水上飞快行驶。维京人有时会将死去的长者安葬在船上，一些这样的船葬已经被发掘出来，它们提供了有关这种船只的重要信息。一个著名的例子是 1880 年在挪威科克斯塔德发现的长船，这艘船长 23 米，每边可以坐 16 名划桨手。

立起巨大的商业网络。维京人供应木材、皮毛和蜂蜜，用来交换黄金、白银和奢侈品。奴隶也是一件重要的商品，奴隶一词（slave）就来源于维京奴隶主残酷压榨的斯拉夫人（slav）。维京人的另一项财富来源是收取保护费，许多西欧的统治者向维京人提供大量的金钱，以换取和平的保障。

↑ 维京人的长船

↑维京人是令人生畏的战士，他们利用在对手中引起的恐惧感速战速决。他们使用多种武器，如双刃剑、长矛、战斧以及弓箭等。

　　整个维京人的事业是建立在航海技术大发展的基础之上的。在那个很少有人会离开自己的家乡到遥远的海外去冒险的时代，北欧的冒险家们能够穿越海洋，要受益于他们的造船技术和航海技术。他们的船用层层叠加的厚木板建造，靠帆和桨获得动力。最著名的船只要数长船，这种战船可以容纳 200 名战士。

第三章
东方占据优势的时代

在欧洲历史上，从罗马文明瓦解直至文艺复兴这段时期，
被称为中世纪，这是欧洲历史上沉寂无声的时期。

这一时期的东西方交流中，东方（或者说亚洲）无论在
经济上、文化上或军事上都有着明显的优势。

强盛的唐帝国产生了世界性的影响；

阿拉伯帝国崛起后迅速发展，

成为一个地跨欧、亚、非三洲的大帝国；

成吉思汗建立的元帝国，更是把它的铁蹄一直

踏到了多瑙河……

巨大的差距引起了欧洲人对亚洲的向往，

在他们的感觉中，

中国和印度是两个满地黄金的国家，

这成为欧洲人开辟新航线的动力……

戒日王朝

——印度的短暂中兴

笈多王朝

印度在孔雀王朝灭亡之后，虽然有巽伽王朝和甘华王朝，但都是昙花一现。从公元前后开始，此后300多年，印度的历史处于极其混乱的阶段。内部不断分裂，外部又受人侵略，先后被安息和贵霜所统治。

公元3世纪以后，贵霜帝国逐渐衰落，南亚次大陆的西北部和北部地区分裂为许多小国。

公元4世纪初，恒河上游地区一个小国君主室利笈多家族逐渐强盛起来，制服其他小邦而成为当地的强国。公元320年，旃陀罗笈多一世建立笈多王朝，他在位期间（公元320—335年），为新兴笈多王朝的强盛奠定了牢固的基础。

↑这幅雕刻描绘的是印度教最受敬畏的神灵毗湿奴。在笈多王朝统一时期，佛教由盛转衰，而印度教重获统治地位。

旃陀罗笈多一世之子沙摩陀罗笈多统治时期（公元335—380年），开始大规模向外扩张。他首先开始西征，征服恒河上游地区和印度河流域东部地区；然后

← 笈多时期的石头寺庙

重大成就

◆ 笈多王朝修建大乘佛教中心那烂陀寺。

◆ 数学上，计算出圆周率为3.1416。

向东进军，征服恒河下游直至三角洲的大部分地区；最后挥师南下，进抵奥里萨和德干高原东部。笈多王朝初期的势力在海外达到马来半岛和印度人侨居的爪哇和苏门答腊等地。

沙摩陀罗笈多之子旃陀罗笈多二世时期（公元380—413年），笈多王朝的政治、经济、军事、文化的实力达到鼎盛时期。旃陀罗笈多二世便是传说中的超日王，超日王继承父业，致力于国家的统一，经过多年经营，笈多王朝的领土扩张至阿拉伯海沿岸，控制了北印度东西海岸的繁荣城市和港口，这对于笈多王朝手工业和商业的发展有着积极的意义。

笈多王朝统治下的北印度，政治稳定，经济繁荣，文化昌明，宗教宽容。沙摩陀罗笈多是一位文武全才的国王，一生戎马倥偬，又长于诗作，获得了"卡维罗阁"（诗人国王）的称号。笈多王朝国王对学术非常重视，注意培养人才。在宗教方面，虽然国王信奉印度教，但对其他宗教信仰却能采取宽容态度。

超日王重视水利灌溉，加强水利工程的建设，促进了北印度农业的迅速发展，当时铁制农具已普遍推广使用。笈多王朝的手工业也很发达，商业也更加繁荣。

笈多王朝时印度教已经兴起，大乘佛教依然盛行。各种宗教和印度教的各教派都在自由发展。大乘佛教中心那烂陀寺已成为笈多王朝及其以后的文化和学术中心。超日王旃陀罗笈多二世之子鸠摩罗笈多一世在位时（约公元415—455年）开始修建那烂陀寺，以后诸王又相继扩建，使那烂陀寺成为规模宏伟的最高学府。

笈多王朝在天文、数学方面也取得了巨大成就。生活在笈多王朝后期的大数学家和天文学家亚利雅巴达精确地算出圆周率的数值为 3.1416，他断定地球是绕着自己的轴旋转的球体。

⌘ 主要人物 ⌘

旃陀罗笈多一世：笈多王朝的建立者。

超日王：即旃陀罗笈多二世，他在位时，王朝的国力达到鼎盛。

↑ 建于公元 6 世纪的印度大菩提寺

超日王死后，国内矛盾日益激化，住在那马达河流域的部族普士亚密多罗人掀起叛乱，反对笈多王朝的统治，后来内部叛乱虽被镇压，但笈多王朝又面临着吠哒人（白匈奴人）从外部入侵的威胁。吠哒人是中亚的游牧部落，公元5世纪末，头罗曼成为吠哒人国王，他乘笈多王朝衰落之机，于公元6世纪初大举入侵印度。公元540年，笈多王朝灭亡。

笈多王朝处于印度由奴隶制社会向封建社会过渡的阶段，在历史上占有重要地位。

↑ 玄奘像

玄奘于公元629年前往印度取经，至公元645年返回长安，历时17年。玄奘求经是中印文化交流史上的一件大事。

戒日王朝

印度的笈多王朝被吠哒人灭亡几十年后，吠哒国也很快灭亡。在公元6世纪末和7世纪初，北印度又呈分裂状态，经过一个时期的纷争和动荡，主要形成了四个较强的王国，结成两个互相敌对的政治军事集团。四国分别是坦沙尼王国、穆克里王国、高达王国、摩腊婆王国。这四个王国中，前二者和后二者分别结成两个互相敌对的政治军事集团。公元604年，坦沙尼国王去世，次年，他的长子继位为王。穆克里王国的首都曲女城被另两国联军所攻破。公元605年，坦沙尼国王攻下曲

↑ 印度佛塔

女城，但自己不幸被害，公元606年，他的弟弟即位为王，号称"戒日王"。戒日王即位后，立即兴兵复仇，收复曲女城，随后戒日王开始了对北印度的征服，历经6年的征战，终于征服了北印度诸国，戒日王的实力大为增强。公元612年，在穆克里王国的贵族和廷臣的请求下，戒日王正式继承曲女城的王位，坦沙尼和穆克里合并，被称为戒日帝国，定都曲女城。

戒日帝国形成后，戒日王继续南攻北伐，东征西讨，使北印度基本上处于戒日王政权的统治之下。在公元7世纪20年代，戒日王曾企图征服南印度，完成次大陆的统一事业，但其扩张遭到挫败。当时德干高原正处于遮娄其王朝的统治之下，遮娄其的强大，封锁了戒日帝国向德干扩张的路线，纳尔马达河成为戒日帝国的南部边界线。

戒日王对东方恒河下游的征服经历了长期的战争过程。经过30多年的征伐，北印度除克什米尔、西旁遮普和拉其普特纳之外，尽入戒日帝国的版图之内。

戒日帝国的统治主要依靠中央和地方的行政机构以及庞大军事力量。作为国家君主的戒日王的权力是非常大的，此外中央有大臣会议，协助国王进行统治，讨论和制定对内对外政策。地方行政机构的独立性日益加强，迫使戒日王不断巡行各地，监督他们。至于承认戒日帝国宗主权的边远地区的藩国，依然由当地王公进行统治，只向戒日王纳贡。

戒日帝国时期正是印度封建制度形成和确立的时期。戒日王的统一只是相对的，所谓"帝国"实际上是许多小王国的松散的政治联盟，戒日王是这个联盟的盟主。帝国境内共有30多个封建藩国，处于半独立的状态。戒日王经常巡视全国各地，营帐所至，众官相随。由于封建关系得到发展，各地的封臣和藩王的势力不断加强，戒日王的中央政府不得不考虑地方臣属的利益，做出必要的妥协。帝国末期，地方割据的倾向日益强化，各省总督和藩王俨然成为独立王国，中央的权力更加削弱，地方分权极为明显。公元647年，戒日王死后，帝国随即瓦解，各地封建主纷纷割据，北印度重新陷于分裂的局面。

↑南印度的玛玛拉朴拉姆城，这里的雕刻创造了印度教纪念物中最辉煌的一页。

岛国的兴起

——日本文明

▌日本的兴起

日本的天皇声称他们是太阳女神天照大神的后代，并将其在政治上的根源追溯到大和国统治者那里。大和国是以今天大阪市附近的大和平原为中心的国家，它在大约公元 600 年的时候统治着日本南部。起初，中国文化和佛教对日本有着重要影响，但是日本很快发展出自己的宫廷文化。同时日本有自己传统的神道信仰，与佛教信仰并行不悖。

↑ 日本歌舞伎。戏剧是日本最生动的艺术之一，除了能剧，在17世纪的日本城镇中还产生了许多其他种类的戏剧。歌舞伎和净琉璃文乐木偶戏就是其中的两种。

日本最早的历史记录存在于公元 8 世纪的《日本书纪》中。它描述了传说中的日本国的起源，但对大和国早期的统治者却很少谈及。考古学上的发现能告诉我们更多的事情。在公元 300 年之前，居住在日本内海周围的居民开始建造巨大的、锁眼状的坟墓，日语称之为"古坟"。坟墓里有许多陶器、武器、珠宝和铜铎

圣德太子

圣德太子（公元 572—622 年）是从史前历史阴影中走出来的大和早期统治者之一。如图所示的是圣德太子少年时期的雕像。圣德太子被认为是十七条宪法的颁布者，强调了中国人有关忠诚、和谐和奉献等原则，被认为是政治生活的理想模式。他还制定了新的贵族等级，即官位十二品，同样取法中国。新的官位制度有助于削弱地方势力，将有才能的人选入政府机构。新的宪法还给予佛教很高的地位，圣德太子曾下令广建佛寺，其中就有奈良的法隆寺，它是日本最古老的佛寺。圣德太子被奉为政治家、圣人和佛教的保护者，他死后，对他的崇拜在日本传播开来。

→佛教在公元 6 世纪传播到日本，促进了一种新的建筑形式的出现。如图所示的是一座公元 7 世纪的宝塔，它位于首都奈良的法隆寺内。

↑日本最大的古坟位于现在的福井市。它是为了保存仁德天皇的遗体而建。这个巨大的建筑长500米，周围有3条沟壑环绕。

之类的祭祀用品，这些坟墓的主人可能是级别较高的武士首领。武士首领之间为了争夺更高的权力而展开相互争斗。

公元 4 世纪的时候，最强大的武士首领成为位于本州的大和盆地的统治者，本州是日本最大的岛。这些坟墓在公元 5 世纪早期就已经出现，传统上认为，最大的"古坟"的主人是仁德天皇，即《日本书纪》中提到的早期天皇之一，在公元 6 世纪末，大和的国王们已将统治扩展到日本南部，甚至在一段时间内还可能控制了朝鲜半岛南部。

大约在这个时候，一种新的文化形式——佛教——从中国和朝鲜传到日本。随之而来的还有中国文化的其他影响，如中国的书法和历法。公元 710 年，一座永久性的都城在平城京（今天的奈良）建立。都城被设计成栅格形，与中国长安相似。皇宫附近还修建了几座主要的寺庙。

这一时期，由于僧侣的影响与日俱增，削弱了天皇的权威。公元 794 年，桓武天皇为了减小僧侣的影响，将都城迁往平安京。平安京（今天的京都）成为贵族文化的中心，宫廷生活本身甚至成为一种艺术。漂亮的书法和华美的诗词地位远高于武士的技艺，精美的礼服和烦琐的礼仪将生活在宫廷里的精英与普通百姓分割开来。

▌日本的统治者

日本是一个岛国，有海洋作为天然屏障。虽然日本的许多习俗是借鉴中国的，但两国的文明却有很大的差异。

日本的君主政体开始得比一般国家都早，日本第一位君王出现于 2000 多年以前。然而，基于中国唐朝统治模式的日本中央集权体制仅开始于圣德太子统治时代（公元 572—622 年）。在这一时期，大部分日本人生活在南部的岛屿上；另一支——阿伊努人，生活在日本北部至今。

↑德川家康像

圣德太子把奈良定为都城，并鼓励佛教发展，尽管这并没有摧毁日本传统的宗教——神道教，但是佛教对日本文明产生了重要影响。公元794年，桓武天皇为了远离佛教的影响，把都城从奈良迁往平安京（现今的京都）。但是，在平安京，统治者却陷入了强大的氏族力量的制约中。在接下来的几个世纪中，这些被称为幕府的势力家族实际上成为了日本的真正统治者。幕府是军事统治者。天皇被尊为神，但现实中却掌握着很小的权力。

贵族们有足够多的消遣时间可以用来实践并享受艺术。他们在精美的纸张上书写从中国学来的诗歌，并配以优美的山水画。在佛教的影响下，日本的艺术大多数是像手工折纸和园艺这样的形式。日本的庭园中有设计成由岩石和小鹅卵石构成的图案，供人们在房屋里观赏。日本的传统戏剧被称为"能剧"，能剧中有吟唱和舞蹈，像是一个仪式，表演者佩戴面具，舞台没有布景。

欧洲人在1543年首次到访日本，那时足利幕府倒台，日本处于地方封建领主——大名的统治下。大名们惊异于欧洲的先进科技，尤其是他们很想购买的火枪。欧洲的传教士们说服了许多日本人信仰基督教。不久之后，日本被3位著名的大名重新统一，他们中的德川家康在1603年组建了幕府，开始统治整个日本。他不采纳任何国外思想，把所有的欧洲人都驱赶出日本，甚至杀戮了许多反对他的基督教徒。

↑东大寺于公元743年建造于国都奈良。它的巨大的佛堂里安放着日本最大的佛像，有15米之高。

拜占庭文明
——东欧封建诸国

↑ 拜占庭武士像

▌拜占庭

公元 330 年，罗马皇帝君士坦丁一世把首都迁到君士坦丁堡。公元 395 年罗马皇帝狄奥多西死后，统一的大帝国分为东西两部，由其两个儿子分别进行统治，从此走上各自独立发展的道路。东罗马帝国因其首都君士坦丁堡旧名拜占庭，故亦称拜占庭帝国。拜占庭帝国版图包括巴尔干半岛、爱琴海诸岛、小亚细亚、亚美尼亚、叙利亚、巴勒斯坦、美索不达米亚以及非洲的埃及、利比亚等地区，是一个横跨欧、亚、非三洲的庞大帝国。

由于有稳定的农业生产作基础，又有繁荣的国内外贸易，国家的财政来源比较充盈，国家的实力自然也就比较强大，所以在蛮族入侵时，仍得以保全统治。在西罗马帝国灭亡后，拜占庭又继续存在了近千年。

公元 6 世纪查士丁尼皇帝统治时期（公元 527—565 年）被认为是拜占庭历史上第一个"黄金时代"，查士丁尼在内政和外交、经济和军事方面都有所建树。

查士丁尼即位不久，君士坦丁堡就爆发了起义，查士丁尼虽然镇压了起义，但却不得不采取一些措施以缓和国内的矛盾。这些政策当中，最突出的是成立罗马法编纂委员会于公元 529 年编成 10 卷《查士丁尼法典》，《查士丁尼法典》再加上后来的一些法律文献统称《罗马民法大全》。它是欧洲历史上第一部系统完备的法律文献，对后世

↑ 拜占庭的皇冠

重大成就

◆《查士丁尼法典》，后与其他法律文献合在一起统称《罗马民法大全》，对后世影响深远。
◆ 圣像破坏运动，推动了拜占庭帝国的封建化进程。
◆ 圣索菲亚大教堂。

← 查士丁尼大帝及廷臣
这是拜占庭时期最著名的镶嵌画之一，描绘的是查士丁尼大帝在大主教的陪伴下主持教堂奉献礼的情景。

◆ 大事年表 ◆

● 公元 330 年
罗马皇帝君士坦丁一世把首都迁到君士坦丁堡

● 公元 395 年
罗马皇帝狄奥多西死后，统一的大帝国分为东西两部，东罗马帝国即为拜占庭帝国

● 公元 527 年
拜占庭皇帝查士丁尼即位，开始了恢复古罗马帝国辉煌的征服运动

● 公元 730 年
拜占庭皇帝立奥三世发动"圣像破坏运动"

● 1453 年
拜占庭帝国为奥斯曼帝国所灭

立法影响深远。

　　国内既然已经安顿下来，接着便进行对外扩张。查士丁尼对外征服的方针是：对东方和平，对西方战争。当时拜占庭和东方的萨珊波斯正在进行战争，而查士丁尼却不惜以赔款为代价于公元 532 年和萨珊波斯缔结"永久和约"：拜占庭以代守边境的名义向萨珊波斯缴纳 1.1 万镑黄金。东方已然稳定，于是挥师西进。公元 533 年，拜占庭大将贝利撒留率军进攻北非汪达尔王国，公元 534 年汪达尔王国灭亡。征服汪达尔之后，随即发动征服东哥特王国的战争。公元 535 年，贝利撒留率军队登陆西西里，翌年 6 月攻入意大利半岛，公元 536 年 12 月攻陷罗马，东哥特军撤走，教皇和居民投降。公元 540 年贝利撒留攻占东哥特首都拉文那，国王被俘。公元 554 年，拜占庭大将纳尔西斯最后消灭了东哥特的残部，王国彻底灭亡。同年拜占庭又利用西哥特王国的内讧，出兵占领西班牙的东南沿海地区。

　　查士丁尼对西方的征服主要目的是恢复昔日的罗马帝国，他的目的似乎已经达到了。但查士丁尼一死，拜占庭在西方的领土便逐渐丧失。到了公元 7 世纪 30 年代，阿拉伯人又从南方崛起，

↑ 拜占庭时期的象牙雕刻

❧ 主要人物 ❧

君士坦丁（公元 4 世纪）：罗马皇帝，迁都至希腊移民城市拜占庭，改名为君士坦丁堡。

查士丁尼（公元 6 世纪）：拜占庭皇帝，致力于恢复古罗马帝国的版图，他在位期间，拜占庭达到"第一黄金期"。

立奥三世（公元 8 世纪）：拜占庭皇帝，发动"圣像破坏运动"。

在短短的 20 年间，阿拉伯人征服了半个拜占庭帝国。原本是拜占庭国土的叙利亚、巴勒斯坦、埃及、美索不达米亚和小亚细亚的大部分，现在都被阿拉伯人夺去。

公元 8 世纪上半叶，拜占庭帝国发生了一件大事，这便是"圣像破坏运动"。公元 717 年，小亚军区总督立奥废拜占庭皇帝而自立，是为立奥三世（公元 717—741 年），从此拜占庭开始伊苏里亚王朝的统治（公元 717—797 年）。立奥三世为加强军事实力以保证帝国的安全，就不得不用充盈的税收来维持，而当时的情况却是教会和修道院占有大量地产，且不交税，也不服徭役。这样一来，国库必然空虚，军队自然也无法强大。公元 730 年，立奥三世发动"圣像破坏运动"，教会和修道院的圣像、圣迹和圣物被捣毁，土地和财产被没收，修士被迫还俗，参加生产，承担国家赋税和徭役。君士坦丁五世时期（公元 741—775 年），圣像破坏运动达到最高峰。女皇伊琳娜在公元 787 年召开尼西亚宗教会议，谴责圣像破坏运动，宣布恢复圣像崇拜，运动的第一阶段至此结束。公元 813 年立奥五世（公元 813—820 年）继位，圣像破坏运动重新兴起，进入第二阶段。但是这个阶段的深度和广度均未超过前一阶段。公元 843 年狄奥多拉重新宣布恢复圣像崇拜，历时 117 年的圣像破坏运动至此终止。但是皇权高于教权的原则继续存在，教会被没收的土地和财产也无法收回，圣像破坏运动对拜占庭帝国转变为封建制有重大的意义。

拜占庭与阿拉伯人的战

← 圣索菲亚大教堂外观

这座教堂建于公元 6 世纪，是拜占庭帝国的主教堂，也是东正教的宗教中心，但经过土耳其在 1453 年改建后，使它变成了一座典型的清真寺的模样。

争在公元 9 世纪前半期基本上处于僵持状态。拜占庭军队夺回了从叙利亚到亚美尼亚的大片领土，在帝国东部边境上建立了要塞。10 世纪以后，阿拉伯帝国趋于衰落，拜占庭在马其顿王朝（公元 867—1056 年）的统治下，加强了封建制度，社会经济和文化得到进一步发展，进入帝国历史上第二个"黄金时代"。拜占庭对阿拉伯人的战争处于有利地位。10 世纪初夺占了叙利亚北部地区，10 世纪后半期又收复了克里特、塞浦路斯和罗得等岛屿。

拜占庭在北方受到新崛起的保加利亚第一王国的威胁，拜占庭一度处于劣势。1014 年，拜占庭皇帝巴西尔二世（公元 976—1025 年）大败保加利亚人，拜占庭吞并保加利亚领土，保加利亚第一王国灭亡（1018 年）。

1453 年，拜占庭帝国为奥斯曼帝国所灭。

▍基辅罗斯

东斯拉夫人约在公元 5—6 世纪迁至东欧平原，当时他们基本上处于原始公社制阶段。

古罗斯国建于公元 9 世纪

中叶，它的第一个王朝是留里克王朝，最初几代王公都是瓦里亚格人。瓦里亚格人属于诺曼人的一支，与东斯拉夫人处于同一发展水平。东斯拉夫人各部落内部矛盾激化，内讧不已，社会混乱。为了维持秩序，特邀请势力强大的瓦里亚格人军事首领做王公，于是留里克兄弟应邀于公元 862 年做了罗斯国第一任王公，从此开始留里克王朝的统治。另一支瓦里亚格人占领基辅，建立基辅国家。公元 879 年留里克逝世，由其亲属奥列格摄政，奥列格于公元 882 年占领基辅，并将首都迁到此地，此后基辅遂被称为"罗斯诸城之母"，从此开始基辅罗斯的统治。

瓦里亚格人在新兴的国家中占据统治地位，对邻近地区进行武力征服，征服的目的有二：一是掠夺财富和奴隶，二是强迫他人和自己签订不平等的贸易条约。奥列格于公元 907 年率水陆两军进攻君士坦丁堡，此后公元 941 年、公元 944 年伊戈尔又两次进攻拜占庭，只蹂躏其国土，并未攻克首都。基辅罗斯与东方阿拉伯人的贸易，主要通过伏尔加河流域。

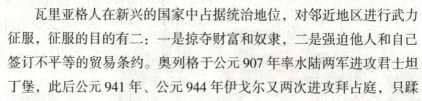

←随着基辅的统治者开始皈依基督教，他们原来信奉的"佩伦"神像（左图）被捣毁，与此相关的活人祭祀也被禁止。但是古老宗教的一些因素也渗透到了新的信仰之中，基督教复活节使用的彩绘黏土蛋（右图）就是他们用来象征春天和丰收的。

罗斯人原信多神教，公元9世纪中叶，部分罗斯人开始接受基督教，古斯拉夫文《圣经》也从保加利亚传入罗斯。女大公奥尔加于公元957年率亲兵队来到君士坦丁堡，接受了基督教的洗礼，并得到皇帝的馈赠。基辅大公于公元988年宣布基督教为国教，强令全体罗斯居民下河接受洗礼，拜占庭派出大教长列昂主持罗斯人的洗礼，罗斯国开始大规模修建教堂。罗斯教会从1037年起隶属于君士坦丁堡大教长，此后200年间几乎所有的大主教和主教都由希腊人充任，13世纪以后宗教权力才转入罗斯人之手。

1054年，罗斯大公雅罗斯拉夫死后，其子三分天下：长子承袭大公权位，控制基辅和诺夫哥罗德地区；次子占有车尔尼戈夫地区；三子据有罗斯托夫、苏兹达尔和佩雷雅斯拉夫地区。名义上三人共治，实际上则各行其是，因此基辅罗斯已经解体。

11、12世纪之交，罗斯面临外族入侵的威胁，即南方的波洛伏齐人对罗斯构成威胁。在这样的情形下，佩雷雅斯拉夫公爵弗拉基米尔·摩诺马赫号召罗斯人一致对外，于1103年会见大公斯维亚托波克二世，决定团结所有诸侯的力量，共同对付波洛伏齐人。此举果然奏效，罗斯人不断取得胜利。

1113年基辅爆发起义，反对大公垄断食盐，发放高利贷。大贵族们商定邀请弗拉基米尔·摩诺马赫出任大公。弗拉基米尔即位后首先镇压了人民起义，同时限制高利贷剥削，缓和阶级矛盾，以巩固大公政权的统治。弗拉基米尔在位13年（公元1113—1125年），虽企图恢复国家统一，但由于封建经济、政治的分散性，统一还是无法实现。其子穆斯提斯拉夫一世（公元1125—1132年）死后，罗斯完全进入封建割据时期。全国分裂为12个相对独立的诸侯国。

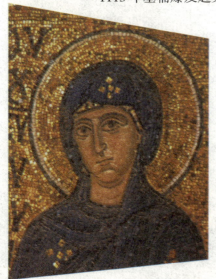

←基辅圣·索菲亚大教堂中一幅11世纪的镶嵌画，画中人物为带着光环的报喜圣女头像。

◆ 大事年表 ◆

● 公元862年
古罗斯国建立，开始留里克王朝

● 公元882年
奥列格占领基辅，并将首都迁到此地，从此开始基辅罗斯的统治

● 公元988年
基辅大公宣布基督教为国教

● 1054年
罗斯大公雅罗斯拉夫死后，其子三分天下，基辅罗斯解体

● 1132年
罗斯全国分裂为12个相对独立的诸侯国

法兰克王国

——西欧封建国家

▌法兰克王国的盛衰

　　法兰克人原住莱茵河中下游右岸，其中活动于莱茵河下游滨海地区的是萨利克法兰克人。公元4世纪起，法兰克人越过莱茵河，进入高卢，不断扩张。萨利克法兰克人首领克洛维击败罗马人，占领卢瓦尔河、塞纳河沿岸地区。克洛维在教会及法兰克人、罗马人等的支持下于公元481年建立法兰克王国。由于他出身于墨洛温家族，故他建立的王朝称墨洛温王朝。公元496年，他率领3000名法兰克战士接受洗礼，皈依基督教。在克洛维时期，编有一部《萨利克法典》。

　　墨洛温王朝的国王通过打击旧部落贵族的势力，逐步建立起君主制的统治，但王权仍很微弱。克洛维死后，他的几个儿子按法兰克人的习俗瓜分王国，于

> ◆ 大事年表 ◆
> ● 公元481年
> 克洛维建立法兰克王国，开始墨洛温王朝
> ● 公元732年
> 矮子丕平建立加洛林王朝
> ● 公元800年
> 教皇利奥三世在罗马为查理行加冕礼，称查理为"罗马人的皇帝"

↓ 巴黎的塞纳河岸
巴黎起源于塞纳河中的西岱岛，法兰克人首领克洛维于公元508年在此设立行宫，巴黎在历史上首次扮演政治中心的角色。

↑ 查理大帝像

是彼此战争不断。后期的墨洛温诸王懦弱无能，而宫相位高权重，大有取代国王之势。宫相原是主管王室田产的官吏，进而成为总理国家事务的重臣。阿拉伯人曾在灭掉西哥特王国后越过比利牛斯山脉，进攻法兰克王国，但被打败。打败他们的，正是法兰克王国宫相查理·马特，这是在公元732年。查理·马特的儿子丕平于公元751年在贵族集会上经公认为国王，于是墨洛温王朝结束，从此开始了加洛林王朝的统治。

矮子丕平建立加洛林王朝时曾得到教皇支持，教皇又于公元754年为丕平加冕。为了报答教皇，丕平率兵进攻威胁教皇的伦巴第人，由此确立了教皇对罗马附近及拉文那总督区的统治，奠定了教皇国的基础。丕平之子查理（公元768—814年），四处征伐，扩大法兰克王国的疆域。公元774年，查理击败伦巴第人，控制了意大利北部。然后又进攻威悉河和易北河河谷的萨克森人，这场残酷的征服战争断断续续进行了33年，最后萨克森人被迫改信基督教，接受法兰克王国的统治。在东部边境，查理的远征侵略至斯拉夫人居住地区，公元796年又击败了游牧的阿瓦尔人。公元778年，查理率军攻入阿拉伯人统治的西班牙，占领巴塞罗那城，但旋即失败，经比利牛斯山朗塞瓦尔山口撤退。公元800年前后，查理统治下的法兰克王国的版图大致与西罗马帝国的欧洲部分相合，史称"查理帝国"。在这一年的圣诞节，教皇利奥三世在罗马的圣彼得教堂为查理行加冕礼，周围的群众

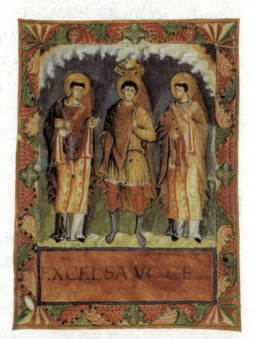

→ 国王丕平加冕式

在这幅画中，一双"上帝之手"正将王冠戴在丕平的头上，以此宣扬"君权神授"与权力的至高无上。

主要人物

克洛维：法兰克王国的建立者，墨洛温王朝的开创者。

矮子丕平：法兰克王国加洛林王朝的建立者。

查理：丕平之子，四处征伐，为法兰克王国开疆拓土，人称"查理曼"或"查理大帝"。

↑ 查理大帝加冕式

重大成就

◆ 墨洛温王朝时，颁布《萨利克法典》。
◆ 法兰克王国与罗马教廷的接触，使日耳曼法兰克人接触到了罗马先进的文化，为日后西欧文明的进程奠定了基础。

齐声欢呼，称查理为"罗马人的皇帝"。公元814年，拜占庭皇帝表示承认这一称号。所以查理被称为"查理大帝"和"查理曼"（意为"伟大的查理"）。

查理之子虔诚者路易（公元814—840年）在位时，他的几个儿子多次叛乱。路易死后，长子罗退尔继位，他的兄弟日耳曼路易和秃头查理联合起来反对他，战争不断。公元843年三兄弟在凡尔登缔结条约，约定路易得到莱茵河右岸地区和巴伐利亚，大致与今天德国西部相合，地理上称日耳曼（Germany，德语 Deutschland，中文译为"德意志"）。查理所得地区大致与今天的法国相合，地理上称法兰西（France）。罗退尔得到意大利中部、北部及路易、查理所占地区之间的狭长地带，后者后来得名为洛林（Lorraine）。罗退尔保留皇帝称号。路易和查理有国王称号，统治地区分别发展成日耳曼王国（德国）和法兰西王国（法国）。三人所统治地区实际上独立发展，不相统属。

英国的形成

公元5世纪，日耳曼人的迁徙浪潮波及英国后，英国的政局一直动荡不定，先有七国并立，后来又有丹麦人的入侵。公元9世纪下半叶，阿尔弗雷德大帝统一全国，英国国势一度强盛。10世纪，丹麦人卷土重来，英国的王权强化又被搁置起来。1042年，爱德华即位为王，国家再度独立。1066年1月，爱德华去世，英国贵族贤人会议选举哈罗德伯爵为王，但法国的诺曼底公爵威廉因亲属关系要求继承英国王位，英国方面予以拒绝。

1066年，威廉率军进攻英国，12月，他加冕称王，称"威廉一世"，于是英国开始了

重大成就

◆ 诺曼征服后，英国的王权在诺曼王朝期间强大起来。
◆ 《大宪章》的制定。

诺曼王朝的统治。

诺曼人征服英国后，盎格鲁－萨克逊贵族中有许多人战死，许多人逃亡，留在英国的也被诺曼征服者剥夺了财产。威廉晚年的时候，英格兰的土地只剩下 8% 在盎格鲁－萨克逊旧贵族手里。跟随威廉来英国的诺曼人有的原来就是诺曼底公爵威廉的封臣，有的到英国后很快得到封土，也成为此时已是英王的威廉的封臣。这些人组成了英国新的封建统治阶级。

威廉一世在征服的基础上，形成了比较集中强大的王权。他命令全体封建主向他宣誓效忠，以保证政令统一。

英王亨利一世统治时期（公元 1100—1135 年），征服者诺曼人与被征服者盎格鲁－萨克逊人开始逐渐同化，双方的矛盾随之缓和，国王和大封建主的关系却紧张起来。英王亨利二世（公元 1154—1189 年）大力推行司法改革和军事改革，限制封建主的司法权力，国王法庭开始在全国范围内比较有效地行使司法权。英王也常因神职任命问题和教会及教皇发生龃龉。约翰国王对坎特伯雷大主教的人选有不同于教皇英诺森三世的意见，因此失去教会上层人士的支持。接着，他又因为害怕教皇帮助法国国王夺取英国王

→ 阿尔弗雷德的首饰
公元 878 年，阿尔弗雷德痛击入侵的丹麦人，迫使丹麦求和，签订《威德摩尔和约》，将英国一分为二。

主要人物

阿尔弗雷德：英国国王，打败丹麦侵略者，统一英国。

威廉一世：本为法国诺曼底公爵，1066 年征服英国，加冕为王。

↑ **地毯画：黑斯廷斯战役**
威廉在这场战役中实现了"诺曼征服"，建立了诺曼王朝。

位，不得不向教皇称臣纳贡，弄得威望扫地。大封建主不满约翰为进行对法战争而加重他们的军役负担，特别是不满他随意破坏封臣制的惯例和传统，粗暴地剥夺他们的封土继承权，滥用监护权。布汶战役的失败进一步恶化了约翰的地位，这时伦敦市民也因不满约翰的勒索发生而骚动。约翰不得不答应男爵和高级教士的各项要求，于 1215 年认可了他们所起草的《大宪章》。这一文件的主要精神是维护封君封臣制度的既定原则，维护教俗封建贵族的特权。因为大封建主在同国王进行斗争时必须依靠骑士和市民，所以《大宪章》对他们的利益也有所照顾。《大宪章》对亨利二世以来王权在司法和行政方面的发展进行了清算，规定大封建主所属封臣之间的财产纠纷应由封建主自己来审理，国王法庭不得干涉；不经教会和封建主的同意，国王不得征收额外的协助金和盾牌钱。到 17 世纪，英国资产阶级起来革命，利用《大宪章》这一古老的文件为武器同专制王权作斗争。但在此之前的漫长岁月里，因为封臣制的瓦解和王权的强化，专制王权的建立，《大宪章》在政治生活中的影响已变得微不足道。

十字军东侵

11—13 世纪是西欧封建主开始向四周扩张的时期，而这期间最大的扩张当属"十字军东侵"。"十字军东侵"是罗马教廷与西欧世俗封建主一道发起的对外扩张战争，即针对地中海东岸地区的"十字架对新月的战争"。

11 世纪的西欧，商品货币经济发展，城市普通兴起，东方商品已输入市场，人口迅速增长，已经分割了的封建领地收入不能满足封建主日益增长的需求和享受欲望。在长子继

↑十字军攻占耶路撒冷。

重大成就
◆ 十字军东侵客观上促进了东西方文明的交流。

承制下，失去领地继承权的贵族子弟，除领受神职、享受教产收入外，大多缺少土地，成为冒险放纵、专肆劫掠战争的骑士阶层。西欧饥荒严重，社会动荡不安，心怀怨愤的农民的视线转向东方寻求出路；意大利商人则怀着攫取更多商业特权的野心。这些是十字军东侵的主要原因。

1096 年，西欧各国封建骑士武装数万人继农民十字军之后向东方出发，攻占耶路撒冷和地中海东部沿岸地区，在那里按照西欧的模式建立起一些小封建国家。意大利威尼斯、热那亚等城的商人给十字军运送给养，交换条件是在十字军占领的地区得到商业特权。

十字军东侵以一种非常野蛮的方式扩大了西欧同近东的交往，西欧封建主在东方不仅见识了比欧洲更发达的物质文明，也学到了一些那里的思想文化。另一方面，西欧的基督教意识以及封建武士的"骑士精神"也因十字军东侵的刺激而愈发强烈。在 1096 年开始的第一次十字军东侵结束以后，又有多次类似的侵略扩张活动。第四次东侵时（1202—1204 年）十字军在威尼斯商人的唆使下改变进军路线去攻打拜占庭帝国，占领君士坦丁堡，破坏文物，抢劫珍宝，又征服拜占庭的大部领土，建立所谓拉丁帝国（1204—1261 年）。威尼斯商业上的竞争对手拜占庭受到了致命打击，从此一蹶不振。第四次十字军东侵充分暴露了其侵略和掠夺的性质。由于埃及等阿拉伯国家日益强大，十字军在东方的处境越来越困难，1291 年丧失了最后一个据点阿克城。

十字军东侵是世界中古时期的重大历史事件，其影响深远。对于东方人民来说，这无疑是一场深重的灾难，西欧人民也为此付出了沉重的代价。但它在客观上也促进了东西方文明的交流。

←萨拉丁的军队，他们在十字军第一次东侵时击败了对方。

←十字军进入君士坦丁堡，在东部建立了一个新的拉丁帝国，并一直延续到 1261 年。这一事件在德拉克洛瓦的这幅油画中得到体现。

▌封建制度

历史学家通常将欧洲中世纪早期，即公元 9—13 世纪这段时间，称为"封建时代"。"封建"一词描述了契约制度，即国王或贵族给予受封者采邑，从而获得后者的军事劳役。这些受封者后来要向封君宣誓效忠，从而成为封臣。同样，农民在土地上劳作，以此作为一种向地主提供劳役的义务，从而获得地主的保护并得到一部分收成。

封建制度起源于加洛林王朝的土地制度，这些土地位于西欧，在公元 8—9 世纪期间为查理大帝和他的继承者所统治。皇帝封赐土地，反过来接受"骑士服务"，即封臣在皇帝需要时为帝国军队提供骑兵，这些骑兵应当由封臣供养。随着封建制度的发展，封君希望封臣提供其他义务与服务，如在封君的宫廷中谏言，或当封君被俘后提供赎金等。作为交换，封臣得到封地的收入和对封地上的居民的法律权力。

封建领主生活在采邑的城堡中。土地由农民耕种，他们将每年收成的一部分作为地租交给领主，另外一些则交给教会。

↑这幅贝叶挂毯中的画面描绘了英国的哈罗德站在盛放圣灵遗物的圣盒上，向诺曼底公爵威廉宣誓效忠。一个人向另一个人承诺提供服务的庄严誓言成为封君与封臣之间封建契约的中心内容。

而领主需要在战争期间保卫农民，并为农民间的争端做出仲裁。如果领主允许农民在他的池塘里捕鱼、使用他的磨房磨面以及在他的林地里狩猎或砍柴，农民就要缴纳领主相应的实物。

到 11 和 12 世纪，采邑成为世袭，并可以通过联姻和继承而得到累积。一些封建领主因而统治着大片的地产，俨然是半独立的君主。例如，在法国，王室土地仅限于巴黎附近的小块土地，而强大的贵族，如阿基坦的安茹伯爵所拥有的土地则比国王要明显大得多。

这种权力上的不平衡导致了一些奇怪的后果。1152 年，安茹的亨利娶了阿基

骑士制度

12 世纪，封君与封臣的关系受到骑士制度准则的约束。骑士被认为是诚实、忠诚、勇敢和力量的象征。他必须服从领主、保护教会、尊重女士。骑士要在比武大会上进行竞技，从中获得战争锻炼。歌颂像亚瑟王这类英雄的高尚事迹的"武功歌"有助于传播骑士的理想，而游吟诗人创作的"爱情诗"则歌颂了骑士优雅的爱情。生活在普瓦提埃宫廷的阿基坦的埃莉诺，就以创作"爱情诗"而著称。

坦的埃莉诺，后者是法国国王路易七世的前妻、阿基坦公爵富有的女继承人。阿基坦在当时控制着卢瓦尔河以南的大部分法国土地。两年后，亨利成为英国国王亨利二世和诺曼底公爵。然而，即使他已成为欧洲最有权势的统治者，他仍然要避免与法国国王——他的封建领主公然开战。如果这样做了，他就会给他手下的封臣开一个很坏的先例。

▌欧洲的封建主和牧师

在 11 世纪到 15 世纪期间，生活在欧洲的普通人跟其他大洲的普通人一样，依靠耕种为生。他们被拥有土地的封建主和教堂的教义统治和束缚着。

在维京人之后，欧洲再没有遭受过大规模的入侵，大洲上数个国家和谐共处。国王是国家的拥有者，他把土地分给贵族换取他们的支持，尤其是在战争时期。贵族们再把土地分给更小的封建主们，让他们效忠于自己。这种体制称为"封建主义"——用土地换取其他人的效忠和服务。并不是所有人都服从于这种体制：贵族间经常为争夺土地而发动战争；贵族有时也会反抗国王。

在 11 世纪时期，诺曼人建立了一支最成功的封建主义势力。他们在整个欧

→在 12 世纪，欧洲各地建造了大量的石造城堡。它们的整体结构通常很简单：中间是一个高大的建筑，称为要塞，外围由庭院环绕着，城堡最外层是城墙和箭塔。图中的城堡建有两层庭院和一条护城河，以提供额外的防御。

↑中世纪的乡村中最响亮的声音就是教堂的钟声。教堂是村民的生活中心。每个人都应去教堂祷告，但是只有牧师懂得教义的真正含义，因为它们都是由拉丁文写成的。也只有牧师和化缘修士知道村庄外面发生的事。

洲发动战争，并在 1066 年入侵英格兰，在黑斯廷斯战役中，他们打败了英格兰国王。诺曼人的领袖威廉在封建主强大城堡的支持下，建立了一套强硬的封建制度。

教皇统治下的教会在欧洲拥有最高的权威。国王和封建主们统治着人民的肉体，但是教会却控制着人们的精神。人们害怕如果自己不听从教会的教义，死后会下地狱。

教会富有且拥有权力。国王和贵族们答应支持教会，但是国王并不愿意把自己的权力与教会分享。国王与教会的权力划分产生了矛盾：主教既是封建主又是神职人员，他们该是效忠国王还是服从教皇？这个问题引发了许多争执，尤其是在罗马教皇和神圣罗马帝国的皇帝之间。在英格兰，大教主托马斯·贝克特和国王亨利二世就牧师的权力发生了争执，这导致了贝克特在 1170 年被谋杀。

▌中世纪欧洲人的日常生活

在 1000 年到 1500 年期间，欧洲人的生活非常艰难。大部分人贫困潦倒，为了糊口不得不过度劳作，结果很年轻时就死去了。然而，最贫穷的人也可以在一年里的一段时间中享受生活。

中世纪的欧洲，贵族、神父和修道士只占了总人口数的 1/10，其他的都是农民。在乡下，许多农民沦为村庄或庄园（归封建主所有，一个封建主通常拥有许多土地）中的农奴。农奴为封建主耕种田地，自己可以得到一小部分土地作为回报。虽然农奴不是奴隶，但是他们几乎没有任何权利，没有封建主的允许，他们不能结婚或离开村庄。封建主甚至有自己的法庭，可以惩罚罪犯和解决纠纷。

大部分房屋都是由木材和泥巴建造而成的，很少有人能买得起砖瓦和石头。农民的房屋面积很小，人和家畜通常住在一起。即使到了 15 世纪末期，也只有富人的房屋有玻璃窗户和烟囱。妇女们用明火做饭，屋顶上的洞可以排烟，但是房子很容易着火。

富人们每天可以吃肉，但是这对农民们来说却是一种奢望。他们大部分时间都吃奶酪、稀粥和浓蔬菜汤。他们在封建主给自己的一小块土地上种植谷物和蔬菜，在自己家里制作面包，再送到村庄里的烤箱中去烤。遇到歉收的年头，他们只能用橡子磨制面粉，用荨麻做汤。

出身较好的女子可以嫁人也可以做修女。如果她想出嫁，那么男方需要由其父挑选。上层社会的婚姻就像一场交易，丈夫和妻子的父亲之间要签订契约。妻子应该听从于丈夫（但有时也是妻子做主）。下层社会的妇女们要到田地里劳作，但更多时候要做家务，如做饭、洗衣服和照顾孩子。

妇女经常在生育的时候死去，4 个孩子能成活 1 个就算是幸运的了。儿童通常在很小的年龄就开始工作，男孩们在 8 岁的时候就开始接受训练，以成为骑士或工匠。他们和他们的师傅们生活在一起。女孩们则跟着母亲学习做家务。农民的孩子很少能上学，基本都不识字。学校由教堂开办，主要是为了培养神职人员与修道士。随着时代的变迁，更多贵族家庭的男孩们（女孩们很少）开始上学读书。

←本图描绘了在收获的季节，农民们在封建主的监工的严厉监视下劳作的情景。他们用长柄镰刀收割小麦。

农民们在星期天和其他宗教节日可以得到休息，他们会参加宴会或去集市，集市中有杂耍者和歌手表演，也有一些便民服务，例如拔牙。男人和男孩子们一起练箭。出于平衡悲惨的生活，人们热衷于斗鸡和逗熊等游戏。

▌欧洲城镇

在 12 世纪到 13 世纪期间，人们能够生产更多的物品，贸易迅速发展，旧的封建制度体系开始瓦解。商人们在整个欧洲甚至更远的地方开展贸易往来。

在 1300 年的时候，虽然欧洲城镇中人口较少，但是那里已经出现了重要的商品交换。一些商人、银行家和技艺精湛的工匠，例如金匠，比城镇的统治者——封建主更加富有。整个西欧，工匠和商人联合起来组成同业公会来保护自己的行业。他们经常试图让

↓当时欧洲的乡村和城镇没有太多区别。即使在城镇中，人们也饲养鸡和猪、种植蔬菜。而生活在乡村里的人们自己缝制衣服、制作工具。在每个村庄和城镇中，最大的建筑就是教堂，那些大教堂是基督艺术最精美的作品。

↑这尊美丽的意大利天使是一个圣物箱，用来盛放遗物，例如死去的圣人的骨灰。朝圣者到达圣地后，要在圣物箱旁祈祷。

↑中世纪欧洲贵族流行的娱乐方式是马上枪术比赛或锦标赛，骑士们在马背上互相较量。

其所在的城镇脱离封建主的控制，尤其在意大利和德国，大城镇由商人掌控，而不是封建贵族。当时欧洲最富有的地方可能是意大利的威尼斯，它的财富来源于同东方的贸易。

在 14 世纪，银行业的发展促进了商业贸易的增长，商人们可以通过赊账进行商品买卖。丝绸和其他奢侈品从东方进入欧洲市场，但当时最大宗的贸易是有关毛织品和呢绒布料的。北欧商业贸易的领导是汉萨同盟，汉萨同盟由 150 个德国北部的城镇组成，由汉堡和吕贝克两个城市领衔，彼此间进行贸易往来。该同盟与其他国家的城市之间也有专门的贸易协定，例如英格兰的伦敦、佛兰德斯的布鲁日和挪威的卑尔根。重要的贸易城市往往位于海边或大河附近，因为货物主要用船运输。虽然船只容易失事，但是海上运输仍然比陆地运输更快、更安全。

治 病

图中的医生试图通过检测病人的尿液来诊断病情。当时的医疗费用很高，所以病人要想看病必须要有钱。但是医生的治疗通常收效甚微，因为他们不知道真正的病因。在一些城镇中，有隐修士或修女开办的医院。

由于战争、饥荒和疾病，在 14 世纪时，欧洲人口锐减。这是一个混乱的时代，也是一个变革的时代。战争和起义频繁爆发，甚至连农民也开始反抗他的封建主。旧的封建体制趋向瓦解，钱变得更加重要。到 15 世纪时，大部分农民都摆脱了农奴的身份，他们从地主那里租借土地，并支付租借费；地主雇佣他们劳动，并支付报酬。国王支付金钱给正规士兵，让他们为自己战斗，而不再是让贵族们带领农民去打仗。

▌黑死病

14 世纪的欧洲不仅深受战争折磨，还遭到了比战争更为致命的无法控制的黑死病的袭击。1347—1352 年间，这场瘟疫夺去了欧洲 1/3 人口的生命，是欧洲历史上最大的人口灾难。下层人民受到的打击最大，当灾难过去后，由于劳动力的不足，幸存者得到较高的工资。但统治者却制订了更具压迫性的法律，人民的不满在 14 世纪末终于爆发。

黑死病于 14 世纪 30 年代起源于中亚，然后沿着陆地的商路向西传播到黑海，接着又从这里经海上商路由热那亚商人传到欧洲。在短短 4 年的时间里，黑死病就传播到欧洲大陆的各个角落，夺走了 200 多万人的性命。在某些城市，死亡的人数是如此之多，正如当时的一位编年史家所述："活下来的人数甚至不足以用来埋葬死者。"

黑死病的病症主要有三种，每一种都是让人恐惧和致命的。一种是腹股沟淋巴结炎，它由患病者传播，给人体的淋巴结带来感染。患者在脖子、腋窝和腹股沟处会出现黑色的肿块。腹股沟淋巴结炎的死亡率是 75%，大多数患病者在一个星期内就会死亡。一种是败血病，它主要是血液感染。再有一种就是肺炎，主要通过空气传播，给人们的肺部带来致命伤害，超过 90% 的患病者在三天之内就会死亡。

黑死病的病因直到 500 年后才由科学家最终查明，它是一种由老鼠身上的跳蚤在人群中传播的菌血症。但在 14 世

↑上图的骷髅雕刻位于法国的鲁昂，它是存放瘟疫死难者遗骨地点的标志。

鞭笞派教徒

作为一种惩罚手段，用鞭子抽打自己在许多宗教中都很普遍，但是在黑死病肆虐期间的欧洲，这种自我惩罚方式走向了极端。鞭笞派最早在德国出现，人们聚集成群，从一个城市游荡到另一个城市，用鞭子抽打着自己，再现当年耶稣所受的鞭笞之苦，以救赎患病者的性命。1349 年，鞭笞派教徒将目光转向了犹太人，认为是后者向井里投毒引发了瘟疫。到那一年年底，鞭笞派教徒杀死了德国和低地国家的许多犹太人。

大西洋

卑尔根
克里斯帝亚纳
斯德哥尔摩
雷维尔　诺夫哥罗德
哥本哈根
里加
莫斯科
爱丁堡
斯摩棱斯克
都柏林
赫尔
汉堡
但泽
伦敦
布鲁克
吕贝克
华沙
波兹南
基辅
南汉普顿
列日
法兰克福
布拉格
巴黎
纽伦堡
维也纳
南特
巴塞尔
米兰
奥尔比亚
塔纳
拉科鲁尼阿
波尔多
威尼斯
贝尔格莱德
卡法
里海
马赛
热那亚
佛罗伦萨
拉古沙
黑海
特雷比松
萨拉戈萨
比萨
君士坦丁堡
巴塞罗那
罗马
塞萨罗尼卡
里斯本
那不勒斯
雅典
塔尔苏斯
安条克
巴伦西亚
帕尔马
巴勒莫
叙拉古
干地亚
贝鲁特
大马士革
丹吉尔
加的斯
奥兰
阿尔及尔
英蒂
耶路撒冷
突尼斯
的黎波里
地中海
班加西
亚历山大
开罗

黑死病的传播区域
1347 年
1348 年
1349 年
1350 年
1351 年
受瘟疫轻度影响的区域
海上商路
丝绸之路

↑黑死病沿着重要的商路从中亚传播到欧洲，然后向北、向西传遍整个大陆。在瘟疫最为严重的意大利托斯卡纳、英国东盎格利亚和挪威等地，将近一半的人口被夺去了性命。

纪，学者们将这种疾病的病因归结为地震所释放出来的肮脏气体，或多个天体同时出现所带来的不祥后果等等。而当时的教会则认为，黑死病是上帝用以惩罚人类邪恶和罪孽的手段。

中世纪的医学水平尚不能治愈瘟疫。防止瘟疫传播的唯一有效方法是隔离，即将病人和健康的人分开。在米兰城，黑死病的死亡人数要少于意大利其他城市，这大概是因为米兰城的统治者曾下令一旦某户人家遭到瘟疫侵袭，必须立刻将其隔离，家中无论是病人还是健康人都要被埋葬。

↑在某些地区，黑死病夺走了大批人的生命，以至于用来埋葬死人的活人都不够。

面对迫近的死亡威胁，欧洲人的反应各不相同，并经常采取极端的形式。编年史家留下了父母遗弃垂死的孩子、神父拒不接受患者死前忏悔的记录。然而，在巴黎的一家医院，修女们无私地照看那些陌生人，直到她们也被病魔击倒。许

黑死病

黑死病是一场大规模的传染性瘟疫，是老鼠身上的跳蚤携带的一种疾病。1347 年，黑死病在亚洲爆发，1348—1349 年蔓延至欧洲，是欧洲遭遇过的最大的灾难。在 3 年中，大约 1/3 的欧洲人丧生。许多人认为这是上帝对人类的惩罚。

图中拿着长柄镰刀的黑色骷髅就是死神。他站在黑死病瘟疫中受害者的尸体上。

多市民求助于祷告和忏悔，也有一些人寻求享乐，沉浸于放纵淫乐的生活。

瘟疫也带来了诸多社会与经济影响。由于神职人员大量死亡，教会不得不授予文化水平低下的人以神职。这些人由于缺乏虔信，使得人们对教会倍感失望。由于劳动力的匮乏，活下来的工人可以获得他们在瘟疫爆发前三倍的工资。但在英国，政府通过了一项法律，规定劳动力只能获得 1347 年时的工资水平。这些压制性的措施激起了人民普遍不满，最终引发了 1381 年的农民起义。

第四章

非洲与美洲

由于沙漠或海洋的阻隔，
人们长期以来与南部非洲和美洲大陆很少有交流
或完全没有交流，
但那里同样有人类在繁衍生息，
创造着自己的历史。
他们很快就将与欧洲人交流，
尽管那种交流对他们来说充满了痛苦和屈辱。

撒哈拉沙漠以南的非洲

——黑非洲

▌中南非洲

↑ 中世纪非洲的
赤陶雕像

非洲大陆历史悠久，但社会发展极不平衡。北部非洲由于接近亚欧大陆，文明开化较早，公元前数千年就跨入了文明社会，先后经历了奴隶制和封建制发展阶段。相对来说，中南非洲社会发展则比较落后，直到中古时期，多数地区尚未脱离原始状态，有的甚至还处于原始社会的早期阶段。

中南非洲，指撒哈拉沙漠以南的热带非洲，因其主要居民是黑人，故亦称"黑非洲"。中南非洲按语系分为苏丹语系和班图语系两种。属苏丹语系的居民，分布在撒哈拉以南，赤道以北，埃塞俄比亚以西至大西洋沿岸地带，肤色黝黑；属班图语系的居民，肤色浅黑，主要分布在赤道以南地

↓ 撒哈拉沙漠岩石水彩画
表现的是正在放牧的早期牧人。

区。此外，还有少数其他种族的人，如属于马来－波利尼西亚语系的马达加斯加人（黄种人），以及属于闪米特语系的埃塞俄比亚的阿姆哈拉人（皮肤暗红）等。

中南非洲除马达加斯加岛外，基本居民是班图人。班图人原来住在赤道以北的喀麦隆高原，公元初年由于受到北方民族的压力，开始向赤道及其以南地区迁徙。由于班图人的迁徙，迫使原来住在这里的俾格米人退入森林，布须曼人和霍屯督人则被迫迁居非洲西南端。班图人的迁徙，大体分为三支。向东迁徙的班图人，一部分在坦噶尼喀境内定居下来，成为当地的主要民族；另一部分，于 11 世纪到达东非沿海地区，由于受阿拉伯文化的影响，后来形成斯瓦希里人。向西迁徙的一支，除一部分停留于西非并与当地居民融

↑ 强大的西非贝宁王国 16 世纪的象牙制品
雕刻上的人物表现出非洲人第一次看见葡萄牙水手时面露惊异的神情。

合外，大部在西赤道非洲定居下来，占据了北起刚果河以北和喀麦隆南部，南至纳米比亚（西南非洲）北部的辽阔地区。中间的一支分布在南部非洲的大部分地区。

班图人的大迁徙，一直持续到 19 世纪才最后结束。大迁徙导致民族大融合，加快了中、南非洲各民族的社会发展进程，尤其是居住在沿海的班图人与外部接触较多，便利吸收先进文化，先后形成了一些文明国家，重要的有刚果和津巴布韦。

刚果是西班图族刚果人于 15 世纪前后建立的国家，首都姆班扎，疆域西临大西洋，东至宽果河，北自刚果河，南到宽扎河。其主要经济领域是农业，手工业和商业也很发达。15 世纪末，葡萄牙殖民主义者入侵刚果时，刚果人民进行了有力的反击，终于把入侵者赶走，继续保持独立 200 多年。

津巴布韦古称"莫诺莫塔帕"，首都布韦（意为"石头城"）。13—16 世纪，曾是南部非洲的一个强大的国家。当时，它的疆域北起赞比西河，南抵林波波河，东达印度洋沿岸。其主要经济部门是农业和畜牧业，手工业和商业也很发达，特别是盛产黄金。15 世纪末，葡萄牙人为了掠夺黄金，侵入了这个国家。尽管侵略者遭到莫诺莫塔帕人民的顽强抵抗，由于敌人的破坏和统治阶级的内讧，16 世纪以后日趋衰落。

← 贴金犀牛　12 世纪
出土于南非的马蓬古布韦。原来已经破损，现已是重新拼合而成。

马里帝国

在马里帝国之前的几个世纪里，西非的跨撒哈拉沙漠贸易已经使一些国家出现了繁荣的景象。然而，不管这些早期国家，如杰内—杰诺、加纳和塔克鲁尔取得了怎样的成功，马里与之相比，还是显得与众不同。它巨大的财富和广阔的面积令那个时代的人感到震惊，即是到了今天，由于其历史上还有一些未解之谜，马里依然充满了神秘色彩。

↑ 马里帝国是当时的学术中心，特别是廷巴克图。上图是学生们研究时所用的阿拉伯文手稿。

埃及的历史学家在叙述 1324 年，马里统治者曼萨·穆萨途经开罗前往麦加朝圣的情形时说："据说，他随身带有 1.4 万名女奴，以备个人之需。同时，他的随行人员还在不断购买土耳其和埃塞俄比亚女奴、歌女和各类衣物。以至于每个金第纳尔的汇率下降了 6 个迪拉姆（一种小额货币单位）。"

历史学家或许有些夸大其辞，但马里的财富一定是惊人的，因为它控制着位于现在几内亚的班布克和布雷的大片金矿。马里介于尼日尔河与塞内加尔河之间，拥有非洲最肥沃的耕地。长期以来，它的城市也以金属加工和手工艺而闻名一方。从西部河流的上游，可以运来象牙，南部森林中则提供可乐豆（放在嘴里咀嚼可以提神），当然还有源源不断的奴隶供应。向北而去，骆驼队能够沿着古代的路线

廷巴克图

马里都城尼亚尼的盛名逐渐被廷巴克图所掩盖，后者在外国人的叙述中被蒙上了一层神秘的面纱。在松迪亚塔从图阿列格游牧部落手中夺取廷巴克图之前，它只是一个寂静的沙漠绿洲。但这之后，廷巴克图先成为一个商业城市，而后又成为一个文化和知识

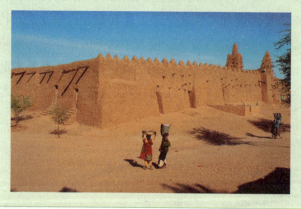

中心。曼萨·穆萨在这里建立了宫殿，这里遂成为撒哈拉一带的商业中心。骆驼商队从这里经过，尼日尔河的商船也在这里汇聚。除了作为一个富裕的商业中心外，廷巴克图也是一个充满活力的文化中心。15世纪晚期，在廷巴克图的声望达到顶峰时，大量学生来到这里的著名大学研究珍贵的手稿。

↑ 17 世纪的意大利蚀刻画展现了处于撒哈拉沙漠中的宏伟的廷巴克图城。但是那个时候，马里的黄金时代已经逝去。

运送货物。总之，马里控制着撒哈拉沙漠一带的贸易，同时还控制着重要的从塔阿扎运来的盐税。

11 世纪加纳王国的败落为马里的崛起提供了条件。在加纳废墟上建立的塔克鲁尔王国在 12 世纪达到鼎盛，之后的苏苏王国在以后的几十年里也兴盛一时。1235 年，新的强国曼德兴起，这个国家由马陵基人建立，其首领是松迪亚塔·凯塔。就在这一年，凯塔打败了苏苏国王苏曼古鲁，自立为这一地区的"曼萨"（皇帝），他将都城设在布雷金矿附近的尼亚尼，为马里帝国的形成奠定了基础。

马里在 14 世纪达到鼎盛。当时，帝国疆域从西部的大西洋沿岸向东一直延伸到现在尼日利亚的边界，北部则从撒哈拉沙漠向南到达几内亚的热带雨林。14 世纪初，马里的统治者是阿布巴卡二世，关于他的事迹，人们只知道他有一次带领一支庞大的舰队前往大西洋，其他的一无所知。一些人想当然地认为阿布巴卡和他的随从到达了美洲。阿布巴卡的继承者是曼萨·穆萨，史书上称他的统治十分牢固。

到 15 世纪早期，由于受到来自撒哈拉沙漠的图阿列格人（Tuaregs）的侵袭，再加上内部的纷争，马里开始衰落。马里东部、位于尼日尔河上游的城市加奥开始崛起，很快就超过了马里的都城尼亚尼，成为新建立的强大的桑海帝国的都城。

另一个世界

——美洲印第安文明

▋玛雅文明

↑ 玛雅手抄文书
材料为树皮，其中左右两边方中带圆的符号即为玛雅人的象形文字。

玛雅人是美洲唯一留下文字记录的民族。玛雅人在公元初期，于今危地马拉北部佩腾湖东北建立了提卡尔等城邦。公元5世纪初，一部分玛雅人开始向尤卡坦半岛北部迁徙，于公元5、6世纪之交建立奇钦·伊查城。公元7世纪，奇钦·伊查居民放弃这座城市，在尤卡坦半岛西南部建立了新的城邦。10世纪末，这些城邦受到从墨西哥南来的托尔狄克人的攻击，其居民重返故乡奇钦·伊查城。这时，奇钦·伊查城成为玛雅人的宗教、政治和文化中心。它的西南方的乌希马尔也是一个大城，两城都建有神庙、宫殿，规模宏伟，反映了玛雅人文明的高度成就。

10世纪，奇钦·伊查南部兴起了新城邦马雅班。两个世纪以后，马雅班强盛起来，1194年击败奇钦·伊查等城邦，在尤卡坦半岛取得霸主地位。后来奇钦·伊查人占领了马雅班，两种人混合形成玛雅人。1441年，依附于马雅班的乌希马尔等城邦起义，使马雅班大为削弱。1485年，马雅班在都鲁姆建立最后一块石柱碑，玛雅人历时1200多年的立碑纪年法至此中断。1485年瘟疫后，一部分玛雅人在佩腾湖畔

重大成就

◆ 发明了象形文字和二十进位计数法，已知应用"0"的符号。玛雅人历法以农业季节为基础。太阳年为365日，52年为一历法周期。

↑ 贵族陶俑

↑提卡尔一号神庙
金字塔神庙是玛雅最基本的建筑形制之一，层层叠起的金字形石堆其实只是一种建筑底座，在顶部的平台上，耸立着供奉神灵的庙宇。

森林深处建立了塔赫·伊查城。

玛雅文化是美洲文明的源泉，在天文、数学、建筑和艺术等方面都有光辉成就。玛雅人很早就发明了象形文字和二十进位计数法，已知应用"0"的符号。玛雅人历法以农业季节为基础。太阳年为365日，52年为一历法周期。当时已精确计算出日食的时间以及月和行星的周期。玛雅人的建筑、雕刻和绘画都有高度成就，在他们古老的神庙和宫殿的墙壁、立柱和梯阶上都饰有精致的浮雕和雕刻，绘画瑰丽多彩，题材多样。

▋阿兹特克文明

阿兹特克人原住地在墨西哥西部的海岛上，从11世纪中叶开始，逐渐向墨西哥盆地迁移。1325年，在帖什科科湖中两个小岛上建立了特诺奇蒂特兰城，即后来的墨西哥城。

阿兹特克人来到墨西哥平原以后，与当地居民混居，并接受了他们的较先进的文化，社会得到了很快的发展。15世纪，阿兹特克人和特斯科科人、特拉科班人结成部落联盟，不断扩张，先后征服周围许多部落，其势力向北扩展到墨西哥湾和太平洋沿岸，向南一直达到危地马拉。在长期征战中，阿兹特克人日益强大，成为同盟的首领。15世纪末，在墨西哥中南部形成一个幅员辽阔的帝国，特诺奇蒂特兰城成为这一大帝国的政治中心。

阿兹特克人发展了一种独特的农业耕作法——"浮园耕作法"，即在用芦苇编成的芦筏上堆积泥土，浮在水面，然后在这新

→这些高大的印第安武士石像耸立在墨西哥图拉古城的羽蛇神金字塔庙的顶端，曾经是支撑庙宇屋顶的柱石。这是托尔特克文明的产物之一，托尔特克是阿兹特克之前在墨西哥叱咤风云的三大部落之一，他们创造出了令人瞩目的文化，图拉城是他们的首都。

重大成就

◆ 阿兹特克人在长期劳动实践中积累了许多科学知识，他们把1200种植物和许多种属的蛇、虫和矿物予以分类。

◆ 阿兹特克人发展了一种独特的农业耕作法——"浮园耕作法"。

↑阿兹特克的标志———一只停在仙人掌上的雄鹰。

造的土地上种植作物和果树，利用树根来巩固这些人造浮动园圃。同时也利用湖边的土地种植玉米、豆类、南瓜、西红柿、甘薯、龙舌兰、无花果、可可、棉花、烟草和仙人掌等。狗是他们唯一的家畜，家禽主要是火鸡。

他们能冶炼金、银、铜、锡和青铜。阿兹特克人的制陶技术也很高明，他们制造的陶器是褐地黑纹，纹样多用复杂的几何图案和花鸟鱼虫等题材，质地精良，形状优美。在纺织和织品的图案艺术方面，尤其出色。阿兹特克人的羽绣，用羽毛镶嵌制成的羽毛饰物，精美异常。保存下来的几件作品，虽经数百年，但仍然光泽鲜艳，质地紧固，足见制作技术之精良。

阿兹特克人聚族而居，每个部落下有若干氏族，每一氏族自成独立的政治、经济、军事、宗教单位，由族长领导。部落酋长领导族长会议，实行民主管理。

阿兹特克人把部族神威齐罗波彻里奉为太阳神和战神，此外还崇拜自然神，如月神、雨神、花神和玉米神等。被征服部落的神祇也供养于神庙之中，处于主神的依从地位。祭祀用生人献祭。

阿兹特克人在长期劳动实践中积累了许多科学知识，他们把1200种植物和许多种

←这是一页绘于树皮上的阿兹特克占卜板，图中左侧的形象是一位神灵，周围是与地狱和天堂的神联系在一起的每一天的名字。

属的蛇、虫和矿物予以分类。

　　西班牙殖民者入侵前，阿兹特克统治集团已进行了将近 100 年的征服战争。战时，掳掠财富和战俘，平时则榨取被征服部落的贡赋，勒索人丁做祭献的牺牲，致使同许多部落结下深仇大恨，它们随时准备反叛。1519 年，西班牙殖民者科泰斯率军来侵，各部落不能团结一致，又加上国王孟特祖玛动摇不定和叛徒内奸的叛卖活动，阿兹特克最终于 1521 年被西班牙征服。

▌印加文明

　　南美洲安第斯高原是美洲古代文明的另一个发祥地。最早生活在这里的古代居民是奇楚亚、艾马拉以及其他语系的部落。公元前若干世纪，他们就创造了发展水平较高的农业文明。印加人是奇楚亚语系的部落之一。12 世纪，以库斯科（今秘鲁南部）为都城建立印加国家，到 15 世纪末控制着从哥伦比亚到智利中部，从太平洋沿岸到亚马孙河热带雨林的广大地区。

　　印加人精于农业，他们培植了大约 40 多种农作物，以玉米和马铃薯为主要粮食作物，此外还有南瓜、甘薯、西红柿、可可、菠萝、龙舌兰、木薯、花生和棉

→ 秘鲁印加文化遗迹马丘比丘
"马丘比丘"的意思是"古老的山峰"，它坐落于安第斯山脉地区两座险峻的山峰之间，是印加帝国的都城遗址。这座建于西班牙人入侵前 100 年的城堡，现已成为传奇般的印加文明最著名的遗迹。

↑这一雄伟的门廊位于印加帝国太阳神庙的下面，周围的墙代表着印加多角建筑风格的最高成就——形状不一的大小石块垒在一起，结合紧密，连薄薄的刀刃都插不进去。

花等，这些作物大都是由印加传到其他大陆的。印加人为扩充耕地面积，在坡上筑起层层梯田，并建立了灌溉系统，把山涧溪流引进渠道，进行灌溉。畜牧业方面，主要驯养美洲驼和羊驼。驼和羊对古代印加人来说，具有特别重要的意义。因为古代印加人不知用轮车运输，而驼则是良好的驮畜。驼和羊的毛、皮、肉和油脂，还是解决衣食之需的重要物资。

印加人的采矿冶金、建筑工程、驿道交通、纺织技术、医药知识都达到较高的水平。很早就掌握了冶炼青铜技术，他们用铜、金、银、锡、铝等制造各种精美的器皿和装饰品。制陶工艺也十分精巧，陶盆和陶罐上雕有各种美观的图案。库斯科的太阳神庙宏伟壮丽，它是用黄金和宝石装饰成的巨大建筑，石块和石块之间，不施灰浆，严密合缝，甚至连刀片都插不进去。印加人修筑了两条纵贯全国的公路，一条沿海，一条穿山，全长2000多千米，沿途建有无数隧道和用藤蔓筑起的吊桥。棉、毛织品精美别致，工艺精湛。手工业者逐渐专业化，成为专门的手工工匠。

印加人已经掌握了相当丰富的科学知识。首都库斯科建有观象台，用以观测太阳的位置，来确定农业生产节气和祭祀时间。印加人崇拜天体，特别崇拜太阳，所以他们的天文知识多和宗教有关。在医药知识方面，印加人初步掌握了外科学、解剖学和麻醉学等知识。他们会做开颅手术，用一种从植物中提取的药物作为麻醉剂。为了保存尸体，他们学会制作木乃伊。此外他们还认识了许多珍贵药物，如金鸡纳、吐根、藿香膏和番木鳖等。

印加人没有文字，用结绳记事。由于没有文字，印加国家众多的部落方言很难沟通。印加人以奇楚亚语为官方语言，并创办学校，教授奇楚亚语和结绳记事方法，以推广奇楚亚语的应用范围。

印加人民是勤劳勇敢和富于创造精神的人民，他们创造的光辉璀璨的印加文化，为全世界各族人民做出了伟大的贡献。但是，正当印加国家兴旺发达时期，却遭到西班牙殖民者的侵略。西班牙征服者的殖民统治，打断了印加人民的独立发展。

重大成就
◆ 建有观象台，用以观测太阳的位置，来确定农业生产节气和祭祀时间。
◆ 初步掌握了外科学、解剖学和麻醉学等知识。
◆ 学会制作木乃伊。

第五章
西方的扩张

14世纪初文艺复兴在意大利兴起，
后扩展到西欧各国，它事实上是一场资产阶级的新文化
运动。

地理大发现促进了资本主义萌芽的成长，
同时沟通了两个半球和局部地区彼此间的经济交往。

而宗教改革是一次规模大、
影响深远的资产阶级斗争，它全面冲击和瓦解了
中世纪的封建结构。

欧洲进入了上升的轨迹，
但也开始了对落后地区和国家的侵略、奴役……

中世纪的丧钟

——西方的变化

▎西欧诸国

15—16世纪，资本主义关系在西欧诸国普遍产生，西欧封建社会进入解体阶段。

英国在15世纪末就开始圈地运动，这是它的资本原始积累的主要形式。通过圈地运动，保证了廉价劳动力的来源，促使城乡资本主义关系的迅速发展，这必然导致英国封建关系的解体。从1485年到1603年统治英国的都铎王朝的历代国王极力加强王权，专制君主制逐渐确立，国家机器日益完备，政治制度上进入封建专制时期。由于工商业的发展，16世纪后半期，英国对外开始采取积极的殖民政策，但在英国扩张道路上的严重障碍是西班牙，因此，英国与西班牙一直进行斗争。1588年7月，由于"无敌舰队"的溃灭，西班牙失去了海上争霸的实力，海上霸权开始转到英国人和荷兰人手里，并为他们大规模的殖民掠夺提供了可能，从而建立起英、荷殖民帝国。

16—17世纪法国城乡资本主义关系迅速发展，社

◆ 大事年表 ◆

- 1602年
荷兰成立东印度公司
- 17世纪初
爆发欧洲第一次大规模的国际冲突——三十年战争

重大成就

◆《威斯特伐利亚和约》标志着国家的独立与主权得到了整个欧洲社会的承认。

←画中描绘了1588年侵入英国的西班牙"无敌舰队"，在英国舰队的炮火轰击下仓皇撤退的情景。

↑在一个村庄的桥上，骑兵团击溃了步兵军。三十年战争中，像这样在战争中惨遭蹂躏的村庄不计其数。

会结构和阶级结构出现重大变化，迫使统治阶级寻找新的统治形式——君主专制政体。在路易十一的三个继任者——查理八世（1483—1498年）、路易十二（1498—1515年）特别是长期在位的法兰西斯一世（1515—1547年）——统治时期为法国的君主专制制度奠定了基础。法国实现统一后就开始了对外掠夺的战争，矛头指向意大利，对意大利的掠夺战争历经16世纪整个上半期（1494—1559年）。17世纪初爆发欧洲第一次大规模的国际冲突——三十年战争，德国被肢解，法国夺得欧洲霸权。

在尼德兰爆发了人类历史上第一次成功的资产阶级革命，建立了荷兰共和国。17世纪前期，荷兰就开始了血腥的殖民掠夺。1602年成立东印度公司，竭力排挤葡萄牙在印尼的势力，垄断香料贸易。1621年成立西印度公司，垄断西非和美洲的贸易。1624年，荷兰殖民者侵入中国台湾。1661—1662年，在郑成功的领导下，中国东南沿海人民把荷兰殖民者驱逐出台湾。

▌神圣罗马帝国

神圣罗马帝国的目的在于恢复古代罗马帝国的荣光。它是当时欧洲的一个大国，其皇帝统治着中欧和意大利北部的大片土地。然而美中不足的是，作为世俗统治者，神圣罗马帝国皇帝必须与精神领袖教皇合作。事实证明，这样一种合作很难有什么好结果，两位领袖常常是各怀自己的心思。

↑ 神圣罗马帝国的皇帝腓特烈二世以古代罗马皇帝的装扮出现在这块金币上。在那个有着深深的宗教信仰的年代，腓特烈二世是一个自由思想家。在他辉煌的宫廷里，阿拉伯学者和基督教学者可以自由交换意见。

和同时代的其他统治者不同，神圣罗马帝国的皇帝由帝国境内的主要贵族选举产生。但是在现实中，某些大家族更容易获得皇位。1024—1125 年间，萨利安家族一直把持帝位。萨利安家族的最后一位皇帝死后无嗣，帝国的选侯推选强大的韦尔夫家族的罗塔尔二世为帝国皇帝，而放弃了同样强大的霍亨斯陶芬家族的候选人。这一事件引起了中世纪最大的一场王朝之争，那些势力较小的贵族要么站在韦尔夫家族一方，要么站在霍亨斯陶芬家族一方。在意大利，支持上述两个家族的两派分别被称为圭尔夫派和吉伯林派。这两派在文艺复兴之前，给意大利北部的城市带来分裂。

尽管为了争夺皇位，两大家族之间充满争斗，但是，这种纷争和皇帝与教皇之间的矛盾相比，简直是小巫见大巫。皇帝与教皇的第一次决裂在 11 世纪的主教叙任权之争中就已经显现了。12 世纪时，当霍亨斯陶芬家族最终获得皇位后，冲突加剧了。霍亨斯陶芬家族最伟大的皇帝之一是被称为"红胡子"的腓特烈一世，他试图借助武力将自己的权威加于教廷及意大利北部的各个城市之上。但是，腓特烈的这一企图被后两者的联军在 1176 年的莱尼亚诺战役中挫败。

后来的腓特烈二世在其长达 38 年的统治中，与教皇的关系日渐恶化。腓特烈二世是一位英明的皇帝，但也是一个严酷的统治者。由于王朝的更替，他有机会

↑ 这幅手绘插图表现的是意大利圭尔夫派与吉伯林派之间的战斗。圭尔夫派支持教皇，而吉伯林派则支持皇帝。

继承西西里王国的王位，这个王国不仅包括西西里岛，还包括意大利南部。这使他有机会染指教皇在意大利中部的领地。正像上一个他的同名者一样，为了实现自己的目的，他对意大利发动了一场长达 12 年的残酷战争。在战争中，腓特烈二世不止一次地被教皇革除教籍，但是他也不断蹂躏教皇的领地，并试图罢黜教皇。

1250 年，腓特烈二世去世，但争端依然没有结束。帝国在争端中又存在了几个世纪之久，直到 1806 年被法国皇帝拿破仑灭亡，神圣罗马帝国彻底瓦解。

文艺复兴

文艺复兴运动是 14 世纪初到 17 世纪初反映欧洲新兴资产阶级要求的思想文化运动。它兴起于意大利，后扩展到德国、法国、英国、西班牙、尼德兰等欧洲其他国家。

14—15 世纪，资本主义的生产关系已在西欧封建制度内部逐渐形成，然而在思想领域中处于垄断地位的中世纪神学，则通过对人们思想的紧紧束缚，来为巩固封建统治服务。为了维护神学的统治地位，教会严禁一切不合乎神学的思想，将此视为异端，进行宗教迫害。这一切都严重禁锢了人们的思想，扼杀了人们的聪明才智和创造力。它与新兴资产阶级的自由进取精神发生了尖锐的矛盾，成为资本主义发展的障碍。

文艺复兴运动之所以起源于意大利，因为资本主义萌芽最早出现在此地。意大利的新兴资产阶级为了维护其经济、政治利益，要求在意识形态上打破教会的精神统治和陈腐的神学世界观，改变维护封建制度的各种传统观念，主张建立和发展世俗性质的资产阶级新文化。意大利早期文艺复兴是以但丁

↑大卫像　米开朗琪罗
高 410 厘米，大理石雕。

↑达·芬奇的名画《蒙娜丽莎》

发表《神曲》为开端的，《神曲》抨击了教会的贪婪腐化和封建统治，歌颂了自由的理性和求知的精神。早期新文化的代表人物还有彼特拉克和薄伽丘。彼特拉克率先提出"人学"与"神学"的对立，被称为"人文主义之父"。薄伽丘的代表作是短篇小说集《十日谈》，揭露和讽刺了天主教教士和封建贵族腐朽糜烂的生活。16世纪，意大利文艺复兴进入全盛时期。这一时期，人文主义和现实主义思想深入贯彻到艺术领域，艺术家之多和成就之大都是前所未有的。其中最著名的有达·芬奇、米开朗琪罗和拉斐尔，堪称"文艺复兴三杰"。

15世纪后期，资本主义在西欧许多国家发展起来。这些国家的新兴资产阶级都力图打破天主教会的精神禁锢。文艺复兴运动迅速传播到德国、英国、法国、西班牙、尼德兰等其他西欧国家。德国的人文主义代表人物是伊拉斯谟，他揭示出教会通用的拉丁文本《圣经》中的许多错误，严重打击了教会解释教义的权威。英国则以莫尔和莎士比亚为人文主义的杰出代表。莫尔以《乌托邦》一书批判了资本主义原始积累的残酷性，指出私有制是一切社会罪恶的根源。莎士比亚则以喜剧、悲剧和历史剧来反映英国社会，体现人文主义思想。除此，还有法国的拉伯雷和西班牙的塞万提斯等都是著名的人文主义作家，推动了人文主义思想的传播。

文艺复兴运动不仅是在文学艺术领域开展，还渗透到自然科学领域，在天文学、数学、物理学、化学等方面都有重大成就，其中以天文学家哥白尼的"太阳中心说"最为突出，它推翻了所谓"上帝选定了地球为

← 雅典学院 拉斐尔 意大利

此壁画是拉斐尔为梵蒂冈教皇宫殿所绘。图中柏拉图和亚里士多德师徒正在门厅闲谈，其他不同地域和不同学派的著名学者在自由地讨论。

宇宙中心"的谬论，严重打击了教会的宇宙观，使自然科学从神学中解放出来，从而进入一个新时代。

▌宗教改革

16 世纪的宗教改革是罗马教廷和天主教会同新兴的资产阶级之间矛盾发展的必然结果。在德国，民族压迫、阶级压迫与宗教压迫交织在一起，德国是受天主教会压榨最严重的地区，这就使得宗教改革首先发端于德国成为必然。

德国的宗教改革是从马丁·路德的改革运动开始。他通过研读《圣经》，发现天主教会的神学理论及制度远远背离了基督教的原始教义，于是提出了"信仰耶稣即可得救"的观点。他认为人的灵魂得救，要靠个人对上帝

↑具有文艺复兴风格的佛罗伦萨圣十字教堂

的虔诚信仰，不需要教士的监督和干预。信仰的唯一依据是《圣经》，而不是天主教会一手制定的神学。1517 年 10 月 30 日他写下了名为"关于赎罪券的功效"的《九十五条论纲》，痛斥教皇利用兜售"赎罪券"聚敛财富的卑劣行径。1519 年，路德在莱比锡同教皇的代表辩论时，公开否定了罗马教廷的权威。1520 年 8—10 月间，路德相继发表了三篇重要文章:《致德意志民族的基督教贵族书》、《论基督徒的自由》和《教会的巴比伦之囚》。其内容实质是想使德意志民族从政治上、经

◆ 大事年表 ◆

● 1517 年
马丁·路德用拉丁文写下了《九十五条论纲》
● 1524—1525 年
德国农民战争
● 1541 年
日内瓦由改革派掌权

主要人物

马丁·路德（1483—1546 年）：提出"信仰耶稣即可得救"。
闵采尔（1490—1525 年）：主张宗教改革和社会改革结合。
约翰·加尔文（1509—1564 年）：提出"先定论"的神学学说。

济上、思想上彻底摆脱罗马教廷的控制。然而路德没有认识到教会和国家分离的重要性，仍认为君主的权威是神授的，因此强调人民服从政府的必要性。1521年 12 月，路德发表文章，告诫全体基督徒严防暴乱，要求人们"约束自己，切勿乱说、乱想、乱动"，最终倒向贵族和诸侯一边去了。

就在路德投入诸侯怀抱时，闵采尔继续进行宗教改革的活动，他把宗教改革和社会改革结合起来，认为摆脱尘世间苦难的唯一途径就是废除等级制度，在现世建立起一个财产平等、无剥削压迫的"千年天国"。他的观点得到大多数下层民众特别是广大农民的拥护，促成了德国农民战争的爆发。1524—1525 年的德国农民战争规模宏大，有 2/3 农民卷入，主要中心区为士瓦本、法兰克尼亚、萨克森和图林根。农民起义虽然最后被镇压下去，但它沉重地打击了天主教会的势力，从根本上动摇了天主教会在德国的统治地位。

继德国之后，16 世纪的西欧也都发生了宗教改革运动。因法国政府迫害新教徒，约翰·加尔文于 1534 年流亡到瑞士。1536 年，加尔文出版了《基督教原理》一书，提出了"先定论"的神学学说，认为人的得救与否完全依赖于上帝的意旨

↑ 宗教改革时期，路德派与天主教正在讨论一些分歧的观点。

所决定。1541 年，日内瓦由改革派掌权，加尔文实际上成了日内瓦宗教、政治的最高领袖。由于其教义适合新兴资产阶级的需要，因而在资本主义迅速发展的荷兰、法国、英国等西欧国家和北美得到广泛的传播。

▎印刷术的传播

印刷术的发明与互联网的诞生有些类似，它为 15 世纪欧洲的信息技术带来革命性变化。在此之前，书籍的复制主要由人工完成，费时且费力，书籍成为一种奢侈品，只有富人才有能力拥有它。印刷术发明后，书籍的制作变得既快且便宜，可以被大量生产出来。书籍因此获得更大范围的流通，也减少了错误的出现。

↑这幅关于16世纪印刷厂的木刻画，展现的是印刷工人正在排列纸张和往刻版上涂墨的情形。背景上的工人正在将一个个字符组成一页页的文字。

在欧洲建立第一座印刷厂的是德国人约翰尼斯·古腾堡。1455 年，他在自己的印刷厂里印出的第一本书是《圣经》。但是，印刷术并非古腾堡的发明。在此之前，印刷术就存在很长时间了。中国人早在公元 8 世纪或更早的时候就能够印刷书籍。他们将书籍的内容刻在一块木版之上，用刷子将墨汁刷在上面，然后就可以印出书中的一页。重新制版后，就可以再印刷下一页。欧洲人在 15 世纪早期，也运用同样的技术印制宗教图画或短小的文本。

古腾堡对印刷术的革新主要是引入了活字印刷。他将每个字母都制成一块模

← 古腾堡发展了印刷术，将之用于印刷配有插图的书籍。这种印刷技术改变了书籍的生产过程，使思想得到快速传播，推动了欧洲宗教改革运动的发展。

→ 欧洲的第一本完整的印刷书《古腾堡圣经》，出版于 1455 年左右，文字是拉丁文，共 3 卷。没有人知道古腾堡印刷了多少本，流传到现在的大约有 40 本。

如图所示，1501 年之前印刷的书籍被称为"古版书"。这个词来自拉丁文"摇篮"。为了满足人们的需要，早期的印刷商印制出配有漂亮的蓝色、红色、金黄色插图以及书边经过装饰、带有大写首字母的精美图书。早期的印刷工人通常使用经过装饰的印刷字体，有时甚至亲自在大写首字母旁边的空白之处进行修饰，以增加图书的吸引力。如同要与之竞争的手稿一样，这些印刷的书籍通常都很巨大，人们只能坐在书籍旁阅读，而无法随身携带它们。这样的书通常一次印刷 200 或 300 本，现存的古版书大约有 3.5 万册。

子，将这些模子放在一起排列组合后，就形成一段文字。这些模子可以拆散重组，用于印刷其他文字。中国人在此前很长的时间里就发明了活字印刷术，但由于中国文字十分繁多——大约有 6 万多个——这一技术并不实用。而对于欧洲的字母文字（包括大写字母）、数字和标点符号来说，活字印刷就显得十分容易。

印刷工人将一行行字符排列在一个框架内，就形成了一块印版。当这块印版使用完毕后，字符可以拆下来，等待下一次使用。当印刷书籍中的一页时，工人将一页纸放在涂上墨的印版上，然后用两块木板夹紧。当用螺丝旋紧压印盘时，一页书籍便被印刷出来——这种技术其实在罗马时代就用于压榨葡萄或装订手稿。

古腾堡的印刷技术很快得到许多人的仿效，他们的产品在欧洲城市不断增多的识字阶层——律师、商人、大学教师和拥有技术的工匠——中有了市场。随着印刷厂在一个个城市中的建立，一本本的《圣经》、百科全书、宗教书籍、古典著作、历史书籍和文学作品不断出现，满足了人们的需要。

▎火药革命

16 世纪快结束的时候，火药革命终于来临。到这个时代，欧洲与亚洲的军队在运用火药武器方面已经拥有了将近 300 年的历史，最初，枪炮是军事领域的一个新鲜事物，而此时，它已经成为战场上的主要武器，改变了战争进行的方式。火药革命并不仅仅改变了作战的状况，它还促进了与此密切相关的化学、数学以及机械学的发展，带来了金属铸造方面的进步，从而为现代科学的发展铺平了道路。此外，它还增强了国家的实力。

火药是硝石、木炭以及硫磺的混合物，当被点燃时，它会发生爆炸，爆炸而产生的动力足以推动抛射物沿着金属的管筒前进。早在公元 1 世纪的时候，中国人就掌握了火药的特性，最初的时候，火药仅仅应用于宗教典礼上所用的爆竹。

到了 10 世纪，中国人将火药应用到了战场之上，用它从竹管中推射出带火的箭支。13 世纪早期，在同蒙古军队作战的时候，中国军队应用了火药发射的箭支，有关这种令人吃惊的技术的消息传到了欧洲。

正是在欧洲，第一批大炮得到了发展，事实证明，用青铜或者铁制成的短管发射石弹在围攻战中非常有效，但是，大炮常常在点火的时候发生爆炸，导致炮手丧生。尽管大炮在爆炸时发出的声音以及散发出来的烟雾让敌人心惊胆寒，但它实际上能多大程度地打击敌人还是值得怀疑的。

↑这是一幅意大利版画，刻画的是一位金属品制造者正在铁工厂当中铸造大炮部件的情形。生产重炮的花费极为惊人，这使得单个贵族的私人武装难以与国家的军队相抗衡。

在接下来的两个世纪中，有关武器的技术以及设计都缓慢地得到改进。冶金工匠冶炼出了青铜与铁的合金，它足以承受爆炸所引起的震动；炮耳被固定在炮管之上，使炮手能够调整发射角度；带轮炮架的应用增加了大炮的移动性能。大炮逐渐变得更小、更加轻便。最终，更高效的火药混合物被发明出来。

15 世纪中期，最初的小型武器出现在战场上。起初，它的发射状况是这样的：一个炮手手持被固定在简易木制架上的小型手持炮，第二个人点火射击。后来，小型武器安装了可旋转点火机械装置，使一个人通过拨动扳机进行瞄准射击成为可能。火绳枪首先出现在德国，之后迅速传遍了欧洲以及奥斯曼帝国。到 16 世纪，火绳

←这幅插图可以追溯到 1512 年，它展现的是各种样式的火绳枪的雏形。如图中所示，最初的时候，这种枪需要两个人，一个人持枪瞄准，另一个人点火。后来，火绳式发火装置被发明了出来，这是一种可旋转装置，用拇指轻击可以使它落下，从而点燃火药装置，使得火绳枪能够由一个人操作。在早期，常常用支撑物来固定大炮并且支撑起沉重的炮管。

城堡时代的终结

　　枪炮传播的一个主要的结果就是中世纪城堡的衰落。1453年，君士坦丁堡陷落在奥斯曼土耳其围攻的炮火之下，这表明高耸的石墙与防卫塔在围攻的火炮面前起不到防卫作用。为了应对这种威胁，军事工程师很快就尝试着用新的方式筑城，如英格兰的迪尔城堡。第一座这种防御工事式的城堡首先出现在意大利，其设计源自艺术家兼工程师，如列奥纳多·达·芬奇与弗朗切斯科·迪乔治。

　　枪已经发展成了毛瑟枪，这是一种更为精确的武器，能够杀死距离300步远的人。同时，威力巨大的大炮已经安装在船只之上，这改变了海战的方式。

　　火药革命的结果是它增加了统治者的力量。生产大炮和以毛瑟枪装备步兵团，这即使对于大领主而言也过于昂贵，难以承受，所以这导致了私人武装的废止。到16世纪末，制造枪炮与火药需要得到王室许可，军队以及兵工厂的维持都要依靠政府支出，大规模的战争变成了国家的"专利"。

帝国纷乱

——世界格局

▌奥斯曼的兴起与拜占庭帝国的灭亡

奥斯曼土耳其人是突厥人的一支，12世纪时迁入安纳托利亚。奥斯曼一世（1258—1324年）原为安纳托利亚西北境一小邦的王公，他于1300年自称苏丹，宣布独立并建国。奥斯曼一世死后，其子奥尔汗（1324—1360年在位）开始了对外扩张，逐渐控制了整个安纳托利亚。穆拉德一世（1360—1389年在位）进军东南欧，夺取了亚得里亚堡，直接威胁拜占庭帝国首都君士坦丁堡，并在科索沃大败巴尔干诸国的联军。

↑ 奥斯曼帝国时期伊斯坦布尔的宫殿接见室

15世纪初，奥斯曼帝国一度衰落，到15世纪中期，国力逐渐恢复。1451年，穆罕默德二世即位，登位后采取的第一个重大行动就是夺取君士坦丁堡。1453年，土军攻占君士坦丁堡，拜占庭帝国灭亡。

↑ 奥斯曼帝国挺进东欧。这是奥斯曼军队在多瑙河与匈牙利军队展开战斗的情景。

东正教的中心君士坦丁堡从此成为信奉伊斯兰教的奥斯曼帝国的首都，改名为伊斯坦布尔。奥斯曼帝国进入了它的新纪元，并进行了一系列的扩张，到16世纪中叶，奥斯曼土耳其成了地跨欧、亚、非三洲的大帝国，达到了帝国的全盛时期。

▋苏莱曼一世

在奥斯曼土耳其帝国，苏莱曼的子民称他为"法律制定者苏莱曼"，这是为了纪念他为了保护个人不受统治权威的过分压制所进行的努力；在西方，苏莱曼却经常被称为"苏莱曼大帝"。苏莱曼大帝的统治时期代表了奥斯曼帝国的巅峰时期，随后而来的却是长期的衰落。

当谢利姆一世（苏莱曼大帝的父亲）成为苏丹的时候，未来的苏莱曼一世仅十几岁。谢利姆是一位非常有影响力的统治者，1514年，他在查尔迪兰打败了波斯的萨非王朝——奥斯曼帝国在东方的主要敌对者，两年后他又打败了马木留克王朝，获得了埃及和叙利亚。谢利姆获得胜利、维护权力的手段与历史所赋予他的称呼完全相符——"残酷的谢利姆"，他的父亲很可能是被急于继承王位的谢利姆所毒死的；而且谢利姆绞死了自己的两位兄长，将他们的5个儿子分散开来，以便清除敌对势力。

↑ 苏莱曼大帝时期的金币，金币上将苏丹描述为"海上与陆地上的强有力的胜利之王"。在苏莱曼统治下，奥斯曼帝国的疆土从阿拉伯海几乎扩展到了直布罗陀海峡。

↑ 这是奥斯曼土耳其的一幅水彩画，表现的是1521年，苏莱曼的军队在贝尔格莱德城外列队的情形，经过数星期的战斗之后，贝尔格莱德陷落。

当苏莱曼于1520年继承王位的时候，他在继承了一个强大帝国的同时，还继承了绝对的专制统治传统。奥斯曼帝国是13世纪后期在安纳托利亚北部崛起的，苏莱曼是第十位统治者，他的先辈已经灭亡了信仰基督教的拜占庭帝国，占据了包括土耳其、巴尔干、地中海东海岸地区以及埃及的广大区域。

继承苏丹之位后，苏莱曼一世的第一个动作就是对法律系统进行彻底改革，苏莱曼引进新的法律，保护自己的臣民免受强征暴敛、商业限制以及土地没收的侵害。

在对外事务方面，苏莱曼的政策是侵略性的。1521年，苏莱曼夺得了贝尔格莱德；第二年，他夺取了爱琴海上的战略要地罗德岛。1529年，他围困维也纳，尽管最后苏莱曼没能攻下这个城市，但这一事件震惊了整个欧洲；1543年，他完成了对匈牙利的征服。前几任奥斯曼土耳其苏丹受到了缺乏海上力量的束缚，苏莱曼认为这是一个弱点，所以加以改善。在巴巴罗萨·海雷丁——一位北非海盗的指挥之下，奥斯曼的舰队不断劫掠西方人在地中海上的船只，摧毁了尼斯。他还同法国国王法兰西斯一世结盟，共同对付神圣罗马帝国的查理五世。

在内政问题上，苏莱曼同样残酷无情。1536年，他处死了自己长期以来一直信任的顾问——大维齐尔易卜拉欣，因为他深爱的来自俄罗斯的妻子罗珊兰娜憎恶易卜拉欣的权势。1553年，苏莱曼下令处死了自己的儿子穆斯塔法，因为怀疑他搞阴谋诡计，危害自己的统治。

▎"恐怖的伊凡"

伊凡·瓦西里耶维奇是第一位使用"沙皇"称号的俄国统治者，在历史上，他通常以"恐怖的伊凡"而闻名。"恐怖的伊凡"这个名字丝毫没有夸张，在他统治的最后岁月中，他的杀人情绪毫无征兆，对于属下残酷无情，的确让人感到十分恐怖。但不管怎样，伊凡四世造就了现代俄国的命运，他对于塑造这个国家的性格颇有影响。

诺夫哥罗德的居民无法相信眼前发生的事情：他们像受惊的家畜一样，被驱赶聚拢到城市广场，当男人、女人以及儿童被活生生地刺死、开膛、剥皮、煮熟的时候，四周的建

圣巴索教堂

圣巴索教堂屹立在莫斯科红场南边，它是世界上最著名的建筑之一，被认为是俄罗斯的象征。它包括富丽堂皇的洋葱形塔尖和华美的建筑，黑色的内部蜂窝状地排列着一系列小礼拜堂。这座建筑是用来纪念"恐怖的伊凡"的赫赫战功的，这位沙皇不喜欢教会对于农民的控制，但他需要教会的支持，以加强自己的权威，还需要教会成为抵挡新教威胁的"精神防波堤"，防止在西方国家出现的由新教引发的政治后果。圣巴索教堂于1555年开工，一直到1679年才最终完工。

↑这是当代的一幅木刻画，伊凡是一个精力充沛、反复无常的统治者，他以不可遏制的残酷而闻名。

筑也被纵火烧毁。发生在 1570 年的"诺夫哥罗德谋叛"——这正是他们被如此残酷惩罚的原因——的性质已经不可能完全搞清楚：可能是沙皇害怕这座城市脱离自己，加入临近的立陶宛——它最近已经通过卢布林联盟的形式加入了敌国波兰，还有人怀疑这个繁荣的商业中心的富裕与精于世故触怒了冷峻而多疑的沙皇，因为他素来以因为微不足道的刺激就会大发雷霆而闻名。

伊凡·瓦西里耶维奇出生于 1533 年，他在 3 岁的时候成为莫斯科大公，仅仅 5 年之后，担任摄政的母亲离开了人世（可能是被毒死的），伊凡成了一个孤儿，沦为莫斯科宫廷中不同派别的贵族手中的傀儡。但是，他在 13 岁时就进行了自己一生中的第一次暗杀行动。1547 年，伊凡四世亲自掌权，成为第一个采用"沙皇"（源自罗马的"恺撒"）这一称号的俄国统治者。在生活看起来比较稳定之后不久，伊凡四世同安娜塔西亚结婚，放弃了少年时他所热衷的放荡不羁的娱乐活动。

1552 年，伊凡征服蒙古喀山汗国，这位年轻的统治者表现出了强大的行动能力。第二年，英国航海家理查德·钱塞勒发现了经过白海到达俄国北部海岸的路线，由此，伊凡四世重新开始了同西方的贸易。1556 年，他再次开疆拓土，吞并了阿斯特拉罕汗国，打开了通往伏尔加河、里海、高加索山脉以及西伯利亚的通道。1558 年，伊凡发动了立窝尼亚战争，这场战争旷日持久，当时在北欧居于主导性地位的强国瑞典也卷入其中。

1560 年，安娜塔西亚去世。从此之后，伊凡的猜疑心与日俱增，难以控制。他将自己的王国分成两个部分：特辖区与领主辖区。特辖区即莫斯科周围地区，由伊凡自己亲自统辖，领主辖区则拟定由贵族会议统辖。但伊凡的秘密警察在领主辖区任意横行，伊凡统治时期，没有什么人是安全的：俄国东正教会的首领是这一恐怖统治的牺牲者，另一位是伊凡的堂兄弟。1581 年，他在盛怒之下甚至杀死了自己的儿子。伊凡死于 1584 年，身后留下了一个强大与统一的国家，但与此形成鲜明对照的是，这个国家经济落后并且处于恐怖统治之下。

世界的探险家

——侵略与扩张

▌地理大发现

从 15 世纪起，西欧的航海家进行了好多次涉渡重洋的远航，开辟了东西方之间的新航路，发现了欧洲人所不曾到过或不曾听说过的许多地方。这是人们长期以来发展科学技术和积累地理知识的结果，也是西欧商品经济发展的要求。

↑ 哥伦布像

最先探寻通往印度航路的是葡萄牙人。1486 年，巴托罗缪·迪亚士带领 3 只小船沿西非海岸南航，1487 年 2 月，到达了南非的莫塞尔湾。继承迪亚士未竟事业的是葡萄牙富有航海经验的大贵族瓦斯科·达·伽马。达·伽马组织的远征队于 1497 年 7 月 8 日从里斯本出发，沿着迪亚士开辟的航路南行。11 月 22 日，他顺利地绕过了好望角，沿非洲东岸航行。1498 年 4 月进入今肯尼亚的马林迪。马林迪苏丹派人为他们领航，横渡印度洋，于 1498 年 5 月 20 日抵达印度西海岸的卡利库特。这是人类史上第一次完成从西欧绕经非洲到达东方的航行，从而

↑ 地理大发现时的世界地图。当时人们对世界地理知识的认识仍很肤浅，"世界"被习惯性地分为欧洲、亚洲与非洲三大块。

◆ 大事年表 ◆

- 1492 年
  哥伦布到达美洲
- 1498 年
  达·伽马到达印度
- 1519—1522 年
  麦哲伦船队环球航行

主要人物

哥伦布（1451—1506 年）：意大利人，1492 年到达美洲。
麦哲伦（1470—1521 年）：1519 年率船队环球航行。

开辟了东西方之间新的、直接的海上通道。

1492 年 8 月 3 日，哥伦布率领 3 艘帆船，从西班牙的巴罗斯港出发，开始了探查横渡大西洋航路的第一次远航。10 月 12 日，终于登上了巴哈马群岛中的一个小岛。1493 年，哥伦布率领 17 艘舰船进行了第二次远航。哥伦布在伊斯帕尼奥拉岛上建立了一个既采矿又从事农业的殖民地，作为到东方去的基地和补给站。1498 年和 1501 年，哥伦布又到美洲进行了第三、第四次航行，探查了特里尼达岛和委内瑞拉海岸以及巴拿马一带。

哥伦布寻找中国、印度而获意外"发现"，并未使探险家们放弃西行至亚洲的企盼。1519 年 9 月 20 日，麦哲伦率领 5 艘船从西班牙圣卢卡尔港启航，两个月后，越过了大西洋，沿巴西海岸南下。次年 10 月，船队穿过后来以他的名字命名的麦哲伦海峡，又继续西航，沿途风平浪静，故船员们称之为"太平洋"。1521 年 3 月，麦哲伦船队终于到达了菲律宾群岛。菲律宾群岛上有许多部落。麦哲伦企图利用部落首领间的冲突，征服各个岛屿。他为一个首领向另一个首领挑战，结果，他自己被杀死在海滩上。船员们逃出菲律宾，在摩鹿加群岛装了一船香料。剩下少数船员通过印度洋，绕过非洲返回。1522 年 9 月，18 个形容枯槁的船员驾着仅剩的一只帆船回到西班牙。这样，人类的第一次环球航行宣告成功，

↑麦哲伦像

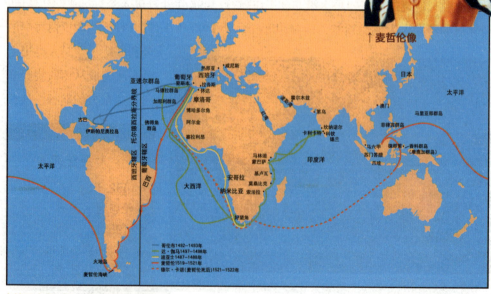

↑ 地理大发现期间重要的航海路线图

大地是球形的科学真理得到了确证。

哥伦布到达美洲后，西班牙和葡萄牙在争夺属地中发生了冲突，罗马教皇亚历山大六世出面调停。1494 年，教皇确定亚速尔群岛和佛得角群岛以西 370 海里处，由北极到南极，划出一条想象中的分界线，该线以西一切土地归西班牙，以东一切土地归葡萄牙，这就是所谓的"教皇子午线"。这样，葡萄牙和西班牙第一次瓜分了地球，早期殖民者的侵略野心暴露无遗。

> **重大成就**
> ◆ 哥伦布发现美洲、达·伽马绕行非洲南端到达印度及麦哲伦船队环球航行。

西班牙和葡萄牙的扩张

新航路开辟后，葡萄牙和西班牙这两个中央集权制的封建国家积极向外扩张，最早走上了殖民侵略之路。

从 15 世纪起，葡萄牙人就在非洲西海岸的几内亚、刚果、安哥拉等地设立了殖民侵略据点。16 世纪初期，葡萄牙殖民者又占领了东非海岸的莫桑比克、索法拉、基尔瓦、蒙巴萨和桑给巴尔等地，并将这些据点作为从西欧到东方这条漫长航线上的补给站。1506 年和 1508 年，葡萄牙先后占领了亚丁湾入口处的索科特拉岛和波斯湾入口处的霍尔木兹岛这两个海上交通要津，从而控制了连接红海和亚洲南部的海路。1509 年，葡萄牙人在阿拉伯海的第乌港附近击败了数量上占优势的穆斯林舰队，进而确立了印度洋上的海上霸权。为了控制印度，夺取卡利卡特的企图

↑ 16 世纪初用于殖民和开拓海外市场的船只草图

虽然失败了，但葡萄牙于 1510 年攻占了果阿，建立了自己在东方的殖民总部。接着入侵了锡兰（今斯里兰卡）。1511 年，它夺取了马六甲，这是通往东南亚的交通咽喉。后来，葡萄牙人继续侵占了印度西海岸的第乌、达曼及孟买。此外，还在苏门答腊、爪哇、加里曼丹及摩鹿加群岛（今马鲁古群岛）建立商站。在中国又夺取了澳门，作为经营东亚贸易的中心。葡萄牙人还到达了日本，并于 1548 年在日本的九州设立了第一个欧洲人的商站。这样，葡萄牙

←这个非洲人制作的铜像，塑造了一个葡萄牙士兵正在用火绳枪射击的情景。从 16 世纪开始，葡萄牙人就将枪炮卖给西非海岸的国王们，然后换回黄金、象牙和奴隶。

↑这四幅画记录了西班牙人在墨西哥的暴行。

就成为垄断欧亚之间及中国、日本和菲律宾之间贸易的霸主。

葡萄牙扩张的主要方向是非洲和亚洲诸国，但它也入侵了美洲新大陆。1500年，葡萄牙一支远征队准备去印度，但在途中因赤道海流的冲击而偏离轨道，漂流到了南美洲的巴西。这样，巴西就成了葡萄牙的殖民地。

西班牙在海外建立的殖民地，要比葡萄牙的殖民地大得多，其主体部分在美洲新大陆。新大陆盛产金银，与东方香料有同等或更大的价值，因此西班牙便把主要注意力集中到这里。从15世纪末哥伦布发现新大陆开始到16世纪中期，西班牙人征服了除巴西外的中南美洲的广大地区。1493—1514年，西班牙人先后侵占了海地、多米尼加、巴拿马和古巴等地，为进一步扩大侵略建立了基地；1519—1524年，征服了墨西哥、危地马拉、洪都拉斯、尼加拉瓜、萨尔瓦多等地，完成了对中美洲的占领；1531—1549年，又陆续侵略了秘鲁、厄瓜多尔、智利、玻利维亚、哥伦比亚、乌拉圭、阿根廷等地。至此，西班牙已征服葡属巴西以外的整个南美、整个中美及北美一部分土地。1565年西班牙又征服了佛罗里达。

葡萄牙、西班牙对殖民地的疯狂掠夺，造成了殖民地的极端贫困和落后，而葡、西殖民者却获得了巨额财富。然而，这些财富的大量流入并没有促进两国资本主义工商业的发展，相反，荷、英、法等国则从中得到了实惠。

▌克里斯托弗·哥伦布

几个世纪以来，欧洲人一直认为，世界上只有3个大洲——欧洲、非洲和亚洲。他们认为，世界的其余部分都为海洋所覆盖。

通往亚洲的传统路线过去一直是沿着丝绸之路穿行大陆。15世纪，葡萄牙人发现了一条到达那里的海路，绕过非洲海岸，向东向南航行。那时一个名叫克里斯托弗·哥伦布的意大利人提出，通过向西航行穿过伟大的大西洋，最终有可能到达亚洲。

哥伦布把一生都献给了寻找通往遍地黄金的亚洲的海路事业上。起初，人们

香料之路

　　自从罗马时代以来，香料作为食品的调料以及药剂的原料一直为欧洲人所看重，它们出产于热带地区，从陆地上运送到西亚的港口，威尼斯人控制着向欧洲进口香料的贸易。16世纪，欧洲人渴望直接获得香料，这刺激了他们在东方进行探险，葡萄牙开始从印度（右图）运走胡椒，从斯里兰卡运走肉桂，从摩鹿加群岛运走肉豆蔻和丁香，从中国运走姜。香料易于大规模运输且获利丰厚，为了更加降低运送到北欧的香料运输成本，葡萄牙人将主要的销售中心从里斯本转到了阿姆斯特丹与安特卫普，到1530年，安特卫普成为欧洲最为富庶的城市，其后进一步成为西班牙从秘鲁输入白银的中心。

认为这是个愚蠢之举，因而哥伦布得不到任何资助。但是1492年，西班牙女王伊莎贝拉同意赞助他代表西班牙进行远航。1492年8月，他带领3条船起航。36天后，他们在现在的巴哈马群岛登陆。之后继续向东南航行，他在1493年3月成功返航之前还经过了古巴和伊斯帕尼奥拉岛（即今天的海地）。

　　哥伦布认为，他已经发现了通往亚洲的新航线。虽然他对新大陆并不是黄金遍地而备感失望，但是在有生之年他一直对他在第一次航行的发现确信不疑，并多次远征。

　　哥伦布曾经4次向西穿越大西洋航行，他在所经过的岛屿上建立了多个西班牙殖民地，并宣称那里是西班牙的领地。直到1506年他去世时为止，他仍然相信他曾经到过印度，尽管他没能发现证据。因为他向西航行，他所遇见的那些新岛

探险家与他所服务的国家名称
➤ 佩德罗·卡布拉勒（葡萄牙）
⇢ 亚美利哥·韦斯普奇（葡萄牙）
➤ 麦哲伦与德尔·卡诺（西班牙）
➤ 阿瓦诺·德·萨维德拉（西班牙）
➤ 塞巴斯蒂安·卡伯特（英格兰）
── 西班牙与葡萄牙所划分的界线

← 15世纪后期到16世纪早期，一系列伟大的航行探险将全球各地联系了起来，在此之前，这些地方几乎根本互相不知道对方的存在。英勇的航海家们从西班牙、葡萄牙以及英格兰出发，向西抵达了美洲新大陆，向东到达了印度。1522年，塞巴斯蒂安·德尔·卡诺——他在船队中的领导地位仅次于死于航程中的费尔南多·麦哲伦——最终完成了世界上首次环球航行。

屿现在被称为西印度群岛。

不过，没有几个人接受他的看法。1502 年，亚美利哥·韦斯普奇从沿着南美东海岸的航行中回到了欧洲。他确信，这些岛屿并不属于亚洲，而是属于欧洲人所不知道的那个大洲的一部分。他称之为姆恩杜斯·诺乌斯——新大陆。1507 年，德国的地理学家马丁·瓦尔德泽米勒把新大陆重新命名为美洲，正是为了纪念亚美利哥·韦斯普奇。事实上哥伦布所发现的东西要远远比通往亚洲的航线更为重要。在他偶然发现了美洲大陆之后的不长时间，美洲和欧洲的历史被完全改写了。

▌环游世界

欧洲人着迷于亚洲遍地是宝的传说。游历者和商人谈论着印度、中国和日本的财宝以及这些国家海岸线上分布着的富饶的香料群岛。整个 16 世纪，航海者们从事着史诗般的航行去寻找能够获取这些财富的新航线。

在葡萄牙人远航到印度以及哥伦布发现美洲之后，西班牙和葡萄牙于 1494 年签署了《托得西拉斯条约》。其中规定将来两国共同瓜分未发现的大陆。他们在地图上划了一条经线，同意这条线以西属于西班牙，这条线以东的一切均属于葡萄牙。就这样，南美洲被这条线一分为二。

正像哥伦布曾经尝试过的那样，西班牙探险者们仍旧想发现向西通往亚洲的新航线。哥伦布在向西航行的过程中发现了美洲，尽管他认为那就是亚洲。他的继任者们不得不再去发现一条能够绕过美洲的路线，以便能够到达亚洲。1519 年，

↑ 环游世界

麦哲伦和德雷克向西航行，他们从欧洲出发驶向南大西洋，绕过合恩角，穿过太平洋和印度洋，然后经由好望角和大西洋返航。

费尔南多·麦哲伦带着 5 条船和 260 名船员从西班牙出发，去寻找通往富饶的香料群岛（即现在印度尼西亚的摩鹿加群岛）的路线。1520 年，他穿过位于南美洲南端的海峡而进入太平洋，继续向西北航行，并于 1521 年到达了菲律宾群岛。

←费尔南多·麦哲伦
麦哲伦（1480—1521年），是一位葡萄牙航海家，因与葡萄牙国王发生争执而于1514年离开葡萄牙，效力于西班牙王室。他的周游世界的舰队所悬挂的旗帜就是西班牙的国旗。

　　麦哲伦从未到达过香料群岛，因为他在发生于 1521 年 4 月的一场冲突中丧生。但是其中的一艘船还是设法到达了那里。"维多利亚"号由塞巴斯蒂安·德尔·卡诺率领。当这些船员到达香料群岛后，他们满载着香料穿越印度洋返航。

↑"金雌鹿"号
弗朗西斯·德雷克的旗舰"金雌鹿"号，开始叫"鹈鹕"号。它有三个桅杆，是这支舰队中最大的一条船。

　　在寻找通往香料群岛的西行过程中，麦哲伦及其海员在不经意间成了进行海上环游世界的第一批人。其他人也接踵而至。弗朗西斯·德雷克（1543—1596 年）是英国的一位远洋航海家和海盗，曾经成功地袭击过西班牙船只。1577 年，他驶向太平洋，当他经过西班牙的船只时就洗劫他们的财宝和黄金。在香料群岛，他购买了 6 吨贵重的丁香。当他返回英国时，这些财物的价值相当于现在的 1 亿英镑。

▌进入加拿大

　　大约在 1494 年，有一位名叫约翰·凯彼特的商人来到英国。他也想像哥伦布那样，向西航行穿越大西洋去寻找通往东亚的香料群岛的航线。然而，他建议沿着更高的纬度航行，认为这样可以缩短航程。凯彼特需要找人赞助他的航行，在遭到西班牙和葡萄牙两国的拒绝后，他向英国国王亨利七世说了他的想法。亨利曾经拒绝过赞助哥伦布，但此时，他已经知

→ 约翰·凯彼特
约翰·凯彼特（1450—1499年）也许出生于意大利的热那亚。他在前往英国前，曾经与阿拉伯人做贩卖香料的生意。

← **魁北克木制城堡**
1608年，当尚普兰到达加拿大时，他在一座小山上建造了一个木制的城堡，从这里瞭望圣劳伦斯河。当地的美洲人称该地为柯白克，也就是今天著名的魁北克城。

用于战略用途的瞭望平台

用于快速射击的大炮

横跨圣劳伦斯河的桥梁

→**蒙特利尔**
1535年，卡蒂埃沿着圣劳伦斯河逆流而上，他最远到达过位于侯奇莱加的、装有木墙的赫彻拉嘎的休伦村。卡蒂埃爬上了村后面名为利尔的山（皇室山），也就是现在的蒙特利尔。

道新世界的富庶，便支持凯彼特以便能够从任何的新发现中获利。

1497年5月，凯彼特从布里斯托登上"马修"号出海。一个月后，他们在加拿大东海岸的纽芬兰登陆，他宣称该地属于英国所有。尽管他没有发现亚洲，也没有找到财富，但是他发现了尚未被西班牙占据的富庶的渔场和土地。

法国也开始对这些新陆地进行探险。1534年，雅克·卡蒂埃（1491—1557年）从圣马洛起航。像凯彼特一样，他也努力寻找向北到达亚洲的新航线。他绕航到圣劳伦斯河河口，并于次年逆流而上到达了现在的蒙特利尔。他们与住在休伦的印第安人建立了良好的关系，休伦人告诉他关于西边距离圣劳伦斯较远的萨格内王国的富庶。1541年，卡蒂埃打算寻找萨格内王国。但是他并没有找到，因为萨格内王国是一个虚构出来的地方。休伦人编造出关于令人神往的、充满财宝的国度来让他们的法国客人高兴！

毛皮商人和渔民沿着卡蒂埃的路线到达了圣劳伦斯。但是直到下个世纪，法国人才放弃寻找通往亚洲的新航线并开始在加拿大定居。塞缪尔·德·尚普兰

（1567—1635 年）在北美东海岸探险并向内陆航行至大湖区。1608 年，他发现了魁北克，在此建立法国人在北美的第一块永久性殖民地。这个大陆正在向欧洲的殖民者敞开胸怀。

俄罗斯的兴起

17 世纪末 18 世纪初，俄国成为世界上领土面积最大的国家，同时又是一个野蛮、落后和保守的国家。

1689 年，彼得一世（1682—1725 在位）亲政。彼得一世是俄国历史上著名的沙皇，被后世尊称为"彼得大帝"。为了加强俄国的国力，他在位期间进行了一系列富国强兵的改革，在一定程度上改变了俄国的落后面貌，并成为现代俄国政策的奠基者。

↑彼得大帝是 18 世纪初期俄罗斯的统治者，俄国历史上称帝的第一人。他全力以赴地将封闭保守的俄罗斯转变成一个真正的帝国。

彼得首先进行了政治改革。1698 年回国后，立即对那些企图政变的宫廷贵族实行严厉打击，并解散了近卫军。1699 年设立了由亲信组成的办公厅，1711 年又建立了枢密院，作为中央最高权力机关，全面管理国家各项事务，取代已经名存实亡的贵族杜马。同时，在 1701 年和 1719 年，彼得还进行了两次地方行政改革。通过一系列政权机构改革，彼得逐渐建立起一套有效的中央集权的国家机器。在政治改革的同时，彼得还进行了宗教改革，将教会变成国家机构的一部分，把教权完全控制在国家手中，结束了俄国东正教会与世俗政权分庭抗礼的局面。彼得一世改革的核心是军事改革。首先，取消了雇佣兵制和贵族军队，从 1699 年开始实行征兵制，并开办各种军事学校，选派有才干的贵族子弟出国学习，以军功和才能作为选拔军官的标准，从而大大提高了各级指挥官的素质。经济上他鼓励工商业发展，不仅国家兴办手工工场，也鼓励私人兴办，并重视吸取国外先进技术。在文化教育和社会习俗方面，彼得注重向西方学习。

彼得一世的改革为俄国的对外扩张奠定了坚实的物质基础，俄国因此获得了北方战争对瑞典的胜利，成为欧洲的强国。但这一改革并没有削弱农奴制，反而使地主和商人的经济力量得到加强。

从 1725 年到 1762 年的 37 年间，俄国政局不稳，曾发生 5 次宫廷政变，更换了 7 个沙皇。到女沙皇叶卡捷琳娜二世时，政局才稳定下来。

↑当彼得于1703年开始修建圣彼得堡时，这里还是一片恶臭的沼泽。从18世纪中叶的这幅油画来看，圣彼得堡已是一个游览地，有高耸于涅瓦河左岸的冬宫和右岸的科学院。

　　叶卡捷琳娜二世实行鼓励工商业发展的政策，下令取消工业专利权，宣布工商业自由，而且允许贵族经营工商业。对外继续实行保护主义政策，凡本国能够制造的商品不准进口，本国不能生产的急需商品则可免税进口。在各种政策的促进下，俄国工商业得到了较为迅速的发展。

　　为实现政治上的稳定和加强中央集权，叶卡捷琳娜二世以加强农奴制来稳定贵族情绪，对身边的贵族官员大量赏赐农奴。这激起了农民的反抗，其中规模最大的是普加乔夫领导的农民起义（1773—1775年）。这次起义虽然遭到镇压，但它沉重地打击了沙皇专制和农奴制度。在对外政策方面，叶卡捷琳娜二世继续执行彼得一世的方针。她穷兵黩武，在位34年发动一连串战争，侵占了63万平方千米的土地，使俄国领土扩大到1705万平方千米。叶卡捷琳娜还宣布北美洲的阿拉斯加和太平洋上的阿留申群岛属于俄国版图，从而使俄国成为地跨欧、亚、美三洲的大帝国。俄国在18世纪后半期的迅速发展，表明当时的俄国还处在上升时期，叶卡捷琳娜二世也不失为俄国历史上有作为的皇帝之一。

第六章

资本主义时代的来临

资产阶级革命和工业革命一起
确立了资产阶级在欧洲的统治，
并且发展出比过去一切时代都强大得多的生产力。
资本主义时代悄然而至，
在这一基础上，历史的热点迅速地移向了西方。

大革命

——西方优势的基础

▌伊丽莎白时代的英国

　　英国女王伊丽莎白一世的统治时期，被后世的人们看作是一个黄金时代——"欢乐的英格兰"时期，其子民昵称她为"好国王贝丝"。在伊丽莎白一世将近50年的统治时期，英格兰由宗教争端而四分五裂的国家成为一个相当和平、稳定、繁荣的国度，这在很大程度上应该归功于伊丽莎白一世坚决而富有力量的个性。

↑和现代的政治家一样，伊丽莎白女王非常注意自己的公众形象，在这幅由尼古拉斯·希利亚德于1575年所画的肖像画中，42岁的女王身着盛装。

　　伊丽莎白出生于1533年，是亨利八世与他的第二个妻子安妮·博林的女儿。亨利八世的第一个妻子阿拉贡的凯瑟琳已经生有一个女儿，名字为玛丽，但是他非常希望有一个儿子。亨利八世为了同凯瑟琳离婚，迎娶安妮·博林，同罗马教廷决裂，宣布亲自担任新建的英国国教的首领。但安妮·博林没能生育儿子，这使得她自己的地位每况愈下，在她生下伊丽莎白还不到3年的时候，亨利八世下令将她处死。从此之后，年幼的伊丽莎白极少能见到她的父亲，尽管如此，她接受到的是在文艺复兴时期通常针对王室男性继承人的教育。伊丽莎白学习了希腊语、拉丁语、历史、哲学以及神学，还有法语以及意大利语等方面的课程，是一位富有才智与学习热情的学习者。

　　1547年，亨利八世去世，他年仅10岁的儿子爱德华六世即位，这是他和第三个妻子简·西摩生下的儿子。爱德华尽管年幼，却具有强烈的新教信仰，使宗教改革在英国继续发展。但爱德华六世16岁时突然去世，他同父异母的最年长的姐姐玛丽——一位虔诚的罗马天主教徒——成为女王，这导致天主教在英国复兴，她将许多新教徒处以火刑。对于伊丽莎白而言，这段岁月让她非常不快。1558年，玛丽去世，伊丽莎白成为英国女王，这时她已经具备了足够的政治才干，使自己

威廉·莎士比亚

　　威廉·莎士比亚是伊丽莎白时代最伟大的作家，他于 1564 年出生在埃文河畔的小城镇斯特拉特福。16 世纪 90 年代，他在伦敦居住，在这里，威廉·莎士比亚成为张伯伦勋爵剧团——由伊丽莎白女王支付薪水的剧团——中的一员，他很快就通过创作一系列戏剧——包括喜剧、历史剧、浪漫爱情剧以及悲剧——而赢得了声誉，他的剧作在剧院中受到了普遍欢迎，得到了人们的称赞。在对语言的运用方面，莎士比亚所取得的成就让后世难以超越，他所运用的词汇、他的表述方式以及个性已经渗透到了英国人的语言和想象力之中。1616 年，威廉·莎士比亚在斯特拉特福去世。

渡过各种难关。

　　伊丽莎白在人生早期受到的艰苦磨炼使她受益匪浅，执政伊始，她的统治方式既精明又坚定。伊丽莎白总是保留自己的意见，仔细挑选顾问，同国会保持良好关系。她首先采取的一个措施就是在英格兰恢复新教信仰，但是她避免如同爱德华六世以及玛丽女王那样强迫臣民改变宗教信仰。她认为，英国需要一段稳定的时期，使它能够从过去的宗教与政治动乱当中恢复过来。

　　许多人认为由女性来统治男性是一件不正常的事情，但伊丽莎白认为自己并不比任何男性逊色。作为女王，她不会听从于任何男性权威。伊丽莎白终身未嫁，但是她在自己身边聚拢了一个联系紧密的小圈子，这些围绕在她身边的侍臣、诗人以及画家颂扬她为"童贞女王"。伊丽莎白统治时期也是英国不断扩张的一个时期，弗朗西斯·德雷克爵士、约翰·霍金斯爵士、沃尔特·雷利爵士以及其他英国探险家，通过探险、贸易以及抢掠等活动，使得这个国家变得非常富裕，他们致力于海外开发、抵抗西班牙势力的壮举为伊丽莎白长时间的统治所铸造的民族骄傲锦上添花。

英国资产阶级革命

　　由于新航路的开辟，欧洲主要商道和贸易中心已由地中海转移到大西洋沿岸。这使英国处于国际贸易航道的要冲，从而便利了它的海外活动。英国通过海外贸易与海盗式的抢劫、殖民侵略，为其资本主义发展积累了大量资金。随着新兴资产阶级和新贵族的形成，自由发展资本主义成了他们的迫切要求。然而，当时的封建专制统治的斯图亚特王朝严重阻碍了资本主义的发展。

　　斯图亚特王朝是从 1603 年开始统治英国的。在詹姆士及其子查理一世统治期间（1603—1649 年），他们大肆鼓吹"王权神授""王权无限"。他们巧立名目，任

↑ 克伦威尔像

意征税，搜刮钱财。封建专制制度严重阻碍资本主义发展，特别是查理一世的统治，不仅激怒了人民，也严重损害了资产阶级和新贵族的利益，他们就利用议会进行斗争。查理一世竟蛮横地解散了议会，形成多年无议会的局面。17世纪中期，英国的农民运动、平民起义此起彼伏，一场埋葬英国封建制度的革命风暴就要来临了！

1637年，苏格兰人民发动起义，反抗查理一世的专制统治。国王为了筹集军费镇压起义，不得不于1640年重新召开长期被关闭的议会。在人民运动的推动下，资产阶级和新贵族利用议会与国王展开斗争，这就是英国资产阶级革命开始的标志。

查理一世于1642年8月在诺丁汉宣布讨伐议会，挑起了内战。议会在人民支持下，组成议会军，与王军展开了战斗。内战初期，双方互有胜负。1643年夏季以来，议会军一再失利。这时，克伦威尔崭露头角，马斯顿荒原战役中，他指挥铁骑军大败王军，扭转了战局，成为资产阶级和新贵族的领袖。1645年初，议会授权他建立"新模范军"，他的这支军队成为议会军队的主力，他本人也逐渐掌握了议会军的领导权。在纳西比战役中，克伦威尔指挥军队一举摧毁王军主力。1649年1月，查理一世被押回伦敦，英国内战至此宣告结束。1649年1月30日上午10点，查理一世被推上断头台，斩首示众。5月，英国宣布为共和国。

废除君主制，建立共和国，这是英国人民用鲜血和生命

重大成就

◆ 英国议会在1689年通过了《权利法案》，确立"君主立宪制"。

↑ 在战斗中，克伦威尔领导着"新模范军"奋勇杀敌。

∽ 主要人物 ∽

克伦威尔（1599—1658 年）： 在马斯顿荒原战役和纳西比战役中，指挥军队挫败王军。1649 年 1 月，把查理一世推上断头台。1653 年，就任"护国公"，统治英国直至 1658 年。

换来的胜利成果。但共和国成立后，克伦威尔却大权独揽，建立军事独裁统治，竭力维护资产阶级、新贵族的既得利益，根本不顾人民的死活。他还镇压人民运动。17 世纪 50 年代初，他又驱散议会，就任"护国公"，成为无冕之王。共和国名存实亡。由于他脱离了人民，所以护国公政府的统治基础十分薄弱，封建复辟势力趁机抬头。1658 年，克伦威尔在四面楚歌中病死。护国公政府摇摇欲坠，人民运动再次高涨。这时极端害怕和仇视人民运动的资产阶级和新贵族，为了挽救风雨飘摇中的政权，决定向流亡法国的查理一世的儿子——查理二世妥协，迎接他回国复任。斯图亚特王朝复辟了。

1660 年 5 月，查理二世即位。然而他的倒行逆施，不仅损害了人民的利益，也严重威胁到资产阶级和新贵族的利益。最后，他们被迫采用宫廷政变的方式，重新夺回权力并建立了君主立宪制。

当资产阶级和新贵族的利益受到威胁的时候，他们急切地想改变现状。但是，他们不敢发动群众，害怕人民运动，所以只好向封建贵族妥协，这充分地暴露了他们革命的不彻底性。1688 年 11 月，当时的英王詹姆士二世（查理二世之弟）的女婿荷兰执政威廉被迎立为英国国王，詹姆士二世众叛亲离，逃亡法国。这场宫廷政变史称"光荣革命"。

为了限制国王的权力，防止封建统治的复辟，英国议会在 1689 年通过了《权利法案》。英国虽然保留了国王（即君主），但国王的威风却已今非昔比了，因为国王只能在《权利法案》规定的范围内行事，而议会却大权在握。这种资本主义制度就是"君主立宪制"。

↑ 描绘詹姆斯二世乘船逃往法国的绘画

←此图描绘了查理一世被处死后，当刽子手拿着国王的头颅示众时，一位妇女当场昏厥的情景。

英国资产阶级经过近半个世纪艰难曲折的斗争，终于推翻了封建专制的君主制，为英国资本主义经济的发展和资本主义政治、经济制度的建立开辟了道路。

荷兰共和国

荷兰共和国的历史是一部决心、进取心与好运的历史。到17世纪中叶，这个处于欧洲北海岸的小国才拥有不足50年的历史，但它已经成为世界上最强大的贸易国。荷兰的船只航行得越来越远，航行范围越来越大，它们从波罗的海运送谷物与木材到法国与西班牙，从东南亚运输香料以及奢侈品到欧洲，荷兰商人变得非常富裕，给这个国家带来了艺术与科学的黄金时代。

↑这幅浮雕画表现的是一艘荷兰船只，正是这种类型的船只支撑着这个国家获得了广泛的商业利益。

16世纪中叶，尼德兰是西班牙天主教王国的一部分。但大部分荷兰人是新教徒，而且他们不愿向西班牙缴纳高额的税收，所以发动了起义。最初的时候，西班牙极为残暴地镇压了他们的反抗。1579年，北部的七省组成了联盟继续进行斗

郁金香狂潮

花草能使金融破产是极为罕见的事情，但在17世纪30年代，郁金香球茎的价格达到顶峰的时候，这种事情就降临到了成百上千的荷兰投资者身上。这种新近才由土耳其引进的花颜色鲜明，受到园艺家的热烈欢迎，而事实也证明，荷兰的沙质土壤非常适宜这种球茎的生长。它迅速成为时髦的代表身份的商品，人们愿意为了购买它而付出高价。1636年，人们开始在几个荷兰市镇的股票交易中心进行郁金香交易，郁金香时尚变成了投机狂潮，人们抵押自己的房子、土地，甚至于自己的商业产业到郁金香市场上去大发横财。许多郁金香还种在地里，却已经数次倒手。但这一狂潮并不能持久，1637年，恐慌降临了，市场于一夜之间崩溃，在人们尚未觉悟的时候，财富已经消失得无影无踪。

争，1588 年，这些联合省宣布成立共和国。尽管荷兰实际上已经获得了独立，但西班牙直到 1648 年才承认它的独立。

尼德兰位于欧洲贸易的十字路口之上。因为荷兰的反抗斗争，西班牙控制的港口安特卫普日渐衰落，阿姆斯特丹取代了它的位置。很快，富有进取心的荷兰商人从葡萄牙手中夺取了利润很高的香料贸易，而炼糖业以及造船业等工业为这个年轻的国家增加了财富。同时，它的宗教宽容政策也吸引欧洲各国的避难者来这里居住，这些移民带来了珍贵的技术，如钟表制造、望远镜制造等。而通过利用风车来抽水和造圩田（从海中获得的低田），荷兰工程师还增加了农田的数量。

共和国的经济发展促进了艺术的繁荣。为了展示自己的财富，富有的商人请画家为自己和家人画像，用艺术家们——如维梅尔、德·荷赫、夸普、法兰斯·哈尔斯等——创作的风景画以及日常生活画装饰住所的墙壁。当时非常杰出的荷兰画家是伦勃朗，他的自画像以及画作《夜巡》、《蒂尔普医生的解剖课》都跻身于世界杰作之列。

↑《夜巡》是1642年完成的一幅画作，当时伟大的荷兰画家伦勃朗36岁，这是受民兵保卫队的委托而创作的组画中的一幅。

荷兰共和国由国会——它代表所有省份——进行统治，但最重要的官员是荷兰——最富有的省份的总督，这个职位几乎一直由奥兰治王子担任，正是他的祖先——沉默者威廉领导了荷兰的起义。实际上，这个职位成了世袭职位，总督也被认定为政府首脑。1689 年，英国驱逐了詹姆斯二世之后，奥兰治的威廉成为英国国王，他实际上成为两个国家的国王。在此之前，为了争夺海上霸权，荷兰与英国进行过三次英荷战争，而在未来的日子里，英国将在世界贸易方面成为领导性的角色，从而使得属于荷兰共和国的伟大时光走向终结。

北美的殖民活动

在 17 世纪之前，欧洲各国几乎没有打算系统地在北美进行殖民活动。早期的探险家来到这里，目的在于追逐财富或者是寻找从西北到达东亚的航路，比如西班牙的冒险家在南部寻找传说中"黄金国"。在较为靠北的地区，法国航海家雅克·卡蒂埃从 1534 年到 1541 年对圣劳伦斯河进行了探险。然而，到 17 世纪 30 年代后期，数群欧洲人在东部沿海区域建立了牢固的立脚点。

第一个英国北美殖民地的命运人们无从得知。1584 年，一小块殖民地在弗吉尼亚海岸之外的罗诺克岛建立起来，著名的探险家沃尔特·雷利于 1587 年派来了更多的殖民者。但是，救助队在 1591 年抵达这里的时候，殖民地的 120 位居民已经消失得无影无踪。

没有人知道罗诺克岛是不是遭到了暴力冲突、疾病或者是饥荒——这些都是早期殖民者面对的实实在在的威胁。1607 年在弗吉尼亚建立的殖民地詹姆斯顿就因为面对着疟疾、土著人的敌意以及饥饿等种种艰难困苦，几乎被放弃。烟草种植最终保证了殖民地的繁荣，1619 年，约 22500 千克詹姆斯一世所痛恨的"醉鬼草"输送到了英国。同样是在 1619 年，另外一种更加罪恶深重的贸易开始了——荷兰船只运送的首批非洲奴隶登陆。但是，詹姆斯顿的生活仍然是非常脆弱的，1622 年，土著居民的波瓦坦联盟大规模袭击了詹姆斯顿，导致 350 人死亡。反过来讲，从旧大陆输入的疾病，如天花、伤寒以及疟疾则夺去了大批土著居民的生命。

大致在同一时期，塞缪尔·德·尚普兰领导的殖民者与居住在五大湖区的土著居民易洛魁人陷入了冲突之中，尚普兰同易洛魁人传统的敌人休伦人与阿尔贡金人建立了友好的皮毛贸易联系，这种联盟关系也使得法国人在 18 世纪对英国人的战争中受益匪浅。

自 17 世纪 20 年代以后，欧洲殖民者开始注意美洲东北部地区。1626 年，服务于荷兰西印度公司的彼得·米纽伊特从土著人那里购买了曼哈顿岛，建造了新阿姆斯特丹（后来的纽

←欧洲各国在北美的殖民活动是从东海岸开始的，来自英国、法国、瑞典以及荷兰的殖民者开拓疆土，互相之间以及同土著人之间争夺土地。

约）。荷兰较大的殖民地是在哈得逊河与康涅狄格河之间，但是它没能繁荣地发展起来，原因在于荷兰人对它并不重视，他们更为注重从东亚获得的利益。

↑这是荷兰艺术家约翰尼斯·维克伯斯的绘画，表现的是荷兰殖民曼哈顿岛时的情形，当时它被称为新阿姆斯特丹。

商业目的是早期殖民主义的主要动力，但不久之后，一种特殊的殖民扩张逐渐扩大。分离派是英国清教中最激进的一派，由于受英国国教的残酷迫害，其中一部分教徒决定逃离英国，迁居至大洋彼岸的新大陆，希图在这块土地上开拓自己的家园，实现和平与信仰。1620年，这些人在鳕鱼岬（马萨诸塞州东面，一个像蝎子尾巴的半岛区域）建立普利茅斯殖民地。他们决定共同签署一份公约，名为《五月花号公约》（以他们乘坐的船只为名），宣誓自愿结为民众自治团体，以本殖民地的总体利益为基础建立一个公正、公平的国家。《五月花号公约》表达了早期美国民主的心声。

美国独立战争

美洲最早的居民是印第安人，他们与从欧洲来的大批移民共同开发，经过100多年的开拓，北美13个殖民地资本主义经济开始发展，特别是北部资本主义工商业比较发达，造船业成为主要的工业部门。南部是种植园经济，主要种植烟草、蓝靛、甘蔗等以商品为主的经济作物，主要供应欧洲市场。从欧洲到北美殖民地的移民主要是英国人，其次还有德、法、荷兰、瑞典等国人。他们经过长期开拓和经济的频繁交流，初步形成了统一市场，以英语作为统一的语言，这样由来自欧洲的移民融合的新民族——美利坚民族就形成了。

英国竭力压制北美经济发展和企图永远把北美13个殖民地作为它的原料产地和商品市场，这激起了北美殖民地人民极大的不满，反抗斗争日益高涨。1773年波士顿倾茶事件成了美国独立战争的导火线。英国政府面对北美人民的反抗采取了掠夺、压迫的高压政策，派军队武力镇压。北美人民在忍无可忍的情况下，组织起来准备武装斗争。1775年4月莱克星顿的枪声，是北美独立战争的开始。

↑乔治·华盛顿塑像

↑ 1775 年 4 月 18 日黎明，在莱克星顿公有草地上，身着红制服的英军向殖民地民兵开火，从而揭开了北美独立战争的序幕。

独立战争爆发后，1775 年 5 月在费城召开了第二届大陆会议。会议决定建立大陆军，任命华盛顿为大陆军总司令。大陆会议于 1776 年 7 月 4 日发布了《独立宣言》。《独立宣言》反映了殖民地人民摆脱民族压迫的要求，包含了资产阶级对民族独立、民主、自由的主张。在战争初期，美、英力量相差悬殊，美军处于不利地位，但由于美国人民的坚强不屈、英勇战斗，逐渐扭转了战局。1777 年初，在人民群众的支持下，美军采取灵活战术，迫使英军走投无路，英军将领率 5000 人投降，美军取得了"萨拉托加大捷"。"萨拉托加大捷"后，美军由防御转入进攻。在人民群众和法国、荷兰等国援助下，美军力量逐渐壮大，美军越战越强，战争形势由战争初期的不利形势转为对美军的有利形势。1781 年约克镇英军投降后，双方的战斗实际上已经结束。但两国间的战争状态并没有结束，直到 1783 年，美英代表在巴黎谈判，签订了《巴黎和约》，英国承认美国脱离英国独立。美国独立后，在 1787 年制定了一部宪法，历史上称之为"1787 年宪法"。现在的美国宪法，就是以此为蓝本。根据宪法的规定成立了联邦政府，华盛顿当选为美国第一任总统。

◆ 大事年表 ◆

● 1775—1783 年
英属北美 13 个殖民地独立战争

● 1776 年
美国发表《独立宣言》

● 1787 年
美国制定联邦宪法

主要人物

华盛顿（1732—1799 年）：美国第一任总统。

美国独立战争推翻了英国的殖民统治，使美国赢得了独立，有利于美国的资本主义发展，为资本主义经济发展开辟了道路，同时对欧洲和拉丁美洲的革命也起了推动作用。

拉丁美洲的解放

19世纪早期，在美国独立后不久，拉丁美洲以美国为榜样，将自身从殖民统治之下解放了出来。反抗的火炬点燃于1810年，在这以后的14年之中，整个西班牙美洲帝国——从墨西哥到阿根廷——分崩离析。与此同时，巴西宣布脱离葡萄牙而独立。

←西蒙·玻利瓦尔既是一位思想家又是一位实践家，这是极为罕见的，他的杰出不仅表现在为西班牙属美洲殖民地获得独立而做出的贡献上，还表现在为独立的讲西班牙语地区的合作事业而付出的努力上。但不幸的是，1830年，委内瑞拉与厄瓜多尔脱离了哥伦比亚，他的联合之梦遭到了破坏。

19世纪初，西班牙庞大的美洲帝国从北美南部的加利福尼亚一直延伸到南美的智利，它被分成了5个总督区：新西班牙区（包括墨西哥与中美洲）；新格拉纳达区（包括委内瑞拉、哥伦比亚以及厄瓜多尔）；秘鲁区（包括秘鲁与玻利瓦尔）；拉普拉塔区（包括乌拉圭、巴拉圭与阿根廷）以及智利区。西班牙殖民者在墨西哥与秘鲁开矿，获得大量的金银，通过大西洋将其输送出去。他们还建立大农场，做"缺位老板"——自己居住在沿海的市镇甚至返回欧洲，强迫印第安人在矿山和农场为自己工作。

在北美独立战争以及法国大革命的鼓舞之下，拉丁美洲爆发了独立运动。拿破仑的军队于1808年占领了西班牙，拿破仑的兄长约瑟夫·波拿巴成了国王，这为拉美的变革要求提供了新的推动力。1810年，革命首先在墨西哥爆发，但是这次起义很快就遭到了镇压，领导人米格尔·伊达尔哥被处死。

1811年，巴拉圭宣布独立，玻利瓦尔开始了解放自己的故乡委内瑞拉的斗争。1819年，玻利瓦尔成为新成立的哥伦比亚共和国的总统，两年之后，他将西班牙人驱逐出了委内瑞拉。与此同时，另一位革命领导人圣马丁也在不断进行斗争，最初在1816年的时候，他投身到阿根廷的解放事业，随后，他又领导军队翻越了安第斯山脉，

→1824年12月9日，大哥伦比亚-秘鲁联军与西班牙主力部队在阿亚库乔平原上进行决战。

美国
墨西哥湾
哈瓦那
古巴
1822年归海地
波多黎各
墨西哥城
英属洪都拉斯
海地
大西洋
墨西哥（1821）
危地马拉城
牙买加
圣胡安
属英国
小安的列
斯群岛
中美洲联合
省（1823）
莫斯
基托海岸属英国
加勒比海
加拉加斯
巴拿马城
加拉帕哥斯群岛
1832年归厄瓜多尔
波哥大
特立尼达
岛属英国
英属圭亚那
荷属圭亚那
法属圭亚那
厄瓜多尔（1830）
新格拉纳达
（1831）
委内瑞拉
（1830）
基多
亚马孙河
利马
秘鲁（1821）
巴西（1822）
拉巴斯
玻利维亚（1825）
巴拉圭（1811）
里约热内卢
太平洋
亚松森
阿根廷邦联（1810）
圣地亚哥
乌拉圭（1828）
智利（1818）
布宜诺斯艾利斯
蒙得维的亚
大西洋

西班牙1810～1825
年失去的地区
1830年时西班牙
所控制的地区
葡萄牙1822年失
去的地区
大哥伦比亚共和
国1819～1830
同墨西哥联合在一起
的地区1821～1823
—— 1830年时的边界
（1818）各国独立时间

福克兰群岛（马尔维纳斯
群岛）1820年归阿根廷

←1825年，玻利瓦尔处于权力巅峰，他统治着一个庞大的帝国，从委内瑞拉一直延伸到阿根廷—玻利维亚的边界。

夺取了秘鲁的首府利马。到1824年，玻利瓦尔与苏克雷将军已经将西班牙人赶出了秘鲁的其他地区，整个西班牙美洲帝国——除了位于加勒比海的古巴岛以及波多黎各岛——都赢得了独立。

但是，解放并没有延伸到每一个人的身上。这些新建国家的权力掌握在西班牙后裔的手中，在他们之下是麦斯蒂索人（欧洲人与印第安人的混血后裔），处于最底层的是土著印第安人和逃脱了的黑人奴隶的后代，他们没有任何权利。在接下来的几十年中，这些新建立的国家之间不断发生争端与边界战争，很多国家还陷入了考迪罗（通过掌握军队而掌握政权的独裁者）的统治之下。

▎三十年战争

自从宗教改革以来，宗教争端就不断地折磨着欧洲，在三十年战争中达到了高潮。三十年战争的起因是信奉天主教的神圣罗马帝国与信奉新教的属地之间的斗争，它很快演变成为一场国际战争，在这场战争中损失最大的是中欧的各个民族，因为中欧是主要战场，导致这里人口锐减、土地荒芜。

哈布斯堡统治者费迪南二世是一位激情澎湃的天主教徒，他大力在自己的属地推行打击新教的政策，三十年战争由此而引发。为了表示自己的抗议，愤怒的新教贵族按照"掷出窗外"的习俗将两名帝国官员从王家宫殿的高高的窗户之中扔了出去。反叛者将王冠戴在了新教加尔文派的巴拉丁选帝侯腓特烈五世的头上，但他的统治非常短暂，这位被人们称为"冬天之王"的国王在1620年的白山战役之中失利。从西班牙（同属哈布斯堡统治）派来的军队占据了巴拉丁，波希米亚被强迫天主教化。

↑1630年，瑞典国王古斯塔夫二世加入新教联盟一方，一度扭转了战争的形势，但两年之后他死于战场，天主教联盟重新获得了主动权。

　　西班牙继续挥师镇压尼德兰的持续反叛活动。为了保卫荷兰与德国北部的新教地区，1625年，丹麦侵入下萨克森地区，但它的军队被击退，并于4年后从战争中退出。到1629年，天主教联盟的力量占据了优势，正是在这一年，费迪南颁布了《归还敕令》，这将剥夺新教徒来之不易的信仰自由权。

　　然而，就在天主教联盟的优势达到高峰的时候，事情发生了转变。1630年是三十年战争一个重要的分水岭，在这一年举行的雷根斯堡选帝侯会议上，皇帝的雄心受到遏制。与此同时，一支新的力量加入战斗，打破了作战双方的军事平衡：在精力旺盛的古斯塔夫·阿道夫指挥之下，瑞典军队赢得了一系列胜利，一直深入到了德国南部。但1632年，古斯塔夫死于战场，瑞典军队失去了动力。

　　当法国加入战争的时候，一个让人有点不可思议的新的新教联盟出现了。1635年，为了遏制神圣罗马帝国的势力，法国首相红衣主教黎塞留同反哈布斯堡的力

瓦伦斯坦

　　在三十年战争中，阿尔勃莱希特·冯·瓦伦斯坦是最具魅力的军事统帅。瓦伦斯坦在波希米亚长大，从年幼时就是新教徒，但他在1606年转信天主教，于1620年的白山战役（右图）中一举成名。在没收新教贵族财产的过程中，他积累了大量财富，募集了一支2.4万人的军队。1624—1629年，他连续在德国北部击败丹麦的军队。但是，他在战场的胜利为自己招来了敌意，1630年，皇帝被迫解除了他的职务。为了应对瑞典的威胁，两年之后他被重新召回。瓦伦斯坦夺回了波希米亚，但没能取得决定性胜利。1634年，他再次被解除职务，随后遭到叛国指控，并且被英国雇佣军杀害。

1618年时奥地利哈布斯堡王朝的疆域
1618年时西班牙哈布斯堡王朝的疆域
1618年时德国新教各邦的疆域
1618年时联省共和国的疆域
1648年时的边界线

瑞典

丹麦-挪威
哥本哈根
波罗的海
哥尼斯堡
普鲁士
北海
斯特拉尔松
吕贝克
波美拉尼亚
勃兰登堡
华沙
英格兰
联省共和国
阿姆斯特丹
马格德堡
吕特
萨克森
波兰
敦刻尔克
吕岑
布莱登菲尔德
克拉科夫
西班牙属尼德兰
科尔比
法兰克福
白山
布拉格
摩拉维亚
巴黎
罗克鲁瓦
阿尔萨斯
诺德林根
雷根斯堡
波希米亚
加考
神圣罗马帝国
布莱萨赫
巴伐利亚
奥地利
维也纳
布达
法兰西孔代
慕尼黑
蒂罗尔
卡林西亚
施蒂里亚
日内瓦
瑞士联邦
萨瓦河
里昂
萨伏伊
米兰
威尼斯
威尼斯
奥斯曼土耳其帝国
热那亚
托斯卡纳
罗马
那不勒斯
科西嘉岛

✕ 主要战役
法国的作战路线
哈布斯堡的作战路线
新教军队的作战路线
瑞典军队的作战路线

←战争的主要舞台在现在德国、波兰以及捷克的南部与东部，但战争几乎将欧洲所有国家卷入其中。

量结成同盟。尽管法国与瑞典的军队对于西班牙与帝国的军队而言占有一定优势，但是双方都无法取得压倒性优势。1637年，稳健而有节制的费迪南三世继承了帝国的皇位，战争进入了血腥的相持僵局。最后，到1648年的时候，经过数十年的流血战乱，终于通过《威斯特伐利亚和约》艰难地结束了战争。

▌法国的"太阳王"

　　路易十四非常好地总结了自身在法国宪法中的位置，他宣称：朕即国家。在太阳王长达73年的统治的大部分时间中，法国发展到了顶峰，成了极为重要的强国，这使得它早期的敌手英国与西班牙相形见绌。但是，同样在路易十四的统治下，无休止的战争严重地消耗了国家的财富，同时他的专制主义统治最终为法国大革命铺平了道路。

　　1643年，当路易十四成为法国国王的时候，很少有人能够想到他会成为他所处的那个时代中的主导性人物。在路易十四成为国王的时候，他年仅5岁，与他的摄政相比他看起来是一个并不重要的人物。作

↑这是路易十四时代铸造的银质大奖章，图案为地球之上、雄伟有力地放射着光芒的太阳王。法国所有强有力的王室都偏爱太阳的形象，他们将自己统治中的成就看作是太阳的神圣光辉在尘世间的体现。

凡尔赛宫

　　路易十四的自我吹嘘已经不仅仅是一个虚荣的问题，他无法认清他个人的光荣与他统治的这个国家的光荣之间的区别。1688 年，他下令在巴黎郊外的凡尔赛建造一座富丽堂皇的宫殿，对他而言，这与他的光荣是非常匹配的。凡尔赛宫由路易·勒沃与朱尔斯·哈杜安·曼萨尔设计，这一巨型建筑被人们视为法国的财富与权力的象征。完工之后，这座建筑的奢华以及其规模都让人震惊，仅仅它的西边一面的长度就达到了 580 米。宫殿内部有成百上千的房间，里面装饰得极为豪华，这都是为了与最强大的君主的住所相匹配。宫殿之外是由安德雷·勒诺特设计的装饰性花园，喷泉掩映在宽阔的林荫大道与隐蔽的人行道之中。

　　为摄政的首相，红衣主教马扎然精明能干，他很快就在行政体系中打上了自己的印记：他使得行政体系富于活力而又专制独裁。靠着马扎然灵活的外交活动，通过《威斯特伐利亚和约》结束了三十年战争，对于法国而言这是一个胜利——现在它已经成为欧洲舞台上的主角。但是，马扎然在国内却遭人憎恨，饥荒与重税使得普通民众心存不满，同时，他对贵族采取的高压政策也引发了一系列痛苦而且延续时间很长的反抗活动，这些活动总括起来称为"投石党运动"。

　　1661 年，马扎然去世，路易十四开始亲政。路易十四再也没有任命新的首相，而是汇集了一群富有才能的人物在接下来的几十年中为他服务，其中包括卢夫瓦侯爵——他担任了军事大臣、以防御工事而闻名的工程师沃邦，还有让 - 巴普蒂斯特·柯尔伯，他担任法国财政总监一职达 20 多年。这位年轻国王的主要目标之一就是要驯服那些棘手的贵族，他们曾经将马扎然搞得非常狼狈；另一个目标就是取代神圣罗马帝国与西班牙的哈布斯堡统治者，使自己成为欧洲最强大的君主。

　　路易十四迎娶了玛丽亚·特丽莎为妻，她对西班牙王位有继承权，这给了他削弱西班牙国力的一个理想"工具"。从名义上来讲，他的王后宣布放弃了对西班牙王位的继承权，但要求给予自己巨额的嫁妆，而西班牙已经财政破产，无力拿出这笔钱。路易十四利用了这一点，以此作为借口发动战争。交战之初，法国对西班牙属尼德兰作战取得了胜利，这不仅使得临近的荷兰警觉起来，而且惊动了北欧的两个强国——英国与瑞典，它们组成了三国同盟，尽管法国保留了已经征服的区域的大部分，但三国同盟还是遏制了法国的进一步扩张。

　　在以后的岁月中，路易十四同邻国还进行了另外三场战争。捍卫天主教信仰的强烈欲望日益成为他政策中的核心，他也因此开始打击法国国内信仰新教的少数派——胡格诺教徒。战争耗尽了法国的国库，国内出现经济困难的局面。到路易十四统治的最后几年，法国在文化发展上的光辉灿烂确实是无与伦比的，但人们却越来越不满，他的统治中日益强化的专制独裁与宗教上的不宽容为后来的法国大革命播下了种子。

法国大革命

　　法国是欧洲大陆上典型的封建专制国家。18 世纪时，它的农业占统治地位，工商业发达的程度在欧洲首屈一指，但是封建专制王朝不断提高税收，各地关卡林立，官吏滥用职权。波旁王朝的封建统治阻碍了资本主义的发展。当时法国社会分为三个等级，第一等级是教士，第二等级是贵族，资产阶级、城市贫民、工人、农民属第三等级。第一、二等级都是特权阶级，广占土地，不纳税，占据高官显位，压迫第三等级。法国的阶级对立尖锐，这是法国大革命爆发的阶级原因。18 世纪，法国出现了一些启蒙思想家，如伏尔泰、孟德斯鸠、卢梭等。他们强烈反对封建专制制度和天主教会，他们提出的"平等"、"自由"启迪了人们的思想。

◆ 大事年表 ◆

● 1789 年
发布《人权宣言》
● 1794 年
热月政变
● 1814 年
拿破仑退位，波旁王朝复辟

　　路易十六时，法国财政入不敷出，赤字增加，危机加剧。1789 年 5 月，为解

↓ 1789 年 5 月 5 日，在凡尔赛举行的全国三级会议开幕典礼。

主要人物

罗伯斯庇尔 (1758—1794 年): 激进的雅各宾派领袖，法国大革命中的重要人物之一。

路易十六 (1754—1793 年): 波旁王朝的最后一代君主，1793 年被送上断头台。

拿破仑 (1769—1821 年): 统治法国 15 年，1804 年，建立法兰西第一帝国。

决财政危机问题，国王路易十六召开三级会议。会上，资产阶级代表要求政治改革，还要求改变陈旧的开会方法和表决方法，并宣布三级会议改为制宪会议。路易十六压制革新要求，暗里调集军队，准备镇压。由于国王军队攻击集会群众，巴黎人民夺取武器，开始起义。7 月 14 日，人民攻占巴士底狱，取得了革命的第一次胜利。1789 年 7 月 14 日以后，制宪会议陆续通过决议，实施改造法国的一些举措。8 月 26 日制宪会议发布《人权宣言》，宣言揭示了天赋人权、自由、平等的原则，体现了摧毁君主专制的要求，否定了封建等级制度，具有进步意义。7 月 14 日成为法国国庆日。

1791 年 6 月 20 日路易十六偕王后、王子化装潜逃未遂，并勾结外敌和逃亡贵族，企图镇压革命。普鲁士、奥地利等国封建君主对法国革命十分仇恨，公开干涉法国革命，而法国则开始了反对干涉的战争。经过法国人民坚决斗争，推翻了敌视革命的国王，击退了外敌，1792 年建立了法兰西第一共和国。1793 年，国王路易十六被以"阴谋反对公众自由和危害国家安全"的罪行推上了断头台。

↑ 1793 年，路易十六被送上断头台。

国王被处死后的法国因反法同盟大军压境、保王党暴乱、物价飞涨、粮食短缺而面临生死关头。巴黎人民力挽狂澜，于 1793 年 5 月发动第三次起义，把雅各宾派推上了统治地位。雅各宾派以罗伯斯庇尔为首的革命激进派采取了一系列革命的措施，法国大革命因雅各宾派的专政达到了最高潮。但雅各宾派也留下了分裂的隐患。

1794 年，反罗伯斯庇尔的力量结合起来，发动热月政变，革命形势急转直下。热月党人把罗伯斯庇尔和他的战友推上了断头台，雅各宾派统治结束。

热月政变后，代表大资产阶级利益的热月党人成立了督政府。由于他们实行摇摆不定的"秋千政策"，法国政局依然动荡，内有王党叛乱，外有反法同盟的第二次武装侵略。法国资产阶级迫切希望一个强有力的人掌握国家政权，巩固他们的地位。1799 年 11 月，军官拿破仑发动雾月政变，夺取了政权。

↑ 拿破仑翻越阿尔卑斯山

雾月政变后，代表大资产阶级利益的拿破仑建立了资产阶级军事专政。1804 年，拿破仑加冕称皇帝，把共和国改为法兰西帝国。拿破仑执政后，在政治上加强中央集权，加强资产阶级的国家权力，制定《法典》，确立了资本主义社会立法规范；在经济上保证农民的土地利益，改革财政，采用各种手段，鼓励和刺激资本主义工商业发展；在军事上多次打垮反法同盟的进攻，发动对外战争。法军所到之处，赶走贵族，取消封建法令，削弱了当地封建势力，具有进步意义，但对外战争也奴役了当地人民，引起了欧洲人民的广泛反抗。

从拿破仑掌权到帝国崩溃，拿破仑的对外战争连绵不断，到 1810 年，法兰西帝国控制了欧洲的大片领土，拿破仑扮演着欧洲主宰的角色。为了建立欧洲的大陆体系，他开始扩大战争，使战争的性质发生了变化，即由革命性转变为侵略性。在不断的征战中，帝国内部矛盾日趋严重，为了摆脱困境，拿破仑企图以新的征服来加强自己的地位，于是远征俄国，仅半年时间，法军兵败，元气大伤。远征俄国的失败成为法兰西第一帝国由盛转衰的历史性转折点。1813 年，在德国境内的莱比锡战役中，法军遭到惨败，法兰西帝国开始瓦解，波旁王朝复辟。拿破仑在反法联军的进攻下，在欧洲封建势力联合打击下走向失败，最终命断南大西洋的圣赫勒拿岛。

法国大革命是世界近代史上一次规模最大、范围最广的资产阶级革命。它不仅摧毁了法国的封建制度，还震撼了整个欧洲的封建秩序。拿破仑战争又进一步打击了欧洲封建主的统治，巩固和发展了革命的成果。尽管代表封建势力的反法同盟打败了拿破仑，但法国大革命带来的资产阶级革命时代，已成为势不可当的历史潮流。

← 滑铁卢战役
1815 年的这场战役使得拿破仑军队彻底失败。

科学革命

现在我们认为这些都是理所当然的：心脏将血液输送到全身、行星围绕太阳运转、世界上存在着人类肉眼无法看到的微型生命体。但是，在 1600 年之前，几乎没有人相信上述事物，到 17 世纪末的时候，情况发生了显著的变化，这是因为知识领域的巨大进步已经改变了人们对于物理世界的理解，历史学家将这一巨大进步归结为 17 世纪的科学革命。

17 世纪的欧洲人并不是最早对事物的本质进行探讨的人。希腊人对于数学、天文学以及自然世界已经有了深刻的理解；阿拉伯人对于医学以及机械学也有了较为深入的研究。但在近代早期的欧洲，天主教会认为地球是世界的中心，是由上帝创造的，而且宇宙是完美而亘古不变的，这种奠基在圣经之上的世界观与亚里士多德于公元前 4 世纪所给出的教导是一致的，所以，任何质疑亚里士多德思想的人也就是在挑战教会的权威。

↑ 17世纪的天体观测仪，用来测量星体以及行星的高度。

波兰天文学家尼古拉·哥白尼运用数学知识进行运算，认为是行星围绕着太阳运转而不是太阳围绕着地球运转。但直到 1543 年，哥白尼才发表了自己的想法，这个时候他已经生命垂危了。一直过了 60 多年，才有人敢于同意他的观点。随后，在 1609 年，德国天文学家约翰内斯·开普勒论证指出：行星运转的轨道是椭圆形的，而不是圆形的。在意大利，伽利略用望远镜——一项新近的发明——对天空进行观测，比以前任何人所进行的观察都严密。他开创了多项世界第一：第一个看到了月球上的山脉；第一个发现木星的卫星；第一个观察到金星的位相变化；第一个发现太阳上的黑子。

伽利略的科学观测引导着他自己接受了哥白尼提出的以太阳为中心的宇宙体系。伽利略不顾朋友的劝告，在 1632 年出版的书中

大与小

没有新仪器的出现，科学革命的新发现是难以出现的。荷兰眼镜匠汉斯·李普希在 1608 年前的某个时间发明了望远镜；不久，伽利略就用自己改进的望远镜对天空进行了革命性的科学观测。与此相仿，显微镜将极其微小的事物显现在人的眼睛中。在这方面，荷兰人仍然是先行者，安东·冯·列文虎克通过自己制作的镜片来研究血细胞、跳蚤（下图）以及微小的细菌。

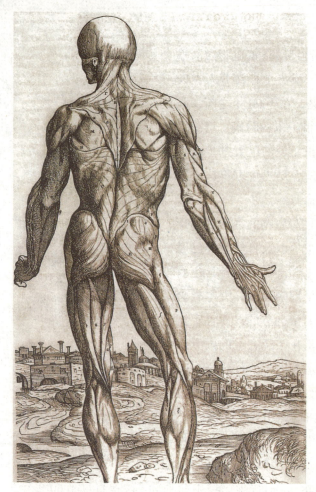

↑英国科学家罗伯特·波义耳设计的气泵

←16世纪，安德烈·维萨里的研究使科学家和医生得到了清晰的人体解剖图（左图）。17世纪，对人体的了解深入到内部，特别以血液循环系统的研究为代表。

坚决捍卫自己的思想，教会立刻将这本书列为禁书，对伽利略进行了审判。宗教裁判所以判处火刑对他进行威胁，他只好宣布放弃自己的想法。教会将他囚禁在佛罗伦萨附近的家中，在这里他继续自己的工作，一直到1642年去世。伽利略在力学与运动方面的研究为科学革命中伟大的天才艾萨克·牛顿的工作铺平了道路。牛顿在光的性质方面的实验以及他发现的运动定律、重力定律都是杰出的成就，为现代物理学奠定了基础。

17世纪，"科学"与"科学家"这些词还没有出现，这些新的发现也没能在大学中教授。许多人对于"自然哲学"——当时人们就是这样称呼它的——非常感兴趣，他们组成学会等组织，进行聚会，交流各自的思想，讨论他们的实验，发表自己的成果。山猫学会是这些最早的组织之一，它于1603年在意大利的佛罗伦萨成立。1662年，英国皇家学会成立，早期的成员包括建筑学家克里斯多夫·雷恩爵士、显微镜学家罗伯特·胡克、天文学家埃德蒙·哈雷以及艾萨克·牛顿等人。这些学会对传播科学革命中的新思想具有重要的影响。

工业革命

工业革命开始于 18 世纪 60 年代的英国，到 19 世纪上半期英国完成了工业革命。继英国之后，法国、美国等资本主义国家也先后进行了工业革命。

资产阶级统治在英国的确立，是英国工业革命的前提。英国通过剥削本国劳动人民、殖民掠夺和贩卖黑奴，使工业革命有了雄厚的资本。由于圈地运动使得被剥夺土地的农民四处流浪，涌入城市，随时准备接受资本家的雇佣。这为工业革命的进行提供了充足的廉价劳动力。英国拥有广大的海外殖民地，不仅为英国提供了源源不断的廉价原料，也为英国提供了广大的销售市场。18 世

↑ **英国发明家瓦特**

纪 60 年代，英国最早具备了进行工业革命的资本、劳动力、资源、市场这 4 个必要条件，所以一场对人类历史产生重大影响的工业革命就在英国首先开始了。

工业革命是从发明和使用机器开始的，机器的发明和使用，最早产生于棉纺织工业部门。珍妮纺纱机的发明是从飞梭引发的。1733 年机械师凯伊发明了飞梭。飞梭使织布速度大大加快，棉纱顿时供不应求。到了 1765 年，纺织工人詹姆士·哈格里夫斯发明了手摇纺纱机，纺纱功效一下子提高了 16 — 18 倍，他用女儿珍妮的名字命名这台机器为"珍妮纺纱机"，它被认为是工业革命的第一台机器，工业革命以此为起点开始了。珍妮机虽然提高了纺纱速度，但纺出的纱并不理想。纺出的纱细而易断，为了克服这一弱点，有一个学徒出身的钟表匠阿克莱

◆ 大事年表 ◆

- 18 世纪 60 年代 —19 世纪上半期
英国完成了工业革命
- 1733 年
机械师凯伊发明了飞梭
- 1765 年
纺织工人詹姆士·哈格里夫斯发明了"珍妮纺纱机"
- 1807 年
美国人富尔敦造成第一艘汽船
- 1814 年
英国人史蒂芬森发明了第一台蒸汽机车

↓ 1808 年，蒸汽发动机运用于铁路，但用于大规模运输是在史蒂芬森制造的机车"火箭号"之后。此图是"火箭号"的复制品。

↑ 1839年汽锤的发明使重工业革命化。

↑ 蒸汽机车喷着烟雾，顺利地从隧道深处开出来的情景。

特克服困难，苦心钻研，在1869年发明了水力纺纱机，纺出的纱很结实，但是纺出的纱较粗。棉纺织业包括纺和织两个相关部门，纺纱环节的重大突破，把织布环节又抛到了后面，这就促使人们在这方面进行研究突破。有一个叫卡特莱特的钟表匠想，既然机器能用于纺纱，就一定也可以推广到织布。经过研究，他在18世纪80年代终于发明了水力织布机，提高织布效率40倍。4部机器中，除了珍妮机是以人力为动力的，其余3部都是以水力做动力的，而以水力为动力有很大的局限性。这就需要一种更方便而又更有效的动力来带动机器。解决机器动力问题的人是学徒出身的瓦特。他于1785年制成了改良蒸汽机。它是把热能转变为机械能的装置。后来，不仅纺织工业采用机器生产和蒸汽动力，而且在冶金、采矿等部门也都进行了工业革命，到19世纪上半期，大机器生产基本上代替了工场手工业，英国完成了工业革命，随即法、美等资本主义国家也都相继完成了工业革命。

随着工业的发展，交通运输被提上了日程。工业革命以后，大机器生产需要运进大批原料并及时把堆积如山的产品运到各地，人力、畜力和简陋的运输工具就无法胜任了，于是交通运输的革新又被提上了日程。这方面的突破首先发生在美国和英国。1807年，美国人富尔敦吸收前人的研究成果，造成世界上第一艘汽船。十几年后，美国轮船"萨凡纳"号横渡大西洋成功。从此，汽船开始在远洋航行中发挥重大作用。1814年，英国人史蒂芬森发明了第一台蒸汽机车，这台机车在前进时不断从烟囱里冒出火来，因此被称为"火车"。1830

→这幅画展示了英国正在建造一条穿越山区的乡村公路的情形。交通的改善在欧洲工业革命中是极为重要的因素。

年，英国正式使用火车，从此，铁路交通飞速发展。

工业革命为资本主义制度提供了物质基础，资本主义经济的发展壮大，进一步巩固了资产阶级的统治。工业革命是从技术革新开始的，却不同于一般的技术革命，它不仅给生产领域带来了巨大变化，更重要的是它引起了社会阶级关系的变化，使资本主义社会日益分裂为两大直接对立的阶级：资产阶级和无产阶级，这是工业革命最重要的社会后果。

▌启蒙运动

启蒙运动首先是一个哲学运动，但在 18 世纪的欧洲，社会与文化的许多方面都感受到了它的影响，引领了这个被称为理性时代的时期。人们的思想奠基于理性探索的原则之上，支持者们相信：人类可以沿着精神与物质进步的道路前进，通过这条道路，人类将逐渐地趋于完善。

由于受到十六十七世纪宗教争端而引发的广泛的暴力冲突的惊吓，许多学者致力于寻找替代性的方式给人们带来意义和秩序。17 世纪 90 年代，英国哲学家约翰·洛克发表了《人类理智论》，他通过说明人并不是生而邪恶和非理性，而是环境使然，从而阐述了新思想中的一个重要的原则。思想家们甚至并不主张彻底地抛弃宗教，而是为人类要求一种与正统信仰中与上帝的关系相比，更为个人的、自然的关系。

↑ 哥特霍尔德·埃菲拉伊姆·莱辛是德国启蒙运动的主导性人物。他因为戏剧写作与文学批评而赢得声誉，他还对戏剧的自然主义风格以及言论自由进行了探讨。在他晚年的时候，他参与了神学辩论，激情澎湃地支持宗教宽容事业。

17 世纪兴起的自然科学否定了对于宇宙的传统解释。这个时代的思想家们信奉的是对自然现象进行仔细观察，通过经验主义的方法来揭示自然的运行原理。英国科学家艾萨克·牛顿对这种新的方法进行了归纳，尽管他个人仍然保持很深的宗教世界观。

与对于宗教的挑战相伴的就是对于社会改革的要求。法国思想家，如蒙田、伏尔泰以及卢梭，都支持公民自由：包括法律面前人人平等、言论自由、政府遵守以"公意"为基础的统治者与人民之间的"社会契约"。现代的宗教多元的观念以及种族宽容等理念在那个时代也首次发出了自己的声音；在德国，犹太启蒙运动（即"哈斯卡拉"）呼唤着政治解放与强有力的希伯来文化。

许多王室感觉到自己受到了新思想的威胁，伏尔泰自己就被关进过监狱并被迫背井离乡。但是，欧洲的一些著名的专制主义统治者，如俄国的叶卡捷琳娜、奥地利的约瑟夫二世、普鲁士国王腓特烈二世，他们采纳了新思想，进行了社会、

百科全书

启蒙运动的一个重要目的就是促进大众教育的发展，如果人们知道他身边的世界是如何运转的，他们就能更好地掌握自己的人生。哲学家狄德罗与数学家达朗贝尔试图建立起知识的基本架构，他们开始合作编著《百科全书》。这部里程碑式的巨著卷数达到了 33 卷，历经 26 年的时间才得以出版完成，包括了当时法国的主要思想家的文章。实用主题（比如右图中的烘烤技术）与激进的主题（如进步主义哲学理念以及政治方面的自由主义）都囊括在《百科全书》之中。因为书中的一些内容表现出反对教权的口气，所以最初的两卷受到了压制。

Boulanger.

教育、司法等方面的改革。当然即使这样，这些开明专制主义者也并没有引入代议制政府。

到 18 世纪末期，美国与法国的革命采用了启蒙运动的一些重要的信条。但是在法国，理性时代的乐观主义已经让位于恐怖统治，将整个大陆拖进新一轮的血雨腥风和动荡之中。

德国的统一

1848—1849 年革命失败后，德意志各邦都恢复了反动封建统治。19 世纪 50—60 年代，资本主义在德意志普遍发展起来。资本主义经济愈加发展，国家统一的要求就愈加迫切。在当时的德意志，有两条不同的统一道路："即或者是通过革命，或者是通过普鲁士王朝的战争。通过革命，就是由无产阶级来领导并建立全德共和国；通过普鲁士王朝的战争，就是巩固普鲁士地主在统一的德国中的领导权。"由于无产阶级的软弱，普鲁士最后完成了自上而下的统一。

普鲁士在 1849 年及 1859 年曾两次企图在自己的领导下实现德国的统一，但是都由于奥地利的阻挠而失败。普鲁士的统治集团越来越清楚地认识到：要想统一德国，非使用武力不可，只有通过战争才能达到这个目的。1860 年起，普鲁士政府锐意推行军事改革，以便为用武力统一德国做准备。但是这个军事改革却引起了一场"宪法纠纷"。

1860 年，普鲁士政府向议会提出军队改革法案，要求把常备军增加一倍，同时追加军费 950 万塔勒尔。这时资产阶级认为自己的力量已经强大到足以与容克地主较量的地步，于是被资产阶级"进步党"控制的议会不仅否决了政府的提

↑ 德军当时所使用的轻型阵地炮

案，而且还要求内阁对议会负责，以削弱国王的权力。国王威廉一世曾经解散议会，但新选举的议会仍然和政府抗衡。威廉一世为了彻底击溃资产阶级的对抗，便于 1862 年 9 月任命反动政客奥托·俾斯麦担任了首相。

俾斯麦（1815—1898 年）是一个容克地主。1848 年革命时，他曾经组织地主武装，准备援救普鲁士国王；他坚持用武力镇压革命，曾任普鲁士出席邦联议会的全权代表、驻俄、驻法大使。当议会再次否决了政府提出的军事改革方案时，俾斯麦不顾议会的反对，拨付大量经费来改组军队。他在议会上声称："时代的重大问题不是演说，也不是多数票所能解决的，而是要用铁和血来解决，德意志所瞩目的不是普鲁士的自由派，而是普鲁士的武装。"这就是所谓的俾斯麦的铁血政策的基本内容。1862—1864 年间，俾斯麦和普鲁士政府的专横激起人民极大的愤怒，一致谴责俾斯麦的暴戾。但普鲁士的资产阶级怯懦、软弱、害怕群众运动。他们只是在议会中吵嚷，而不敢发动群众举行革命。因此容克地主阶级便牢固地掌握了普鲁士政权，通过三次战争把德意志统一起来。

第一次是对丹麦战争。1863 年末，丹麦吞并了荷尔斯泰因和石勒苏益格两个公国。普奥两国以此为借口于 1864 年 2 月对丹麦宣战。结果，丹麦惨败，不得不把荷尔斯泰因让给奥地利，而把石勒苏益格让给普鲁士。

普鲁士统一德意志的最大阻力是奥地利，所以对奥战争是不可避免的。1866 年 6 月，普鲁士出兵将奥地利势力逐出荷

↑ 1871 年 1 月威廉一世加冕为德意志帝国的皇帝，台阶下着白衣者为俾斯麦。

尔斯泰因，挑起了普奥战争。意大利为了收复威尼斯也对奥作战。战争开始不久，普鲁士军队占领了德意志北部和中部各邦。7 月 3 日，普军在捷克的萨多瓦村附近重创奥军以后，使其节节败退。经过拿破仑三世的调停，普、奥于 8 月 23 日签订了《布拉格和约》，规定：旧德意志邦联解散；奥地利承认普鲁士成立北德意志联邦（由美因河以北各邦组成）；把石勒苏益格、荷尔斯泰因、汉诺威和法兰克福等地划归普鲁士。经过这次战争，1867 年，普鲁士成立了北德意志联邦，包括 18 个邦和 3 个自由市。普鲁士国王为联邦元首。奥地利皇帝为了增强国势，于 1867 年兼任匈牙利国王，组成了奥匈帝国。

1870 年普法战争爆发了，法国战败，于是南德诸邦才与北德联邦合并，组成德意志帝国。到此，德国统一大业才臻于完成。

夕阳西下

——东方封建制度的强化

▌莫卧儿帝国

1525 年，蒙古贵族帖木儿的后裔巴布尔经阿富汗开伯尔山口入侵印度，次年打败德里苏丹伊布拉吉，建立莫卧儿帝国。至 17 世纪中叶控制了印度大部分领土。1658 年，奥朗则布称帝，号称"阿拉穆吉尔"（世界主宰）。即位后，他于
1663 年东征阿萨密，1666 年进剿吉大港葡萄牙海盗，扩大了东部版图；又于 1686 年和 1689 年先后征战比加浦尔和高康达，从而使莫卧儿帝国的疆域达到了顶点。

奥朗则布是莫卧儿帝国最有才干的君主之一。他以自己的军事和行政管理才能把帝国推向了鼎盛时期。但他又是第一个全面改变阿克巴的宗教宽容政策，由此激起了印度原本就很复杂的阶级矛盾、民族矛盾和宗教矛盾，从此反抗莫卧儿帝国的起义接连不断，盛极一时的莫卧儿帝国开始衰落。

在国内多重起义的打击下，莫卧儿帝国面临着不可挽回的衰落命运。对各地起义的东征西讨，耗尽了国家资财，田地荒芜，交通阻隔，城市凋零。1707 年 3 月，89 岁的奥朗则布死于阿马德纳加。他留下的是一个四分五裂并被马拉特人、锡克人强大势力包围的莫卧儿帝国。

奥朗则布死后不久，许多有势力的总督，如奥德的萨达特·阿里、奥里萨的穆西德·库里汗、海得拉巴的尼扎姆·乌里·穆拉克，都宣告独立。拉吉普特也恢复了独立。1761 年 1 月，在第三次帕尼帕特战役中，入侵印度的阿富汗军队打败了占领德里的马拉特军队，使印度失去了唯一可以抵抗西方殖民入侵者的力量。

> ### ∽ 主要人物 ∽
>
> **奥朗则布**：从 1658 年至 1707 年统治莫卧儿帝国。于 1686 年和 1689 年先后征战比加浦尔和高康达，从而使莫卧儿帝国的疆域达到了顶点。

↑这个制作精巧的金质短刀和镶满宝石的刀鞘，是 1619 年奉皇帝贾汗吉尔之命制作的。

优势的悄然转移

——美国和日本的崛起

▎第二次工业革命

　　19 世纪末期（1871—1900 年）是资本主义向垄断过渡的时期。这个时期，科学技术的飞速发展引起了第二次工业革命。第二次工业革命促进了工业的高速发展，而工业的高速发展又促进了资本和生产的集中，从而引起了垄断组织的产生。

　　电能的应用和电力工业的发展，是近代科学史上第二次工业革命的中心内容。从 19 世纪 70 年代开始，电力作为新的能源逐步取代蒸汽动力而占据统治地位。1820 年丹麦的奥斯特发现了电流导线可以使磁针偏转，这就是电流的磁效应，揭示出电能向机械能的转化的可能。德国科学家西门子于 1866 年发明自激式发电机，1870 年，比利时发明家格拉姆又进一步改进，制成电流更加均匀的发电机，1882 年法国科学家德普勒初步解决了远距离输电问题。1876 年，美国发明家贝尔发明电话机，1878 年，在波士顿和纽约之间通了世界上第一次长途电话。1879 年，爱迪生发明电灯，在此前后，他还成功地发明了录音器、电车和活动电影机。1895 年和 1896 年，意大利人马可尼和俄国人波波夫，分别成功地进行了无线电传播实验。20 世纪初，这一先进技术被美国引进。

→ 爱迪生发明的螺口式灯泡

1906 年，美国人德福雷斯特在英国人弗来明制成的二极管的基础上，发明了三极管，使无线电通信工业发展到了电子管时

→ 1900 年的巴黎，人们惊讶于电的宫殿所展现的耀眼光芒。

↑ 1888 年尼古拉斯·奥托发明的内燃机

代，电子工业蓬勃兴起。10年后，美国实现了大西洋越洋长途电话通讯，接着建立电台，普及收音机。

工业动力对工业全局具有决定性的影响，是反映近代工业水平的主要标志，因而是第二次工业革命重点突破的领域。1876年，德国人奥托（1832—1891年）根据德罗夏四冲程循环理论，成功制成了第一台四冲程内燃机（亦称汽油机）。随后，德国工程师狄塞尔（1858—1913年）经过多年试验，于1897年又制成了大功率的柴油机。1886年，德国工程师戴姆勒经过10年卓有成效的工作，与其合作者迈巴赫在自己的工厂里，开始研究一种空气冷却的高速汽油发动机。1892年，美国的福特制成了内燃机汽车，开始建立自己的汽车工业。1887年，安装汽油机的小汽船行驶在江河中；1892年，第一台用汽油驱动的拖拉机奔驰在田野上；1903年，一架装有8马力汽油机的飞机把美国的莱特兄弟送上天空；1908年，制成了柴油机推动的潜水艇；1912年，柴油机驱动的远洋货轮下水；1913年，第一台柴油机火车头制成。内燃机的广泛运用，给人类社会生活带来了深远影响。

化学工业的兴建，既与煤炭综合利用有关，又与内燃机的广泛应用

← 1875 年柏林的轧制车间，随着工业革命的降临，矿场、冶炼厂、机械厂的雇佣工人数量激增。

密不可分。1877 年，德国建立了国立化工研究所，在有机结构理论的指导下，进行煤焦油的综合利用，出现了染料工业、制药工业和香料工业。1886—1900 年的14 年中，德国 6 家公司在染料技术上的创造发明（专利）达 948 项，德国还先后合成了尿素、电石、尼龙、人造丝、DDT、橡胶、除草剂等。化学工业在美国也很发达，1869 年，约·黑特发明了塑料；1906 年，美籍比利时人贝克兰德发明了电木；1916 年，美国已经在工业生产中实际采用了"热裂法"，提高了精炼石油的产量。20 世纪初，在高分子理论指导下，合成化学工业在许多国家蓬勃兴起。

同第一次工业革命相比，第二次工业革命具有以下几个特点：1. 对世界经济和人类生活影响极大。2. 技术发明的自然科学成果含量高。3. 推广运用迅速。这次工业革命是人类历史上的第一次世界工业革命。

南北战争

美国内战的根源在于蓄奴问题。美国在成立初期是存在着奴隶制度的，而这与美国《独立宣言》中关于人类平等权利的宣扬显然是背道而驰的，更为重要的是，进入 19世纪之后，废除奴隶制已经成为国际社会的普遍共识，例如，1833 年，英国的殖民地废除了奴隶制；1848 年，法国的殖民地也废除了奴隶制；1861 年，俄国废除了农奴制；在此前后，拉丁美洲的各个国家也都先后废除了奴隶制。在国际废奴运动的高潮中，美国的废奴问题也提上议事日程，然而对于蓄奴问题，美国北方和南方却形成了截然不同的两种态度，归根结底，这还是由两个地区不同的经济利益所决定的。在世界工业化进程中，美国北方受益较大，基本实现了工业化，到处都是工厂，而美国南方则依然以农业经济为主，遍地都是种植园，这样，北方以

↑ 林肯坐像

生产工业产品来获取经济利益，而南方则依靠出口工业原料主要是原棉来获取商业利润，因此，北方出于发展自身工业生产的考虑，主张推行贸易保护政策，实行高关税，这样才可以减少英国商品的涌入，而南方则恰恰相反，他们只希望能够买到更为廉价的商品，因而主张实行自由贸易的政策，降低关税，所以，南北双方的利益冲突就日趋严重，而这种矛盾在美国西进的过程中被进一步激化。

先前，美国北方已经废除了奴隶制，而南方则继续保留着大批的奴隶，北方

"地下铁道"

为了帮助黑人奴隶逃出那充满罪恶的蓄奴州，废奴主义者们组织了一整套接应逃亡奴隶的线路和方法。他们称这一逃亡线路为"地下铁道"。这条"地下铁道"设有各个"车站"——同情黑奴的人的住宅，过路的黑人可以歇脚、投宿；有"火车"——逃亡的奴隶群；有"乘务员"——熟悉道路和情况的领路人。当时的一些伟大的废奴主义领袖，如约翰·布朗、哈里特·塔布曼都是著名的"乘务员"。约翰·布朗领导的起义把这场运动推向高潮。废奴运动是南北两种社会制度矛盾尖锐的产物，是美国南北战争的序幕。

各州与南方各州推行的是两种制度，在一定时期内双方势均力敌，但是不久之后，这种均势随着美国的西进运动而被打破。因为不断有新的州加入到美利坚合众国，而新州是否推行奴隶制就成为一个必须解决的问题，为了保持南北均势，1820年，双方达成了一个"密苏里妥协案"，据此，西部新成立的州只能两两地加入到联邦之中，这样，一个州实行奴隶制，另一个州则实行自由制，南北才可以继续保持平衡。这种均衡在加利福尼亚州建立之时出现了例外。当时，加利福尼亚州由于一时没有找到"伴侣"而单独地加入了联邦，成为美国一个新的自由州，这引起了南方的不满。为了缓解冲突，北方与南方在1850年再一次达成妥协，那时，南方有很多奴隶会潜逃至北方，此前北方对此置之不理，而因为加利福尼亚州的加入，北方同意此后对逃往北方的奴隶实行法律制裁，但是，这种妥协激起了北方废奴主义者的强烈不满。与此同时，美国南方的地方主义也日趋抬头，企图脱离联邦的制约，谋求独立。于是，北方欲消灭南方的奴隶制，而南方则企图成立一个不受废奴问题干扰的新的联邦，双方的矛盾变得越来越不可调和。

1860年，主张废除奴隶制的共和党人亚伯拉罕·林肯当选美国第16任总统，美国政府开始推行一系列有利于北方的政策，例如，将西部新开发的自由土地分给农民，采取保护性的高额税率，修筑横贯美洲大陆的铁路等，这迅速引起了南方分裂主义者更大的不满，于是，在1860到1861年间，南方共有11个州宣布退出美利坚合众国，成立了新的"美洲南部各州联盟"，推举杰斐逊·戴维斯为总统。出于捍卫国家领土完整的目的，林肯立即组织军队镇压南方的叛乱，由此爆发了美国历史上的"南北战争"。

1861年4月和5月，林肯先后颁布了两次征召令，分别招募了7.5万和4.2万军队，服役期限为三个月，这是因为林肯当时推断，南方的叛乱并不能够坚持很久，然而战事的进展大大出乎林肯的预料。造成代表联邦政府的北方军队未能迅速取胜的原因在于，当时的南方各州是一个相当团结的整体，而且美国立国之初的几十年中，南方人才辈出，在这方面远远超过了北方，例如，在林肯之前的15

位美国总统当中，来自南方的有 12 人，美国的高层和精英也大多出自南方，这是对北方大为不利的。由于南方所具有的强大吸引力，战争一开始，当时美国所拥有的全部军官共 1108 名，有 387 名由北方投靠了南方，其中有 288 人都是西点军校毕业的高材生，里面包括南北战争中南方军队最为杰出的、也是在美国历史上最为知名的将领之一的罗伯特·李将军，这样，军事指挥人才的严重缺乏成为战争初期北方军队的一大软肋。

当然，北方与南方相比，还是具有明显优势的，也正是以此为基础，北方最终才能够获得胜利。当时，美国北方有 22 个州，2200 万人口，而南方则仅有 11 个州，900 万人口，更为重要的是，北方当时占有全国五分之四的工厂和 70% 的铁路线，在作战期间，大约 90% 的工厂和三分之二的铁路线都用来专门为战争服务，这一强大的优势在战争后期得到了充分的发挥。另外，林肯在战争中对民众进行了相当有效的动员，使广大人民了解到，这是一场维护祖国统一和捍卫人类自由的正义的、伟大的战争，例如，1863 年 11 月 19 日，林肯在宾夕法尼亚州面对烈士的陵墓，向美国公众进行了一次简短的讲话，这就是历史上十分著名的《葛底斯堡演说》。演说的内容如下：

八十七年前，我们的先辈在这个大陆上创建了一个新的国家。她孕育于自由之中，奉行人人生来平等的信条。

现在我们正进行一场伟大的内战，以考验这个国家，或者任何一个孕育于自由和奉行人人生来平等信条的国家是否能够长久坚持下去。我们相聚在这场战争

亚伯拉罕·林肯

今天，在人们的记忆当中，林肯是联邦的保护者，尽管他当选为美国的第 16 任总统的时候，南方的分离主义者指控他为联邦的破坏者。亚伯拉罕·林肯出生在肯塔基州的小木屋中，家境比较贫穷，他很大程度上是自学成才的。19 世纪 40 年代，作为一名律师，他在伊利诺伊州的斯普林菲尔德崭露头角。在林肯的早期政治生涯中，他是一位温和的废奴主义者，能够接受奴隶制在南方的继续存在，但反对奴隶制向西部新开放的地区发展。尽管如此，当他在 1861 年上任的时候，他的观点还是与南部各州发生了冲突。1862 年，他转而信奉解放所有奴隶的政策。在战争当中他毫不退缩，努力要获得胜利，但对于被打败的敌手心无怨恨。战争结束之后，痛恨他的南部分离主义分子刺杀了他，这使得美国举国悲恸不已。

的一个伟大战场上，我们来到这里把这战场的一部分奉献给那些为国家生存而捐躯的人们，作为他们最后的安息之所。我们这样做是完全适合的、恰当的。但是，从更高的意义上说，我们是不能奉献，不能圣化，也不能神化这片土地的，因为那些曾经在这里战斗过的人们，活着的和死去的人们，已经圣化了这片土地，他们所做的远非我们的微薄之力所能扬抑。这个世界不大会注意也不会长久记得我们今天在这里所说的话，但是，它永远不会忘记勇士们在这里所做的事。

毋宁说，我们活着的人，应该献身于留在我们面前的伟大任务：从这些光荣的死者身上汲取更多的献身精神，以完成他们精诚所至的事业，我们在此下定最大的决心，以不让死者白白牺牲，让这个国家在上帝的保佑下获得自由的新生，让这个民有、民治、民享的政府与世长存。

↑南方联军总司令罗伯特·李将军（左）与格兰特（右）在投降仪式上应李的要求，格兰特允许南方军官保留佩剑，投降仪式在"令人敬畏的平静中"进行，"就像在悼念死者"。在这场历时4年的战争中，北方最终取得了胜利，资本主义在美国得以全面、迅速地发展。

再有，对于夺取战争的胜利相当重要的是，林肯总统在战争中执行了相当务实而明智的策略，他将战争意义的立足点首要地确定为维护国家的统一，而对解放奴隶的问题则有意地进行了一定程度的忽略，有关战后如何处理奴隶以及怎样分配西部土地的事宜，林肯并没有给出明确的说法，因此这导致密苏里、肯塔基、特拉华、马里兰4个州在战争中脱离了南方联盟，重新回到美利坚合众国的怀抱。

正是基于南北双方这种互有优势的情况，这场战争打得相当激烈，但是，北方依靠更加雄厚的实力，后发制人，挫败了南方军队在战争初期意欲凭借明显的军事优势迅速取胜的企图之后，在随后的拉锯战中逐渐掌握了战争的主动权。1862年9月24日，林肯发表了《解放奴隶宣言》，这更加鼓舞了北方人民的斗志，特别是在广大黑人的心中产生了强大的影响，北方的黑人积极踊跃地参加军队，而南方的黑人奴隶则对白人奴隶主们采取了不合作的态度，这就更进一步地推动了北方军队在战争中走向胜利。

从1861年4月12日开始，到1865年5月26日结束，美国南北战争持续了4年的时间，双方的伤亡人数达到60多万，是美国历史上牺牲最大的一场战争。南北战争以北方的胜利而告终，由此，美国南方的奴隶制被彻底摧毁，国家的统一得到了维护，美国开始走上了一条高速发展的轨道。

美国内战后的崛起

美国内战以北方的胜利而告终，维护了国家的统一，废除了黑人奴隶制度，为美国资本主义的发展扫清了道路，在 19 世纪的后半期，美国资本主义经济迅速发展起来。

↑ 林肯雕像

1860 年，美国工业居世界第 4 位，到 1892 年即跃居第 1 位，工业产量约占欧洲各国生产的总和的 1/2。从 1880 年到 1900 年，美国开垦的土地面积，超过了英、德、法三国土地面积的总和，再加上采用先进农业技术，美国的粮食和棉花产量增加了 2/3。在美国经济增长的同时，生产和资本的集中同样发展着。特别是 19 世纪最后 30 年的 3 次经济危机，更加速了集中的过程。托拉斯是美国垄断组织的普遍形式。美国高度集中的工业资本与银行资本的结合，形成巨大的金融寡头。20 世纪初，在美国形成八大金融寡头集团，其中摩根和洛克菲勒财团居于支配地位。一小撮金融寡头通过托拉斯支配着美国经济，控制着美国政治，并对文化、教育和社会生活进行渗透，所以列宁称美国为典型的托拉斯帝国主义国家。

美国工业以空前的速度增长，工人却遭受日甚一日的剥削。从 19 世纪 90 年代开始，美国无产阶级同正在兴起的垄断组织发生冲突，不断卷起罢工运动的新浪潮。1894 年，罢工者人数达到 75 万。20 世纪初，罢工具有更广泛的规模，1912—1913 年约有 200 万名工人参加罢工。由于劳联领导人的阻挠，垄断资本家的收买破坏，政府的镇压，加上社会主义政党领导人的错误，罢工运动屡次兴起

→美国在大规模的西进运动中，遇到了印第安部落的强烈抵抗，经过一番长期的斗争，终于将印第安人赶出了他们的家园。

◆ 大事年表 ◆

● 1861—1865 年
美国南北战争
● 1898 年 4—12 月
美西战争
● 1899 年 9 月
美国提出"门户开放"政策

重大成就

◆ 1894 年，美国发明家爱迪生在纽约第一次放映可动的画面。

◆ 1913 年起，加利福尼亚的好莱坞开始成为美国电影业中心。

而又屡遭失败。

美国内战后，两党制进一步确立起来。美国自建国以来，主要致力于国内的发展，对外采取孤立主义。内战后，随着工业的发展和西部的开发，资产阶级要求开辟海外市场和原料供给地，美国便迫不及待地要求重新瓜分殖民地和势力范围，侵略矛头首先指向亚洲和拉丁美洲。

美国内战以后，便开始向亚洲侵略。1866、1867、1871 年，美国 3 次侵犯朝鲜，遭到朝鲜人民的英勇抵抗。1882 年，美国军舰又　次进犯朝鲜，打开了朝鲜国门，尔后强逼朝鲜开辟 3 个商港，获得领事裁判权。1893 年，美国在夏威夷发动政变，建立傀儡政权，1898 年将这个岛国正式吞并。美国为了夺取具有重大经济和战略价值的古巴和菲律宾，1898 年发动了第一次重新瓜分世界的帝国主义战争——美西战争，西班牙战败后被迫将菲律宾、波多黎各、关岛割让给美国。

接着，美国便把侵略矛头指向中国。美国于 1899 年宣布"门户开放"政策。这个政策表明：美国谋求依靠其经济实力，挤进列强的势力范围，取得侵华的机会均等。1900 年，美国积极参加八国联军，镇压义和团运动。

主要人物

西奥多·罗斯福：1901 年就任美国总统，对拉丁美洲推行"大棒政策"。

↑西部铁路干线的开通，大大加强了东西部之间的联系，大量的西部资源被运往东部，同时东部的工业产品也被引入西部。

→ 1886 年 10 月，约 100 米高的自由女神像在人们的欢呼声中被安放于纽约港。它象征了美国式的民主自由，也标志着美国霸权的进一步确立。

美国对外扩张的重点是拉丁美洲。19 世纪 80 年代，美国打出泛美主义旗帜，企图独占拉丁美洲。20 世纪初，罗斯福和塔夫脱对拉丁美洲分别推行"大棒政策"和"金元外交"。"大棒政策"的具体应用是夺取巴拿马运河区。"金元外交"是以援助弱小民族为招牌，通过奴役性贷款对它们实行控制。美国就是采用这样的手段，掌握了圣多明各、洪都拉斯、尼加拉瓜等国的经济命脉。美国加紧对加勒比海的侵略，把这个地区变为美国的"内湖"。

1913 年威尔逊上台后，仍然执行侵略拉丁美洲的政策。在 1914 年和 1916 年，两次武装干涉墨西哥内政，曾把尼加拉瓜、多米尼加和海地等国置于美国保护之下。

▍日本的明治维新

19 世纪中期，日本处在封建社会末期。天皇是名义上的国家元首，朝廷设在京都，但实权掌握在将军德川庆喜手中，天皇、将军、大名、武士，构成了日本社会的统治阶级。

↑ 明治天皇像

占全国 80% 的农民，世世代代束缚在土地上，他们终年辛苦，却要将收获物的一半以上交给封建领主，还要担负名目繁多的捐税和徭役。此外，城市中的手工业者和商人属于封建等级的下层，也受到幕府的歧视和压制。由于封建经济的衰败，大名、武士生活水平下降，一些大名、武士开始经商。这些人的利益相互接近，他们都对幕府的统治不满，特别是政治和军事力量比较强的一些大名和武士由原先封建统治的支柱变成反对幕府的一支主要力量。

长期以来，统治日本的幕府推行锁国的政策。1853 年，美国海军舰队闯入日本浦贺港，第二年，它第一个强迫幕府签订了不平等的《日美亲善条约》。在这以

↑ 19世纪中期日本民间生活木版画

后，俄、英、法等资本主义国家依仗着军舰和大炮的威力，先后迫使幕府签订了一系列不平等条约。西方列强的入侵激化了日本人民和以幕府为首的封建统治阶级的矛盾，苦难深重的日本人民对幕府的统治更加不满。内忧外患造成了幕府统治危机的总爆发。1865年至1869年5年中，日本各地发生了400多起暴动和起义事件。1866年，为抗议米价飞涨，城市贫民掀起了大规模的"捣毁暴动"，斗争甚至涉及幕府所在地江户。

那时候，日本西南部的长州、萨摩、土佐、肥前四藩中的下级武士，迅速扩大实力，成为日本资产阶级和新兴地主倒幕派的主要政治代表。1867年，倒幕派加紧在宫廷活动，联络一些权贵，争取到年幼的明治天皇的支持，获得讨幕密诏。陷于孤立境地的德川庆喜见势不妙，立即采取以守为攻的策略，辞去将军职务，"奉还大政"于天皇，妄图以此来分化瓦解倒幕派，等待时机，卷土重来。1868年初，德川庆喜潜出京都，逃往大阪，集结兵力，伺机反扑。于是，一场内战爆发了。在京都附近的鸟羽、伏

← ↓这4幅画反映了明治维新之前社会的4个等级：最高的是武士，其次是农民，然后是工匠，而所有等级中地位最低的则是商人。明治维新实行资本主义性质的改革，大大提高了商人的地位。

↑明治维新大搞"文明开化",学习西方。图为东京音乐学院的学生穿戴上欧洲服饰在举行一场西洋音乐会。

见一带,倒幕军与幕府军相遇,经过几天激战,倒幕派军队大获全胜,德川庆喜逃回江户。5月,大军进逼江户,德川庆喜被迫投降。这样,日本最后一个封建幕府政权被推翻了。1869年,明治天皇政府从京都迁到东京,开始进行一系列的政治经济诸方面的改革。

◆ 大事年表 ◆
● 1868年7月—1869年6月
戊辰战争
● 1868年10月
天皇睦仁改年号为明治,并推行一系列改革,史称"明治维新"

幕府统治被推翻以后,明治政府实行了一系列资产阶级性质的措施。明治维新内容如下:政治方面,"废藩置县",取消大名对各藩的统治权,全国设3府72县(不久合并为43县),打破了国内封建割据的局面,加强了国家的统一。经济方面,废除土地买卖禁令,承认土地私有权和买卖自由。还引进西方技术,鼓励发展近代工业,积极促进资本主义的发展。同时,提倡"文明开化",努力向西方学习,发展教育等。

这场革命使日本由落后的封建社会过渡到资本主义社会,并在这个基础上,在不到半个世纪的时间里便发展成为先进的资本主义国家,并随着经济实力的增长,迅速走上了侵略和压迫其他民族的道路。

全世界无产者，联合起来！
——科学社会主义的诞生

▌工人运动的发展

工业革命最重要的后果，就是无产阶级的形成。因为破产的独立手工业者都加入了无产阶级队伍，于是社会日益分成两大对立的阶级——工业无产阶级和工业资产阶级。在资产阶级的残酷压榨下，工人阶级被迫起来斗争。工业革命后，工人阶级的斗争采取了破坏机器的斗争方式，这是因为当时工人觉悟很低，他们还没有认识到造成灾难的根源不是机器，而是资本主义制度。破坏机器运动最早发生在英国，当时称作"卢德运动"。

↑ 这幅画表现的是1842年的宪章运动中，人们列队把有300多万人签名的宪章请愿书送往英国国会的情景。

重大成就

◆ 英、法、德三国的工人运动表明无产阶级已经成为独立的政治力量登上历史舞台，科学社会主义理论已具备了阶级基础。

随着工人力量的增强，特别是觉悟的提高，工人开始认识到团结起来进行斗争的重要性。在英国，19世纪初就已出现工人的组织，并且争取到工人的结社权利，到处都出现工会组织。工会领导了1825年开始的罢工斗争。

工人阶级还用武装斗争去反击资本家的剥削。在19世纪前半期最著名的工人起义是法国里昂工人起义和德国西里西亚工人起义。1831年和1834年法国里昂工人两次举行起义，表明法国无产阶级已从资产阶级民主革命中分离出来，走上了独立的政治斗争道路。1844年德国西里西亚纺织工人的武装起义，显示了无产阶级的本质。这次起义直截了当地宣布反对私有制的社会。

在19世纪前半期的工人运动中，表现出高度觉悟、高度组织的是英国宪章运动。1836年至1848年，英国工人以争取实现普选权为中心的宪章运动持续了十多年，经历了三次高潮，最终失败，但它是英国无产阶级第一次独立的政治斗争，

◆ 大事年表 ◆

● 1831 年和 1834 年
法国里昂工人两次举行起义
● 1836—1848 年
英国宪章运动

←法国著名现实主义画家杜米埃尔的名作《三等车厢》，描绘了当时法国下层劳动人民的形象。

是世界第一次广泛的、真正群众性的、政治性的无产阶级革命运动。

　　英、法、德三国的工人运动，一方面表明，无产阶级已经成为独立的政治力量登上历史舞台，科学社会主义理论已具备了阶级基础；另一方面表明，没有科学的理论指导，无产阶级的斗争不可能取得胜利。

科学社会主义的诞生

　　19 世纪 40 年代的资本主义发展和工人运动的兴起，是科学社会主义理论形成的客观条件。唯物主义历史观和剩余价值理论，是人类思想史上的重大发现和成果，马克思和恩格斯的这两大发现，使社会主义由空想向科学发展迈出重要的一步。自 1846 年起，马克思、恩格斯越来越认识到革命理论与工人运动相结合的重要性。

　　马克思、恩格斯在致力于创立革命理论的同时，积极参加工人阶级的革命斗争。他们确信，无产阶级要获得解放，不仅需要革命理论指导，而且需要有一个用革命理论武装起来的革命政党。为了传播革命理论，他们于 1846 年初在布鲁塞尔建立了共产主义通讯委员会。通讯委员会很快就同德国、法国、英国、比利时等国的共产主义者建立了联系，形成一个广泛的通讯网，彼此交换情报，讨论各国的共产主义宣传

←马克思一生都在坚持不断地学习和实践。

↑马克思像

↑恩格斯像

问题。为了建立革命的政党，他们十分重视对"正义者同盟"的争取。因为这个由德国的流亡者和工人建立的组织，在当时已发展成为有法、英、波兰和瑞士等国工人参加的国际性组织。但是，同盟的指导思想十分混乱，各种非科学的社会主义流派对它的影响非常严重。因此，马克思、恩格斯同当时流行的魏特林的平均共产主义、小资产阶级的"真正的社会主义"以及蒲鲁东思想展开了斗争，使同盟中愈来愈多的成员和领导者接受了他们创立的革命理论，并决定对同盟进行改组。在这种情况下，马克思、恩格斯于 1847 年 1 月接受邀请参加了"正义者同盟"。接着，同盟中央发出"应该实行全面改组"的通告，宣布即将召开同盟的改组大会。

1847 年 11 月 25 日，共产主义者同盟第二次代表大会在伦敦召开，德、英、法、比、波、瑞士等国共产主义者都派代表参加。马克思和恩格斯分别作为布鲁塞尔和巴黎的代表出席了这次大会。大会通过了同盟的新章程，又将同盟的目的条文改为"推翻资产阶级的政权，建立无产阶级统治，消灭旧的以阶级对抗为基础的资产阶级社会和建立没有阶级、没有私有制的新社会"。又委托马克思和恩格斯起草同盟的纲领。1848 年 2 月，马克思主义的第一个纲领性的文献、举世闻名的《共产党宣言》在伦敦发表。

→马克思纪念章
1848 年 2 月，卡尔·马克思及其合作者恩格斯出版了《共产党宣言》。

↑《资本论》书影

《共产党宣言》是国际无产阶级的第一个科学的战斗纲领，是一部划时代的马克思主义的光辉文献。《共产党宣言》是世界无产阶级认识世界和改造世界的最锐利的思想武器，是各国共产主义者共同的战斗纲领。它的问世标志着马克思主义的诞生，从此社会主义从空想变成科学。

船坚炮利

——资本主义国家的侵略

奴隶贸易和瓜分非洲

　　从 15 世纪中叶到 19 世纪后半期的奴隶贸易是西方殖民者掠夺撒哈拉以南非洲的主要手段。奴隶贸易最早是由葡萄牙人开创的。15 世纪末美洲新大陆的发现，"奠定了贩卖黑奴的基础"。随着西方殖民者在美洲殖民地经营的种植园和采矿业的发展，迫切需要廉价的劳动力，于是便从非洲输入奴隶。从 17 世纪中叶至 18 世纪下半叶，奴隶贸易发展到最猖獗的程度。17 世纪中叶以后的 150 年间，奴隶贸易已经成为非洲与欧洲、美洲之间唯一的贸易活动。在贩奴活动的方式方面，除了存在"三角贸易"外，英法等国相继成立贸易公司，垄断对非洲的奴隶贸易。18 世纪时，奴隶贸易成为世界最大的商业贸易之一。这时候，英国的世界殖民霸权最终确立了，黑奴贸易主要控制在英国手中。由于非洲黑人和美洲黑人奴隶坚持英勇不屈的斗争，从 18 世纪下半叶到 19 世纪下半叶，奴隶贸易逐渐趋向衰落。然而帝国主义列强在 19 世纪末又掀起了瓜分非洲的狂潮，企图把非洲变成工业品销售市场和原料产地，甚至是资本输出的场所。

　　1884 年 11 月至 1885 年 2 月在柏林召开英、法、德、

→这幅反映欧洲殖民者在布满非洲部落人尸体的草场上疾行的油画，将殖民者残暴的嘴脸表露无遗。

> **重大成就**
> ◆ 1869 年，苏伊士运河开凿成功。

↑表现欧洲人奴役非洲人民的版画

◆ 大事年表 ◆

● 1884 年 11 月—1885 年 2 月
召开柏林会议

● 19 世纪末 20 世纪初帝国主义国家几乎侵占了整个非洲

比、葡、意、美、西、俄等 15 个国家共同参加的会议，是为了解决各国争夺刚果的矛盾和其他问题，史称柏林会议。会议通过了《总议定书》，决定了刚果河河口的归属，并用三个"自由"保证了列强在刚果河流域的经济利益，这是瓜分非洲的一次分赃会议。会议后，帝国主义国家纷纷制定了侵略非洲的计划，对非洲进行疯狂地瓜分，到 19 世纪末 20 世纪初几乎侵占了整个非洲。法国侵占了突尼斯、阿尔及利亚、几内亚、马里、马达加斯加等；英国侵占了埃及、苏丹、尼日利亚及中南非的许多地区；德国侵占了坦噶尼喀和西南非洲等；意大利侵占了利比亚及索马里一部分；另外，西班牙也在西非、北非占领了一些地区。到 19 世纪末 20 世纪初瓜分非洲高潮结束时，除埃塞俄比亚和利比里亚保持独立外，其他非洲国家完全沦为帝国主义国家的殖民地或"保护国"。

▋瓜分奥斯曼的遗产

苏里曼去世后，奥斯曼的余威维持了近百年，17 世纪中叶国势转衰。17 世纪下半期，它与奥地利、波兰多次进行战争，1699 年战败，签订了割让大片领土的条约。同时，由于从 17 世纪起，荷兰、英国侵入亚洲，又因为世界贸易转入公海，奥斯曼帝国丧失了大部分对外贸易，地中海几乎变成了一汪死水。18 世纪，奥斯曼帝国继续衰落。1730 年和 1731 年首都两次爆发起义，表明了帝国统治的内部危机。1768—1774 年及 1786—1791 年帝国在两次对俄战争中失败后，完全退入防御地位。

随着奥斯曼帝国的衰弱，俄、奥、

←巴尔干战争中，土耳其军队正在攻击陷入包围的希腊军队。

英、法等列强都对"土耳其遗产"垂涎三尺，由此产生了所谓"东方问题"。

土耳其首先引起了强邻俄国的觊觎。从17世纪末到18世纪末，通过一系列战争，俄国夺取了亚速夫、克里木、库班、布格河和德涅斯特河之间的黑海北岸地区等，以致土耳其的疆域日蹙，国力日弱。法国、英国和几乎所有欧洲列强都在18世纪强迫土耳其签订了"特权条约"。这些条约规定了治外法权、特惠通商条件，成为欧洲列强对奥斯曼帝国境内各族人民进行殖民奴役的一种方式。

面对内忧外患，危机四伏的局面，奥斯曼帝国统治阶级内部的有识之士，力图实行改革。从18世纪起，经过塞利姆三世、马哈茂德二世和麦吉德苏丹等一个多世纪的改革，土耳其冲破了顽固的宗教壁垒，削弱了神权政治体制，然而改革最终还是失败了，并没有使帝国避免被奴役的命运。

改革的失败表明奥斯曼帝国已病入膏肓，单靠它自身的力量再也无法恢复生机。它已成为欧洲列强任意宰割的"近东病夫"。19世纪末奥斯曼帝国已完全沦为半殖民地，而且，帝国大片领土已被列强侵占，如法国占据了阿尔及利亚、突尼斯，英国夺去了埃及。先前的主要侵略者是英、法、俄，此时又增加了德国。1903年德国获得了修筑从柏林经伊斯坦布尔到巴格达的"三B铁路"的权利，列强在经济上已牢牢地控制了帝国各要害部门。为了反对落后的专制统治及抵御帝国主义的奴役，从19世纪后期起，各族人民掀起了频繁的反帝反封建斗争。

↑面对日渐衰弱的土耳其，波斯尼亚—黑塞哥维那成了奥地利的附属国，保加利亚也宣布独立。这是反映当时政局的一幅漫画。

↑奥斯曼土耳其的士兵在伊斯坦布尔待命出征。

❦ 大事年表 ❧

● 1876年
奥斯曼帝国苏丹颁布第一部宪法
● 1877年
奥斯曼帝国召开第一届国会

印度沦为殖民地

　　欧洲势力东渐印度始自 15 世纪末。1498 年达·伽马的商船沿迪亚士发现好望角的航线到达印度马拉巴海岸的卡里库特。1510 年，阿尔布奎克全部占领果阿，建立了葡萄牙在印度的殖民地。随后荷兰在柯钦等地也建立了据点。英国官商合营的东印度公司于 1600 年成立后，击败了葡萄牙和荷兰的海上军事优势，在苏拉特、孟买、马德拉斯、加尔各答等地站住脚跟。1757 年，大盗克莱武利用孟加拉的内讧，在普拉西战役中取胜，为英国在印度的殖民统治奠定了基础。

　　英国在印度的统治地位，是通过一系列的战争完成的。1746—1749 年、1751—1752 年、1756—1761 年，英国和法国为争夺印度进行了 3 次大规模的战争，结果法国势力被排挤出印度。在印度，英国进行了 4 次侵略迈索尔的战争（1767—1769 年、1780—1784 年、1790—1792 年、1799 年）、3 次侵略马拉特的战争（1775—1782 年、1803 年、1817—1819 年），占领了南部和中部印度。1849 年吞并旁遮普，完成了对印度的全部占领，印度完全沦为英国殖民地。

↑ 印度步兵像

　　英国东印度公司是英国侵略和掠夺印度的工具及殖民剥削的执行机构。在英国资本原始积累时期，就开始对印度进行赤裸裸的直接搜刮和抢劫。英国在 18 世纪后半期对印度的侵略和榨取，给印度人民带来了深重的灾难。大量财富（1757—1815 年共榨取 10 亿英镑）流入英国，转化为资本，促进了科技发明的增加和许多贵重设备的普遍采用，加速了英国工业革命的完成。经过工业革命，到 19 世纪初，英国已成为世界上最先进的资

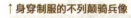

↑ 身穿制服的不列颠骑兵像

◀ 大事年表 ▶

● 1600 年
英国官商合营的东印度公司成立
● 1849 年
印度完全沦为英国殖民地
● 1857—1859 年
印度民族大起义

↑这是一幅绘制于 1830 年的图画，描绘了南印度拉贾坦古拉王乘坐在一个豪华的象轿上，而一个不列颠公使骑着棕红色的马紧随其后，英国的殖民统治已愈演愈烈。

本主义工业大国。英国资本主义破坏了印度自然经济社会，并且建设了西方式社会基础。英国殖民统治者不但使广大农民和手工业者遭受深重灾难，也损害了部分印度封建王公的利益。这激起了 1857—1859 年的印度民族大起义。这是一次由封建王公领导的、以印籍士兵为突击力量和广大人民群众参加的反对英国殖民统治的大起义。虽然起义失败了，但在印度民族运动史上占有重要的地位。这次起义具有明显的全国规模和全民性质，沉重地打击了英国殖民者，是 19 世纪中期亚洲民族运动高潮中一个重要的组成部分。

▌拉丁美洲诸国

西班牙和葡萄牙在拉美的殖民统治崩溃后，欧美列强，主要是英、美、德、法等国的势力便伸向了拉丁美洲。19 世纪后半期，特别是 70 年代以后，它们加紧了对拉美的渗透，其中，以英、美最为突出。

英国早在 19 世纪以前就在加勒比海占领了牙买加、巴巴多斯、圭亚那等殖民地。拉美独立战争后，英国很快地取代了西班牙和葡萄牙，成为拉丁美洲占统治地位的经济力量，而且在整个 19 世纪一直

↑墨西哥国民宫中描写殖民者对美洲印第安人残酷压迫的壁画

保持这一优势。英国对拉丁美洲的经济渗透，主要采取贷款、投资、控制对外贸易和获得特权等方式来实现。1850 年以后，英国在拉丁美洲进行更大规模的投资，

例如建筑港口、铁路，开辟轮船航线，低价收购土地和利用廉价劳动力开发矿产等。英国资本先后控制了巴西的棉花、阿根廷的谷物和肉类贸易、墨西哥的银矿生产以及大多数国家的交通、铁路和港口等企业。1870 年英国在拉丁美洲各国的投资金额达到 8500 万英镑，成为拉丁美洲的主要投资国和债权国。

美国一直觊觎拉丁美洲。1823 年发表的《门罗宣言》表明美国政府把拉丁美洲看作自己的势力范围。《门罗宣言》公布后的最初几十年间，美国还处于资本主义发展初期，忙于开发本国资源，没有力量对拉丁美洲进行大规模的全面掠夺，甚至对欧洲国家入侵拉丁美洲的行动也置若罔闻。1828 年，美国对拉丁美洲地区的贸易额不到 1400 万美元。到 1830 年，美国还没有过剩资本可供输出。但是美国却不放松对邻近的墨西哥进行侵略。在 1836—1845 年间，美国通过不光彩的手段从墨西哥手中夺取了得克萨斯。在 1846—1848 年间，又通过侵略战争从墨西哥手中抢去大片土地，相当于墨西哥全部领土的一半。

与此同时，欧洲列强也曾多次对拉丁美洲进行侵略和殖民占领。1833 年英国侵占南大西洋福克兰群岛（即马尔维纳斯群岛）。1838—1840 年间，法国军舰侵入拉普拉塔河地区，封锁了布宜诺斯艾利斯。1840 年前后，英国扩大了洪都拉斯的殖民地。1845—1849 年，英法又联合入侵拉普拉塔河地区。在 19 世纪 60 年代，西班牙再次威胁其前殖民地，向秘鲁开战，占领了生产鸟粪的岛屿中的一个，并炮轰了智利港口瓦尔帕莱索。1860—1865 年，多米尼加共和国一度重新成为西班牙的殖民地。1862 年，法国军队开进墨西哥，并把奥地利大公马克西米连推上了王位，直到 1866 年法国军队被击败后才撤走。

随着英、美等国殖民势力的入侵，拉丁美洲经济日益被纳入世界资本主义体系之中，并且逐渐成为欧洲列强及美国的原料供应地和商品销售市场。

← 19 世纪六七十年代，拉丁美洲反殖民主义运动高涨，这幅创作于同时期的油画表现了西方殖民者被墨西哥共和军枪决的一瞬间。

第七章

两次世界大战

人类有史以来从未停止过战争，
但其范围和惨烈程度绝对无法与发生在 20 世纪的
两次世界大战相比。
并且人类掌握了核武器
——这是人类第一次掌握可以整个
毁灭自身的力量，
它的力量日本人已真切地感受到了……

罪恶的深渊

——第一次世界大战

　　19世纪70年代以后，由于资本主义经济政治发展的不平衡，英、美、德、法诸国实力发生了重大的变化，列强间的竞争愈演愈烈。与此同时，各方为了寻找同盟者，以壮大自己的力量并压倒对手，在欧洲便逐步形成了对立的两大帝国主义军事集团："同盟国"和"协约国"。

▎同盟国和协约国

　　"同盟国"，又称"三国同盟"，即德国、奥匈帝国与意大利三国所订立的军事同盟。19世纪末期，德俄关系日趋紧张，德国担心俄国和德国的宿敌法国结盟对付自己，加紧拉拢奥匈帝国。1879年10月7日，德国与奥匈帝国缔结了旨在对抗俄国的《德奥同盟条约》。主要内容是如果两国其中一国遭到俄国的进攻，两国应以全部的军事力量实行互助；如果其

↑ 结成同盟的三国君主画像

↑ 俾斯麦纵横捭阖，在欧洲争霸中风云一时。

中一国遭到另一国家进攻，缔约国的另一方应对其盟国采取善意的中立，但是，如果进攻的国家得到俄国的支持，缔约国双方应共同作战直到共同议和为止。德国的真正目的是为了孤立法国，在同奥匈结盟以后，又开始拉拢意大利。经过多方讨价还价，1882年5月，德、奥、意三国在维也纳签订同盟条约。条约规定如果意大利遭到法国的进攻，德国和

奥匈帝国应以全力援助，如果德国遭到法国的进攻，意大利也要担负同样的义务；如果缔约国的一国或两国遭受两个或两个以上的大国（指法、俄）进攻，缔约三国应协同作战。但是，意大利对此有一个保留条件，即如果是英国进攻德国或奥匈，意大利则不予援助。这个条约的有效期虽然只有5年，但后来三国4次续订。这样，三国同盟最终形成。

　　"协约国"，又称"三国协约"，指的是英、法、俄三国针对"三国同盟"所缔结的互保性军事同盟。"三国同盟"形成后，法俄两国为了对付共同的敌人，在1892年8月签订了秘密军事协定：如果德国或意大利在德国支持下进攻法国，俄国应用它的所有军队进攻德国；如果德国或奥地利在德国的支持下进攻俄国，法国应用它的所有军队与德国作战。不久，两国政府互相正式承认同盟生效。与此同时，出于对德国势力日益膨胀的畏惧，英国感到自己的地位受到越来越大的威胁，它决定放弃传统的"光荣孤立"政策，开始向法俄靠拢。1904年4月，英国和法国签订了瓜分殖民地的协约。这个协约的主要内容是：法国不干涉英国在埃及的行动，英国承认法国在摩洛哥有维护安宁和协助改革的权利；划定两国在暹罗（即今天的泰国）的势力范围：以湄公河为界，西半部是英国的势力范围，东半部是法国的势力范围；法国放弃在纽芬兰独占的捕鱼权，英国则让给法国西非一些殖民地。同时，秘密条款还规定，双方政府之一

→德国战争机器的开动，直接依靠着这个国家在19世纪飞速发展的工业。

◆ 大事年表 ◆

● 1879年10月
德国与奥匈帝国签订《德奥同盟条约》
● 1882年5月
德国、奥匈与意大利签订同盟条约
● 1886年
德国的戴姆勒和本茨首先制成汽油机汽车
● 1897年
德国工程师狄塞尔制成柴油机，使内燃机开始广泛应用于大功率的运输工具
● 1892年8月
法国与俄国签订秘密军事协定
● 1903年
美国的莱特兄弟发明了使用活塞汽油发动机的飞机
● 1904年4月
英国和法国签订了瓜分殖民地的协约
● 1907年8月
英国和俄国在彼得堡签订了分割殖民地的协定

重大成就

◆ 1895 年，德国物理学家伦琴发现了 X 射线。

◆ 1897 年，英国物理学家汤姆生发现了电子。

◆ 1898 年，波兰物理学家居里夫人发现了镭等一些放射性元素。

◆ 1900 年，奥地利现代遗传学奠基人孟德尔将其经过多年豌豆杂交实验得出的"孟德尔定律"发表。

◆ 1900 年，德国物理学家普朗克首先提出了"能量子"的概念。后经过多数物理学家的努力，到 1925 年左右，量子力学学科建立。

◆ 1905 年，德国物理学家爱因斯坦提出了"狭义相对论"。

◆ 1906 年，美国的德福雷特发明了三极电子管。

◆ 1909 年，德国药物学家艾利希发明了一种有机砷制剂用以治疗梅毒。

◆ 1910 年，美国遗传学家摩尔根提出了遗传染色体学说。

↑ 俄国沙皇尼古拉二世与他的儿子亚力克塞

如为"情势所迫"，也可变更埃及或摩洛哥的现状。但是自由贸易、自由通行苏伊士运河、直布罗陀海峡南岸禁止设防等原则仍继续维持。通过协约，英法两国的矛盾解决，双方利益趋向一致。此后，英俄为了对付共同的对手德国，也开始调整相互之间的关系，1907 年 8 月，英国和俄国在彼得堡签订了分割殖民地的协定。这个协定的主要内容是：划定波斯（即今天的伊朗）东南部为英国的势力范围，北部为俄国的势力范围，两者之间是一个中立地带，对英俄两国平等开放；俄国承认阿富汗在自己势力范围之外，并承允英国代替阿富汗的外交。英国则声明不变更这个国家的政治地位；尊重西藏的领土完整，不得干涉它的内政，只可经过中国政府中介与它进行交涉。因为西藏是中国的领土，这项内容很明显是对中国主权的侵犯。这样，所谓的"三国协约"最终形成。

"三国同盟"与"三国协约"形成之后，两大集团之间互相竞争，最终导致了第一次世界大战的爆发。

大战爆发和进程

1914 年 6 月，奥匈帝国皇位继承人斐迪南大公在萨拉热窝被塞尔维亚族青年用手枪打死。7 月 28 日，奥匈帝国以此事为借口向塞尔维亚宣战，许多国家也相继卷入战争。萨拉热窝事件成为第一次世界大战的导火线。奥匈帝国在德国支持下，决定乘机吞并塞尔维亚。俄、法两国表示支持塞尔维亚，英国暗中支持俄、法。1914 年 7 月

↑ 坦克在一战中首次被英军使用，图为德国人将缴获的坦克为己所用。

◄ 大事年表 ►

● 1914 年 6 月 28 日
奥匈帝国斐迪南大公在塞尔维亚被击毙，史称"萨拉热窝事件"

● 1914 年 7 月 28 日
奥匈帝国向塞尔维亚宣战。几天后，德、俄、法、英等国也相继投入战争

● 1914 年 8 月底 9 月中
坦能堡战役

● 1914 年 9 月 5 日—15 日
马恩河战役

● 1915 年 5 月
意大利向奥匈帝国宣战。同年 9 月，保加利亚加入同盟国对协约国宣战

● 1916 年 2 月 21 日—12 月 18 日
凡尔登战役

● 1916 年夏
勃鲁西洛夫发动夏季攻势

● 1916 年 5 月 31 日—6 月 1 日
日德兰海战

↑ 一个被打死的德国机枪手被遗弃在土丘边上

28 日，奥匈帝国对塞尔维亚宣战。几天后，德、俄、法、英等国也相继投入战争。战争主要在西线、东线和海上进行。1914 年是战争的第一阶段，德军按所谓的"施里芬计划"首先在西线发动进攻，意图在打败法军后转入东线以进攻俄国。但很快遇挫受阻。9 月，马恩河战役爆发，最后以德军失败告终。此后，双方在西线呈现僵持状态。在东线，德军在坦能堡战役中曾一度战败俄国军队，但奥匈军队却在加里西亚战役中严重受创。经过 1914 年的战斗，德国要求速战速决的梦想破灭，从总的形势上看，中欧在战略上已

←战争让城市变成一片狼藉，图为德国的囚犯在修复被炸毁的道路。

不具优势。1915 年至 1916 年是战争的第二阶段。1915 年，德军把主攻方向转向东线，以优势兵力击破俄国的防线致使俄军节节败退，死伤约 110 万人。同年 9 月，保加利亚加入同盟国，辅助德国与奥匈军队进攻塞尔维亚。然而，原本为同盟国之一的意大利经过讨价还价加入协约国向奥匈宣战，但无大战果。纵观 1915 年的战局，中欧集团在东线巴尔干战线取得重大胜利，但却未从根本上扭转战局，未能迫使俄国退出战争，仍不得不在两条战线上同时作战。于是，交战双方都把 1916 年看成是决战的一年。这一年，在东线和西线爆发了三次著名的大型战役。在西线，德军发动了凡尔登战役，与英法军队经过拉锯战后，战线重新得到稳固；为了减轻凡尔登方面的压力，英法联军发动了强大的索姆河攻势战役，这是大战中规模最大的一次战役，也是最大的一次消耗战。这次战役虽然没有突破德军防线，但牵制了德军在凡尔登的攻势。在东线，为了支援凡尔登战役和意大利战线，俄国西南方面军在勃鲁西洛夫的指挥下发起了夏季攻势。勃鲁西洛夫的进攻是第一次世界大战中俄军赢得的最大的胜利，它将奥匈帝国推到了灭亡的边缘，但也埋下了俄国覆灭的种子。整个 1916 年的战局再次有利于协约国方面，特别是德军在凡尔登进攻的失败，标志着战略主动权已开始转移到协约国一方，从此中欧同盟集团在西线转入战略防御。在海上，1914 年和 1915 年，虽然英国与德国的海军曾有过几次交锋，但都不具有决定意义。1916 年 5 月 31 日至 6 月 1 日发生了第一次世界大战中最大的一次海战——日德兰海战。这次海战，英国海军的损失虽然大于德国，但仍控制着制海权。1917 年的战争总体态势处于僵持状态，无重大转机。但美国的参战使德国的无限制潜艇战走向失败。德国无限制潜艇战的失败，加快了战争的结束。1918 年 7 月，协约国大举反攻，同盟国军队则节节败退。9 月 29 日，保加利亚投降；10 月 30 日，土耳其投降；11 月 3 日，奥地利投降；11 月 5 日，德国与协约国签订停战协定；11 月 11 日，西线停火生效，第一次世界大战结束。

大战的结果

第一次世界大战从爆发到结束历时 4 年零 3 个月之久，最终以同盟国集团的战败而告结束。战争最初在欧洲进行，但很快就超出欧洲范围。有 30 多个国家和地区，约 15 亿人口卷入战乱。战争给人类带来的最直接、最明显的后果就是人力、物力的巨大损失和破坏。据统计，这场战争给人类造成的伤亡人数达 3000 多万，经济损失多达 3300 多亿美元。

第一次世界大战的另一个重大后果就是欧洲的衰落和美国、日本的兴起。在欧洲大陆，俄罗斯帝国、德意志帝国、奥匈帝国消亡了。代之而起的是社会主义国家苏联和德意志、奥地利、匈牙利等一系列资产阶级共和国。英国与法国虽然是战胜国，但在战争中已被严重削弱，只留下了一副空架子。与欧洲这些老牌资本主义国家相反，美国与日本却利用战争大大发展了力量。由于远离战争中心和军需订货的刺激，美国的经济获得迅猛增长。1913 年，美

↑协约国的军队在战壕中小憩，等待下一次进攻的开始。

◆ 大事年表 ◆
● 1918 年 11 月 11 日第一次世界大战结束

国取代了英国成为世界上第一经济大国。战后，美国已成为世界上最大的债权国和最大的资本输出国。日本不但几乎占有了中国的整个东北，而且利用各帝国主义国家无暇东顾之际加紧了向其殖民地的经济渗透。同时，俄英等协约国的大量军需订货也大大刺激了日本的经济。短短几年内，日本迅速由农业国变成了工业国，由外贸长期入超变成出超，由债务国变成债权国。

第一次世界大战的重要政治后果之一就是无产阶级社会主义革命在俄国的胜利以及在俄国革命影响下一系列无产阶级革命和资产阶级

↑签署一战《停战条约》的车厢

← 英国人民走上街道庆祝战争结束

民主革命的爆发。在布尔什维克党和列宁的领导下，在1917年，社会主义革命终于在俄国取得成功。在俄国革命的影响下，又爆发了震撼欧洲的德国十一月资产阶级民主革命、匈牙利无产阶级社会主义革命以及英、法、美等国无产阶级支持苏俄的政治罢工。

第一次世界大战也带来了各殖民地半殖民地民族独立运动的高涨。战争期间，帝国主义列强因忙于战争，放松了对殖民地半殖民地的控制，从而使民族独立运动蓬勃兴起。土耳其的"凯末尔运动"、中国的"五四运动"、印度的"非暴力不合作运动"就是这些运动中的典型。

第一次世界大战为国际政治格局带来了新面貌。19世纪的国家格局是欧洲列强统治世界。战后虽然表面上仍然是帝国主义列强统治着世界，但是战后兴起的两股巨大的政治力量，即社会主义国家苏联以及各国的无产阶级革命运动和殖民地半殖民地蓬勃发展的民族解放运动，向战后的帝国主义列强统治世界政治格局提出了挑战。

红旗飘扬
——社会主义在俄国的建立和发展

▌十月革命

　　1917 年，俄国在 8 个月的时间里先后发生资产阶级革命和无产阶级革命，诞生了一个崭新的国家，震撼了世界。

　　与西欧比较，20 世纪初的俄国是一个工业落后的国家。但是它的工业区相当集中，这种集中使得占总人口比例很小的工业无产阶级却具有很高的组织程度，以至于它在政治上的影响和行动能力远远超过了它所占的人口比例。

◆ 大事年表 ◆

● 1917 年 3 月 12 日
二月革命爆发，罗曼诺夫王朝灭亡
● 1917 年 11 月 7 日
十月革命，世界上第一个社会主义国家建立

　　1917 年 3 月 12 日，被第一次世界大战拖得筋疲力尽的沙皇俄国终于爆发了革命。短短的 8 天，罗曼诺夫王朝就垮台了。革命期间，首都彼得格勒的工人和士兵的代表成立了统一的组织工兵代表苏维埃。资产阶级代表们迫不及待地组成了不包括社会主义者的临时政府。俄国首都存在着两个政权：苏维埃与临时政府。在后来的几个月里，这两种政治力量进行了殊死的较量。

　　二月革命爆发后，列宁从瑞士回到彼得格勒，并发表了《四月提纲》的讲话，提出了"全部政权归苏维埃"的口号。列宁认为，这次革命的最终目标应将"资产阶级革命"转变为"无产阶级革命"，在俄国实现无产阶级专政。七月事件后，临时政府

← **冬宫前的广场及凯旋门**
十月革命前，俄国临时政府的驻地即在冬宫。

改组，克伦斯基成了政府首脑，孟什维克和社会革命党控制了首都。苏维埃宣布支持政府，彼得格勒也就结束了两个政权并存的局面，全部政权落到资产阶级手中。列宁再度流亡国外。

1917 年 9 月，临时政府由于发生的叛乱不得不与布尔什维克联合并在布尔什维克和武装工人的支持下平息叛乱。此后，彼得格勒再次形成两个政权并存的局面，而且力量对比明显的不利于临时政府。克伦斯基试图用部队调防方法来改变力量对比，把具有革命情绪的军队调往前线，从前线调回支持政府的军队。但这一命令被由苏维埃成员所组成的革命军事委员会所否决。11 月 5 日，克伦斯基下令逮捕布尔什维克的领袖，并查封布尔什维克党的报纸，列宁当即决定起义。11 月 6 日，起义开始。第二天（11 月 7 日），起义士兵就攻克了临时政府驻地冬宫。除克伦斯基脱逃外，其余政府成员均被逮捕。

胜利了的布尔什维克党建立了世界上第一个社会主义国家。由于革命胜利的这一天 11 月 7 日是俄历 10 月 25 日，所以史称"十月革命"。

↑ "阿芙乐尔"号巡洋舰

新经济政策

十月革命胜利后的苏维埃俄国成为世界上第一个社会主义国家。帝国主义列强惊恐万分，正在进行第一次世界大战的英、法、美、日各国以及德国，都派出军队入侵苏俄，进行直接的武装干涉；国内的反动势力也纷纷叛乱，企图一举颠覆新生的社会主义政权。在这种极端困难的条件下，布尔什维克和苏维埃政府带领着人民，经过近 3 年的浴血奋斗，到 1920 年 10 月，终于打败了国内外的反革命武装，捍卫了新生的苏维埃革命政权。

但是，新的政权面临着更为艰巨的任务，那就是治理战争留下的巨大创伤。

重大成就

◆ 1920 年，美国在匹兹堡建立起世界上第一个广播电台。

◆ 1921 年，结核病的免疫疫苗——卡介苗研制成功。

◆ 1921 年，美国无线电有限公司成立。

◆ 1923 年，光电摄像管研制成功。

◆ 在此期间，雷达被英美科学家研制成功。在医学上，英国医生赖特发明了伤寒疫苗，几乎与此同时，霍乱疫苗也开始投入使用。

饥荒成为广大农村地区的灾难，农民迫切需要苏维埃政府从经济上帮助他们，要求城市供给他们布匹、靴子、钉子、犁和其他工业品，要求改善生活。而连年的战祸同样使工业衰败不堪，千百个工厂处于半毁坏状态，多数设备破旧得如同废钢烂铁；铁路运输几乎停顿，几百座铁路桥被炸毁，几千千米的铁轨报废，大部分机车和车厢已经超期限使用；一部分工人失业，跑到了农村。在国际上，资本主义国家联合起来，对苏俄实行经济封锁，还在暗地里组织匪帮和富农暴动，时刻准备进行颠覆活动。面对严峻的形势，列宁认识到，党和政府必须来个重大转变，斗争的重心要逐渐转到经济方面，在改进农业的基础上，恢复工业，必须把机器和货物供应到农村，从经济上加强工农联盟；在国家电气化的基础上恢复工业。1921 年3 月，布尔什维克第四次代表大会通过了新经济政策的决议。新经济政策以粮食税代替征收，允许农民自由出卖余粮，允许私商自由贸易，并且将一部分小工厂还给私人，还准备把一些企业租给外国资本家等。

↑纪念十月革命胜利的瓷盘，上有列宁头像。

◆ 大事年表 ◆

● 1921 年 3 月
布尔什维克第四次代表大会通过了新经济政策的决议，随后，新经济政策开始实施

新经济政策的采取是苏维埃国家发展历程中的重大转折，它表明列宁和布尔什维克党放弃用战时共产主义政策直接过渡到社会主义的设想和实践。他们从苏俄国情出发，认识到一个小生产占优势的国家必须调动农民的生产积极性，联合绝大多数居民共同建设社会主义。新经济政策的实施具有重大的历

← 表现列宁在演讲的绘画

←这幅宣传海报表现了在征调之前，年轻的红军战士帮助农民运输谷物和牲畜的情形。

史意义，它使 1921 年春天的危机迅速消失，生产稳步恢复。它满足了劳动者的经济要求，受到广大农民工人的欢迎，使苏维埃政权日益巩固。新经济政策为苏俄人民指明了走向社会主义的正确道路。

社会主义建设

革命前的俄国是一个农业大国，工业发展严重滞后。因此，苏联在战后经济的恢复上面临着艰巨的社会主义改造和建设的任务。列宁病逝后，苏共高层又出现了争夺最高权力的斗争。这便决定了苏联在二三十年代的改造与建设工作的一波三折。在苏共高层党内斗争的同时，苏联共产党领导苏联人民进行了一系列的"五年计划"建设。

第一个"五年计划"于 1929 年 4 月开始，1932 年结束。期间，苏共为了集中精力发展重工业，依靠行政手段实行了农业全盘集体化的方针。农业集体化的实施，使分散的小生产变成集中的大生产。这一变化为社会主义工业化的实现提供了条件。随后，苏联又于 1933—1937 年实行了第二个"五年计划"。从 1938 年开始的第三个"五年计划"，由于德国法西斯的入侵而被迫中断。通过这些"五年计划"，苏联逐步建立了社会主义公有制的经济体系。同时，为了高速发展重工业，政府实行高积累，把大量资金投入经济建设。

"一五"期间，苏联利用资本主义世界遭受经济危机打击之机，从西方引进一批先进的机器设备和技术力量，还用高薪聘请外国专家和技工。所有这些举措对发展社会主义工业化取到了重要的推动作用。两个"五年

←红场不仅是莫斯科的重要标志，而且也是许多重大事件的发生地。

重大成就

◆ 1926 年，美国人戈达德研制成功了世界上第一个液体火箭。

◆ 1927 年，德国和美国先后掌握了有机玻璃的制作方法。

◆ 1928 年，美国发明家兹沃里金研制成功电视显像管。

◆ 1928 年，氯乙烯塑料研制成功。

◆ 20 世纪 30 年代初，机械扫描装置出现。

◆ 1933 年，美国发明家兹沃里金发明了电子摄像装置，研制出更为先进的摄像管。同年，世界上第一例器官移植手术——异体角膜移植手术在苏联获得成功。

◆ 1935 年，美国通用汽车公司研制出"567"型标准化的组合式柴油机。同年，氯乙烯塑料在美国和德国先后被投入工业生产。

◆ 1936 年，第一台脉冲式雷达研制成功。同年，防空袭雷达被投入实际应用。

◆ 1938 年，核裂变的链式反应进一步得到论证。

◆ 1939 年，英国成功地研制出微波信号磁控管。同年，德国制成涡轮喷气飞机。

计划"期间，苏联建成了 6000 多个大企业，建立起飞机、汽车、拖拉机、化学、重型和轻型机器制造业等部门。工业布局有了很大变化。在东部地区兴建了乌拉尔－库兹涅茨克钢铁煤炭基地、新库兹涅茨克钢铁基地、伏尔加－乌拉尔石油基地等。1940 年的工业总产值比 1913 年增加 6 倍多，超过法、英、德，跃居欧洲第 1 位，世界第 2 位。

↑ 克里姆林宫远眺

在这期间，苏联的农业也基本实现了机械化。人民的生活水平、受教育水平均得到了相当程度的提高。科学技术也获得了重大发展。但是"五年计划"的实施，也存在着许多的弊端与失误。如"一五"时期的全盘集体化运动过多剥夺了农民的权益，并造成了大量的人员死亡；"五年计划"的许多重要指标也未能按期实现；生产中存在着只重产量，不重质量的坏风气；经济发展粗放，浪费资源，等等。

总之，苏联社会主义建设的成就十分巨大，但也存在重大缺陷和问题，并在不同程度上对苏联的社会主义建设产生了影响。

◆ 大事年表 ◆

● 1929—1932 年
第一个"五年计划"实施并完成

● 1933—1937 年
第二个"五年计划"实施并完成

短暂的和平
——第一次世界大战后的资本主义世界

▌凡尔赛－华盛顿体系

　　一战后，为了重新确立战后的国际秩序，1919 年，战胜的协约国在法国巴黎召开和会，会议签订的《凡尔赛和约》以及对奥地利、保加利亚、土耳其、匈牙利的和约统称为《巴黎和约》。《巴黎和约》的签订，构成了战后帝国主义在欧洲和中东的统治秩序，故又称为"凡尔赛体系"；1921 年美英等 9 个国家在美国华盛顿召开会议，签订《四国条约》《五国海军协定》《九国公约》，构成战后帝国主义在远东和太平洋地区的统治秩序，称为"华盛顿体系"。

◆ 大事年表 ◆

● 1919 年 1 月 18 日
巴黎和会召开
● 1921 年 11 月 12 日
华盛顿会议开幕。会上签订了《四国条约》《五国海军协定》与《九国公约》

　　这两个旨在确立帝国主义国家在东西方世界的统治的体系，合称为"凡尔赛－华盛顿体系"。这个体系的建立，暂时使战后的国际秩序稳定了一个时期。

　　美国凭借其世界经济领导地位参与许多重要的国际事务的解决并起到决定性的支配作用，从而代替英国成为资本主义主要矛盾的主要方面。但另一方面，它也给世界留下了两个悬而未决的问题，即德国的赔款问题和欧洲的安全问题。一战后德国借口无力偿还债务，要求延期支付赔款，于是法国联合比利时出兵占领了德国的工业区鲁尔。但是法国不但没有得到应得的赔款，相反却支付了大量军事占

←作为德国停战代表团成员，埃尔茨贝格尔只能屈服于协约国的要求，这样可以把他的部队从被歼灭的危险中拯救出来。

→ **巴黎和会三巨头：劳合·乔治、克里孟梭与威尔逊（左起）**

领费，酿成鲁尔危机。

于是赔款问题的主动权由法国手中转移到英美，尤其是美国手中。美国出台了德国赔款计划即道威斯计划。道威斯计划实施后，美元充斥欧洲市场：德国从美国取得贷款，经济复苏；然后偿还英法的赔款，英法将德国的赔款偿还战争时所欠的美国的债务。于是，美国的金元不仅恢复了欧洲的经济，而且操纵了欧洲的经济市场。根据《凡尔赛和约》的规定，普法战争时被德国割去的阿尔萨斯和洛林由法国收回，德国的萨尔矿区由法国占领 15 年，莱茵河西岸由协约国占领，莱茵河东岸 50 千米以内德国不准设防。

正是由于这个体系是战胜国对战败国强权意志的产物，具有很浓厚的侵略色彩，所以在一定程度上也诱发了 20 世纪 30 年代的德国与意大利法西斯运动的兴起。

华盛顿会议

第一次世界大战前，在远东和太平洋地区争霸的是英、法、俄、日、德、美六国。战后，德国败北，沙俄消亡，法国则忙于医治战争创伤和处理欧洲事务。因此，在亚太地区便形成了英、美、日三国角逐争霸的局面。在远东和太平洋地区，主要矛盾是美、日矛盾。大战期间，日本趁欧美国家忙于战事之机，夺取了德国在中国和太平洋上的殖民权益，形成了远东和太平洋地区事实上的独霸局面，从而加剧了列强间的利害冲突。美、英、日三国在亚太地区展开的激烈争斗，主要表现在三国的海军军备竞赛上。美国看出要在海上获得优势，还需要花些时间，便想通过外交途径来制约竞争对手。

1921 年 8 月 11 日，美国正式向远东互有利害关系的八个国家：英、日、中、法、意、比、荷、葡发出邀请，参加华盛顿会议。1921 年 11 月 12 日，华盛顿会议开幕。美国在会议中居主导地位，列入会议正式议程的问题有两项：一是限制海军军备；二是太平洋及远东问题。

十四点原则

　　美国总统威尔逊为结束第一次世界大战而提出的纲领。1918 年 1 月威尔逊为蛊惑人心在国会的演说中提出了"十四点原则"。其主要内容是：公开订立和平条约；贸易条件；各国军备裁减到同国内安全相一致的最低点；"公正调整"殖民地；德军撤出俄国，调整俄国问题；德军撤出法国，并归还阿尔萨斯、洛林；德军撤出比利时；重新调整意大利边界；奥匈各族自治；重新调整巴尔干国家领土；奥斯曼帝国境内非土耳其族自治，开放达达尼尔海峡；重建波兰；建立国际联盟。"十四点原则"的真实意图是，美国利用其经济优势来夺取世界市场和殖民地，取消在大战初期签订的未包括美国的分赃密约，并通过国际联盟来操纵国际事务。它是美国企图越出美洲、争夺世界霸权的纲领。

　　经过近 3 个月的争吵，会议于 1922 年 2 月 6 日闭幕。会议缔结了 7 项条约和 12 项决议案，主要有《四国条约》、《五国海军协定》、《九国公约》和中、日《解决山东问题悬案条约》。

　　美国主张废除英日同盟。英日同盟问题虽然未被列入会议议程，但一战后，英日同盟成为美国争霸远东和太平洋地区的障碍。因此，美国把废除英日同盟视为自己的头等大事。经美、英、日代表私下磋商和法国同意，1921 年 12 月 13 日，四国共同签署了《关于太平洋区域岛屿属地和领地的条约》，简称《四国条约》。条约规定：缔约各国相互尊重它们在太平洋区域内岛屿属地和领地的权利；如上述权利遭到任何国家侵略或威胁时，缔约国应进行协商，以便联合或单独地采取对付措施；条约生效后，英日同盟应予终止。《四国条约》以体面的形式埋葬了英日同盟，这是美国外交史上的一大胜利。

　　关于中国"门户开放"原则的《九国公约》与中、日解决山东问题的条约方面，在华盛顿会议上，中国政府迫于中国人民反帝斗争的压力，提出了取消《凡尔赛和约》中关于山东的条款，要日本放弃"二十一条"等一系列正当要求。由于美、日矛盾激化，中国政府的一些反日要求得到了美国的支持。1922 年 2 月 4 日，中日签订了《解决山东悬案条约》及《附约》，规定：恢复中国对山东的主权，日军撤出山东，归还胶济铁路，但中国要以铁路产值偿还日本。山东问题的解决，为贯彻

↑ 参加华盛顿会议的各国代表在《五国海军协定》上签字

↑1921年，英国失业的退役军人在街上当叫卖的小贩。

美国的意图扫除了障碍。1922 年 2 月 6 日，与会九国共同签署了《九国公约》，公约声称尊重中国的独立和领土完整，遵守在中国之"门户开放"和各国商务实业机会均等的原则。

华盛顿会议是巴黎和会的延续，它在承认美国在远东及太平洋地区占优势的基础上，建立了战后帝国主义列强在亚太地区新的国际关系结构后，被称为"华盛顿体系"。由凡尔赛体系和华盛顿体系构成的帝国主义国际关系新格局，标志着帝国主义战胜国完成了全球范围内对世界秩序的重新安排，史称"凡尔赛—华盛顿体系"。它调整了帝国主义的关系，暂时缓解了它们的矛盾，并巩固了它们的既得利益。20 世纪 30 年代，随着资本主义政治经济危机的加深，德、日先后建立了法西斯专政，形成了欧、亚两个战争策源地，该体系开始局部瓦解。1939 年 9 月，德国突袭波兰，英、法对德宣战，第二次世界大战全面爆发，该体系彻底崩溃。

▌凯恩斯主义

凯恩斯主义产生于英国，在 20 世纪二三十年代，英国之外的其他西方国家也不同程度地出现了类似凯恩斯主义的经济思想，使其成为当时经济学界的一种思想。所谓"凯恩斯主义"，是指凯恩斯在其《就业、利息与货币通论》一书中建立了"有效需求"的理论，并对"福利国家"型的国家干预主义思潮作了系统的论证。

约翰·梅纳德·凯恩斯于 1883 年 6 月 5 日出生于剑桥，14 岁获奖学金进伊顿公学，接受英国最好的教育，1902 年获数学和古典文学奖学金，去剑桥大学学习数学和文学，1905 年毕业并获剑

↑英国经济学家凯恩斯像

↑经济危机造成无数儿童被迫打工维持生计，图为1930年一个意大利小孩儿在面粉场扛着要去干燥的面条的场面。

桥大学文学硕士学位。毕业后师从A.马歇尔教授和A.C.庇古教授等人学习经济学，次年被分配到英国政府印度事务馆任职。1908年由马歇尔介绍成为剑桥大学讲师，讲授经济学。1909年，凯恩斯因数学概率论方面的研究成就，获得剑桥大学皇家学院研究员荣誉；同年，他创立政治经济学俱乐部，1911年主编《经济杂志》。1913年任皇家经济学会秘书，后任主席。第一次世界大战爆发后不久，凯恩斯到英国财政部任职，战后，以财政部首席代表、经济顾问的身份出席"巴黎和会"，在会议期间，他因反对对德国索取过重的赔款而愤然辞职，重返剑桥大学任教，并开设"和约的经济意义"的课程，受到广泛的欢迎，在1919年出版了《凡尔赛的经济后果》，使凯恩斯一时成为欧洲经济复兴问题的中心人物。1921年凯恩斯发表了《自由放任主义的终结》一文，转向了主

↑在20世纪30年代出品的电影《摩登时代》中，卓别林对大萧条时期人们的失业之源——流水生产线进行了讽刺。

张国家干预经济、实行明智管理的建议。面对 20 世纪 30 年代的经济危机，他主张通过加强国家对经济的干预来摆脱危机，这一主张受到了美国等资本主义国家的高度重视，并逐渐被各资本主义国家所接受。同时，资本主义各国在危机期间采取的通过国家干预来缓解危机的措施，也推动了凯恩斯经济理论的成熟和完善。1936 年，他出版了《就业、利息与货币通论》，系统地阐述了他的反危机理论。该书确立了凯恩斯主义经济学的基本原理，成为凯恩斯的代表作。凯恩斯认为，垄断资本主义时代出现严重的经济危机的原因，主要是由于社会上对生产资料和消费品的"有效需求"不足，而有效需求不足则是由三条基本心理规律造成的：一是"边际消费倾向规律"，即随着收入的增加，消费也增加，而在增加的收入中，用来消费的部分所占的比例越来越小，用来储蓄的部分所占的比例却越来越大。这样，在收入和消费之间出现了一个越来越大的缺口，有效需求量降低，造成生产过剩和失业。二是"资本边际效益递减规律"，即资本家心理上的资本边际效益递减，资本家害怕投资越多利润就越少，因此对投资的兴趣降低，导致国民收入水平下降和对原料、消费品的需求下降。三是"流动偏好规律"，货币是流动性最大的资产，同其他资产比较，具有使用上的灵活性，因而人们都习惯在手里保持一定数量的货币。出于投机目的，货币持有者在银行利率降低到

↑ 在 20 世纪 30 年代的资本主义经济危机中，一位失业的英国人独自示威，抗议大萧条。

一定程度时，就会更多地保存这些货币，造成消费不足。基于这种分析，凯恩斯认为，要消除经济危机就应该相应地采取措施，国家应对经济进行干预，实行赤字预算，增加投资，实现充分就业，刺激并鼓励消费，以充分保证"有效需求"。

凯恩斯主义经济学在资产阶级经济学说发展史上，是一个新的里程碑。它对国家垄断资本主义的发展以及对资产阶级庸俗经济学说发展的影响，是重大而深远的。凯恩斯的反危机理论，是针对经济危机爆发的直接原因——生产与消费之间的矛盾提出的，在一定范围内、一定程度上对缓和与摆脱经济危机起到了一定的作用。因此，在 20 世纪 30 年代经济危机期间，凯恩斯主义得到了迅速的发展和传播，特别是其中的反危机理论，受到人们的高度重视。

在第二次世界大战结束后，各资本主义国家都不同程度地采用了凯恩斯主义，加强了国家对经济生活的干预和调节，极大地促进了国家垄断资本主义的

发展。但是，凯恩斯的反危机理论并没有找到资本主义经济危机爆发的根本原因——资本主义的基本矛盾，因此也就不可能从根本上提出消除经济危机的有效办法。随着资本主义各国在 20 世纪 30 年代不断出现的"滞胀危机"，凯恩斯主义关于实行赤字财政和通货膨胀来避免危机的主张，逐渐被各国抛弃。但是，凯恩斯主义关于加强国家对经济生活的干预的思想一直为资本主义各国所接受。作为经济危机的治标措施，它在一定范围内、一定程度上对缓和与摆脱经济危机起到了一定的作用。

▍资本主义经济危机

1929 年，资本主义世界爆发了一场空前严重的经济危机。这场危机从美国开始，然后迅速波及了整个资本主义世界。1929 年 11 月，纽约股票市场崩溃。随着股票市场的崩溃，美国经济随即全面陷入毁灭性的灾难之中。西方其他国家经济的稳定和发展，很大程度上依赖于美国的资金流入和向美国的商品输出。这些国家一旦失去美国的资金和市场，也就随之被卷入了经济危机。

> ### ∽ 主要人物 ∽
>
> **富兰克林·罗斯福（1882—1945 年）**：美国第 32 任总统，杰出的政治家与战略家。

接着，西方工业国又把经济危机扩散到殖民地半殖民地国家。而工、农、商业旷日持久的危机，终于导致了金融大混乱。奥地利最大的银行——奥地利信贷银行因无法收回对本国和东欧各国企业的贷款，1931 年 5 月宣告破产。此事马上在德国引发银行存户挤兑存款风潮，国民银行等大银行因而倒闭。英国也出现了纷纷向银行提取黄金的风潮，

↑这幅漫画将经济危机比作一只笼罩全球的巨大章鱼，而美国资金从外国的撤出则加速了危机的蔓延。

HIGHWAYS OF EMPIRE

BUY EMPIRE GOODS FROM HOME AND OVERSEAS

←广告表明为了摆脱经济危机，英国试图让全世界购买其商品。

7月中旬至10月外流黄金价值2亿英镑。9月下旬，英国宣布废除金本位制，英格兰银行停止兑付黄金。接着，其他一些国家也废除金本位制，西方的货币制度开始崩溃。西方各国为了摆脱危机，尽量把危机后果转嫁给本国人民和亚非拉人民。在拉丁美洲，从美国进口的农业机械和汽车的价格下降10%—15%，而出口的可可豆和咖啡的价格却下降了50%—70%。即使如此，仍有堆积如山的农产品卖不出去。西方各国同时又极力把祸水引向他国。

1930年6月，美国国会通过了斯穆特－霍利关税法，把关税平均提高了20%以上。其他各国也相继提高了关税，进行报复。除关税战外，各国还展开了货币战、倾销战。从英国废除金本位制，英镑贬值开始，56个国家相继使本国货币贬值，以增加出口，减少进口。日本甚至让日元贬值近40%，借以大幅度降低棉纺织品等出口价格，向世界各地大肆倾销。

1932年7—8月，英国和英联邦各自治领政府在加拿大渥太华举行英帝国经济会议，在会上签署了一系列双边贸易协定。英国同意自治领商品免税输入，各自治领也降低或免收英国货关税。英国的行动加剧了经济集团化趋向。英、美、法在各自的势力范围内，分别形成了英镑、美元和金本位集团。日本力图通过侵略战争，扩大日元集团。德、意也要求重新瓜分世界。高筑经济壁垒和经济集团化妨害了经济交往，经济危机进一步恶化。危机持续的时间过去一般是几个月，或者一两年左右，而这次危机却长达4年。

危机以后，进入了萧条时期，此后的两三年内，经济只有少数活跃和回升，没有出现复苏和繁荣。1937年便又爆发了新的经济危机。

罗斯福新政

1932年11月，美国举行了总统选举。民主党人富兰克林·罗斯福利用人们对胡佛自由放任政策的不满，提出了"新政"的竞选口号，并以绝对优势击败了在危机中威信扫地的胡佛，当选为美国第32任总统。

罗斯福出身于富豪家庭，小时候经常随父母游历欧洲，从小就积累了不少的生活阅历。他 14 岁进入马萨诸塞州的格罗顿预备学校，18 岁考入哈佛大学攻读政治、历史和新闻，1904 年从哈佛大学毕业后，又进入哥伦比亚大学法学院学习法律。1905 年，他与埃莉诺·罗斯福结婚，妻子成为他以后从政的得力助手。1907 年，罗斯福从哥伦比亚大学法学院毕业，取得了律师资格，被一家律师事务所聘为律师。1910 年，他以民主党候选人的身份当选为纽约州参议员，开始涉足政界。

↑ 罗斯福像

罗斯福是美国历史上一位伟大的总统，也是美国历史上唯一一位坐在轮椅上的、连任四届的总统。他推行新政，帮助国家克服了经济大萧条；他领导美国参加反法西斯的战争，并为二战的胜利作出了巨大的贡献。

1912 年，罗斯福帮助威尔逊赢得了竞选的成功，他本人也因为出色的政治手段和组织才干在民主党中初露头角，并在次年被威尔逊总统任命为海军部助理部长，任职 7 年。1920 年，他被民主党提名为副总统候选人，竞选失败后，他担任了一家保险公司的副经理。1921 年夏天，他因为在很凉的水中游泳，染上了当时流行的脊髓灰质炎（小儿麻痹症），但他以坚强的毅力战胜了病魔。1928 年，罗斯福成功竞选成为纽约州州长，第二年，美国爆发了严重的经济危机（大萧条）。罗斯福在纽约州采取了多种措施来救济失业工人、稳定社会秩序，在民主党人中的威信大增。罗斯福上任后，立即大刀阔斧地推行了一系列反危机措施，实行"新政"。在实施"新政"过程中，采纳了当时流行的"芝加哥学派"的部分思想。该学派主张危机时期实行国家调节，扩大政府开支，实行赤字财政，举办公共工程，以消灭失业。

↑ 反映罗斯福就任美国总统的漫画

1944 年 10 月，罗斯福打破了美国建国近 200 年来的传统，第四次连任美国总统。但此时，他的健康每况日下，心脏病、高血压经常发作。1945 年 4 月 12 日，他在佐治亚温泉的小白宫画像时突发脑溢血与世长辞，享年 63 岁。

罗斯福分两个阶段实施"新政"：1933 年 3 月 9 日至 6 月 16 日是第一阶段，罗斯福政府通过国会制定了 70 多个法案，加强国家对经济的干预和调节，克服大危机带来的紊乱状态，这一阶段史称"百日新政"；从 1935 年 4 月起，罗斯福政府又督促国会通过了 700 多个法案，掀起了"新政"的第二次高潮，这时的"新政"内容多侧重于社会改革，是"新政"的第二阶段。

"新政"的主要内容包括如下几个方面：

一是财政金融的整顿和改革。国会通过了《格拉斯－斯蒂高尔法》，将商业银行与投资银行分开，以避免使用用户存款进行投机。罗斯福在财政金融方面采取的措施，起到了疏通国民经济生活血液循环系统的作用，为经济的恢复创造了良好的条件。

二是调整工业生产。通过了《全国产业复兴法》，将全国工业划分为 17 个部门，分别成立协商委员会，制定了《公平竞争法规》，确定各企业的生产规模、价格水平、市场分配、工资水平等，以避免盲目竞争而导致生产过剩。

三是保证农业生产。1933 年 5 月，罗斯福公布了"新政"中的又一重要法令——《农业调整法》。根据该法，政府设立了农业经济调整署，有计划地缩减农业生产，销毁"过剩"的农产品，以提高农产品价格，克服农业生产相对过剩的危机。

↑两名美国妇女展示她们的社会保险卡，罗斯福为保障美国公民的社会福利，引入了养老保险、失业保险和事故保险。

四是以工代赈，建立社会保障制度。国会通过了《联邦紧急救济法》，成立了联邦紧急救济署，直接救济失业者和贫困者。又通过了《社会保障法》，开始了"福利国家"的实验。

罗斯福采取的一系列"新政"措施，对于美国和世界都产生了深刻的影响。首先，"新政"缓解了经济大危机对美国经济造成的严重破坏，促进了美国社会生产力的恢复。其次，"新政"在维护资产阶级利益的同时，也注意改善工人、农民和小资产阶级的经济和社会地位，缓和了社会阶级矛盾。"新政"通过对资本主义生产关系的局部调整，挽救了资本主义制度，从实践上和理论上为资本主义世界提供了由私人垄断资本主义向国家垄断资本主义过渡的重要经验，开创了福利国家的道路。

民族主义崛起
——第一次世界大战后的革命运动高潮

▍印度非暴力不合作运动

一战中，英国强行将印度拖入战争的深渊，从而给印度人民带来了深重的灾难。在战争中，印度人民遭受了巨大的人力、物力损失。战争的残酷性与帝国主义唯利是图的丑恶嘴脸使印度人民更加坚定了民族独立的决心。与此同时，趁着英国忙于战争而放松对印度控制的有利时机，印度的民族资产阶级获得了很大的发展，在一战中受到严重削弱的英国要像战前那样统治印度已经非常困难。

然而战后的英国对此不但缺乏认识，而且更变本加厉地推行自己的殖民政策，如火如荼的印度民族独立运动再次兴起。在这场运动中，甘地逐渐脱颖而出，同国大党一起承担起了印度民族主义运动的领导责任，领导印度人民开展了"非暴力不合作运动"。

↑印度人在自己的土地上像奴隶一样地生活着。

↑这幅著名的照片记录了1946年甘地坐在纺车旁读书的情形。

所谓"非暴力不合作"，是指印度人民在民族解放斗争中采取忍让与和平的方式实现印度的自治与独立。具体有如下几种方式：一、放弃英国授予的爵位、封号和名誉职位；二、罢课、离职、抵制法院和司法机关，并辅以"家家户户恢复手工纺织"和不买英国布；三、逐步走上抗税阶段。甘地和国大党领导的不合作运动获得各阶层人民的响应，多达2/3的选民抵制选举，许多职员和律师放弃自己的职位，学生罢课，工人罢工，有的地方公开焚烧英国货。群众一旦动员起来，

❧ 大事年表 ❧

● 1918 年和 1919 年

甘地先后领导印度人民进行了三次非暴力抵抗运动的演习

● 1920 年 8 月 1 日

为了抗议英国等战胜国强加给土耳其的《色佛尔条约》，甘地领导了第一次非暴力不合作运动

● 1922 年 3 月

甘地被捕

● 1930 年 1 月 26 日

甘地领导"群众性文明不服从运动"。后遭到英印当局镇压

● 1932 年 9 月

甘地在狱中领导"个人文明不服从运动"

● 1937 年

国大党在印度 11 省的 7 个省的选举中获得胜利

● 1942—1943 年

印度发生非暴力抵抗的最后一幕——"退出印度运动"

↑甘地领导印度人民开展"非暴力不合作运动"。

❧ 主要人物 ❧

甘地（1869—1948 年）：印度现代民族解放运动的著名领袖，现代民族资产阶级政治学说——甘地主义的创始人，曾领导印度人民开展了反对英国殖民当局的"非暴力不合作运动"，有"圣雄"之称。

他们就不满足国大党所设立的运动范围，他们要解决自己切身的问题，要将民族主义运动转变为一场社会革命。但是，伴随着印度人民斗争的深入，印度民族资产阶级又害怕工农运动的深入发展危及其自身利益的需要，从而从中进行阻挠，又体现了其软弱的一面。群众的过激行为被甘地认为是不文明的，从而致使印度的民族解放运动也一波三折，甘地本人也曾因此而进入监狱。

虽然如此，"非暴力不合作运动"终究给英国殖民者以沉重的打击，迫使其不得不在一些问题上作出让步。总体来看，甘地领导的"非暴力不合作运动"具有其强烈的革命性与斗争性，在这场运动中，显示了印度人民空前的凝聚力。同时，在运动中提出的"自治"与"独立"，既显示出印度人民斗争的逐步深入，也反映了这一口号日益深入民心。总之，"非暴力不合作运动"不仅在印度的民族解放运动中占有着重要的历史地位，同时也为世界的民族解放运动提供了一种可供选择的斗争途径。

土耳其凯末尔革命

奥斯曼土耳其参加了第一次世界大战并为之付出了沉重代价。战后，土耳其经济凋敝，债台高筑，人民生活困苦。兼之，战败的苏丹政府与协约国签订了丧权辱国的《摩德洛司停战协定》，土耳其面临被瓜分的危险。在国家经济破败、民族存亡的严重关头，土耳其人民为捍卫国家独立和民族生存掀起了救亡图存的爱国运动。穆斯塔法·凯末尔（1881—1938年）是土耳其民族资产阶级的杰出代表和爱国领袖，他领导了土耳其的反帝民族解放战争。

↑ 穆斯塔法·凯末尔像

1918年11月，凯末尔从前线回到首都伊斯坦布尔，向议会和苏丹建议组织一个对抗协约国的强硬民族内阁，后因感于首都充满妥协与消沉气息而奔赴游击战争风起云涌的安纳托利亚。在安纳托利亚，凯末尔为人民的救国热情深深打动，更加坚定了他拯救祖国的信念。

1919年7月，凯末尔利用自己被苏丹政府委任为第9军督察使的权力，在埃尔祖鲁姆召开了东部各省护权大会，通过了护权协会章程和告全国人民书。大会宣布反对各种形式的外国占领和干涉，不接受任何形式的托管和委任统治。凯末尔在会上被推选为主席，正式取得了在民族抵抗运动中的领导地位。同年，他将分散于各地的农民游击队改编为接受统一指挥的国民军。具有强大战斗力的正

↓ 第一次世界大战中牺牲的土耳其士兵墓地。

规军的建立，对民族解放战争的胜利起着巨大作用。1920 年 1 月 28 日，奥斯曼帝国最后一届议会在伊斯坦布尔召开。占多数议席的凯末尔派议员使议会通过了反映民族要求的《国民公约》，这是挽救土耳其民族危亡的独立宣言，公约明确指出，当前维护民族独立和主权的斗争是土耳其取得"生存和继续生存的基本条件"。议会通过《国民公约》的行动，使苏丹政府和协约国大为震惊。反动的苏丹政府不仅妄图借助协约国镇压凯末尔运动并且与之签订了更为卖国的《色佛尔条约》。这个条约将列强对土耳其领土的瓜分用法律形式肯定下来。根据条约，黑海海峡地区实行"国际化"，成立由列强控制的国际海峡委员会。土耳其的领土被瓜分后仅剩下原有国土的 1/5，即安纳托利亚境内安卡拉与黑海之间的一块土地。条约还规定，恢复外国在土耳其的领事裁判权和国债管理局；设立由英、法、意三国代表组成的特别财政委员会，控制土耳其的海关、税务及其他财经大权。这一条约是协约国集团强迫战败国签订的一系列和约中最带奴役性的条约，它激起了广大土耳其人民的愤慨。

❖ 大事年表 ❖

● 1919 年 7 月
东部各省护权大会召开，通过了护权协会章程和告全国人民书

● 1920 年 1 月 28 日
奥斯曼帝国最后一届议会在伊斯坦布尔召开，会议通过了《国民公约》

● 1920—1922 年
民族独立战争爆发并最终取得胜利

● 1922—1924 年
土耳其与协约国签订了停战协定，并签署了《洛桑条约》；同日，签订《海峡公约》

● 1923 年 10 月 29 日
土耳其共和国成立，凯末尔被选为总统

1920 年 4 月 23 日，以凯末尔为首的代表委员会在安卡拉召开了新的国民议会——大国民议会，成立了以凯末尔为首的国民政府。凯末尔担任临时总统兼国民军总司令。土耳其人民在凯末尔的领导下，经过艰苦奋战，终于击破了苏丹政府与协约国的联合绞杀，并于 1922 年 11 月 20 日在瑞士洛桑重新召开解决对土耳其和约问题的会议，与协约国签订了《洛桑条约》。新的和约废除了《色佛尔条约》中的不平等条款，确定了土耳其从黑海到爱琴海的边界，东色雷斯和伊兹密尔地区归还土耳其，亚美尼亚和库尔德斯坦少数民族地区仍归属土耳其；废除外国在土耳其的领事裁判权和财政监督权，取消赔款，实行海关自主。同日，英、法、意、日、希、罗、南、保、土 9 国签订了《海峡公约》，规定黑海海峡无论在和平时期还是战争时期海上和空中都通航自由的原则；海峡地区非军事化，

⟨ 主要人物 ⟩

凯末尔（1881—1938 年）：土耳其民族解放运动的杰出领袖，"凯末尔革命"的领导者，在他的领导下，土耳其民族资产阶级革命取得胜利。

↑ 1922 年 10 月，土耳其人在麦士拿城外围着一面巨幅国旗庆祝胜利。

由签字国组成的海峡委员会实行监督。

《洛桑条约》的签订是土耳其人民在军事上取得胜利后，又在外交战线上取得的重大胜利，它将凡尔赛体系打开了一个缺口，沉重打击了帝国主义瓜分殖民地半殖民地的计划。

1923 年 8 月 23 日，土耳其大国民议会批准了洛桑和约，10 月 2 日，协约国军队撤离了伊斯坦布尔。6 日，土耳其国民军进驻伊斯坦布尔。土耳其资产阶级革命取得了胜利。

正义与邪恶之战

——第二次世界大战

▌意大利法西斯政权的形成与侵略

与欧洲其他大国相比，意大利素来贫弱。第一次世界大战加剧了意大利国内政治经济生活中固有的矛盾，也使它与其他欧洲列强之间的争夺更为激烈。战后的经济困境、政治动荡以及阶级矛盾的尖锐激化，再加上作为战胜国没有捞到什么好处而引发的激昂的民族主义情绪，使统治阶级选择了与法西斯运动相结合的道路，导致在意大利出现了世界上第一个法西斯政权。这个法西斯政权的建立者就是墨索里尼。

> **◇ 主要人物 ◇**
>
> **墨索里尼（1883—1945 年）**：意大利法西斯的独裁者，第二次世界大战的主要战犯。

墨索里尼的法西斯党本是个微不足道的小组织，起先仅代表意大利中小资产阶级的利益。后来因改变政治路线，一头扎进垄断资产阶级、封建残余势力和权势集团的怀抱，才声势日起。1922 年 5 月，意大利法西斯党已一跃成为拥有武装的全国第一大党。法西斯运动的迅猛发展，大大刺激了墨索里尼的政治野心，他试图谋求夺取全国政权了。

1921 年 11 月 7 日，意大利法西斯党在罗马举行的第三次代表大会，标志着法西斯运动从依靠统治阶级转向夺取全国政权、建立法西斯独裁统治的开始。这次代表大会，"战斗的意大利法西斯"更名为"国家法西斯党"，确定了以古罗马的"棒束"为标志的党徽，选举墨索里尼为党的领袖。大会通过的纲领表明，国家法西斯党要摒弃传统的资产阶级议会制国家，恢复罗马帝国的霸业，建立一个对内实行极权统治，对外进行侵略扩张的法西斯政权。罗马代表大会之后，墨索里尼开始了夺取全国政权的准备活动。他将法西斯党各级组织全部军事化，实行全党皆兵；以帮助政府恢复秩序为名，加紧恐怖活动，广泛夺取地方政权。经过这番准备之后，他们决定向罗马进军，取中央政府而代之。

1922 年 10 月 27 日，由 3 万名法西斯行动队员组成的"进军队伍"分三路向

← 1939 年，当墨索里尼从奥斯塔省经过时，法西斯主义青年组织和孩子们站在该省 M 形凯旋拱门处。和墨索里尼在其周围煽动起来的个人崇拜仪式一样，这个凯旋门的场景也是当时领袖崇拜之风的一个缩影。

罗马进发。29 日，国王马努埃尔三世授权墨索里尼担任总理组阁。31 日，墨索里尼组成第一届法西斯政府，法西斯党终于上台执政。上台后的法西斯党对内经过一系列恐怖手段，使墨索里尼在 1929 年资本主义经济危机前已将党政军大权集于己手。

1929—1933 年的经济危机对意大利的打击也很严重，为了夺取原料和销售市场，并转移人民对法西斯政权的不满，墨索里尼企图从战争中寻找出路。于是，他将目光投向了有着丰富的自然资源与重要战略地位的埃塞俄比亚。其实，意大利染指埃塞俄比亚由来已久，早在 1895—1896 年就曾出兵侵略过，只是没有成功。

经过墨索里尼的周密筹划，1934 年 12 月 5 日，意大利军队向埃塞俄比亚部队发动突然袭击，意大利的法西斯开始走上了对外侵略的道路。由于英法的"绥靖政策"与美国的"中立"，最终导致具有军事优势的意大利于 1936 年 5 月彻底吞并了埃塞俄比亚。

◆ 大事年表 ◆

● 1922 年 10 月 27 日由 3 万名法西斯行动队员组成的"进军队伍"分三路向罗马进发，法克特政府被迫辞职。墨索里尼出任内阁总理

● 1934 年 12 月 5 日意大利侵略埃塞俄比亚

● 1936 年 5 月意大利彻底吞并埃塞俄比亚

▌日本侵华

1937 年 7 月 7 日夜，日军借口一个士兵失踪，要进入北平西南的宛平县城搜查。中国守军拒绝了这一无理要求。日军遂开枪开炮猛轰卢沟桥，向城内的中国守军进攻。中国守军第 29 军吉星文团奋起还击，掀开了全民族抗日战争序幕。七七事变后，日军大举进攻中国，同年 8 月 13 日至 11 月 12 日，日军进攻上海，

虽遭到中国军民的英勇抵抗，但最终占领上海。12月13日，日军攻陷南京，并进行了灭绝人性的大屠杀，中国军民遇难人数达30多万。

1938年3月23日至4月6日，日军在台儿庄战役中遭到重创，死伤达2万人以上。台儿庄大捷不仅在国内外产生了巨大影响，也使日本侵略者为之丧胆。秋季，日军集中几乎所有能够集中的力量发动武汉和广州战役，妄图一举结束战争。武汉与广州被相继攻陷后，由于战线过长，兵力有限，日军被迫停止对正面战场的战略进攻，转为以保守占领区为主，中国抗日战争开始由战略防御转入战略相持阶段。除国民党组织抗战的正面战场外，由中国共产党领导的抗日武装深入敌后，积极开辟敌后战场，广泛开展游击战争，大大配合了正面战场的抗战。

1937年9月，八路军115师在平型关设伏，歼灭日军板垣师团1000余人，这是中国抗战开始以来的第一个大胜仗。此外，八路军与新四军在华北与华中创建了十几个抗日根据地，消耗和牵制了日军大量兵力，与正面战场的友军在战略上构成对日军的夹击态势，对日军的进攻与后方的稳固构成了巨大的威胁。就在中国军民顽强抗战的同时，英法美控制下的国联却对日本妥协，推行绥靖政策，从而大大助长了日本的嚣张气焰。

然而中国的抗战在国际上也并非是完全孤立的，七七事变后，苏联在政治、经济、军火与其他物资上给予了中国巨大的援助，极大地帮助了中国抗日战争的展开。

1937年至1939年是中国孤军奋战的时期，虽然在国际上只有苏联给予援助，但中国人民毫不畏缩，以极大的勇气与毅力挡住了百万日军的进攻，从而为日后的同盟国反法西斯的伟大事业奠定了坚实的基础。

↑台儿庄战役中的中国士兵

▌希特勒的上台

1929年至1933年的经济危机沉重打击了本已外债累累、民生凋敝的战败国德国。面对空前严重的危机，软弱无力的魏玛共和国政府回天乏术。1928—1933年先后更换4届政府，各届政府都无法克服财政困难和各统治集团之间的矛盾，社

↑ 充满狂热气氛的纳粹党集会

会动荡不安。在危机深重的非常时刻,在德国这个民主传统较为薄弱的国家,脆弱的民主体制失去了自我调节的弹性和能力。议会民主的政治体制在危机的冲击下,摇摇欲坠。

正是在这种特殊的社会历史环境下,德国法西斯势力兴起。德国的法西斯政党全称是德国民族社会主义工人党,简称纳粹党,其首领希特勒利用德国人民对凡尔赛–华盛顿体系对德国制裁的不满情绪以及这场空前的经济危机给德国造成的更为困难的处境,四处鼓吹 "生存空间论"、种族优劣论,提倡 "领袖原则" 的独裁统治,肆意攻击社会主义,大力宣扬重塑德国的昔日辉煌,不但蒙蔽了多数德国人民,并且逐渐取得了德国垄断资产阶级的支持。

纳粹党不断发展壮大,在 1930 年 9 月的选举中成为国内第二大政党;在 1932年 7 月新的选举中成为国内第一大党。同年 11 月,纳粹党最终在垄断资产阶级的鼎力帮助下获得权力。希特勒由此而成为德国总理。后来,希特勒又战胜了政敌

↑ 德国纳粹士兵在列队行进

巴本与施莱谢尔，于1933年1月末迫使兴登堡授命其组阁。然而，希特勒并不以此为满足，他为了进一步向一党专政的个人独裁统治迈进，不惜采取恐怖手段，先后解散了国会，然后向共产党及社会民主党左派开刀，并逐步控制了舆论界。

1933年2月27日深夜，纳粹党一手制造了耸人听闻的国会纵火案，指责为共产党人所为从而对其进行严酷镇压。随后，希特勒又通过推行政治一体化、实行党禁与军队一体化政策，将党政军大权牢牢控制在自己的手里。1934年8月1日，希特勒操纵的国会通过了《元首法》，把总统和总理原则上合二为一，确立了权力一体化的元

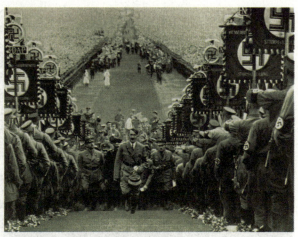

↑ 希特勒走上纳粹德国的最高统治宝座

主要人物

兴登堡（1847—1934年）：德国元帅，自1925年起担任德国总统。
希特勒（1889—1945年）：法西斯德国元首，第二次世界大战的头号战犯。

首制。次日，兴登堡去世。希特勒顺理成章地当上了集国家一切最高权力于一身的国家元首。

为了给自己披上一层顺应国民意志的色彩，8月19日，又举行了一次纳粹一手操纵下的所谓"公民投票"，希特勒从此成为德国国家和国民意志的全部体现，魏玛共和国寿终正寝，极权体制确立，第三帝国形成。纳粹党上台之后，世界经济危机已有所缓和，但为了实现其既定的摆脱《凡尔赛和约》对德国的控制，夺取新的生存空间的目标，实现称霸欧洲的目的，纳粹党大力加强国家对经济和社会生活的控制，并迅速走上扩军备战的道路。至此，第二次世界大战的欧洲策源地最终形成。

▎德国的侵略与大战的全面爆发

希特勒上台后，经过一段时间的休整，羽翼渐趋丰满的德国开始向外扩张了。1934年试图吞并奥地利，但以失败告终。1936年3月，德国利用意大利陷入侵埃战争不能自拔，而英国与法国推行绥靖政策的有利时机，重新占领莱茵非军事区。与此同时，希特勒积极谋求与奥地利合并。1938年3月12日，德军开进奥地利，

↑查尔斯·坎德尔用油画生动再现了盟军在敦刻尔克撤退的一幕。

奥地利灭亡了。

在吞并奥地利之后，德国开始觊觎有着优越战略地位的捷克斯洛伐克。为了保存自己，并将纳粹引向苏联，英国与法国不顾弱小民族的利益，于1938 年 9 月，在捷克斯洛伐克代表缺席的前提下，英、法、德、意四国首脑在慕尼黑签订了《慕尼黑协定》，悍然将苏台德地区以及捷南部与奥地利接壤的地区割让给德国。慕尼黑会议把英法的绥靖政策推向了顶峰。慕尼黑协定签字之后，希特勒立即着手吞并整个捷克斯洛伐克的活动。

1939 年 3 月 16 日德军完全占领捷克斯洛伐克，从而使德国的力量大大增强。同时，由于英法的绥靖政策，德国的野心也越来越大，它开始将目光投向了同样对其有着重要的战略地位与经济优势的波兰。1939 年 5 月，德国与意大利签订了《德意友好同盟条约》，表示缔约国一方一旦发生战争，另一方当竭尽全力予以支援。为了避免战争，遏制德意法西斯的嚣张气焰与野蛮行径，1939 年 4 月到 8 月，英、法、苏三国进行了关于缔结互助条约的谈判。谈判期间虽然苏联曾经一度为建设欧洲安全防御体系而付出努力，但因英法两国没有诚意，最终失败。于是苏联不得不停止与英法的谈判，转而与德国于1939年8月签订了《苏德互不侵犯条约》。与苏联签订此条约后，德国避免了东西两线作战的危险，便开始集中全力侵犯波兰。

1939年9月1日，德军按照部署，突然闪电袭击波兰。9月3日，英法两国迫于国内外压力不得不向德国宣战，第二次世界大战在欧洲爆发。德国在占领波兰后，继续向西挺进，先后占领了挪威、丹麦、荷兰、比利时与卢森堡。1940年6月5日，德军全面突破法军防线，兵临巴黎城下。旋即法国灭亡。然而，7月中旬到10月底的不列颠之战却并未能占领英国。此后，在丘吉尔的领导下，英国人民与德国展开了不屈不挠的战争。就在德军在西线不断取得胜利的同时，希特勒也开始准备了对苏战争。在德军进攻英国受挫后，德军突然于1941年6月22日向苏联发动进攻，苏德战争爆发。

在亚洲，日本于1941年12月7日偷袭美国在太平洋的战略基地珍珠港，太平洋战争爆发。在巴尔干半岛和北非，德意两国同样进行了激烈的侵略与争夺。

↑ 1939年10月，德军攻陷波兰，图为希特勒正在检阅通过华沙街道的军队。

▎反法西斯同盟的建立

苏德战争和太平洋战争的爆发终于促使被侵略国家联合起来，结成反法西斯联盟。但是它的建立有一段曲折、复杂的历程。欧战爆发前，中国人民孤军奋战，抗击着日军，而英、法、美却在亚洲和欧洲推行"绥靖政策"。苏联由于倡议集体安全政策受到英法破坏，为了避免引火烧身，后来反而与德国签订了《互不侵犯条约》。英、法、苏未能及时建立欧洲反法西斯统一战线，使希特勒避免了一开始就陷入两线作战的境地。随着法西斯势力的日益扩大，美国认定德国是最危险的对手，为了遏制和反对法西斯，有利于自己的安全及其在世界的地位，在1939年底修改《中立法》，规定允许出售军火，但要现款自运，实际是为海军和海运力量远远超过德国的英法购买军火开了绿灯。希特勒在西线得手后，美国鉴于唇亡齿寒，又进一步支持英国。

1941 年 3 月美国国会通过《租借法案》，授权总统以 70 亿美元向"对于美国防务至关重要"的国家提供各种援助。接着，美英两国军方秘密制定首先打败德国，然后解决日本的"先欧后亚"联合作战方针。以后，美国海军又为援英物资的输送对大西洋西部航线实行全面护航。这样，美国实际上已同英国站在一起，介入了大西洋之战。苏德战争爆发，英美当局认识到德国法西斯入侵苏联是称霸世界的前奏，苏联如被灭亡，他们自身也难保全。因此，英美立即宣布支持苏联，把"粉碎希特勒"作为"首要任务"，呼吁齐心协力打击法西斯。7 月 12 日，苏英签订关于在对德作战中共同行动的协定。美国也决定对苏联进行军事、经济援助。8 月 14 日，罗斯福和丘吉尔在北大西洋纽芬兰附近的一艘军舰上会谈后，发表了《大西洋宪章》，宣称两国不承认法西斯国家通过侵略所造成的领土变更，表示了反对纳粹暴政的决心。苏联也发表声明支持。9 月 29 日至 10 月 1 日，苏、美、英在莫斯科签订了关于美英以武器装备供应苏联的第一个议定书。这是三国在反法西斯战争中采取的联合行动，表明已参战的苏联和尚未参战的美国，在政治、经济和军事领域内的逐渐联合。太平洋战争爆发后不久，1942 年元旦，26 个国家在华盛顿举行会议，签署了《联合国家宣言》。签字国保证运用自己全部军事和经济资源，反对德、意、日轴心国及其附庸；保证互相合作，不单独同敌人缔结停战协定或和约。《宣言》的发表，

↑ 斯大林格勒巷战场面

标志着国际反法西斯统一战线经过战争的洗礼，终于形成。反法西斯联盟在人口、资源、生产能力、人心向背和团结互助方面，都比德、意、日集团占有明显的优势，为以后战胜法西斯奠定了坚实的基础。在联盟内部，各国的社会制度和意识形态并不一致，作战目的也不尽相同，虽然不时产生各种矛盾和斗争，但摧毁法西斯是它们的共同目标。

正是这种根本利益使它们团结起来，互相配合支援，直到战争取得最后胜利。所以，反法西斯联盟的建立使战争的形势发生变化，是反法西斯战役取得最后胜利的决定性因素之一，并为联合国的成立奠定了基础。

战争的转折

1942 年夏，德军在苏德战场南翼实施重点进攻，企图夺取斯大林格勒和高加索，切断苏军的战略补给线，斯大林格勒保卫战的序幕随即拉开。战役从 1942 年 7 月 17 日持续到 1943 年 2 月 2 日。期间，德军曾一度进入斯大林格勒市区，但终究未能攻陷。经过战略防御阶段之后，苏军于 11 月 19 日对德军展开了战略反攻，最终于 1943 年 2 月 2 日全歼德军，取得了斯大林格勒保卫战的胜利。苏军在斯大林格勒战役中的胜利，不仅是苏德战争的转折点，而且对第二次世界大战的进程也产生了决定性影响。虽然此后德军又发动了夏季攻势，与苏军在库尔斯克展开会战，但终究没有

↑ 中途岛海战的失利使日本将战争的主动权拱手相让。

重大成就

◆ 1944 年，美国微生物学家瓦克斯曼成功提取了链霉素用以治疗结核病。

挽回灭亡的命运。库尔斯克会战标志着苏德战场完成了根本转折，苏军从战略防御全面转入战略反攻阶段，而德军则从此完全丧失战略进攻能力，战略主动权完全转入苏军手中。

在非洲战场，虽然意大利与德国在 1940 年夏秋到 1942 年夏一度占有优势，但在 1942 年 10 月 23 日起开始遭到了英军的战略反击。由于兵力相差悬殊，最终德军

在阿拉曼战役中被英军击败。阿拉曼战役的胜利是北非战场的转折点，盟军从此开始掌握战略主动权，进入战略反攻的新阶段。之后，英军继续西进，势如破竹。同年 11 月 8 日，美英盟军 10.7 万人在北非向东挺进，与西进的英军成东西夹攻的势态。步步退缩的德军垂死挣扎，企图依靠最后的反攻扭转战局，最终失败。5 月 13 日，25 万德意军队全部投降。美英盟军在北非战场取得胜利。盟军在肃清北非敌军后，于 1943 年 7 月 10 日在意大利的西西里岛东南部登陆。8 月 17 日，占领全岛。7 月 25 日，意大利发生政变，墨索里尼被捕。9 月 3 日，意大利退出战争。盟军在阿拉曼战役和整个北非战役以及在地中海地区的胜利，是第二次世界大战的又一个转折点。

1942 年 6 月，日本为扩大日本本土的"防御圈"，决心实施中途岛—阿留申群岛战役，以中途岛为战役的主要突击方向。日军进攻中途岛的主要意图是诱歼美国太平洋舰队，同时占领该岛，迫使美军退守夏威夷及美国西海岸。令日军意想不到的是，美军破译了日本海军密码电报，掌握了日军进攻中途岛的作战计划，导致了日军偷袭失败。中途岛海战是日本发动太平洋战争以来的第一次惨败，它改变了太平洋地区日美航空母舰实力对比。从此，日本在太平洋战场开始丧失战略主动权，战局出现有利于盟军的转折。接着，美军在与日军争夺瓜达尔卡纳尔岛的战役中取得胜利，太平洋战场战略转折完成。从此，在太平洋战场，美军由战略防御转为战略进攻，日军则由战略进攻转为战略防御，战略主动权已完全转入美军手中。

在第二次世界大战发生战略性转折的形势下，苏、美、英、中等国先后召开了开罗会议与德黑兰会议。开罗会议商讨了加速战争进程和战后世界安排等问题，德黑兰会议讨论的中心议题是关于在欧洲开辟第二战场的问题。此外，会议还

↑战争后期，法国飞机在战场上猛烈轰炸德军阵地。

讨论了关于战后处置德国、波兰疆界走向，苏联参加对日作战以及未来的国际组织等问题。开罗会议与德黑兰会议是"二战"史上具有重要影响的会议，两次会议对推动世界反法西斯战争的胜利进程产生了巨大的积极作用和影响。

▌世界反法西斯战争的胜利

1945年，在世界反法西斯战争取得胜利的前夕，为了协调盟国关系，商讨最后打败德、日法西斯的战略计划，规划战后世界秩序，苏、美、英三国政府首脑斯大林、罗斯福和丘吉尔于1945年2月4日—11日在雅尔塔举行战时第二次国际会议。会议议题主要有4个部分：关于战后德国问题，会议通过了在德国无

↑ **盟军在诺曼底登陆的场面**

条件投降后由苏、美、英三国分区占领、惩处德国全部武装、解决战犯以及德国偿付战争赔款等一系列事宜；关于波兰问题，主要解决了波兰政府组成与边界划分问题；关于组建联合国问题，会议通过了在战后成立联合国，总部设在旧金山；关于对日作战问题，主要解决了苏联对日参战问题。雅尔塔会议是第二次世界大战期间一次极其重要的国际会议，它对协调盟国最后战胜德、日法西斯的战略计划，巩固盟国的合作，加速反法西斯战争的胜利起了积极作用，它的一些决定对制裁德国和维护战后的世界和平也有一定的积极意义。但是，雅尔塔协定有关中国的条款，是背着中国人民作出的有损中国主权和利益的决定，是大国强权政治的表现。

1945年春，苏联和美、英等盟国军队分别从东西两面进入德国本土作战。虽然此时的希特勒仍在作困兽之斗，但在苏、美、英三国的有力攻击下，只有投降一条路了。4月26日，合围柏林的苏军采取多路向中心突击和分割围歼的战术，开始强攻柏林。4月27日，苏军突入柏林市中心。4月29日，德军被分割成3个

孤立部分，苏军开始强攻德国国会大厦。经过激烈争夺，苏军于 4 月 30 日把胜利的红旗插到了德国国会大厦的主楼圆顶上。就在这一天，罪大恶极的希特勒绝望自杀。5 月 7 日，德国代表在盟军司令部所在地兰斯签署了无条件投降书。法西斯德国战败，欧洲战争宣告结束。

1945 年 7 月 17 日至 8 月 2 日，苏、美、英三国在柏林郊外的波茨坦举行第三次会晤，主要讨论如何安排战后世界和分享战争胜利果实，以及如何迅速击败日本法西斯的问题。经过十多天的争论、磋商，于 8 月 2 日签署了《苏美英三国的柏林（波茨坦）会议公报》和《柏林（波茨坦）会议议定书》两个内容基本相同的文件。这两个文件通称为波茨坦协定。波茨坦会议协调了三大国在打败日本法西斯和战后处置德国、日本等一系列重大问题上的立场，对促使日本无条件投降，巩固反法西斯战争的胜利成果，维护战后世界和平起到了积极作用。但苏联和美、英在这次会议上对战后世界安排问题达成的协议与存在的分歧，对战后国际关系格局的发展有重要影响。

《波茨坦公告》发表后，日本统治集团十分恐慌，但日本政府表示拒绝接受公告。反法西斯盟国当即进行打败日本法西斯的最后决战。1945 年 8 月 6 日和 9 日，美国分别向日本的广岛和长崎投放了两颗原子弹，对促进日本投降起到了重要作用。与此同时，苏联履行雅尔塔协定，于 1945 年 8 月 8 日对在中国东北、内蒙古和朝鲜北部的关东军发动进攻。至 9 月初，苏军取得全面胜利。苏军的胜利加速了日本法西斯的崩溃。在中国本土，国共双方为了配合苏联及其他盟国的军队作

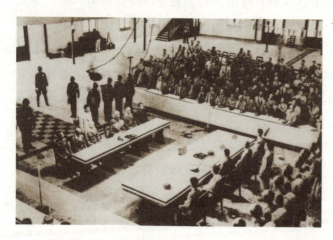

战，也于 8 月初对日发动了全面反攻。在反法西斯同盟的坚决打击下，日本最终于 8 月 15 日宣布投降，9 月 2 日签订无条件投降书。第二次世界大战以反法西斯同盟国的胜利而告结束。

← 1945 年 9 月 9 日 9 时，南京陆军总部举行了中国战区日本投降签字仪式。

中国
历史篇

第一章
中央的中国

从神话里的盘古劈开混沌世界那一刻，一个在人们意识里以自我为中心的中央的国家初步确立，这个国家的修缮和补充来自另一个神话里的人物——女娲，她补天造人，使世界充满生机。但最初的国家并不是国家，而为部落，统治权是用一种叫作禅让的方式在部落中相传递。由部落到国家是一个迅疾的过程，具有强大统治欲望的人们追逐着最高统治权力的同时推动着历史的发展，春秋五霸和战国七雄曾在各个时期独领风骚。分立、散乱的政权最终必然会为中央集权形式所代替，于是缔造第一盛世伟业的皇帝——秦始皇登上了历史舞台，建立了明确的中央集权的国家，继其之后的西汉、东汉君王们承袭和完善着这种制度。

文明起源

——三皇五帝

远古人类

中国的历史记载是从神话开始的。最早的神被称为盘古，最开始时宇宙就像一个鸡蛋一样处于混沌状态。盘古一觉醒来，用斧子把混沌劈成两半，清而轻的部分上升化为天；浊而重的部分下降化为地。盘古担心天地还会重合，就用手擎天，以脚踏地，将天地永远分开了。

盘古死后，他身体的各部位都化成了宇宙的一部分，眼睛是太阳和月亮，鼻息化作风，血液成为江河，声音变成雷，躯干变成中岳嵩山、东岳泰山、南岳衡山、西岳华山、北岳恒山，毛发则化为草木。

主要人物

盘古：中国历史上最早的神，开辟了天地，创造了世界。
女娲：中国历史上第一个女神，创造了人类。
有巢氏：传说中第一个建造房子的人。
燧人氏：传说中发明人工取火的人。
伏羲氏：传说中发明饲养、屠宰、烹饪的人。
神农氏：传说中农业和医药的发明者。

盘古之后宇宙寂静了许多年，而后又出现了一位女神，人们今天称之为女娲。她觉得宇宙中应该有些生气，就用泥和水塑造了人。她把人分为两种，一种是强健的，一种是娇柔的，于是就有了夫妇，有了儿女，伦理观念也就相应形成了。

很多年以后女娲还做了一件大事。共工怒触不周山之后，天突然塌了，女娲炼五色石，用巨龟的脚做柱子，把天补合起来，天地都再不会倾斜了。

女娲之后再没有创造事物的神了。人成为这个世界的主宰，但是最初的人住在山洞里，只会爬到树上摘果实吃，然后又进步到渔猎阶段，但对捉到

重大成就

◆ 从制造粗糙的打制石器到制造精细的磨制石器。
◆ 取火、用火普及。
◆ 发明弓箭。
◆ 早期农业出现，种植水稻和粟。
◆ 总结饲养技术，原始畜牧业出现。
◆ 改善住所，营造房屋。
◆ 发明骨针，缝制衣服。
◆ 中医萌芽。

← 伏羲女娲图　唐

伏羲与女娲是中国古代神话中人类的始祖，传说人类是由这对兄妹结合产生的。这件出土于新疆吐鲁番的墓幡由绢制成，悬挂在墓室的顶部。图中伏羲女娲人首蛇身，以手相抱，伏羲执矩，女娲擎规，以示天地方圆。画面满布圆点代表天宇星辰，上部绘着内有三足乌的太阳，下部绘着内有玉兔、桂树、蟾蜍的月亮，表现了人类始祖遨游于日月苍穹间的情景。

的鱼虾和动物，也只能生吞活剥。

这时候，一些介乎神与人之间的"氏"出现了。据说"氏"原来也是指神，不过后来"氏"越来越多，他们就成为我们的家族祖先。

最先出现的有巢氏，他教会人们在树上用树枝、树叶建造出简陋的篷盖，后来人们又用类似的方法在地面上盖房子，从此就不用再居住在山洞里了。

然后是燧人氏，他从木头里钻出火来，并且把这种方法传播开来。人类有了火，就改吃熟的东西，寿命也就越来越长了。

这些都只是传说，实际上，最早在中国生活的人类，如云南元谋猿人，大约有170万年历史；陕西蓝田猿人，大约有80万年历史。而在北京周口店发现的北京人，距今约有40多万年历史，他们已经能够使用简单的劳动工具。在漫长的岁月中，他们的劳动工具和劳动方式都有了很大的改进，不仅使用了石斧、石锤，而且还用骨头磨制成骨针。有了骨针就可以证明，人类不再赤身裸体，而是有抵御风寒、遮蔽身体的衣服了。

伏羲氏把结网、打猎、饲养的经验总结起来，神农氏又推广了耒耜耕地和种植五谷的方法。神农氏还发现了许多可以吃的食物，同时发现了可以治病的药材，这样人的生命就有了保障。

↑ 石磨盘石磨棒　新石器文化

炎黄传说

↑ 黄帝像

炎帝和黄帝被供奉为中华民族的共同祖先，实际上，炎帝和黄帝的部落是对立的，炎帝开始是统治中原的盟主，黄帝所领导的部落兴起以后，吞并了炎帝的部落，从此才有炎黄子孙的繁衍。

黄帝所领导的是有熊部落，在今天的河南新郑一带。黄帝的名字是姬轩辕，集军事家、科学家和法师于一身。

在阪泉战役中，黄帝首先统一了炎帝部落。接着黄帝率军渡过黄河，一直挺进到九黎部落所在地涿鹿。涿鹿之战是中国历史上有名的战役。九黎部落的首领蚩尤指挥天师布置了滚滚浓雾，黄帝的士兵都被困在里面。黄帝在天神的指导下发明了指南车，使他的部队辨认出方向。风神雨神帮助蚩尤，风雨大作，波浪滔天。黄帝请来干旱之神旱魃，霎时间雨过天晴。斗法失败以后的蚩尤战死，九黎部落残余的民众向南迁居，成为后世苗族的祖先。

黄帝战胜蚩尤建立王朝的日期，据说是公元前 2698 年。黄帝统一中原地区，当上了"天子"，这是无比崇高的荣誉，以至于后人都自称或被称为黄帝的后裔，

∽ 主要人物 ∽

炎帝：神农氏，中华民族的共同祖先之一。带领中原地区人民脱离渔猎生活方式，创立了中国式的农耕生活方式。尝试百草，开创了医药业。

黄帝：轩辕氏，是中华民族的共同祖先之一。统一中原地区，建立了最初的部落联盟。很多神话般的发明都是在其统治期间完成。

蚩尤：中原部落首领之一，虽然与黄帝争夺中原的统治权失败，但是他英勇不屈的精神成为中国尚武精神的象征。

嫘祖：黄帝的正妻，发明养蚕抽丝，是纺织业的祖师。

仓颉：黄帝的大臣，发明文字。

隶首：黄帝的大臣，发明算术。

容成：黄帝的大臣，发明历法。

→ 彩陶人首瓶　仰韶文化
瓶的两头细小，中间丰满，平底。用圆雕形的女人头做器口。人面五官端正，双目深邃，鼻子宽阔，嘴微张开，双耳后面长发披拂，前额有一排齐眉的短发。

↑ **黄帝战蚩尤图**
蚩尤是今山东一带的部落联盟首领，本领高强，横行霸道，黄帝与他在涿鹿展开激战并将其擒杀，涿鹿之战成了我国古代战争起源的标志。战争使我国逐渐形成为以黄帝、炎帝部落为中心的华夏民族。

并且以"炎黄子孙"为荣。

黄帝时期的发明和创造非常之多，这些中华文明的结晶被归结到黄帝一个人身上，黄帝改用泥土或石头建筑房屋，用兽皮制作衣裳。又发明车船，使得人民可以利用工具开辟更远的疆域，又制定了井田制度，使得人民耕种更加方便。黄帝还发明了阵法和弓箭，制定了五个主音阶，即"宫商角徵羽"。

黄帝152岁的时候仍然坚持出巡，到桥山（今陕西黄帝陵）时，在山下铸了一只大鼎。天上忽然降下一条黄龙把黄帝接到天庭去了。人们把黄帝遗留下来的衣服，埋葬在桥山之下，即现在的陕西黄帝陵。

值得一提的是，黄帝的大臣仓颉发明了文字，这种象形文字发展到今天，就是方块汉字。据说仓颉是看到爪印和蹄印而产生灵感的，文字发明以后，"天雨粟，鬼神啼"，也就是天上落下粮食，鬼神大声痛哭。这当然不可能是文字发明的结果，可能是偶然的龙卷风或者大风暴引发的自然奇观。

因为炎帝族和黄帝族原本有血缘关系，后来又融合在一起，所以今天的中华民族自称为

◆ 大事年表 ◆
● 约公元前30世纪初
黄帝部落统一炎帝部落
● 约公元前27世纪
黄帝战胜蚩尤
指南车发明
音乐上创立了五声调式
中国文字产生

重大成就
◆ 黄帝统一中原，为后世的大一统政治思想奠定基础。
◆ 黄帝发明了指南车。
◆ 仓颉发明文字。
◆ 音乐上创立了五声调式。
◆ 中国有了最初的历法、算术。
◆ 农业技术进步。
◆ 黄帝的正妻嫘祖发明养蚕抽丝技术。

炎黄子孙。为了纪念两位传说中的祖先，后人在山西高平市城东北的庄里村建立了"炎帝陵"，在陕西黄陵县北面的桥山建造了"黄帝陵"。

尧舜禹的禅让

黄帝之后是五帝时期，这些天子并不是那么圣明，中原地区也并不安定，直到"三代"，即尧、舜、禹时期，中原地区才逐步走向安定和强大。

"三代"时期仍然是部落社会，部落首领一起选举部落联盟首领，部落联盟首领也要征求部落首领的意见。

尧年纪老了，于是召集四方部落首领来商议接班人选问题。有人提议让尧的儿子丹朱继位，尧认为丹朱品行不好，又有人推荐负责水利的共工，尧认为共工表里不一，也不同意。

后来部落首领一致推选平民舜，尧想先考察一下舜的品行，就把自己两个女儿娥皇、女英都嫁给了舜，还分给舜许多粮食。舜的后母和弟弟因为妒忌，蒙骗他的瞎眼父亲，并三番两次意图谋杀舜。

有一次，舜正在修补粮仓的顶，突然粮仓着火了，连下来的梯子也没了，舜只好双手拿着遮太阳的笠帽当作降落伞跳下来。舜运气好，没有受伤。

又有一次，舜到井下去，井外的人突然向下扔石头，想把井填没。没想到舜所在的那口井倒也特别，在底部另外有一个隧道，舜于是得以脱险。

虽然舜的瞎眼父亲、后母和弟弟对他都不友善，但是，舜还是一如既往和和气气对待家人。尧认为舜的品德适合做部落联盟首领，就把首领的位子"禅让"给了舜。

尧作了几年舜的政治顾问。尧死后，舜向部落首领们表示想让丹朱担任联盟

↑ 尧帝像

↑ 舜帝像

治水英雄大禹到会稽巡视，死于此，后人就在这里为他修筑了陵墓。大禹陵是大禹葬地，山色秀丽，文景文融，是中国东南久负盛名的古迹之一。禹像两侧的楹联，"江淮河汉思明德，精一色微见道儿"，既概括了大禹治水的业绩，也表达了后人对他的崇敬与怀念。

重大成就

◆ 大禹治水的成功。
◆ 原始的雕刻、岩画出现，艺术萌芽开始。
◆ 仰韶彩陶具有相当高的艺术价值。

首领，部落首领认为舜更适合，一致表示接受舜的首领地位。

◆ 大事年表 ◆

● 约公元前 21 世纪初 尧"禅让"于舜
● 约公元前 21 世纪 大禹治水
● 约公元前 2070 年 舜"禅让"于禹

舜当了几十年的部落联盟首领。在他当政晚期，中原地区洪水泛滥，主持水利的鲧徒劳无功，为此被处死。他的儿子禹继续总理治水事务。

大禹治水中"三过家门而不入"，成为中国政治家的典范，此后中国社会对于政治家就有了"舍家为国"、"以国为家"的要求。

大禹治水一改他父亲修坝堵水的做法，用疏通的办法，把洪水引向大海。大禹指挥开凿龙门，黄河终于可以流向大海了，这样使得黄河安流了很多年。又经过十三年的努力，大禹连小腿上的汗毛也磨光了，终于控制了洪水。

"大禹"是后世人给禹的尊称，但是舜之后是不是禅让是值得怀疑的。在舜一百岁的时候，他"决定"一个人去南方过蛮荒生活，最后死在九疑山。大禹通过这种"禅让"当上了天子。

◇ 主要人物 ◇

尧：黄帝子孙，中国历史传说中的贤君，将部落联盟首领的位子禅让给了舜。
舜：黄帝子孙，中国历史传说中的贤君，在接受了尧的考验以后，以宽容大度而得以成为新的首领。
禹：凭借治水的伟大功劳接受舜的禅让。
鲧：大禹的父亲，因为治水徒劳无功被舜处死。

从部落转向国家

——夏、商

▌夏朝建立

　　大禹担任天子以后，把天下分为九州，分别是：河北平原与山西的冀州；黄河与济水之间的兖州；处于山东半岛的青州；淮河平原的徐州；长江下游的扬州；长江中游的荆州；关中与陇西一带的雍州；秦岭以南与四川盆地的梁州；以及中原地区的豫州。这些州的名字后来就成为州中主要城市的名字，有些今天还是一些省区的简称。

◆ 大事年表 ◆

● 约公元前 2050 年
夏后启建立夏朝
● 约公元前 2000 年
太康失国
● 约公元前 1950 年
后羿称王
● 约公元前 1930 年
寒浞篡位
● 约公元前 1900 年
少康复国

　　大禹时代中原人民已经会用酿酒的方法保存粮食了。但是历史传说偏偏说了一个反的，因为酿酒要消耗粮食，中古的人们不知道这是保存粮食的办法，就编造了一个大禹因为担心喝酒误事，而下令禁酒的故事。

　　大禹时代的部落联盟首领已经有生杀大权了，大禹的治理方式也是朝着一个强有力的领导人物方向努力。很多小故事都体现了大禹专制权力。有一次，他召集全国各部落首领到涂山开会，稍后又在会稽举行第二次大会，太湖流域防风部落的首领迟到了，大禹竟然命令将他处死。从此，天子的权力就进入了一个新的阶段，天子为了保

← **夏禹王像**

禹，传说中夏朝的第一个王，鲧之子。因禹治水有功，舜让位于他。在他死后，其子启即位，从此开始了王位的世袭制度。像中禹王着衮冕，衮冕是古代天子礼服的一种，由冕服、冕冠、蔽膝、大带、佩瑷等组成。冕冠形制代代相传，历数千年而无大的改变。

重大成就

◆ 夏后启确立的世袭制度成为中国传统社会的基本模式，中国正式进入文明时代。

◆ 开始制造青铜兵器、青铜礼器。

↑白陶爵　夏

证自己的统治不惜诛杀大臣、百姓的事情就屡出不绝了。

大禹当天子的时间不是很长，按照以前禅让的原则，应该由伯益接替天子的位置，但是大禹的儿子启早就培养了自己的势力，把伯益的势力剪除掉，自己当上了天子。从此，王位世袭的制度建立起来，国家权力的和平交接就只在一个家庭里进行了，或是子承父业，或是兄弟相接。

夏启建立了夏朝，人们就改称他为夏后启，"后"在那时的意思就是天子。

夏启的儿子太康继承了夏启的统治，但是他却是一个不理政事的天子。他有一次打猎的时候竟然被一个东方夷族部落首领羿给围困住了。羿也是一个神话人物，他关心老百姓的疾苦。传说天上同时出现了十个太阳，地面上的生物都没法活下去了，羿为了拯救百姓，用弓箭射掉了九个，当他正准备射下第十个的时候，百姓向他呼吁要留下一个才使得他住手。可见，羿在他的部落里也是个很伟大的首领。羿的箭法非常高明，后人把神箭手都称为"后羿"就是这个原因。

羿困住太康之后，又把太康的弟弟仲康作为傀儡立为国君，他自己掌握实权，后来又立仲康的儿子相为天子。这时羿的势力已经很大了，就自己做起了部落联盟首领，人们就称他为"后羿"。后羿登基后也不爱管理政务，他的亲信大臣寒浞取得了他的信任，成为最主要的官员。寒浞也是有野心的人，趁着后羿打猎的机会将后羿暗杀了。

寒浞下令追杀相，相没有能够逃脱，但是他怀孕的夫人逃到舜后人的部落里。生下的孩子就是少康。少康是一个有作为、有谋略的人，他最终杀掉了寒浞，夺回了天子的位置。少康并没有完全征服东方夷族部落，直到他的儿子帝杼时，"甲"被应用在战争之中，中原部落凭此战胜东夷族，夏朝终于把政权版图向东拓展了。

主要人物

夏后启：大禹的儿子，在与伯益争夺部落联盟首领资格的斗争中胜出。建立夏朝，确定世袭制度。

伯益：大禹的主要助手，与启争夺天子时失败。

太康：夏朝第二个君主，不理政事，被后羿流放。

后羿：东方夷族部落首领，神箭手。传说中射下九个太阳的英雄。先后改立仲康、相为国王，后自己取而代之。

寒浞：后羿的主要助手，趁打猎时暗杀后羿，成为中原地区君主，但很快被少康打败。

少康：相的儿子，恢复夏国，实现夏朝的中兴。

夏桀与商汤

夏朝大概又延续了四百年，其间发生的事情已经无从考证，但夏朝最后一个君主桀却是一个值得关注的历史人物。

桀的名字叫履癸，"桀"是后人给他起的谥号。他是一个文武全才天子，传说他赤手空拳可以搏斗虎豹，又能把弯曲的金属钩用手拉直。但他不会治理国家，而且性格暴虐。他甚至发明了一种酷刑，称为"炮烙"。就是在铜柱上涂抹膏油，下面燃烧炭火，命令犯人赤足在铜柱上走过，犯人滑下去就掉到火炭上被活活烧死。

大臣关龙逢劝阻桀不要施行暴政和酷刑。桀对他说："你只知道别人的危险在眼前，却不知道自己的危险也在眼前。"于是将关龙逢用炮烙处死，这倒使得关龙逢成为中国历史上第一个留下名字的忠臣和直臣。

↑ 商汤像

商汤相传是契的子孙，是商部落的首领。夏朝末年，商部落日渐强大，商汤以仁慈、宽厚闻名四方，后来他召集部众，一举攻灭夏桀，建立商朝。

桀的王后妹喜，喜欢听绸缎撕裂时发出的声音，桀就命宫女在她身旁不停地撕绸缎。据传，桀的富有和奢侈也是空前的：肉可以堆积得像山一样，用来装酒的池塘可以行驶船只。有莘部落的伊尹警告桀这样下去可能会亡国。桀大怒反驳："人民有君主，犹如天空有太阳。太阳亡，我才亡。"于是全国人民诅咒他："这个太阳什么时候才会灭亡，我们宁愿跟你同归于尽。"

黄河下游有个部落叫商，商的祖先契和禹一样是尧舜时期的大臣。商部落因畜牧业发展起来，到了夏朝末年，汤做首领的时候，夏桀的统治已经岌岌可危了。于是商汤表面上对夏臣服，暗地里已经准备向夏朝开战了。

汤的好名声也慢慢在其他部落传开了。部落首领葛伯不按时祭祀，汤派人去责问葛伯。葛伯回答说没有牲口作祭品，于是汤送了一批牛羊给葛伯作祭品。葛伯把牛羊杀掉吃了，仍然没有祭祀。汤又派人去责问葛伯，葛伯又拿没有粮食作为借口，商汤

◆ 大事年表 ◆

● 约公元前 1700 年
夏桀杀关龙逢
● 约公元前 1650 年
商汤用伊尹
● 约公元前 1630 年
商汤革命

主要人物

夏桀：夏朝最后一位君主，虽然聪明勇敢，但是性格暴虐，最终失去了其他部落的拥戴。

商汤：商代的第一位君主，被后世作为仁义之君的代表。他将天命学说引入改朝换代之中。

伊尹：商汤的重要谋士。商汤死后主持国政。

→ **商汤网开三面**

汤经常出外巡视农业生产和畜牧情况。有一次，他驾车来到郊外山林，看见一个狩猎者正在张挂捕捉飞禽走兽的网。他的网在东西南北四面都张开了，结得严严实实，并且跪在地上祈祷说："我的网已在四面张好。求上天保佑，凡是天上飞下来的，从地上跑出来的，从四面八方来的鸟兽，都钻到我的网中来吧。"汤看了这个狩猎者所布的网，听了他的祈祷，笑着说："啊，如此张网，一定会把鸟兽全部捉尽。那岂不是太残酷了吗？只有夏桀才会如此啊！"于是汤命人撤下三面的网，而只留下一面。

又派人帮助葛伯耕田，还派人给负责耕作的人送酒送饭，不料葛伯又把那些酒饭都抢走，还杀了一个送饭的小孩。

商汤有了借口，出兵把葛伯吞并了。反复使用这样的手法，商汤的势力渐渐发展起来。商汤又从奴隶中发现了善于谋划方略、治理国家的伊尹，并且提拔他为治国的大臣。

商汤力量壮大了，就决定不去朝贡，夏桀发动九夷兵攻打商汤。这时商汤见灭夏的时机还没有成熟，就恢复进贡。

不久以后，九夷中一些部落也忍受不了夏桀的压榨勒索了，很多部落都叛离了夏朝，汤和伊尹才决定军事进攻夏桀。商汤还要向大家公布出师的理由，就把上帝的意旨搬了出来。从此以后的统治者就都用神的旨意来作为自己行动的合理解释了。

商汤的军队在鸣条打败了夏桀的军队，夏桀只好逃到南巢，最后就死在那儿。因为改朝换代被说成是天命的变革，所以商汤伐夏就被称为"商汤革命"。

商代兴衰

商汤逝世后，两个儿子先后继位。第四个商王是太甲，他执政以后品行不端，被开国元老伊尹流放到桐，伊尹代行天子。过了三年，伊尹认为太甲已经改过自新了，就重新请出太甲，恢复了他天子的身份。历史上也有些记载认为是伊尹篡夺了皇位，太甲积蓄力量夺回王

主要人物

盘庚： 商代第二十位君主，在位期间坚持借迁都来避免内部政治矛盾，使得商朝保持了两百年的稳定。

武丁： 盘庚侄子，实现商代的中兴。

康丁： 商代第二十六位君主，确定皇位传子制，而以往的兄终弟及制不再是常态。

纣： 荒淫无度，最终被周武王消灭。

← **商王武丁像**

武丁，名昭，商王小乙之子。在位59年中不断向外扩充领土，四处征伐，使国力得到进一步增强，出现了商代历史上最繁盛的局面，历史上称"武丁中兴"。

位。但是，从后代对伊尹的尊重来看，伊尹应该是一个忠臣，所以他流放太甲又请回太甲的故事就成为许多摄政大臣的效仿先例了。

商朝建立之初，国都定于亳。此后三百年当中，因为王族内乱和黄河水灾的原因，都城接连搬迁五次。

商代历史上多次迁都的原因，与内部的政治斗争有一定关系。盘庚登基的时候，他认为只有迁都才能改变不安定的局面，所以执意迁都。但这时并没有直接的天灾和动乱，大多数人都不愿意迁徙，贵族和城市居民势力甚至不惜以武装对抗来抵制。盘庚声称要将拒绝迁都的人斩尽杀绝，不让孽种留着威胁新邑。

公元前1300年，盘庚带领愿意迁都的平民和奴隶渡过黄河，搬迁到殷，所以商朝又被称作殷商，或者殷朝。他在那里重新规划了商的政治统治，衰落的商朝又出现了复兴的局面，王室内部的矛盾得到缓解，经济得到发展。以后二百多年，商朝一直没有迁都。盘庚被称为"中兴"之主，并为武丁盛世的到来打下了基础。

武丁是盘庚之弟小乙之子，即盘庚之侄。他年幼时，小乙曾让他到民间生活了一段时间，他深知民众生活的艰难困苦。即位以后，他兢兢业业，励精图治，决意振兴大业。他分别对鬼方、土方、羌方、人方、虎方等方国进行征讨，往往动用数千兵力，最大的一次发兵一万三千人。商王征服了许多小国，扩大了领土，也获得大量俘虏。武丁时期的文化遗存相当丰富，宫殿、墓葬、作坊等文物都被发现。代表当时社会生产力发展水平的青铜业有了突破性进展；分铸技术已被广泛运用；青铜器生产数量大增，还出现了后母戊鼎、偶方彝这样的重器。商朝后期制造的后母戊鼎，是现今世界上发现的最大的青铜器。另一件四羊方尊，造型雄奇，工艺高超，代表中国青铜时代进入繁荣时期。此外，商代在纺织、医学、交通、天文等方面也都取得不小的成就。武丁开创的盛世局面，为商代晚期社会生产的发展乃至西周文明的繁盛，打下了很好的基础。因为武丁的庙号是高宗，因此这次中兴称为"高宗中兴"。

武丁死后，他开创的太平盛世，并没能长久延续下

◆大事年表◆

●约公元前1600年
商汤建立商朝

●约公元前1500年
伊尹流放太甲于桐

●约公元前1300年
盘庚迁殷

●约公元前1250年
武丁即位

去。祖庚、祖甲以后诸王，特别是到了纣的时候，四方诸侯开始起来反叛。面对这种情况，纣王又不听忠谏，一意孤行，而且荒淫残暴，宠幸妲己，一味追求骄奢淫逸的生活，进一步激化了矛盾，削弱了自己。同时，他穷兵黩武，调集大军征伐东夷，加重了民众的负担，也使国内兵力空虚。周武王的大军打到商郊牧

重大成就

◆ 商朝拥有辽阔的疆域，是当时世界上的一个大国。

◆ 商朝的甲骨文在当时的世界上是先进的，而且是一种成熟的文字。

◆ 商朝的青铜器制造和青铜器艺术具有独特的风格，铸造技术达到当时世界的先进水平。以后母戊鼎、四羊方尊为杰出代表。

◆ 原始瓷器出现。

◆ 商朝使用的殷历在当时世界处于领先水平。

◆ 在音乐方面，确立了绝对音高观念和十二律。

野，纣王才组织军队，仓促应战。结果，纣王的军队毫无斗志，奴隶阵前倒戈，向武王的军队投降。纣王看到大势已去，逃到鹿台，燃起珠玉宝货自焚而死。商王朝就此灭亡。后来明朝作家许仲琳以此为素材，创作了经典神话作品《封神演义》。

到了中古的时候，关于商代的直接记录已经很少了，很多人对于商代的历史都持怀疑态度。直到1899年前后，国子监官员王懿荣在给自己治病的药中发现了一种叫"龙骨"的龟甲，上面居然刻有很多像文字的符号。他收集了很多这样的龟甲，最终确定这是商代的文书。后来人们借此继续发掘，终于在河南安阳小屯村一带发掘出大量古代的遗物，证明那里曾经是商朝国都的遗址，于是就叫它"殷墟"。

这些被偶然发现的商代文字被称为"甲骨文"。甲骨文是一种比较成熟的文字，今天的汉字，就是从甲骨文发展来的。甲骨文把湮埋了3000余年的古老文字重新呈现在世人面前并让人们识读。甲骨文的发现，使商代的存在无可争议，并使商代历史成为信史。安阳殷墟出土的15万片甲骨卜辞，记录了商代社会中发生的许多事情。商朝的统治阶级是十分迷信鬼神的，他们在祭祀、打猎、出征的时候，都要用龟甲和兽骨来占卜一下，是吉利还是不吉利。占卜之后，就把当时发生的情况和占卜的结果用文字刻在龟甲、兽骨上。经过几代人的整理和研究，今人揭开了甲骨文中所包藏的丰富内容，为研究商代历史开拓了重要的途径。

殷商奴隶主死时除了用大量的珍珠宝玉等奢侈的陪葬品之外，还流行把许多奴隶活活杀死殉葬。在一座商代大墓旁边的墓道里，一面堆着许多无头尸骨，一面排列着许多头颅。据甲骨片上的文字记载，商贵族祭祀祖先，会大批屠杀奴隶做供品，最多的竟达到2600多个。

殷墟出土的甲骨文，使我们对殷商时期的社会情况也能有确凿的认识。我国最早有文字记载的历史，就提前到商朝了。

"封神榜"的朝代

——西周

▍姬姓诸侯满天下

　　周文王姬昌是历史上有名的贤君，他的父亲并不是古公亶父的长子，按父死子继的原则不能继位。古公亶父后来被尊称为太王。太王有三子：太伯、仲雍和季历。季历颇有才干，姬昌就是他的儿子。姬昌出身时有祥瑞出现，太王兴奋地说："我世当有兴者，其在昌乎！"太伯和仲雍见状，明白父亲是想让季历继位，以便将来再传给姬昌，就主动让贤，他们由岐山南下于荆蛮的今江苏无锡一带，依照当地风俗，成为那里的君长。其后

↑ 周文王姬昌像

建立吴国，建都今江苏苏州地区。季历之后，姬昌继位，移都丰邑。

　　周文王时期，西岐的经济和军事实力都不断加强，而商纣王因为横征暴敛，昏庸无道，诸侯们对他已经离心离德。但是周文王时期西岐的实力与商朝相比仍处于弱势。因为构成了对商朝的威胁，周文王姬昌甚至被纣王囚禁在羑里。传说周文王就是在羑里将八卦演化为六十四卦象的。

　　但是商纣王轻信文王不会反叛，加之西岐方面不断地向纣王表示忠诚，进贡大量的财宝和美女，商纣王被这种假象所迷惑，不仅释放了文王，还授予他征伐叛逆的权力。

　　文王回到西岐后，请到一位大政治家、军事家姜子牙主持国家事务，西岐的实力进一步加强。不久，文王去世，武王姬发继位。

　　武王时期的西岐已经有力量与商朝对抗了。登基的第二年，周武王把军队开到孟津，有八百多个小国诸侯来到孟

◀ 大事年表 ▶

● 约公元前 1100 年
文王请到姜子牙辅弼
● 约公元前 1080 年
孟津会盟
● 约公元前 1046 年
武王建立周朝
● 约公元前 1042 年
周公辅政，三监之乱
● 约公元前 1020 年
成康之治

↑周公像

周公，亦称文公，叔旦，周武王之弟。武王卒，成王幼小，摄政，建成周洛邑，制礼作乐，主张"以礼治国"。

津会师。很多诸侯向武王提出讨伐商纣王，但是武王认为时机还不成熟，会盟结束后又回到丰镐。

不久，武王终于带领诸侯将商纣王推翻了，开创了周朝，不再沿用夏商的部落联盟形式，而是将天下的领土全部收归天子所有，然后再分封给功臣、皇室作为属国。从此，"普天之下，莫非王土；率土之滨，莫非王臣"。

武王分封的属国君主，绝大多数是武王的亲属，凡是姓姬的亲族，每人都分到一块大小不等的土地，如武王的弟弟召公奭，封到燕国；管国国君是武王弟弟姬鲜；蔡国国君是武王弟弟姬度；霍国国君姬处，等等。少数是建立功勋的官员，如功劳最大的姜子牙，封到齐国。对于暂时不能征服或不能消灭的部落，或者是有非常高贵血统的部落，也封一块土地给他们。如夏朝的后裔封为杞侯，尧的后裔封为唐侯，舜的后裔封为陈侯，纣王的儿子武庚封为殷侯，留在殷都。

武王在建立周朝后不久就病逝了。继位的是12岁的成王，周公旦和召公奭摄政。周公是中国历史上奠定传统制度的关键人物。他制定了一套典章制度，就是被后世奉为圭臬的周礼。周公建立起宗法制度，即"嫡子继承制度"，也就是以母亲的身份和出生的先后，把所有的儿子区分为嫡庶长幼，有嫡立嫡，无嫡才立长。嫡长子就是大宗，大宗可以继承父亲的所有爵位和封国，小宗只能降一等继承。

周公掌握了主要权力，工作非常紧张，洗头发洗到一半的时候有事要处理，就用手握住头发，先处理政事；吃饭吃到一半，政务又来了，只好把饭吐出来。周朝因此得以继续发展强大。

成王还是个小孩，一次和弟弟叔虞在花园里玩，捡了一片树叶作成朝笏，封叔虞为属国国君。这本来是小孩子的玩笑，周公知道了，坚持君无戏言，将叔虞封到唐国，这就是后来春秋时期的中原霸主晋国的前身。

主要人物

周文王姬昌：周朝开国君主姬发的父亲，执政时期西周迅速发展，政律开明，是中国历史上有名的贤君。

武王姬发：周朝开国君主，组织诸侯会盟于孟津，又成功推翻商纣王的暴政。

姜尚：即姜子牙，是中国历史上出色的军事家和政治家，辅弼文王和武王，开创了八百年周朝大业。

周公：即姬旦，武王死后辅佐年幼的成王，对成王忠诚不贰。创建了中国宗法制度，建立了传统道德体系。

重大成就

◆ 确立了嫡长子继承制、宗法制、分封制等在中国影响深远的政治制度。

◆ 周公建立中国传统道德体系，影响了中国三千年。

◆ 井田制进入成熟与完备阶段，青铜农具开始使用，耦耕、施肥等新的耕作方法出现。

◆ 手工业发达，规模大，分工细，号称"百工"。

◆ 金文广泛应用，大篆为规范文字。

◆ 西周初期的"韶乐"达到了很高的水平。

↑玉鹿 西周中期

此玉鹿饰纹简洁，但形态逼真，栩栩如生，为西周玉鹿之精品。

但是周公也引起了大家的猜测，有人怀疑他想篡取国家的政权。周公没有办法解释，后来人们在姬家祖庙中发现周公愿意代替武王去面对死亡的文件，这在那个时候是非常忠诚的表现，成王才真正相信周公。

就在大家猜测周公的时候，封为殷侯的纣王儿子武庚，在殷都与管叔姬鲜、蔡叔姬度、霍叔姬处一起发动叛乱，要重新建立商的统治。幸亏周公的冤屈及时昭雪了，周公和召公一起，指挥中央的军队，花费三年的时间平定了叛乱。

平定叛乱后，周公在丰镐东面新建一座都城，称为洛邑。西部是镐京，又叫宗周；东部是洛邑，又叫成周。

西周的军事制度是非常完善的。周王室建立了两支常备军，一支是驻扎在都城镐京附近的宗周六师，保卫镐京；一支是驻扎在洛邑附近的成周八师，目的是震慑殷商遗民。诸侯国也有自己的军队，以12500人为一军，天子共有六军，大国三军，中等国家二军，小国一军。

成王和他的儿子康王，前后共执政50多年，中原地区不断发展强盛，历史上将此称为"成康之治"。

↑《尚书·大诰》内页

《尚书·大诰》中记载着周成王和周公的事迹。

国人暴动

成康之治大概维持了50年，康王的儿子昭王南征溺水而死。昭王的儿子穆王日益懈怠骄纵，周游天下只为了个人享乐，西征犬戎劳师无功。穆王的儿子共王竟然因为密国没有贡奉三个他看上的美女，就灭了密国。此后的懿王、孝王、夷王因为不是父死子继，诸侯都不大信服，夷王甚至不敢坐受朝拜，要到堂下来会见诸侯，王室的权力开始衰弱了。

公元前976年即位的厉王，更是一个荒淫的君主。他任用荣夷公将本来是大众经营的商品改由国家专门经营，城市贵族因此大受其害；又相信卫巫的特务统治，发现有怨言的就诛杀，甚至到了用巫术断定一个人是否有怨言，然后进行杀戮的程度；厉王将山林川泽全部收归己有，不仅城市贵族不满，更是损害了下层地主贵族的利益。

召公提醒厉王"防民之口，甚于防川"，但厉王以为特务政治

↑青铜乐舞人　西周
使用乐舞也是礼的范畴，此乐舞人挽椎髻穿袍服，应是西周时少数民族的舞人。

← 青玉夔纹人首佩　西周

↑牛面玉佩　西周
此玉佩为牙黄色，多朱砂痕，平视为牛面，尖角，额头有纹，眼眶为棱形，眼珠为圆形，是一件难得的艺术珍品。

↑㝬簋　西周
这是迄今出土的最大的一件商周青铜簋，周厉王㝬作器，形体高大魁伟，可称簋中之王，内底铸铭文124字，作于厉王十二年，为西周青铜器断代增添了一件标准器。

重大成就

◆ 教育制度日益完备，分国学和乡学两种。
◆ 青铜制造业进一步发展，青铜艺术与礼制紧密结合。
◆ 舞蹈兴盛，分文舞与武舞，文舞以《大夏》、武舞以《大武》为代表。

可以将民怨控制住，没有调整政策，京畿地区的经济、政治局势非常危急。

西周的社会由天子、贵族、平民、奴隶四个阶级构成。平民又称为国人，政治上享有自由，也享有一定的政治权利。国人大多是贵族阶级的旁支远系，与贵族阶级的关系非常密切。国人阶级同时也是甲士最主要的组成部分。

公元前841年，在城市平民和城市贵族，即国人的领导下，在京畿地区的各处人民同时发动暴动，厉王被迫出逃，贵族们还要杀掉他的儿子，幸而有召公和另一位大臣周公保护。召公、周公二人被推举共同摄政，第一次产生了由贵族政权的集体共治的中央政府，历史上称为"周召共和"，这一年又被称为共和元年。

周召共和历时14年。公元前828年，厉王在流亡地崩去世，厉王的儿子宣王登基，恢复君主政治。

西周政权自从国人暴动以后一蹶不振，贵族势力日益强大。宣王虽然有心恢复周室权威，但是讨伐西戎和南方蛮夷的战争都以失败告终，宣王执政46年，只是暂时维护了单一君主制形式上的统治，国家统一的力量越来越薄弱了。

西周中期以后，殷商风格的青铜器再次盛行，生产技术的进步使得器皿更加精美，已经开始使用焊接技术。陶器、纺织业、骨器、玉器、油漆木器、商业也得到发展。货币更加普遍，但仍然以贝类为主。

← **宗周编钟　西周**
此钟是周厉王为宗周祖庙所铸的一组编钟中的一件。西周的统治阶级在血缘关系的基础上建立了一套比较完整的宗法、分封、等级、世袭制，以及严密的礼制与刑罚制，由此形成了族权与政权的结合。编钟即是基于宗法制而设立的礼仪乐器，其地位在周礼中非常重要。

烽火戏诸侯

↑**人面纹玉饰　西周**
此物由青玉雕成，圆形人面像，方脸大耳，矩口獠牙，造型自然生动，别致有趣。

宣王的儿子幽王继承王位后，西周的国运也就到尽头了。公元前 780 年，京畿地区大地震，岐山崩裂，泾水、渭水、洛水同时干涸。

幽王的宠妃褒姒是臣子为了营救父亲而献给幽王的贡品。幽王对她言听计从，甚至把她立为王后，但褒姒生性不爱笑，幽王为了让她开心，不惜上演一场又一场大闹剧，直到把国家给赔上，才结束这些闹剧。

周朝为了防备犬戎的进攻，在骊山修建了二十多座烽火台，每隔不远就有一座，这就是今天长城的雏形。如果犬戎打过来，最先得到消息的兵士就把烽火烧起来；周围关卡的兵士见到烟火，也把烽火烧起来。白天燃烟，晚上升火。这样就能迅速传递紧急信息，附近的诸侯见到了，就能及时发兵救护。有个大臣虢石父，取悦幽王和王后，想出了一个鬼主意。虢石父建议幽王和王后到骊山去，晚上的时候把烽火点起来，附近的诸侯见了一定会快马加鞭的赶来。王后褒姒见了这许多兵马扑了个空，就有可能会笑起来。

幽王带着褒姒，前往骊山举行盛大宴会。到了深夜时分，幽王真的下令燃起烽火。报警信息迅速传往附近的诸侯国。王畿附近的属国国君都以为镐京有紧急军事行动，立即集合军队，火速驰援。早上的时候，诸侯之师果然来到骊山。幽王毫不在意地派人通知诸侯这不过是自己在用烽火解闷罢了。属国国君劳累奔驰，气急败坏，只好偃旗息鼓，恨恨而归。王后褒姒终于不禁嫣然一笑，幽王为此大赏虢石父。大臣和诸侯见到这种情形，都对国君大为

↑**烽火戏诸侯**
荒淫昏庸的周幽王为博得爱妃一笑不惜假借烽火之名欺骗属国国君，使他们对其失去信任，最后亡国，可谓荒唐可笑又教训深刻。

主要人物

周幽王：西周最后一个王，昏庸无道，为博取美人一笑，不惜烽火戏诸侯，以致国亡身死。
申侯：姜氏，本为周幽王岳父。为保护外孙，与蛮族犬戎联合，攻陷镐京。

◆ 大事年表 ◆

● 公元前 771 年
周幽王烽火戏诸侯
犬戎攻入镐京，西周结束
● 公元前 770 年
周平王迁都洛邑，东周开始

重大成就

◆ 掌握冶铁技术，铁农具出现。
◆ 青铜器广泛应用于生活各方面。
◆ 金文的使用得到普及。

失望。

幽王为了取悦褒姒，又下令申国杀掉原来王后的儿子，申国国君不愿杀死自己的外孙。幽王因此集结诸侯军队，准备出兵讨伐。申国国君力量单薄，只好联系西方的犬戎共同采取行动。犬戎部落早已有入侵中原地区的愿望，双方一拍即合。兵临城下，幽王再次命令属下急燃烽火向诸侯求救。属国国君们因为有上次的教训，都不着急出兵，慢腾腾地向镐京进发。援军到达之前，镐京就已陷落了。主持政务的姬友战死，那个出馊主意的虢石父在战乱中被杀，幽王和褒姒生的伯服都被犬戎杀了，褒姒被掳走了。

申国国君的外孙，幽王的儿子姬宜臼于公元前 770 年在外公和其他重要诸侯的拥立下登基，是为平王。虢国国君立幽王的另一个儿子余臣为王。

镐京经过犬戎蛮族的焚烧和劫掠，到处断瓦残垣，不能再作为首都了。在晋文侯和郑武公的帮助下，平王将首都从宗周迁往成周，即原来洛邑，西周时代结束。

东周的版图只剩下了中原地区，王畿的范围也大为缩小。周国的力量大为减小，再没有力量继续原有的君主统治了，各属国的力量逐渐可以与之抗衡，周王只留下了名义上的天子地位。晋文侯帮助平王消灭了携王余臣，郑武公主持迁都事宜，于是东周的控制权落入晋国和郑国手中。

属国纷纷扩张自己的实力。郑国国君把女儿嫁到邻近的胡国，又杀掉主张对胡国动武的大臣。胡国因此解除了边界的防备。郑国发动突袭，将胡国灭掉。而东周中央政府对这种兼并根本无法讨伐。从此，封国与封国间开始了长达五百年的相互征伐，中原地区陷入了一个旷日持久的火并时代。

西周末年，宗教上敬天的虔诚转变为骂天咒天，因为社会动荡，天灾连连，人祸不绝。民间流传的诗歌中多有反映，这种对自然界的诅咒，实际上是对统治阶级的反抗，君主和贵族统治下的残暴和贪婪，使得民众流离失所，继而被迫以武装斗争的形式，发动了一系列的暴动。

↑ 羊首青铜刀　西周
这种青铜刀为短兵器，柄端饰有羊首，具有北方草原文化特征。

五霸与七雄

——春秋与战国

齐桓公和管仲

周室东迁以后，诸侯定期的朝聘和进贡日益减少，《春秋》记载，242 年中，鲁国朝聘进贡一共才有七次。鲁国还是周王室血缘亲近的亲戚，其他诸侯的朝贡几乎全废止了。

春秋数百年间，一百多个诸侯国中吞并小国最多的晋、楚、齐、秦以及后起的吴、越是一等国；吞并较少的鲁、宋、郑、卫是二等国；陈、蔡、曹是三等国。二、三等国有权参与霸主召集的大盟会。其余小国只能做列国的私属，给宗主国服役，不得参与大盟会。还有一种附庸国，地位更卑微。这些大小国相互间的关系，除

↑ 管仲像

了"强凌弱，众暴寡"之外，其他关系是很少的。大国对小国，不是攻伐，便是迫令献纳贡赋和贿赂，小国还得表示出曲尽恭顺的样子。小国对最小国，同样是攻伐与勒索贡赋贿赂，只要有侵夺的机会，决不放过。例如邾、鲁两国境界交错，邾人在翼筑城，回来经过鲁地武城，猛不防鲁兵堵塞前后，邾人被捉当俘虏。小国也互相侵夺，所有国家都在互吞，大国吞大国，大国吞小国，小国吞最小国，到春秋末年，只剩下晋、楚、齐、秦、越五大国和鲁、宋、郑、卫等几个待亡的小国。

伴随着周王室的衰弱，诸侯公室也发生了信任危机。公元前 719 年，卫国政变。卫国国君卫完在去洛邑觐见国君之前，被他的弟弟州吁和幕僚石厚杀害。公元前 712 年，周礼发源地鲁国也发生政变，国君兄弟同室操戈。公元前 710 年，宋国政变，国君和司马孔父嘉同时被杀。政变不断成为东周公室内部的一大特色。

公元前 720 年，周郑交恶，衰退中的周王室受到沉重打击。郑国因为拥立之

功，在东周平王时代就非常显赫。按照周王室的制度，封国和王室的卿地位是可以继承的，于是郑国国君一直兼任周王室的卿。接替平王的是周桓王，他实在无法忍受郑庄公的专权和跋扈了，就宣布解除郑庄公的兼职。郑庄公不甘示弱，竟然发动军队将周王京畿内的庄稼哄抢而去，然后又冒充周王的命令，攻击宋国。

接着郑庄公三年不入朝，周桓王大怒，征调四方军队讨伐郑国。公元前 707 年，他亲自率军进入郑国境内。郑庄公不但不投降认罪，反而出兵应战。周桓王大败，在奔逃中被郑国大将祝聃射中左肩。当初分封建国的时候，各封国之间的关系就是平等的，如今作为中央的周王丧失威信，一个组织松懈的王朝再次出现，诸侯之间的征伐不断爆发。

郑国的霸主地位没有最终建立起来，郑国的实力优势也没有能长久保持，郑庄公在公元前 700 年左右去世。15 年后，齐桓公即位，一个霸主时代才真正开始。

齐国是周朝功臣太公望，即姜子牙的封国，本来是个大国，经过讨伐东夷拓展了几倍的国土，再加上丰富的沿海资源，经济比较发达，国力很快就在诸侯中处于领先地位。公元前 686 年，齐国国君襄公被杀。襄公没有儿子，只能兄终弟及。他有两个兄弟，一个是公子纠，当时在鲁国，师傅是管仲；一个是公子小白，当时在莒国，师傅是鲍叔牙。两个公子听到齐襄公被杀的消息后，同时决定回国继承君位。

管仲知道公子小白在莒国，离齐国很近，如果按照正常的速度，一定是小白先回到齐国。那么小白就一定会出兵抵挡公

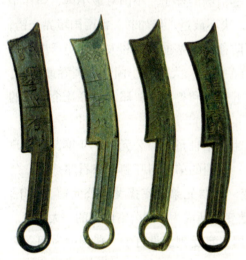

← 齐刀币　春秋
随着经济的发展，春秋初期铜币和金币等金属货币相继面世，此时商品交易形式是以物易物和金属货币并用。齐刀币由古代石刀演化发展而来，主要流通地区是齐、燕地区。

子纠。于是，管仲轻骑先行，在路上埋伏攻击公子小白。管仲误以为伏击小白成功，谁知射中的是公子小白衣带的钩子，公子小白将计就计大叫倒下装死。

于是，小白和鲍叔牙提前回到了国都临淄。小白马上即齐国国君位，这就是齐桓公。齐桓公立即发兵征讨鲁国，要求鲁庄公杀掉公子纠和管仲。

鲍叔牙向齐桓公请求赦免管仲，因为管仲才干出众，如果要成就霸业，管仲一定是一个好帮手。齐桓公是一个有雄心壮志的君主，为了成就霸业，他不但不治管仲的罪，还任命他为管理国政的相。

↑《管子》书影

相传为管仲所著，大部分为战国齐国稷下学者采拾管仲言行推其旨义而成。共二十四卷，分为八类：《经言》九篇，《外言》八篇，《内言》七篇，《短篇》十七篇，《区言》五篇，《杂篇》十篇，《管子解》四篇，《管子轻重》十六篇。内容庞杂，包含有法、道、名等家思想，以及天文、历数、地理、农业和经济等方面知识，是我们了解春秋早期社会经济状况及管仲政治经济思想的重要文献。

果然，管仲是一个治国能手，他整顿了行政管理系统，提出了以乡、连、里、轨为级别名称的地方政府机构；他整顿军队，将全国军队分为左中右三军，国君统帅最强的中军，国、高二氏统帅左右二军；他还整顿了国家经济，开辟了许多人民可以承受的税目，统一货币，稳定物价；他又提倡大开铁矿，提高耕种技术。尤其实现了大规模海水煮盐，内陆诸侯国必须依靠齐国供应食盐和海产品，齐国越来越强大了。

管仲认为周天子虽然失势，但毕竟名义是天下共主。如果能够假借天子的命令以会合诸侯，那么齐桓公就能做实际上的霸主。

刚巧新天子周僖王即位，齐桓公就派人前去朝贡祝贺。此时的周天子早已没有实权，诸侯们只知道征伐兼并，没有谁还去朝觐天子。周僖王刚刚即位，居然有齐国这样一个大国来朝贺，他一时高兴，竟然请齐桓公去宣布宋国新国君的君位，并且同意齐桓公取得平定宋国内乱的权力。

当时宋国因为争夺君位发生内乱，各方势力平均，新国君无法服众，内部很不稳定。齐桓公请周僖王下令，明确承认了宋国国君的地位。这样既恢复了天子的共主权威，又使得齐桓公可以假借天子的命令召集诸侯。

公元前681年，齐桓公奉周僖王的命令，通知各国诸侯到齐国西南边境上北杏召开盟会。这次只来了宋、陈、蔡、邾四个国家。在北杏会议上，大家共推齐桓公为盟主，订立了盟约。盟约上提出了"尊王攘夷"，这样就团结了中原地区诸

重大成就

◆ 农业上开始出现铁犁牛耕。
◆ 首次保留观测到哈雷彗星的纪录，已经认识到彗头分为彗发和彗核。
◆ 四则运算法则趋于完备，分数开始使用。
◆《管子》成书。

侯共同对付蛮夷的军事骚扰。同时，盟约中也提出大国帮助弱小诸侯，相互友善的基调，为后来的弭兵大会做了准备。

此后齐国的发展也并非一帆风顺，鲁国在曹刿的领导下，利用士气三鼓而竭的原理，在长勺打败了齐国的入侵。

但是，齐桓公的霸主地位还是逐步形成了。齐桓公帮助燕国打败山戎，帮助邢国打败狄人的入侵，帮助邢国重筑长城，又帮助卫国赶走狄人，重建卫国国都。齐桓公在诸侯中的威望越来越高，俨然是中原地区的霸主。

南方的楚国长期与中原关系疏远，在春秋时期逐渐强大起来。楚国不断向北扩张土地，又连年伐郑，成为中原地区的主要威胁。公元前656年，齐、宋、鲁、陈、卫、郑、曹、许八国联军，共同讨伐楚国。楚成王率兵与联军形成对峙局面。

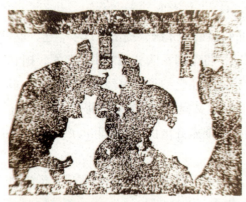

↑齐桓公与管仲画像砖
出土于山东嘉祥，反映了法家思想在春秋战国时期受到当政者的推崇与重视。

后来齐楚在召陵订立盟约，史称"召陵之盟"，楚国重新向周王室进贡，齐国率领的联军撤军。

后来，周王室发生王位继承危机，齐桓公又帮助太子姬郑继承君位，即周襄王。周襄王为了报答齐桓公，特派使者把祭祀太庙的祭肉分送给齐桓公，这在当时是最高的奖赏。

公元前651年，齐桓公趁着接受太庙祭肉的机会，在宋国的葵丘大会诸侯，以此招待周天子使者，并且订立盟约，

主要人物

郑庄公：春秋初期周王室的重要大臣，打败周王率领的联军。虽然最终未能成就霸业，但是开辟了一个霸主的时代。

齐桓公：春秋时齐国君。姜姓，名小白。齐襄公弟。任用管仲进行改革，以"尊王攘夷"相号召；与楚国会盟于召陵；平定东周王室的内乱，成为春秋时第一个霸主。

管仲：本是公子纠的师傅，曾刺杀齐桓公未遂。后为齐桓公拜相，治理齐国取得显著成效。辅弼齐桓公成就霸业。

鲍叔牙：齐桓公的师傅，帮助齐桓公取得国君的地位，说服齐桓公赦免管仲并重用其作为治国大臣。

申明盟约各国不乱筑堤防，兴修水利，不使邻国遭受水害；互相救济灾荒，灾荒时不禁止粮食流通；盟约规定各国友好相待，不再擅自分封，强调周天子的共主地位。这样"挟天子以令诸侯"的事在历史上是首次出现，史称"齐桓公始霸"。

　　齐桓公一共九次会合诸侯结盟，历史上称作"九合诸侯"，这也是中国历史新阶段的表现。但是齐桓公晚年任用奸佞小人，管仲也不得不蓄姬自保自乐。公元前 645 年，管仲病死；公元前 643 年，齐桓公也去世。齐国再次发生君位继承危机以致爆发内乱，齐国的霸主地位也就结束了。

▍诸强争霸

　　公子重耳是晋献公的儿子，晋献公死后，晋国发生了内乱，献公的两个儿子重耳和夷吾被迫出国避难。不久，夷吾回国夺取了君位，又想杀掉重耳，重耳不得不继续逃难。

　　重耳在楚国的时候，楚成王把他当作贵宾，重耳对成王也非常敬重。有一次，楚成王在宴请重耳的时候，开玩笑问他："公子要是回到晋国，将来怎样报答我呢？"重耳回答说不知道该怎样感谢楚王的恩情，只能承诺愿意和楚国交好。即使两国发生战争，晋国一定先退避三舍。

　　后来重耳又流亡到秦国。秦穆公本来帮助夷吾继位晋国国君，但是夷吾做了晋国国君以后，反过来与秦国作对。夷吾死后，他的儿子

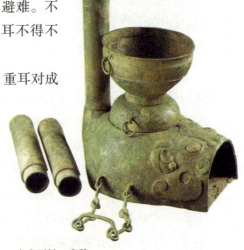

↑ **虎形灶　春秋**
行军作战时使用的炊具。

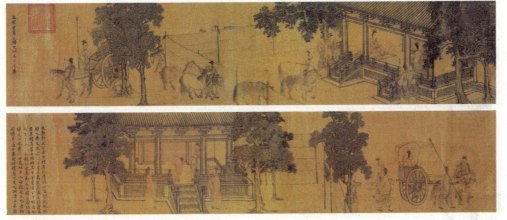

↑ **晋文公复国图卷（局部）　南宋　李唐**

重大成就

◆ 铁兵器开始在军事领域里应用。

◆ 城濮之战成为中国战争史上以少胜多的范例。

◆ 青铜器、漆器制造业发达，丝织业繁荣。

◆ 商业兴盛，金属货币大量铸造。

◆ 更为科学的历法诞生，以365.25天为一回归年，19年置7闰月。

◆ 孔子编定《五经》，创立儒家学派，并开私人讲学先河。

◆《老子》传世。

◆《孙子兵法》问世。

◆ 开始修建农业水利工程。

又继续与秦国失和，秦穆公决定帮助重耳回国继位。公元前636年，秦国护送流亡了19年的重耳回国即位。

重耳就是春秋五霸之一的晋文公。在大臣狐偃、贾佗等协助下，减轻赋税，通商宽农，省用足财，使得晋国政治上回归稳定，社会经济得到发展。

晋国霸权是在与楚国争霸的过程中逐步形成的。楚国不断向北扩张，鲁、郑、陈、蔡等国已经被迫依附楚国。公元前632年，楚国又包围宋国，宋国向晋求援。晋文公决定率军救宋。晋文公率领晋、宋、齐、秦联军在城濮打败楚军。

此后不久，晋文公借助军事余威，在践土大会诸侯，与会的有鲁、宋、齐、郑、蔡、卫等国，周天子也派人参加了会盟。盟约强调了中原诸侯之间和平相处的原则，晋文公成为中原的霸主。

秦国僻处西陲，周初为附庸小国，春秋初年因秦襄公助平王东迁才被封为诸侯，并要求平王赐给他岐山以西之地，定都于雍。到了秦穆公时，国势逐渐强大起来。秦穆公在位期间，内修国政，外图霸业，统一了今甘肃、宁夏等地，开始了秦国的崛起。公元前624年，秦穆公亲自率兵讨伐晋国，渡过黄河以后，将渡船全部焚毁，表示誓死克敌的决心。晋军不敢出战，秦军从茅津渡过黄河，到南岸崤地，在当年的战场为战死的将士堆土树立标记，然后回国。公元前623年，秦军出征西戎，以迅雷不及掩耳之势活捉西戎王。秦穆公乘胜前进，二十多个戎狄小国先后归服了秦国。秦国辟地千里，史称"秦穆公霸西戎"。周襄王派遣召公过将金鼓送给秦穆公以示祝贺。

晋文公死后晋国的霸主地位仍然得以保留，但是楚国在楚庄王的治理下国家实力大为加强。楚庄王即位之初，三年对于政事不闻不问，三年后"一鸣惊人"。任用伍举、苏从管理政务，任命孙叔敖为令尹（宰相），整顿内政，发展农业，兴修水利，开凿水库灌田万顷，使江淮一带成为楚国粮仓。

← 鸟头纹饰金具　春秋

随着社会经济的发展，上层社会生活日趋奢侈，对高级日用品和装饰品的需求越来越大。使用金银用品成为贵族身份的象征，这在客观上促进了金银制作和加工工艺的提高。

楚国实力迅速上升，促使楚庄王向中原图霸。公元前 606 年，楚庄王率军抵达洛水流域，在周王室京畿之地检阅军队，并且遣使节向周天子询问象征国家权力的鼎的大小轻重。公元前 597 年，楚庄王又兴兵讨伐中原大国郑国，3 个月打败郑国。晋国派兵救援，楚晋交锋，晋国大败，从此楚国在中原地区建立了霸权。公元前 594 年，楚国围攻宋国，宋国被迫投降，中原地区的鲁、陈等国也慑服于楚国，楚国成为春秋中期最强的国家。

↑伍子胥像

公元前 546 年是东周时期划分为前后两期的一年。这一年，向来争夺霸权的晋楚两大国在宋国召开了弭兵大会。大会以前，列国形势主要是诸侯兼并，其次是大夫兼并；大会以后，形势变为主要是大夫兼并，其次是诸侯兼并。这就是说，弭兵大会是东周时期诸侯兼并转变为大夫兼并的关键。

宋大夫向戌同晋国执政赵武、楚国执政屈建都有交谊，想说合两国，息兵停战。晋国六家世卿（赵、韩、魏、知、范、中行）相互间争夺剧烈，楚因受吴国威胁，不敢冒险北进，都愿意暂时停战。其余小国内大夫也在进行兼并，希望减少对外战争。因此向戌一倡导，就得到晋楚等国的赞同。公元前 546 年，晋、楚、鲁、宋、蔡、卫、陈、郑、许、曹十国大夫在宋都商丘大会，约定晋楚两国同作霸主。此后楚可以专力对吴，晋可以专心内争。吃亏的是小国，负担更加沉重。但也因为南北往来密切，华夏文化对楚发生巨大的影响，楚国逐渐被看作华夏一

❧ 主要人物 ❧

晋文公： 名重耳，春秋时期著名的政治家、晋国国君，他励精图治，政绩显赫，在不长的时间里，开创了与楚国争霸、雄峙中原的事业，为春秋五霸之一。

楚庄王： 名侣，春秋时期楚国国君，春秋五霸之一，政治家、军事家。即位之初不动声色，三年后一鸣惊人，整顿楚国，使得楚国成为春秋第一强国。

秦穆公： 嬴姓，名任好，秦国历史上一位有作为的君主。在位期间，内修国政，外图霸业，统一了今甘肃、宁夏等地。

吴王夫差： 春秋战国时吴国末代国君。即位后两年打败越兵。率吴军北上。开凿邗沟，欲争霸中原。越王勾践乘虚大败吴军，夫差自杀。

越王勾践： 春秋末期越国的君主。主动进攻吴国失败后，卧薪尝胆，任用范蠡、文种等人，休养生息。乘机举兵伐吴，经周元王正式承认为霸主。

孔子： 名丘，字仲尼，鲁国人。春秋后期的思想家、教育家，儒家学派的创始人。孔子的思想对中国封建社会的哲学、文学、艺术、教育、史学等产生了巨大的影响。

老子： 即老聃，姓李名耳，字伯阳，楚国苦县厉乡曲仁里人。相传春秋时思想家，道家的创始人。

国，华夏文化范围扩大到吴楚。

楚国之后吴越相继称霸。楚平王诛杀伍子胥全家，伍子胥白发过昭关，会同大军事家孙武一起辅弼吴国。公元前506年，吴国出兵讨伐楚国，攻陷楚国国都郢，因为秦国军队救援，楚国才没有被灭国。

公元前496年，吴国与越国大战，吴王阖闾负伤而亡。夫差继位为吴王，公元前494年吴越再战，越国大败。越王勾践投降后"卧薪尝胆"，经过"十年生聚，十年教训"，恢复了越国的实

↑ 孔子像

力。吴王夫差打败越国后，北上争霸，大败齐国，公元前482年在黄池大会诸侯，周天子派代表与会，盛极一时。越王勾践趁机从吴后方攻入吴国首都，吴王投降。公元前473年，越国灭吴。

弭兵大会以后，战争相对减少，大小各国尤其是晋、齐国内的强宗，展开了尖锐的兼并斗争。晋灭大夫祁氏、羊舌氏，分祁氏田为七县，羊舌氏田为三县。又灭中行氏、范氏、知氏，晋国政权归赵氏、韩氏、魏氏三家。

春秋时期由于列国争霸，学术气氛非常开放，尤其以老子为代表的早期道家学派和孔子为代表的儒家学派最为活跃。

老子提倡无为而治，并非完全遁世弃俗，只是在政治上主张"小国寡民"的理念。老子又将世界的本原归结为"道"，认为"道生一，一生二，二生三，三生万物"；同时又提出了朴素的辩证法思想，认为"祸兮福所倚，福兮祸所伏"。

孔子3岁丧父，由母亲颜氏把他抚养成人。孔子年少好礼，15岁便志于学，到了而立之年，便退出仕途，授徒讲学，并借此维持生活。

50岁时，孔子再次出仕，官至鲁国司寇。当时，鲁国的政权掌握在季氏等三家权臣手中，孔子提出毁坏这三家城邑的主张，防止他们专权。

◆ 大事年表 ◆

● 公元前636年
重耳即位为晋文公
● 公元前632年
城濮之役，晋率诸国败楚，晋称霸
● 公元前623年
秦穆公称霸西戎
● 公元前607年
晋赵穿杀晋灵公，赵盾专政
● 公元前594年
楚庄王称霸
● 公元前551年
孔子诞生
● 公元前536年
郑宰相子产铸成文法于鼎
● 公元前494年
吴王夫差于会稽打败越王勾践
● 公元前481年
孔子《春秋》以此截止
● 公元前480年
墨子诞生
● 公元前473年
越王勾践围吴王夫差，越灭吴

孔子的建议在鲁国未能付诸实施，于是他离开鲁国，开始周游各诸侯国。他先后周游卫国、宋国、陈国、蔡国等国，并困于匡，在陈绝粮，没有哪个国君能够施行孔子的学说。

孔子暮年致力于培养教育学生，纂修《诗》、《书》，寄希望于未来。一生负救世济民之志的孔子，无奈仕途坎坷，颠沛流离，不能见用于世。孔子生时不显于世，死后却被尊为"素王"，他的学说被奉为修身齐家治国平天下的指导理论，到了后来更被尊奉为"至圣先师"、"万世师表"。

▌三家分晋

东周时期，诸侯国内有大夫采邑，一个采邑实际是一个小国。因为诸侯兼并，某些诸侯国土地扩大了，国内某些采邑也跟着扩大起来。大采邑间由开始兼并到盛行兼并，与诸侯兼并走着同样的道路，不过两种兼并的作用却明显有所不同。诸侯兼并破坏了被灭国的宗族，加强了本国内的宗族；采邑兼并则是破坏了国内失败的宗族。家族代宗族而兴起，这主要是战争的结果。

食采邑的贵族有两类。一类是国君的儿子，按规定，一人得以继承君位，其余食采邑做大夫，如鲁国的三桓，郑国的七穆，齐国的高、国、崔、庆等。一类是有功的异姓人，也得食采邑做大夫，如晋国六卿中范氏、赵氏，齐国陈氏等。大夫的采邑与名位都是子孙世世继承不绝，国君在这些世袭贵族中选出一人或数人做卿，助国君掌管国政。到后来，华夏诸侯国如晋、齐、鲁、宋、郑、卫等国，

◀ 大事年表 ▶

- 公元前 453 年
晋国的韩、赵、魏瓜分知氏
- 公元前 403 年
周王任命韩、赵、魏为诸侯
- 公元前 375 年
韩灭郑
- 公元前 369 年
中山国建长城
- 公元前 367 年
韩、赵参与周王室内乱，分成周为东、西二国

重大成就

◆ 确立二十四节气，《甘石星经》成书。
◆《考工记》和《墨经》是中国物理学的早期代表作。
◆ 鲁班发明攻城云梯。
◆ 墨子思想中的朴素唯物主义思想，对于科学技术和发明创造的进一步发展提供了思想支持。
◆《左传》和《国语》问世。

↑ **韩氏曼鼎 战国**
造型奇巧，别具匠心的韩国青铜器，铸造于战国时期。

主要人物

赵襄子: 名毋恤,又作无恤,春秋战国之际晋国赵氏的封君。困守孤城时,临危不乱,始终坚持,反败为胜,充分显示了他的政治军事才能。

知伯瑶: 晋国晚期主要执政者,军事实力最强,在攻击赵襄子的战争中被离间打败,封地被韩、赵、魏三家瓜分。

墨子: 墨子是战国初期伟大的思想家,墨家学派的创始人,姓墨名翟。墨子在政治上提出了兼爱、非攻、尚贤、尚同、节用、节葬、非乐等主张。

↑**错金银兽首　战国**
这是战国时期魏国的车马饰件,以马首作造型,用夸张的手法突出马的双眼,大而有神。通体饰金银卷云纹,具有精美华贵的气派。这是战国错金银工艺中最具代表性的作品。此器出自魏墓。

卿也成为子孙世袭,国政被几家世卿把持,某些宗族变成强宗,采邑变成强国。

大夫被宠或有功或有权力,可以获得国君的赏田、赏人,也可以向国君请赏,或瓜分其他宗族的土田,甚至可以瓜分公室。鲁国在公元前562年,季孙、孟孙、叔孙三家三分公室,作三军各得一军;到前537年,三家又四分公室,季孙得二,孟孙、叔孙各得一,季孙私属甲士多至7000人。

东周前期,诸侯武力兼并,晋悼公兴霸业,先给人民免旧欠,救灾难,轻赋敛,赦罪人等好处。东周后期,齐国田氏、晋国的韩赵魏三家,政治上比较开明,所以成为大夫兼并的最后胜利者。

在周代初年的所有封国中,晋国的面积最大,力量最强,最有资格统一中国。公元前376年,晋国公室被韩、赵、魏瓜分。

晋国国君的权力衰落后,实权由六家大夫把持。最后只剩下知氏、赵氏、韩氏、魏氏,其中知氏的势力最强大。

公元前455年,知伯瑶率领知、韩、魏三家联军攻打赵氏。由于实力悬殊,知伯瑶率领的三家兵马将赵氏的晋阳城团团围住。赵军凭着晋阳城的牢固和军民顽强的斗志死守两年多,三家兵马始终未能攻下。

知伯瑶发现晋阳城东北有条河流,忽然想把晋水引到晋阳城。这时正赶上雨季,知伯瑶命令兵士在水坝上开了个豁口。大水就直灌到晋阳城里去了。

知伯瑶使用洪水淹没晋阳城,对韩康子、魏桓子震动很大,他们更担心自己的封邑会遭受晋阳这样的命运。于是,韩、魏与赵合谋,灭了知氏,平分了知伯瑶的土地。

公元前 403 年，韩、赵、魏三家使者拜见周威烈王，要求周天子将三家封为诸侯。周威烈王只能承认现实，将三家正式封为诸侯。从此，韩、赵、魏、秦、齐、楚、燕七大国并立，史称"战国七雄"。

魏国的强大

战国处于公元前 475 年到公元前 221 年间，是中国历史上一个动荡的时期。各诸侯国之间的战争接连不断，社会呈现天下大乱的形势。这期间，北起长城，南达长江流域，先后出现秦、齐、楚、燕、韩、赵、魏七个大国。他们侵伐小国，互相兼并，战争愈演愈烈，历史上称这七个大国为"战国七雄"。

魏国位于中原的枢纽地带，拥有最肥沃的耕地。战国之初，魏国独占中原。魏国较早地实行了社会改革，成为最先强盛的国家；魏国国君一连任用了三位优秀的治国人才：公元前 445 年，魏文侯任用李悝实行变法，制定法律，调整赋税，使社会得到长时间的安定；另一位是镇守邺城、兴建灌溉工程的西门豹；还有一位就是开辟并镇守西河地区的军事家吴起。

在经济上，改变不适应生产力发展的井田旧制，"尽地力之教"，抽"什一之税"，创制"平籴法"，兴修水利，鼓励开荒，促进了社会秩序的稳定和农业生产的发展。在政治上，魏文侯的改革基本废除了世袭的禄位制

↑ 孙膑像

↑ 梁十九年鼎　战国
这是可以确证为魏器的青铜器之一，如此精美的青铜器召示了魏国当时强大的国力和高超的铸造工艺。

重大成就

◆ 魏文侯任用李悝实行变法，封建制度初具雏形。
◆ 李悝所著《法经》，是中国古代第一部较完整的法典。
◆ 地理学诞生，《禹贡》《五藏山经》对中国地理的描述已经相当精确。
◆ 扁鹊确定望闻问切的诊断方法，并著有《扁鹊内经》《外经》。

度，推行因功授禄的政策，建立起比较清明、健全的官僚体制。在军事上，加强军队建设，推行"武卒"选拔制度，重视军事训练，提高部队的战斗力。通过这些改革，魏国迅速成为战国初期

主要人物

魏文侯: 名斯, 战国时魏国国君, 任用李悝为相, 吴起为将, 西门豹为邺令。兴修水利, 奖励耕战, 进行封建制的改革, 使魏成为战国初期的强国。

李悝: 战国初年法家学派政治家, 曾任魏文侯相, 实行变法。废除贵族特权; 统一分配土地, 鼓励农业生产; 确立封建法制。

西门豹: 战国魏文侯时邺令, 破除"河伯娶妻"陋俗, 开凿水渠 12 条, 引漳水灌田, 促进生产发展。

吴起: 战国时的军事家和改革家, 卫国左氏人, 善于用兵。

庞涓: 战国时魏将。率魏军围赵都邯郸, 于桂陵中伏被擒。领兵攻韩, 在马陵中伏大败自杀。

孙膑: 战国中期的军事家, 孙武的后代。 著作有《孙膑兵法》。

← 鹰首提梁壶 战国
此器为齐国铜器精品。

最为强盛的国家。

魏惠王继位以后, 继承文侯、武侯的霸业, 继续积极向外扩张。魏国的勃兴和称霸, 直接损害了楚、齐、秦等其他大国的利益, 引起这些国家的普遍恐惧和忌恨, 其中尤以齐、魏之间的矛盾最为尖锐。

公元前 354 年, 魏惠王派大将庞涓率兵进攻赵国。魏军很快逼近赵都邯郸。赵成侯忙派使者前往齐国求救, 齐威王派田忌为主将、孙膑为军师, 出兵救赵。孙膑建议出其不意, 攻其不备, 攻击魏国都城大梁。庞涓只好领兵回救大梁。齐军埋伏在桂陵, 静候魏军; 魏军长途行军, 人困马乏。双方一经交战, 魏军全线崩溃, 齐军获得全胜。这就是历史上著名的"围魏救赵"。

桂陵之战并没有损伤魏国的真正实力。不久, 魏国联合韩国再次打败齐国, 魏国在中原地区仍然是第一强国。公元前 342 年, 魏国进攻韩国。韩国向齐国求救, 齐国仍派田忌、孙膑率军救韩。孙膑采取退兵减灶、诱敌深入的战术。齐军佯败后退, 第一天留下了 10 万人做饭的锅灶, 第二天减少到

⬥ 大事年表 ⬥

- 公元前 421 年
魏国西门豹治理邺
- 公元前 403 年
魏国被周天子任命为诸侯国
- 公元前 383 年
魏国大败赵国
- 公元前 380 年
三晋救燕伐齐
- 公元前 366 年
秦国大败魏国
- 公元前 364 年
秦国再次击败魏国

5万人的锅灶，第三天减少到3万人的锅灶。庞涓以为齐军逃亡严重，穷追不舍。孙膑在马陵设下埋伏，齐军万箭齐发，庞涓自杀，魏军大败。这就是著名的"马陵之战"。

至此，魏国已经没有实力独霸中原，魏惠王和齐威王会盟徐州，双方妥协，均分东方的霸权地位。此后，军事上一蹶不振的魏国逐渐衰弱，齐国和秦国成为东西对峙的"二帝"，进入齐、秦争强的战国后期。

▍秦国的崛起

秦国在战国初期，国力弱小。公元前361年，秦孝公即位，决心改变秦国的落后面貌，颁布变法图强的求贤诏令。

商鞅自魏国来到秦国，宣传"强国之术"，得到了秦孝公的信任，被任命为左庶长，协助秦孝公进行政治、经济、社会改革。公元前359年、前350年，商鞅两次公布了新法。

商鞅变法废除奴隶主贵族的世卿世禄制度，取消宗室的特权，按军功的大小重新规定官爵的等级和待遇。加强中央集权，普遍推行郡县制。全国设31个县，官吏由中央直接任免。由中央制定和颁发统一的度量衡。同时进行户口编制，实行连坐法。废除奴隶制的井田制度，在法律上承认土地私有和允许买卖。鼓励男耕女织，凡是劳动好，生产粮食和织布多的免除徭役和赋税，施行重农抑商政策。

↑商鞅像

商鞅新法直接打击了奴隶制旧势力，巩固了新兴地主阶级政权，守旧势力对此十分仇视。以甘龙、杜挚为代表的旧势力公开反对变法，主张"法古无过，循礼无邪"。商鞅认为制度和法令应该按照当时的客观环境来制定，治世从来没有一个划一的办法，只要求其便利于国家，不一定要效法古代。秦孝公完全赞同商鞅的意见，使变法得以顺利进行。

为表示新法执行的信用，商鞅派人把三丈长的木杆竖立在国都的南门，悬赏能把它搬到北门的人，赏给十金。人们觉得这么简单的事不值得给这么高的酬劳，没有人去搬。商鞅把赏金提高到五十金。有一个

◀ 大事年表 ▶

●公元前361年
秦孝公任用商鞅

●公元前316年
秦灭蜀

●公元前307年
赵武灵王改革，胡服骑射

●公元前300年
荀子诞生

●公元前279年
田单火牛阵击败燕军，恢复齐国

●公元前260年
长平之役，秦白起破赵，坑杀赵军40万

●公元前256年
秦败周，周献九鼎

人把木杆搬到北门，商鞅立刻赏给五十金，以示信用。这样一来公布新法时人们都知道奖惩严明，因此收效显著。

新法施行之初，有人议论新法不便执行的地方多至千数。太子的老师公子虔和公孙贾在幕后唆使太子触犯新法。商鞅认为太子犯法，是老师没有教育好，应该给老师处罚。为了保证新法顺利实行，商鞅还诛杀保守贵族。

秦国经过商鞅变法，在土地所有制方面，基本废除以井田制为基础的封建领主所有制，确立以私有制为基础的地主土地所有制；在政治方面，基本废除了分封制，确立了郡县制。秦国从落后国家，一跃而为"兵革大强，诸侯畏惧"的强国，出现了"家给人足，民勇于公战，怯于私斗，乡邑大治"的局面。

公元前338年，秦孝公死，旧贵族马上对商鞅进行反攻倒算，公子虔用"车裂"的酷刑处死商鞅。但是商鞅的变法措施却保留了下来，秦国最终成为战国七雄中实力最强的国家。

商鞅改革之初，东方的齐国仍然与秦国旗鼓相当，双方在不断兼并周围弱国、扩大势力范围的同时，又进行着所谓"合纵""连横"的外交斗争。"合纵"就是指弱国联合起来，阻止强国进行兼并；"连横"就是强国迫使弱国帮助它进行兼并。实际上"合纵"和"连横"都是争取暂时同盟者的外交手腕，其目的是进一步兼并土地，扩张领土。

齐、秦斗争的焦点在于争取楚国。战国初期，楚悼王任用吴起为令尹，实行变法，国家富强，一举打败了魏国并出兵伐秦。公元前381年，楚悼王死，吴起的新法被废除，楚国国势日弱。楚怀王被张仪欺骗，与齐国断交，汉中地方又被秦国占去。魏国乘楚国空虚，袭击楚国。楚国从此一蹶不振。

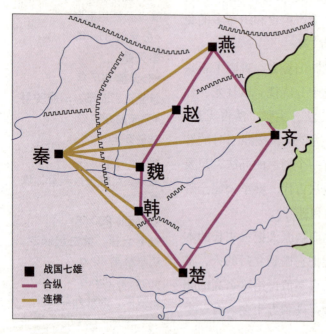

战国七雄 ■
合纵 ——
连横 ——

← **合纵连横示意图**

战国末年，兼并战争到了最激烈的关头，各国都展开积极外交，以争取盟友，削弱敌国。许多人研究形势，奔走于各国，为"合纵""连横"之说。"合纵"即合众弱攻一强，攻击对象或秦或齐，以秦为主。"连横"指事一强而攻众弱，主要以秦国为中心。"合纵""连横"为秦强众弱格局下所出现的政治局面。

公元前298年，齐、韩、魏、赵、楚等五国联军攻入秦国函谷关。秦国被迫退还韩、魏的一些领土，齐国成为关东各国的盟主。

◆ 秦国推行商鞅的新法，实现国富民强。
◆ 铁工具广泛应用到农业生产里，牛耕技术得以推广。
◆ 商业繁荣，大都市兴起，金属货币成为主要的流通货币。
◆ 战国后期，百家争鸣，学术繁荣，《孟子》《庄子》《荀子》相继问世。
◆ 屈原赋《离骚》，楚辞体创立。
◆ 中国古代医学理论集大成之作《黄帝内经》诞生。

公元前288年，秦昭王自称西帝，尊齐湣王为东帝，用远交近攻的策略拉拢齐国，破坏了关东的"合纵"联盟。公元前286年，齐国灭掉宋国，秦国联合了燕、楚、韩、赵、魏等国共同伐齐，在济西大败齐军。

燕国自昭王即位后，招纳贤能，任用乐毅为将，联合秦赵等五国攻齐，一举攻下齐的国都临淄，连下70余城。虽然后来齐将田单收复失地，但齐国已经丧失了与秦国抗衡的能力。

秦国在"合纵"斗争中削弱了齐国，开始向东方大发展。公元前278年，秦将白起率军攻破楚国都城郢。公元前260年，秦将白起率军夺取韩国的上党郡。赵国派名将廉颇率大军镇守长平，与秦军相持三年。秦国丞相范雎派人到赵国行施"反间计"，赵王改派"纸上谈兵"的赵括替换廉颇。赵括纸上谈兵，下令倾巢出击，使赵军在极为不利的情况下作战。赵国40万大军被俘后全部被活埋。

秦军乘胜前进，包围了赵都邯郸。赵向魏求救，魏派晋鄙率兵救赵。公元前257年，魏国公子信陵君窃符救赵，假传军令，挑选8万精兵援救赵国，联合楚军打败秦军，解除邯郸之围。

秦国东扩虽然暂受挫败，但六国再也没有一个能单独抵抗秦国，秦国统一六国已经是指日可待了。

一统华夏

——秦帝国

▌秦国的兴起

秦国文化落后于东方诸侯国。公元前384年，秦国开始废除用人殉葬制；公元前375年，开始有户籍。秦孝公时任用商鞅施行变法，秦惠王、秦昭王时期，继续扩张，并继续推行军功爵制。经由孝公至庄襄王六代百余年的苦心经营，秦国已占据中国1/3的土地。

战国时期"百家争鸣"反映了当时社会政治斗争的激烈和复杂。虽然流派很多，但阶级阵线非常鲜明，主要是新兴地主阶级和没落奴隶主之间的阶级斗争。这个时期的文化思想，奠定了整个封建时代文化的基础，对中国古代文化有着非常深刻的影响。

秦国的兴起，与法家学派密切相关，前有商鞅变法，后有韩非为代表的新兴地主阶级的主张。法家是战国后期兴起的新兴学派，它与儒、道的学术渊源非常复杂。早期代表人物有李悝、吴起、商鞅、慎到、申不害等，后期的韩非是法家学派中专制主义中央集权理论集大成者。韩非出身于韩国的贵族家庭，与李斯一起求学于荀子。《韩非子》一书是他总结前期法家思想的成果，提出了"法"、"术"、"势"相结合的法治理论。他认为"法"是根本，"术"是政治斗争的策略手段，"势"是指君王的地位和权力。秦始皇读了这本书后，力邀韩非来秦国任职。后因为李斯妒其贤能，将其陷害致死。韩非个人的悲惨命运并没有影响他的学说成为秦代的主流学术，韩非的主张对秦始皇的政治主张影响极为重大。

公元前 247 年，庄襄王逝世，年仅 13 岁的嬴政继位为秦王。仲父吕不韦相国把持大权。公元前 238 年，22 岁的秦王嬴政开始亲政。嫪毐集团政变失败以后，秦王以吕不韦与政变有关为借口，迫使吕不韦自杀。

由于宗族制度的崩溃，家族制度的兴起，地主比起领主来，数量大大增加了，力量却大大分散了。妨碍水利灌溉的以邻国为壑的各国堤防，只有全国统一才能消除或减少由于割据所发生的灾害。秦国政治在七国中比较好一些，因此人民把希望寄托在秦国，荀子曾代表这个希望断定秦国将实现统一全中国的伟大任务。

当时社会存在许多有利于统一的因素，秦国就在这种情势下建立起一个专制主义的中央集权的统治机构。关中土地原本肥沃，农产丰富。秦昭王时，蜀郡太守李冰造都江堰，开辟稻田，大兴水利，蜀地沃野千里，无水旱灾，富饶无比。秦拥有

❖ 大事年表 ❖

- 公元前 247 年
  秦王政继位，吕不韦为相
- 公元前 238 年
  罢免吕不韦，亲政，任李斯为相
- 公元前 230 年
  灭韩
- 公元前 228 年
  灭赵
- 公元前 225 年
  灭魏
- 公元前 223 年
  灭楚
- 公元前 222 年
  灭燕
- 公元前 221 年
  灭齐。秦大一统，战国结束

↓ 都江堰

都江堰的基本原理是在岷江中修筑江心分坝，即"鱼嘴"，顺"鱼嘴"下修"金刚堤"，把岷江分为外江和内江。在内江紧靠金刚堤处修飞沙堰起分洪和自动排除内江沙石的作用。稍下，凿玉垒山，开宝瓶嘴，将内江导入川西平原，形成一套完整的水利自流灌溉系统。都江堰的建成使成都平原成为天府之国，为秦国对外征战提供了经济保证。

两个大农业区，再加上巴、蜀出铜铁木材，西北戎狄地区出牛马，资源丰足，能够维持连年不断的战争需求。

秦自商鞅变法以来，尤其奖励力耕力战，形成与山东诸国不同的民俗。在秦国正确的政治攻势下，山东游士和大商贾，也不再反对秦的统一战争了。秦国还拥有多种优势，在全中国范围内具备了统一的条件。

↑ 秦始皇像

主要人物

秦始皇：先后灭了韩、赵、魏、楚、燕、齐六国，统一天下。统一全国后，自称皇帝，建立了专制的中央集权制度，实行郡县制，统一度量衡，统一文字，统一交通道路，统一货币。

李斯：楚国上蔡人，秦代政治家。建议秦始皇实行郡县制；整理便于书写的小篆；在统一法律、货币、度量衡和车轨等方面做出了重大贡献；建议"焚书坑儒"。

尉缭：生卒年不详，魏国大梁人。姓失传，名缭。秦王嬴政十年入秦游说，被任为国尉，因称尉缭，著名的军事理论家。

▎秦王扫六合

秦王嬴政大权独揽之后，开始实施吞并六国、统一天下的宏大计划。秦王个人坚韧不拔、百折不挠的意志，是他成功的关键因素。加之他广泛搜罗人才，重用客卿，秦国一时人才济济。秦王嬴政礼待军事理论家尉缭，并采纳其贿赂各国权臣以破坏六国合纵的建议。又接受法家代表人物韩非的法、术、势思想，加强自己对政权的统驭能力。听从李斯《谏逐客令》，保持吸收和使用外来客卿的传统，使秦王嬴政身边形成一个智囊团，在统一中国的过程中发挥了重要作用。韩国间谍郑国本来是想通过重大工程消耗秦国实力，但他主持修建郑国渠，使关中4万多顷盐卤地变成旱涝保收的肥沃良田，反而为秦统一天下提供了足够的物质条件。

公元前238年，秦王嬴政开始亲政，为统一六国的战争积极准备着。秦灭六国的战略有两个部分，一是乘六国混战之际，秦国"灭诸侯，成帝业，为天下一统"。秦王嬴政采纳了尉缭破六国合纵的策略，"毋爱财物，赂其豪臣，以乱其谋"，从内部分化瓦解敌国。二是继承历代远交近攻政策，确定了先弱后强，先近后远的具体战略步骤，李斯建议秦王嬴政先攻韩赵，"赵举则韩亡，韩亡则荆魏不能独立，荆魏不能独立则是一举而坏韩、蠹魏、拔荆，东以弱齐燕"。这一战略步骤可以概括为三步，即笼络燕齐，稳住楚魏，消灭韩赵，然后各个击破，统一全国。

从秦王嬴政十七年即公元前230年灭韩开始，秦国开始了正式统一中国的战争。首先是派大将内史腾率兵攻打韩国，俘虏韩王安。韩王安被迁于岐山，在公元前226年发动叛乱，很快被镇压。

公元前229年，秦将王翦、杨端和分别率兵向赵进攻。赵将李牧、司马尚坚持抵抗达一年之久。后来赵王宠臣郭开接受秦人贿赂，向赵王诬告李牧、司马尚谋反。李牧一死，秦军大破赵军，俘赵王迁，秦军进入邯郸，赵亡。赵亡后，公子嘉逃往代郡，自封为代王，直至秦王嬴政二十五年兵败被灭。

灭赵以后，秦兵威胁燕国。燕国太子丹派勇士荆轲携带燕国的地图和秦国逃将樊於期的人头去刺杀秦王，以挽救燕国。荆轲刺秦王失败，秦王增兵，向燕国大举进攻，秦王嬴政二十一年攻下燕都蓟。秦王嬴政二十五年，秦军攻克辽东，俘燕王喜，燕亡。

魏国由于早期穷兵黩武，国力已经日渐衰弱。秦王嬴政二十二年，秦国大将王贲率兵包围魏国都大梁，掘开黄河堤，水淹大梁。三个月后城坏，魏王假请降，魏亡。

秦王嬴政二十一年，秦以镇压荆王为名，举兵攻楚。李信轻敌惨败，秦军退出楚境。嬴政嬴亲赴王翦家，请其率兵出征，倾全国兵力60万人，于秦王政二十四年大举伐楚。楚国以全部兵力拒秦，大将项燕战死，楚军大败，楚王负刍被俘。

五国相继被灭，只剩下一个孤零零的齐国。秦王嬴政二十六年，秦军一到，齐王建拱手请降，齐亡。

从公元前230年至前221年，不到10年时间，嬴政就灭了韩、赵、魏、楚、

◆ 大事年表 ◆

● 公元前220年
秦始皇西巡、北巡，修驰道

● 公元前219年
秦始皇东巡，入海求仙，南巡，伐湘山树

● 公元前218年
秦始皇东巡，张良策划袭击其于博浪沙

● 公元前214年
蒙恬败匈奴，筑骊山寿陵，筑长城，西起临洮，东迄辽东

● 公元前213年
李斯建议焚书

● 公元前212年
秦始皇筑阿房宫，受侯生、卢生讥讪，坑儒460多人

● 公元前210年
秦始皇南巡，崩于沙丘

重大成就

◆ 秦始皇统一中国，开创了长期统一的局面。
◆ 创立中央集权制度，地方实行郡县制。
◆ 统一度量衡，统一交通道路，统一货币。
◆ 小篆被定为全国通用的规范字体。

燕、齐六国，完成了统一大业。中国历史结束了割据局面，出现了统一的、专制主义中央集权的秦王朝。

秦始皇称"皇帝"，自此"皇帝"就成为最高统治者的称谓。秦始皇也就成为中国历史上第一位皇帝。

秦始皇下令对各国文字进行整理，规定以秦小篆为统一书体，令李斯作《仓颉篇》、赵高作《爰历篇》、胡母敬作《博学篇》，作为标准文字范本。文字的统一，使小篆和隶书成为全国通行字体。秦统一前，货币很复杂，不但形状、大小、轻重不同，而且计算单位也不一致。大致有布钱、刀币、圆钱和郢爰四大系统。秦统一后，秦始皇下令统一全国货币，以黄金为上币，镒为单位；以方孔有廓圆钱为下币，以半两为单位，称为"半两"钱。"孔方结构"的制钱一直沿用了两千多年。秦王以秦国的制度为基础，下令统一度量衡，并把诏书铭刻在官府制作的度量衡器上，发至全国，作为标准器。在统一中国的过程中，秦始皇下令拆除阻碍交通的关塞、堡垒，兴修一条由咸阳一直向北伸的"直道"，同时修建以首都咸阳为中心的驰道，构成了以咸阳为中心的中国早期的道路网。

▎秦末大起义

秦始皇统一六国后，在民间流传着"亡秦者胡也"的说法。公元前215年，大将蒙恬率兵30万讨伐匈奴，夺回河套以南地区。接着又夺回河套以北阴山一带的大片国土，重新设置九原郡。可是匈奴对秦国内地仍有很大的威胁，鉴于这种情况秦始皇决定修筑起一条新的长城。

秦王朝从民间征发大批的民

> **主要人物**
>
> **赵高**：宦官，文字学家，辅助秦二世登基，诛杀李斯后成为秦朝权臣。善于玩弄权术。
>
> **秦二世**：名胡亥。秦始皇第26子。伪造遗诏继位。继续推行秦始皇时的暴政，续修阿房宫、驰道、骊山陵，赋税繁重，刑罚苛暴。
>
> **陈胜**：又名涉，阳城人。是中国历史上首揭义旗的农民起义先驱，秦末农民大起义的著名领袖。
>
> **吴广**：河南太康县人。与陈胜在秦末年发动农民起义，意图推翻暴秦的统治。

工，同时命令大将蒙恬率士卒修筑长城。这条长城以六国时的秦、赵、燕国北部原为防御匈奴而修筑的旧长城为基础，进行修葺、增补，同时又建造不少新的城墙，将它们连接起来，使之屹立于秦王朝的北方。长城沿线地势险峻，施工极其困难。西起临洮，东至辽东，全长5000余千米，这座抵御少数民族进扰的屏障，前后共用9年时间才修筑成功。

公元前210年，秦始皇到东南一带巡视。随同他的有丞相李斯、宦官赵高和

↑ **秦始皇陵远眺**

公子胡亥。到沙丘的时候，秦始皇病势越来越重。他知道不久于人世，吩咐扶苏继位。

赵高和李斯合谋，假造了一份诏书给扶苏，逼迫扶苏和蒙恬自杀，由胡亥继承皇位，这就是秦二世。接着他们就杀害了秦王的 12 个公子和 10 个公主。

秦二世继续暴戾的政治统治引发了民众的反抗。万里长城的修筑给当时的劳动群众带来了沉重的负担，加之秦始皇修建骊山陵墓，导致他死后人民反抗斗争的爆发。

为防守边疆，秦二世大规模征兵。陈胜和吴广两人被指定为队长。他们在秦朝派来的尉官的监视下，一路晓行夜宿，准备奔赴长城边的渔阳去守卫边防。但是当走到大泽乡时，却遭遇大雨，道路泥泞，无法行走。这场雨一直下了 20 多天，耽误了壮丁队伍的行程。从宿县到密云，迢迢三千里，在规定的期限内，是无论如何也赶不到了。当时秦朝法令规定，去守边的兵士，必须在限定的时间内报到，如果超过期限，不管什么理由，一律杀头。面对这种处境，陈胜和吴广商量，决定起义。在做了许多准备工作的基础上他们揭竿而起。于是

❦ 大事年表 ❧

● 公元前 210 年
赵高、李斯矫诏立胡亥为秦二世，赐扶苏、蒙恬自尽

● 公元前 209 年
二世诛杀诸公子、公主
陈胜、吴广大泽乡起义
项梁起兵于会稽
刘邦起兵于沛

● 公元前 208 年
项梁立楚怀王

● 公元前 207 年
赵高杀李斯，自己为相
巨鹿之战

● 公元前 206 年
刘邦入关中，秦王子婴降，
刘邦约法三章
项羽坑杀秦降卒 20 万

← 秦末农民起义形势图

重大成就

◆ 修建长城、阿房宫、骊山陵墓。
◆ 陈胜、吴广起义开辟了人民反抗暴政的新模式。

以陈胜为将军、吴广为都尉的中国历史上第一次威武壮烈的农民起义爆发了。

陈郡成为全国农民起义的中心。起义军乘胜前进，分三路攻秦。吴广为"假王"，西击荥阳；武臣北进赵地、魏人周市攻魏地。吴广围荥阳，久攻不下。陈胜又命令周文为将军，领军绕过荥阳，进攻关中，攻破函谷关。这时起义军已发展壮大到几十万人，有兵车千辆。

六国旧贵族相继割地称王，韩广称燕王，魏咎为魏王，田儋自立为齐王。不久，围攻荥阳的吴广被部将田臧阴谋杀害。其他几支起义军，先后也被秦军各个击破。公元前209年十二月，章邯率军向陈郡扑来，陈胜亲自领导起义军奋力抵抗。因为兵力太少，不幸失利，败退至下城父。陈胜的车夫庄贾暗杀他后，投降秦军。

陈胜的部下吕臣等人坚持斗争。吕臣率领的"苍头军"进行了反攻，两度收复陈县，处决了叛徒庄贾。这支起义军，后来与项羽、刘邦等人领导的起义军会合，继续同秦军战斗。公元前206年，秦王朝在农民起义军的沉重打击下灭亡了。

陈胜、吴广领导的秦末农民大起义虽然失败了，但是继起的农民军推翻了秦王朝，开辟了中国古代农民反抗封建统治的新途径。

无为而治

——西汉初期

▎楚汉相争

秦朝末年，陈胜、吴广领导农民大起义，六国贵族纷纷响应，各地豪强群起蜂拥，出现许多反秦武装集团。发展到后来，项羽和刘邦成为两支主要力量，楚汉相争就发生在刘邦和项羽之间。

公元前 209 年九月，居住在会稽的楚国旧贵族项梁，杀死太守，发动起义。同时，刘邦在萧何、曹参等人支持下，杀死沛令，自立为沛公。陈胜、吴广的主力军失败后，项梁被拜为楚王上柱国，总理军事。出于对楚怀王的怀念，项梁立楚怀王的孙子心为楚王，仍号楚怀王。

↑ 汉高祖刘邦像

一系列的胜利使得起义各支部队放松了戒备，项梁不久在交战中战死。秦军主力在章邯等人率领下进攻赵，楚怀王派宋义为上将军，项羽为次将，率兵救赵。项羽因为对宋义不满，愤杀宋义，令义军"破釜沉舟"，每人只带 3 天口粮，表示决一死战，项羽军大胜。巨鹿之战扭转了整个战局，秦军 20 万投降项羽。

正当项羽北上救赵时，刘邦采取了避实击虚的战略向咸阳进军。公元前 207 年八月，赵高逼死秦二世，立子婴为秦王，子婴杀赵高。刘邦率军直扑咸阳，驻兵灞上，公元前 206 年，秦王朝灭亡了。刘邦攻占咸阳后，废除秦的苛法，约法三章："杀人者死，伤人及盗抵罪。"这样一来，宽容大度的刘邦得到了秦人的拥护。

因为事先有约定，先入关中者封王。项羽

↑ 项羽像

← **栈道遗址**

公元前206年，韩信率汉军东征。当时，汉中入关的栈道已被烧毁，不能行军，张良献"明修栈道，暗度陈仓"计，遂得关中。

听说刘邦先入关中，气急败坏地率军杀奔咸阳，40万大军驻扎鸿门。刘邦军队只有10万人，只好亲自去鸿门拜会项羽。项羽的谋士范增想乘机除掉刘邦，就找项庄表演剑舞以伺机行刺。项羽的叔父项伯却拔剑伴舞，掩护刘邦。鸿门宴以后，项羽杀掉秦王子婴，火烧阿房宫。项羽在六国贵族的怂恿下，废除郡县制，仍然采取分封制，自立为西楚霸王，又封刘邦为汉王。不久，因为分封不均，新的诸侯间混战爆发。

公元前206年五月，刘邦暗度陈仓，迅速占领全部关中，楚汉战争爆发。战争初期，刘邦处于劣势地位，但他注意争取民心，招揽军政人才，因而在政治上逐渐据有主动地位。

彭城之战使刘邦主力遭到歼灭性的打击，刘邦的父亲和妻子吕雉也成了项羽的阶下之囚。原来追随刘邦的诸侯纷纷背汉投楚，刘邦果断采纳谋士张良等人的正确建议，在政治上争取同项羽有矛盾的英布，重用项羽原有部下彭越、韩信等人。

战争的关键一战是成皋之战，前后历时两年零三个月左右。项羽和刘邦围绕战略要地成皋展开持久争夺战。荥阳及其西面的成皋，南屏嵩山，北临黄河，汜水纵流其间，为函谷关的咽喉，战略地位十分重要。公元前205年五月，刘邦退到荥阳一线收集残部。汉军得到休整补充后，将楚军遏阻于荥阳以东地区。

刘邦按照张良制定的谋略，游说英布倒戈，

◆ 大事年表 ◆

● 公元前206年
鸿门宴，项羽自立为西楚霸王
韩信背楚归汉
刘邦暗度陈仓，平定三秦

● 公元前205年
项羽杀义帝，刘邦至洛阳
陈平背楚归汉，韩信拜将

● 公元前204年
项羽围攻刘邦于荥阳

● 公元前203年
楚汉以鸿沟为界，中分天下

● 公元前202年
刘邦困项羽于垓下，项羽乌江自尽

● 公元前197年
韩信被杀

● 公元前196年
彭越被杀

派遣韩信破魏，联络彭越袭扰项羽后方，从而有力地迟滞了项羽的进攻。公元前204年五月间，项羽大军进逼荥阳，刘邦向项羽求和，表示愿以荥阳为界，遭到项羽的断然拒绝，刘邦仓皇逃回关中。

公元前203年十月，刘邦反攻成皋，不久又完成了对楚的战略包围。项羽见大势尽去，遂被迫与刘邦议和，以鸿沟为界，中分天下。公元前202年十月，乘项羽引兵东撤之际，刘邦追击，并于十二月在垓下合围，项羽自刎于乌江。

公元前202年二月，刘邦统一了中国，称皇帝，建立汉朝。

▍萧规曹随

汉初萧何定律令，韩信定军法，张苍定历法及度量衡程式，叔孙通定礼仪，政治制度很快建立起来，基本上沿承秦制。

萧何为相，提倡俭朴。处理政事，完全按照律令。秦末大乱以后，人民饱受战祸，穷苦至极。汉初政治主张无为而治，人民的安全需求得到保障，社会自然稳定发展起来。

> **重大成就**
> ◆西汉初年，实行休养生息政策，经济恢复。
> ◆农业领域发明代田法。
> ◆营建长安城，修建未央宫。

公元前200年，汉高祖亲率大军32万人到平城邀击匈奴。冒顿率骑兵40万人围困平城七日。汉高祖只好用和亲政策，这在当时也有利于人民的休养生息。

汉高祖封文武功臣143人为侯。从军吏卒按功劳大小，规定各种待遇。劝告流亡民众归还故乡，领取原有田宅。定田租为每年十五税一。释放奴隶，鼓励生产。征召天下贤士，分派大小官职，给与田宅。官吏相对廉明，有利于人民的休息。

汉高祖削弱割据势力，消灭异姓王，包括楚王韩信、梁王彭越、淮南王英布、

↑ 萧何像

↑ 曹参像

韩王信、赵王张敖、燕王臧荼、长沙王吴芮、闽越王无诸、南粤王赵佗。汉高祖采用各种方式，诛杀异姓王或限制其权利。秦末战争期间，商贾操纵物价。汉高祖发布法令，使富商大贾大受限制。汉高祖还迁徙六国后裔、豪杰世家及齐国田氏、楚国昭氏、屈氏、景氏、怀氏五大族共十余万人入关，人民受到的压迫减轻，社会经济得到较大的发展空间。

汉高祖一面消灭异姓王，一面陆续封儿子刘肥为齐王、刘长为淮南王、刘建为燕王、刘如意为赵王、刘恢为梁王、刘恒为代王、刘友为淮阳王，又封弟刘交为楚王、侄刘濞为吴王。诸王多是幼童，中央因此有时间来充实自己的统治力，到文帝、景帝时才重视同姓王问题。

汉高祖逝世以后，太子刘盈继位，即汉惠帝。不久萧何又逝世，曹参继为相国。曹参信奉黄老无为而治的方针，一切遵守萧何所定法令，实行清静无为的政治统治。有些大臣看曹参这种无所作为的样子，有点着急。汉惠帝看到曹相国如此治国，也认为他是倚老卖老，心里非常不踏实。

曹参问惠帝："请问陛下，您跟高祖比，哪一个更英明？"

汉惠帝说："那还用说，我怎么能比得上高皇帝。"

曹参说："我跟萧相国比较，哪一个能干？"

汉惠帝说："好像不如萧相国。"

曹参说："陛下说的话都对。陛下不如高皇帝，我又不如萧相国。高皇帝和萧相国平定了天下，又给我们制订了一套规章。我们只要按照他们的规定办，不要失职就是了。"

曹参用他的黄老学说，做了 3 年相国，历史上把这件事称为"萧规曹随"。

从社会经济的发展来看，战国时期，到处是万户大邑，汉初万户大邑存留不过二三千户。汉惠帝两次筑长安城，征发京畿附近六百里内男女夫役，每次都只有十来万人。偏远地区更是一片荒凉景象。从经济和人口恢复的看来，中国的确需要休养生息的政策来修补战争创伤。

文景之治

文景之治是汉初无为而治的直接结果。汉惠帝奖励人口增殖与土地开垦，规定民女15岁至30岁不出嫁，分五等罚钱，又免力田人徭役终身。汉文帝是著名的节俭皇帝。他亲耕藉田，提倡农耕，免收天下农田租税12年。汉景帝改收民田半租，三十税一。西汉在文、景两个皇帝统治下，前后39年，终于形成了超过战国时期的经济繁荣。

西汉前期对匈奴和亲，避免大战争，再加田租轻微，徭役较少。三十税一制，鼓励了农民

↑汉文帝像

的生产积极性，这是西汉前期社会繁荣的基础。三十税一制也鼓励了商贾、地主兼并农民的积极性。汉景帝末年，地方官府的仓里装满了粮食，库里装满了铜钱。朝廷所藏的钱，积累到好几百万万，钱串子烂了，散钱无法计算。朝廷所藏的粮食，新旧堆积，一直堆到露天地上，让它腐烂。

就在这种一片升平的情况下，半割据的同姓王国成为汉王朝中央的心腹之患。

汉景帝即位，任命晁错为御史大夫。此时，同姓诸侯的势力很大，土地又多，像齐国有70多座城，吴国有50多座城，楚国有40多座城。特别是吴王刘濞，煮盐采铜，与皇帝一样富有。

晁错主张趁早削减同姓诸侯的封地。景帝有些犹豫，虽然觉得晁错的话有道理，但毕竟容易引起叛乱。可诸侯的实力与日俱增，景帝被迫削减诸侯的封地。

公元前154年，吴、楚、胶西、胶东、赵、淄川、济南等七个刘姓诸侯王发动叛乱，历史上称为"七国之乱"。

主要人物

汉文帝：刘恒，汉高祖刘邦子，努力发展生产，维护国家统一；平狱缓刑，知人善任。节俭敦朴，严于律己。出现了政宽人和、经济发展、生产恢复的局面。

汉景帝：刘启，汉文帝刘恒子。平定七王之乱，加强中央集权；继续推行休养生息政策。汉文帝和汉景帝统治时期，被称为"文景之治"。

贾谊：西汉政论家、思想家、文学家，洛阳人。怀才不遇，无法一展抱负，他的政论文章分析深透，文笔犀利、流畅。

晁错：西汉文景时代的政论家，颍川人，号称"智囊"。后因为景帝决策失误，被腰斩于长安东市。

↑ 彩漆鼎 西汉

施木胎，黑漆底，口沿饰菱形图案，盖和器身饰彩色云纹图案，华美鲜艳。

景帝在获悉七王叛乱后，先是采取姑息政策，决策错误，杀掉了晁错，并恢复诸王封地，企图以此平息战乱。但诸侯国反而因此更有决心推翻中央政权，景帝已经没有退路，这才决心发兵迎击叛军，任命周亚夫为太尉，以窦婴屯于荥阳。周亚夫受命后，暂时放弃梁国的部分地区，引诱并牵制吴楚军队。然后率军由蓝田出武关，经南阳抵达洛阳，抢占荥阳要地，控制了洛阳的军械库和荥阳的敖仓，率军30余万东出荥阳，进抵淮阳。

周亚夫追击吴楚联军。楚王兵败自杀，吴王被杀。震动天下的吴楚叛乱，历时仅3个月便完全失败。

中国的第一次全盛

——西汉中期

▌真实的刘彻

　　汉武帝刘彻，是汉朝开国皇帝汉高祖刘邦的曾孙。公元前 141 年在他父亲汉景帝死后，便由他做了皇帝，那时他还只有 16 岁。从那一年起到公元前 87 年他死时止，他总共做了 54 年皇帝，占了整个西汉王朝四分之一的时间。

　　汉武帝是一个雄才大略的封建君主，也是我国历史上的一个杰出政治家。他所实行的许多政策和措施，对于以后历史的发展有很大的影响。汉武帝刘彻凭借文景之治积累的财富，长期对外用兵以扩张疆土；以儒家学说为装饰的集权政治终于得到了应用。西汉在此时达到了军事、文化的极盛。各方面的代表人物纷纷涌现，如经学家董仲舒，史学家司马迁，文学家司马相如，军事家卫青、霍去病，天文学家

↑ **汉武帝刘彻像**

唐都、落下闳，农学家赵过，外交家张骞，音乐家李延年，都集中出现在汉武帝时期。

　　罢黜百家，独尊儒术，是汉武帝统治政策最为重大的变化，对于中国专制统治而言，也是一个划时代的里程碑。秦汉之际，遭秦始皇焚书坑儒政策摧残的儒家逐渐恢复，一些儒生还参加策划了反秦斗争，如孔子后裔孔甲一度为陈胜的博士。西汉初年，汉高祖刘邦也经历了一个由鄙视到重视儒生的过程，儒生叔孙通被任命为太常，协助汉高祖制订礼仪。汉惠帝四年宣布废除《挟书律》，更是进一步促使诸子学说复苏。

　　汉初，儒、道两家在政治、思想上的斗争相当激烈。武帝即位后，依靠文、

景两代积累的财富，大事兴作，从政治上和经济上进一步强化专制主义中央集权制度已成为封建统治者的迫切需要，主张清静无为的黄老思想已不能适应政治需要，更与汉武帝的好大喜功相抵触；而儒家的君臣伦理观念显然与武帝时所切合。在思想领域，儒家取代道家的统治地位是一个必然的过程。

武帝继位后，丞相卫绾要求罢黜儒家以外的各个流派，儒生赵绾为御史大夫，褒扬儒术，贬斥道家，鼓动武帝实行政治改革。宗崇黄老的窦太后对此抵触和遏制了一段时间。窦太后逝世后，儒家势力再度崛起。元光元年，董仲舒上《天人三策》，指出春秋大一统是"天地之常经，古今之通谊"，百家之言宗旨各不相同只会使统治无所适从。武帝所欣赏的治狱官吏张汤、杜周，也主张以《春秋》决狱，大兴儒术。道家等诸子学说则在政治上遭到贬黜，儒家学说从此开始了两千年的统治。

汉武帝"罢黜百家，独尊儒术"并非原始的纯粹儒家，他的孙子汉宣帝就声明治理国家是"霸、王道杂之"，所以这种被推崇的儒术，已吸收了法家、道家、阴阳家等各种不同学派的一些思想。

在把国家大权完全掌握到自己的手里以后，汉武帝就决定进一步来加强中央集权制度，首先他要更加彻底地解决藩国问题。汉武帝采取了主父偃建议的"推恩令"，命令藩王们不能把封地仅仅传授给继承王位的长子，而必须划出一部分来分封其他子弟做侯国，并且规定这些侯国不再受藩王的管领，而直接由各地的郡来管辖。这样一来，藩国的土地越分越小，小的只有三五个县，大的也不过十几个县，势力越来越弱，自然也就无法跟中央对抗了。

汉武帝对外连年大用兵，使得国内各种矛盾都激化起来。赋税因此急剧上涨，豪强势力的兼并过度扩张，引起了朝廷、豪强与农民之间严重的冲突。剥削农民的商贾，以及垄断农民必需品的铸钱商和盐铁商，是当时社会巨大的不稳定因素。汉武帝用没收财产的办法，沉重地打击了商贾阶层。

汉武帝时确定用五铢钱是中国货币制度史上重要的一件事。在五铢钱确定以前，铜钱轻重不一，钱法变化无数。豪强铸劣钱牟利。公元前113年，汉武帝废除各种铜钱，专令水衡都尉在京师铸五铢钱，天下通行。五铢钱币值统一，便于管理，轻重合宜，此后直到民国初基本上按照相同原理铸币流通。

汉武帝又加强了原有的监察制度。汉朝初年，中央政府虽然因沿用秦朝的制度设有御史大夫，但废除了负责监察地方的监察御史。汉武帝则把监察制度大大加以扩充，并建立了"州刺史"制度，设置了一个司隶校尉和十三个州刺史，对各郡国进行严密的监督。

▌重剑出击

公元前3世纪的战国时期，匈奴游牧民族在我国北方的大草原上兴起。秦末汉初，即匈奴冒顿单于、老上单于、军臣单于统治时期，匈奴势力达到极盛，统治着东到大兴安岭，西到祁连山、天山，北到贝加尔湖，南到河套的广大地区。

匈奴贵族为了掠夺财物和奴隶，经常南下骚扰中原王朝的北部边疆。西汉初年，汉王朝由于经济力量尚未恢复，而且内部不

重大成就
◆汉军打垮了匈奴的主力，匈奴对汉朝的军事威胁基本上解除了。
◆张骞出使西域，丝绸之路开通。
◆司马迁著《史记》，究天人之际，通古今之变，成一家之言。
◆中国第一部天文历算著作《周髀算经》问世。

↓漠北之战　绘画

够稳定，从刘邦到汉武帝初年，一直对匈奴采取和亲政策，每年送给匈奴大量的礼物和金钱。但是，和亲政策并没能阻挡匈奴贵族的掠夺，北部边疆的生产时常遭到破坏，无数汉族人民被抢走或杀死。汉武帝即位后，专制集权空前强化，社会经济有了很大发展，军事力量也得到加强。汉武帝决定改变和亲政策，发动了全面反击匈奴的大规模战争。卫青和霍去病正是在这场战争中涌现出来的杰出将领。

公元前 139 年春，卫青的姐姐卫子夫被汉武帝选入宫中，卫青也被召到建章宫当差。这是卫青命运的一大转折。

公元前 129 年，匈奴又一次兴兵南下，前锋直指上谷。汉武帝果断地任命卫青为车骑将军，迎击匈奴。这次用兵，汉武帝分派四路出击。车骑将军卫青直出上谷，骑将军公孙敖从代郡出兵，轻车将军公孙贺从云中出兵，骁骑将军李广从雁门出兵。四路将领各率 1 万骑兵。卫青首次出征，但他英勇善战，直捣龙城，这是匈奴祭扫天地祖先的地方，斩首 700 人，取得胜利。另外三路，两路失败，一路无功而还。汉武帝看到只有卫青凯旋，非常赏识，加封关内侯。

公元前 127 年，匈奴再次入侵。武帝决定避实击虚，派卫青率大军进攻久为匈奴盘踞的河南地，这是西汉对匈奴的第一次大战役。卫青率领 4 万大军从云中出发，采用"迂回侧击"的战术，西绕到匈奴军的后方。修复了秦时蒙恬所筑的边塞和沿河的防御工事。这样，不但解除了匈奴骑兵对长安的直接威胁，也建立起进一步反击匈奴的前方基地。卫青立有大功，被封为长平侯。

匈奴贵族不甘心在河南地的失败，一心想把朔方重新夺回去。公元前 124 年春，汉武帝命卫青率 3 万骑兵从高阙出发，汉军大获全胜，高奏凯歌，收兵回朝。汉武帝接到战报后喜出望外，派特使捧着印信，到军中拜卫青为大将军，所有将领归他指挥。卫青的三个儿

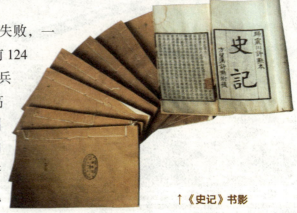

↑《史记》书影

子都还在襁褓之中，也被汉武帝封为列侯。

公元前 121 年，西汉对匈奴的第二次大战役开始，由霍去病指挥，结果使汉朝完全控制了河西地区，切断了匈奴与羌人的联系。为了彻底击溃匈奴主力，汉武帝集中全国的财力、物力，发动了对匈奴的第三次大战役。公元前 119 年春，由大将军卫青、骠骑将军霍去病各率精锐骑兵 5 万人，分作东西两路，远征漠北。这次战役，汉军打垮了匈奴的主

力，使匈奴元气大伤。从此以后，匈奴逐渐向西北迁徙，出现了"漠南无王庭"，匈奴对汉朝的军事威胁基本上解除了。汉武帝为表彰卫青、霍去病的大功，特加封他们为大司马。公元前 106 年，大司马大将军卫青去世，汉武帝命人在自己的茂陵东边特地为卫青修建了一座像庐山的坟墓，以象征卫青一生的赫赫战功。

汉武帝自公元前 133 年至前 89 年，进行长期的对外战争。汉武帝在临死前三年，表示对战争的忏悔，下诏说，今天的要务在于力农。这样，渴望休息的广大农民，开始稳定下来，汉朝统治也就转危为安。汉武帝晚年推行赵过的新田器和耕作技术，耕耘下种都有巧便处，推行耦犁和耧车，又实行代田法，农民用力少而得谷多，农业开始发生大变革。

霍光与中兴

为了防止自己死后主少母壮、吕后之事重演，武帝将昭帝的生母钩弋夫人赐死，在弥留之际立昭帝为太子。昭帝继位时年仅 8 岁，遵照武帝遗诏，由霍光辅政。

因霍光大权独揽，与很多大臣结怨。左将军上官桀、桑弘羊和霍光不和，多次设法陷害霍光。不久，上官桀又伙同御史大夫桑弘羊、鄂邑公主等人，勾结燕王密谋杀霍光，废昭帝。政变未遂，参与者均被诛杀。

针对武帝末年国力损耗，农民负担沉重，国内矛盾激化的情况，在霍光等的辅佐下，昭帝多次下令减轻人民负担，减轻赋税，与民休息。对外方面，改变武帝时对匈奴长期作战的政策，一方面加强北方戍防，多次击败进犯的匈奴、乌桓等；另一方面重新与匈奴和亲，以改善双方的关系，有助于国内的经济恢复与发展。

在经济方面，冶铁、煮盐与铸钱三大利，朝廷收归官营以前，都被豪强大姓所专擅。秦朝集中一切权利，山东豪富被迁徙入关，原来的盐铁业当时由铁官盐官经营。公元前 119 年，汉武帝擢用桑弘羊、东郭咸阳、孔仅三个大商贾做理财官，向商贾夺取盐铁业。

↑ 霍光像

因武帝实行盐铁专卖引起天下议论，于公元前 81 年召开"盐铁会议"，对武帝时各方面政策进行讨论。这次政策大讨论的情况，保存在桓宽所编著的《盐铁论》一书中。汉武帝用刑罚并没收器物来禁止私铸铁器和煮盐，又招歇业盐铁商做盐铁官，换取盐铁商的合作。经过争论，取消了酒的专卖，而保留盐铁专卖。从此盐铁官营成为定制，朝廷因此增加了巨额的收入，有利于国家统一的巩固。

汉昭帝复行无为政治，与民休息，流亡农民逐渐回到故乡来。汉宣帝通过黄老刑名之学，整顿吏治，考核实效，农业又呈兴盛气象。公元前 52 年，匈奴呼韩邪单于称臣降服，对外战争停止。内外措施得当，使得武帝后期遗留的矛盾基本得到了控制，西汉王朝衰退趋势得以扭转。史称"百姓充实，四夷宾服"。

◆ 大事年表 ◆

● 公元前 91 年
太子刘据与江充矛盾激化，首都政变

● 公元前 87 年
武帝逝世，昭帝继位，霍光辅政

● 公元前 85 年
匈奴分裂，自此衰落

● 公元前 81 年
盐铁会议

● 公元前 80 年
上官桀、桑弘羊政变未遂

● 公元前 74 年
昭帝逝世，霍光立刘贺为帝，旋即废，改立卫太子孙刘询为帝

天灾不断，人祸不绝
——西汉晚期、新

该结束的汉朝

西汉后期，剥削者与被剥削者、压迫者与被压迫者间的矛盾，愈来愈紧张尖锐。最基本的问题是在于土地无限制的集中和农民大量转化为奴隶。

统治阶级害怕农民大起义，曾经提出过一些所谓办法，但是都不能解决问题。刘氏皇族和各层豪强谁也不肯对农民做出让步，因而谁也找不出什么办法。某些儒生甚至要求汉皇帝退位，让别的贤人来做皇帝。汉哀帝时，孔光等少数大官僚主张限田、限奴隶，允许所谓民的下层豪强得与上层豪强占同样多的田，限制上层豪强凭借权力与下层豪强争夺田宅奴隶，希望下层豪强因此对农民的兼并也和缓一些。

作为统治阶级总代表的皇帝，既不能放弃盐铁大利，也不能限田、限奴隶，又必须取得上下层豪强的拥护，只好放纵他们对农民进行无限制的掠夺来和缓统治阶级内部的矛盾。同时改年号改帝号，企图用欺骗手段来和缓农民的反抗。这些办法，促使各种矛盾更加紧张起来，连最忠于汉朝的刘向也认为汉朝的命运已经完结了。

王莽的姑母王政君是汉元帝的皇后，汉成帝的生母。自汉成帝时起，王家有9个人封侯，连王莽有5个人做大司马，朝廷大权几乎全部归王家掌管。地方官如郡太守、国相、州刺史都是王家任用的人。公元前1年，王莽做大司马录尚书事，取得了政治上最高的职权。曾有吏民48万余人上书要求太皇太后王政君，重赏王莽的功

↑ 王昭君像
昭君怀抱琵琶，戎装乘马出塞，离开长安时，文武百官一直送到十里长亭。

∽ 主要人物 ∽

王昭君：西汉元帝时期人氏。传说昭君出塞时满腹愁怀，在马背上弹起了琵琶。曲哀人艳，连南飞的大雁都为之倾倒。

刘向：本名更生，后改名向，字子政，西汉沛人。西汉时期儒家学者，经学家、目录学家、文学家。好神仙方术，为人生性谨慎忠直，反对外戚、宦官专权，学问渊博。

刘歆：西汉古文经学家、目录学家。字子骏，后改名秀，字颖叔，沛人。与父刘向领校群书，讲六艺传记，诸子、诗赋、数术、方技，无所不究。谋诛王莽，事泄后自杀。

汉哀帝：二十岁即位，自幼好读诗书，尚节约，在位时天灾频频，五年后卒。

孔光：西汉鲁人，字子夏，孔霸四子，孔子十四代孙。聪颖好学，通经学。性格刚正，直谏无忌。

◄ 大事年表 ►

● 公元前 48 年
关东十一个郡遭受水灾和饥荒

● 公元前 39 年
黄河决口

● 公元前 35 年
蓝田地震，山崩，泾水逆流

● 公元前 33 年
王昭君出嫁匈奴
成帝即位，王凤辅政，王氏擅权开始

● 公元前 30 年
关内下大雨四十多天，百姓大乱

● 公元前 29 年
天下大雨，黄河决口

● 公元前 13 年
大旱，百姓饥荒

● 公元前 8 年
任命王莽为大司马

● 公元 2 年
郡国大旱，发生蝗灾

● 公元 5 年
王莽加九锡，毒死平帝

● 公元 6 年
王莽称假皇帝

德，足见王莽确实掌控了统治阶级。王莽大封汉宗室、汉初以来功臣子孙以及在朝大官为王、侯、关内侯，又大封王莽亲信数百人为各级贵族。通过大封爵，得到了豪强们的拥护。王莽征集天下通古文今文经学及天文、历算、兵法、文字、方术、药学的士人数千人到京师，又扩大太学生名额，学舍能容纳 1 万余人。通过士人和太学生，得到了无市籍地主的拥护。

王莽对劳动人民也有一些好的影响。奴隶最迫切的要求是生命有些保障，他的第二子王获杀死奴隶，王莽痛责王获，令自杀偿命，寰宇震动。公元 2 年，各郡国发生旱灾、蝗灾。王莽献出钱 100 万，田 30 顷，官吏豪富 230 人也献出田宅，请大司农分配给贫民。派使者捕蝗，民间捕得蝗虫，按重量给酬钱。王莽又废汉皇室的呼池苑，改设安民县，募贫民迁居新县，沿路饮食及到新县后所需田宅、器具、犁牛、谷种、食粮都由官府供给或借贷。

如果王莽就此打住，不再奢望更大的政治名誉，那么他肯定是中国历史上伊尹、周公一类的人物，但是他的第一步行动得到了统治阶级的拥护后，王莽开始了政治赌博。

书生的改革

王莽政治改革的第二步就是改朝换代。起初，这的确得到了统治阶级的拥护。公元8年，王莽废西汉刘氏皇帝，建立国号"新"的王氏皇朝。

公元9年，王莽下令变法。汉朝减轻田租，三十税一。豪强兼并成千成万的田亩，租给农民去耕种，却要收一半的租税。朝廷对有田人三十取一，有田人对租田人十分取五。市上有买卖奴婢的圈子，像买卖牛马一样，违反了"天地之性人为贵"的经训。王莽颁布了下列两个解决的办法：王田制，民间田改属朝廷所有，私人不得买卖。如果一家男子不满8人，田超过900亩，应将多余的田分给本族或邻居的无田人，原来没有田的人，按男口每口给田100亩。民间奴婢改称为私属，不得买卖。买卖王田私属犯罪，重则处死，轻则放逐到边远地区。

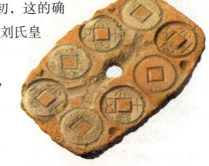

↑新莽"大泉五十"陶范

"大泉五十"是王莽第一次货币改革的新铸币之一，是王莽统治时期流行时间较长的一种币型。

王莽又废除行用已久的汉五铢钱，另造金货1种、银货2种、龟货4种、贝货5种、泉货（铜制）6种、布货（铜制）10种，共货币6类28种。私用五铢钱，与买卖王田私属同罪。王田私属又加一个新货币，使大混乱上再添一个大混乱，使得农商失业，交易废滞。公元12年，王莽被迫取消王田私属的禁令，准许置卖王田不算犯罪，买卖奴婢暂不治罪。王莽所谓变法的主要部分完全失败了。

王莽要限制商贾的兼并，主要是要分享商贾的利益，使朝廷取得大量财物。公元10年，下令行五均、六筦法，一直行到新朝灭亡才停止。

五均赊贷法对商贾与高利贷商人，可能发生一些抑制的作用，但小工商税如此繁杂细碎，大多数生产者都受到扰害。六筦中害民最显著的是铸钱。王莽改币制一次，小工商业者、农民就大量破产一次。

暂行即废的王田、私属和坚持不废的五均、六筦，王莽主观上是想用来抑制某些豪

❧ 大事年表 ❧

● 公元9年

改官名，诸侯王称公，四夷王称侯；改大钱为小钱，禁止私自铸钱；更名天下田为"王田"，奴婢为"私属"，都严禁买卖

● 公元10年

设立"五均赊贷"和"六筦"制度，设立钱府

招募囚徒、士兵30万攻打匈奴

● 公元12年

以洛阳为东都，置定九州

● 公元13年

废除禁止民间铸钱法律

● 公元14年

频繁更改地名，多达五次，屡次更改钱币

↑ 新莽时期铜斛

器身刻 81 字篆书铭文，记载王莽在全国范围内颁布标准度量衡器的史实。

强，避免民众大起义，结果恰恰是加速大起义的爆发。王莽知道这个事实，接连地发动侵略战争，企图对国内民众表示威武，并缓和阶级矛盾。结果又恰恰是更加速大起义的爆发。

公元 9 年，王莽派使官到边外诸国，收回汉朝所给印绶，改授新朝印绶。公元 12 年，王莽诱杀高句丽侯，又改高句丽为下句丽，引起高句丽、夫余诸族的不断反抗。王莽改句町王为侯，又诱杀句町王。公元 16 年，王莽发动 20 万人击句町，兵士饿死疫死约十之六七。西南地区各族纷纷起兵反抗王莽。

公元 17 年，王莽下令没收官吏家财产五分之四，允许下属告发长官，奴婢告发主人，无市籍的下层豪强怨恨了。王莽统治失去了基础。公元 23 年，在起义军攻击下，长安城破。长安市上小工商业者响应起义军，攻入王莽宫，屠户杜虞斩王莽。

▎"新"朝的不幸

公元 17 年，荆州大饥，饥民到野地掘草根，时常争夺互斗。新市人王匡、王凤和饥民调解讲和，被拥为首领。数月间，众增至七八千人。起义军居绿林山中，攻击附近乡村，声势渐大。公元 22 年，王常、成丹引一部西行，号下江兵；王凤、王匡、马武等北行，号新市兵。新市兵攻随，平林人陈牧等起兵响应，号平林兵。

公元 18 年，琅琊人樊崇起义，率众百余人入泰山，饥民纷纷来归，一年间众

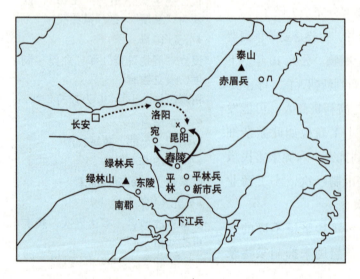

↑ 金镈铜戈　西汉

← 昆阳之战示意图

至万余人。公元 21 年，王莽遣大将景尚等击樊崇军。公元 22 年，樊崇军击杀景尚。王莽又派遣将军王匡、廉丹率精兵十余万人击樊崇军。樊崇军准备大战，各人用赤色涂眉，作为起义军记号，从此被称为赤眉军。赤眉军击败王匡，人数增至数十万，势力扩展到黄河南北两大平原。

起义军大都是被暴政逼迫，无法生活的广大农民。他们并无自立朝廷的志愿，也缺乏组织力和纪律性。饥寒交迫的广大农民，在当时的情况下，只有实行所谓掳掠，才能维持生活，才能严重地打击各式各样的剥削者。由于起义军力量弱，不能打击城市中的剥削者，所以起义的作用虽然是巨大的，但又是很有限度的。

公元 22 年，南阳郡春陵乡人刘縯、刘秀兄弟起兵反王莽。刘縯、刘秀是汉宗室，是南阳著名的大豪强。他们的外祖父是有田 300 余顷的大豪强樊重。王莽称帝后，废除汉宗室封爵，并禁止刘姓人做官，刘縯凭着丰厚家产来交结豪强，成为南阳豪强集团的首领。

刘縯派人招得新市平林兵，不久又招得下江兵。以刘縯汉军为主，合新市、平林、下江兵，共分六部。刘縯率诸部击杀王莽南阳守将，又击败王莽大将严尤、陈茂军，进兵围宛，声势大振。

公元 23 年，新市平林诸将怕刘縯治军严明，阻止掳掠财物，拥立懦弱无能的刘玄做汉帝，号称更始帝。刘縯等率主力军攻下宛，作为更始帝的都城。王莽大军经过昆阳，围昆阳城。刘秀劝说王凤、王常率八九千人守城，自己率十三骑到郾、

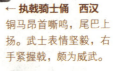

← **执戟骑士俑　西汉**
铜马昂首嘶鸣，尾巴上扬。武士表情坚毅，右手紧握戟，颇为威武。

∽ 主要人物 ∾

王匡、王凤：新朝末年绿林起义领袖，在湖北起义，聚集在绿林山，被称为"绿林军"。昆阳之战消灭了王莽的主力军，乘胜直取长安。

樊崇：字细君，琅琊人，西汉末年农民起义军赤眉军领袖。聚饥民在莒县起义，亲自指挥大军打进长安，进击关中时，受伏击于宜阳，被刘秀所杀。

刘縯：西汉宗室，南阳郡的豪强地主。在舂陵乡起兵反对王莽。攻克长安，因为功高震主，被刘玄杀死。

刘玄：字圣公，南阳蔡阳人，两汉之际绿林军建立的更始政权的皇帝。缺乏才能，委政于岳父赵萌，后奉玺绶归降赤眉，被缢死。

定陵搬汉兵数千人击王莽军。刘秀自率步骑兵千余人作前锋，攻击王莽军。汉兵数千人见刘秀勇猛直前，领兵诸将胆壮起来，相继进攻，连胜连进，昆阳守军乘势杀出，大败莽军。王莽的主力军经昆阳一战，完全被消灭。

更始帝阵营中的分裂也爆发了。新市平林诸将和一部分南阳豪强嫉妒刘縯、刘秀盛大的威名，怂恿更始帝杀死刘縯。刘秀在这个危急情况下，表现出异常的镇静和忍耐力。他赶快驰回宛，向更始帝谢罪，不和刘縯的旧属往来，也不为刘縯行丧礼，饮食言笑不改常态，只说自己的罪过，不说一句昆阳的战功。后来，更始帝迁都洛阳，派刘秀到河北镇抚诸州郡。刘秀开始经营河北，逐步营造独立的势力。

在农民起义时期，乡间豪强胁迫佃户和附近农民筑营堡，为豪强当私兵。东汉时营、堡、坞、壁等据点和被迫当私兵的部曲，得以合法存在，大大增强了豪强的割据力量。

刘氏的复兴

——东汉初期

▌儒家皇帝

　　新朝末年，豪强割据，全国分裂，东方有张步，据青州 12 郡；北方有彭宠，据渔阳等郡；西方有隗嚣，据天水等郡；西南有公孙述，据益州全部；南方有更始军残部据郾、宛、邓、淮阳等地。较小的割据者和乡间营堡，不计其数。公元 23 年，刘秀到河北，规定了取天下的方针：军事上纪律严肃，赏罚分明；政治上招集人才，争取民心。他巡行诸郡县，释放囚徒，废除王莽苛政，恢复西汉官名。公元 25 年，刘秀称皇帝。邓禹渡河入关中，击败更始

↑刘秀像

军 10 万人。寇恂等攻入洛阳，刘秀定都洛阳。公元 27 年，冯异大败赤眉军，刘秀亲率大军截断去路，赤眉军刘盆子、樊崇以下 10 余万人全部投降。公元 36 年，大将吴汉攻破成都，灭公孙述，结束了豪强割据，恢复了中国的统一。

→ 白马寺山门
白马寺有中国佛寺"祖庭"之称，始建于东汉永平十一年，因汉明帝"感梦求法"，遣使迎天竺僧人到洛阳而创建。

重大成就

◆光武中兴。

◆马援征南，岭南及海南归化。

◆王景治河成功，黄河以后 800 年没有改道，使下游黄泛区成为良田沃土。

◆班固著《汉书》，是中国第一部纪传体断代史，并撰成《白虎通德论》《燕然山铭》《两都赋》。

◆佛教祖庭白马寺落成。

◆杜诗发明水排，鼓风冶铁。

主要人物

刘秀：字文叔，南阳人，汉高祖刘邦九世孙，东汉王朝的开国皇帝。打败赤眉农民军，完成了统一事业，恢复汉朝政治统治，史称"光武中兴"。

汉明帝：名庄，庙号显宗。汉光武帝刘秀的第四子。一切遵奉光武制度，热心提倡儒学，注重刑名文法。明帝以及随后的章帝在位期间，史称"明章之治"。

班固：字孟坚，扶风安陵人，东汉著名史学家、文学家。奉诏继续撰写《汉书》，是我国第一部纪传体断代史，也是史传文学的名著。撰成《白虎通德论》《燕然山铭》《两都赋》等。

马援：扶风茂陵人，马革裹尸的英雄。汉光武帝任命马援为伏波将军带兵平叛。马援立珠崖县，铸立铜柱，作为汉朝最南边界。

刘秀在推倒王莽的战争中，在削平割据的战争中，起到了积极的作用。他本人兼有太学生、贵族、豪强三种身份，他的文武部属也全是这三种人。这个以南阳豪强集团为主体的刘秀军，在政治上有优势，在军事上有谋略，再加上禁止掳掠，争取了民心，最终胜出。

刘秀重新建立起汉朝的统治，因为他建都在洛阳，史家称他的汉朝为东汉朝。

汉光武帝在农民战争这个部分胜利的基础上，着手解决奴隶与土地两个根本问题。公元26年，汉光武帝令民间释放

↑ 班固像

奴婢。从公元26年到38年，下了7次诏书释放官私奴婢。公元35年，又宣布奴婢主杀奴婢不得减罪；奴婢主炙灼奴婢，按法律治罪，免被炙灼者为庶民；废除奴婢射伤人处死刑的法律。这些限制奴婢主暴虐和允许奴婢有自卫权的法律，显然含有进步的意义。西汉后期极其紧张的土地与奴婢问题，由于农民大起义得到部分的解决，依靠这部分的解决，东汉才建立起将近200年的统治。

↑ 说唱陶俑 东汉

这件陶俑造型奇巧，人物形态栩栩如生，逼真地再现了东汉时期说唱艺人的表演水平，反映了东汉时期的雕塑技艺及社会生活。

在解决土地问题上，汉光武帝完全失败了。建武十五年（公元39年），刘秀针对当时"田宅逾制"和隐瞒土地户口的严重现象，下令全国检核土地户口。豪强霸占大量土地，州郡官不敢去查问，对广大农民和某些缺少势力的地主，在清查过程中以查田为名，大肆讹诈，逼得全国农民和某些地主到处起兵反抗。东汉朝廷向豪强势力完全屈服，不再检查垦田与户口的实数。汉光武帝也自称"吾理天下亦欲以柔道行之"。

刘秀建立东汉王朝后，首先致力于整顿吏治，进一步抑夺三公职权，使全国政务都经尚书台，最后总揽于皇帝。加强监察制度，提高刺举之吏，如御史中丞、司隶校尉和部刺史的权限和地位。还采取了不少措施来安定民生，恢复残破的社会经济，建武六年（公元30年）下诏恢复三十税一的旧制。东汉初年的封建租赋徭役负担，比起西汉后期和战争期间有所减轻。他统治的时期，史称"光武中兴"。

光武帝在其统治末年还"宣布图谶于天下"，企图以儒家学说与谶纬神学的混合物作为思想武器，加强对人民思想的统治。

↓ 君车出行图　汉

◆ 大事年表 ◆

● 公元 25 年
刘秀定都洛阳
● 公元 27 年
赤眉军战败投降
● 公元 30 年
实行"三十税一"
罢免郡国都尉官，废除都试制
● 公元 31 年
罢免郡国轻骑等，使其务农
● 公元 36 年
杀公孙述，实现新的统一
● 公元 59 年
明帝讲经辟雍
● 公元 70 年
汴渠建成
● 公元 72 年
明帝到鲁国拜访孔子旧宅
● 公元 73 年
班超通西域
● 公元 79 年
汉章帝诏诸儒会于白虎观，讲论五经同异

↑ 邓禹像

邓禹，南阳新野人，大地主。在刘秀建汉的过程中功勋卓著。邓氏家族在东汉时势力强大，为豪强地主的代表。

↑ 班超像

世家大族的兴起

西汉地主阶级分无市籍与有市籍两部分。无市籍地主有做官吏的权力，有市籍地主不得做官吏甚至法律上不许占有田地。这两种地主虽然都有大小豪强，但从政治地位来说，无市籍豪强是上层豪强，它的最高级是贵族和大官僚；有市籍豪强是下层豪强，它的最高级是大商贾。政治上，上层豪强排斥下层豪强。经济上两种豪强有相同处，就是上层豪强也经营商业，下层豪强也兼并田地；他们又有相互联系之处，就是下层豪强向上层豪强纳贿取得政治上的保护。

汉光武帝本人是个大豪强。他所依靠的统治集团（云台二十八将、三十二功臣、三百六十五功臣）是一个以南阳豪强为基干的豪强集团。汉光武帝封功臣 365 人，封外戚 45 人，与宗室王侯合成一个豪强集团。朝廷用人，主要从这个集团中选取，特别是南阳人。东汉皇室宗室的男女嫁娶，大体上也不出这个集团的范围。皇后皇太后的母家常是这个集团中最有势力的一家。这个集团一开始就显出严重的兼并性和割据性，因之东汉前期，作为中央集权体现者的朝廷，只能在不妨碍豪强利益的限度内对他们行使一定程度的控制权。东汉后期，两个豪强集团猛烈地争夺对朝廷的控制权，大大发展了它们的兼并性和割据性。它们给广大农民制造出无限的灾难，最后引发了黄巾大起义。由于大起义的失败，豪强们各依自己的武力，公开割据称雄，统一的外

重大成就

◆ 窦固、窦宪等击溃匈奴军。

◆ 班超经营西域。

◆ 王充著《论衡》。

◆ 中国历史上最重要的算术著作《九章算术》诞生。

→ 宅院画像砖 东汉

东汉时期豪强地主兴起，他们占据大量土地，并修建有坚固豪华的坞堡，这幅画像石真实地记录了坞堡建筑的状况。

← **陶城堡**
这是典型的南方小型庄园城堡，有护墙、瞭望和防卫装置。

壳破裂了，社会进入大混乱的分裂时期。

东汉仕进的道路一般是公府辟召，就是三公等大官特聘著名士人做本官府属官，也有一部分是郡国荐举，就是郡太守国相按20万人口选举孝廉一人的比例，每年保荐孝廉若干人到朝廷，考试及格后授各种官职；极少数是由曹掾积累资格逐渐上升。中小地主要做官吏，只好先读书，

◇ 主要人物 ◇

班超： 东汉名将，字仲升，扶风安陵人。巩固了汉在西域的统治，保护了西域各族的安全，以及"丝绸之路"的畅通。曾遣甘英出使大秦，至条支的波斯湾而返。

因此，东汉太学、地方官学、私学都很发达。这争夺有限的政府职位，士人间竞争激烈，在孝廉这个名义下，包含着各式各样的求名法。荐主与被荐人在政治上发生君臣的关系，在私人情感上发生父子的关系，被荐人如果对荐主不表现臣子的情分，就算忘恩负义，将为士人所不齿。大官们历年荐举士人，形成许多大大小小的私人集团。有些名门世家，甚至形成门生故吏遍天下的巨大团体。如弘农杨氏，四世三公，门生故吏遍天下，没有人不巴结的。东汉后期士人逐渐从外戚为代表的上层豪强集团里分化出来，变成官僚集团，在外戚、宦官两种势力之外，自成一种势力。它的政治代表，是士人出身的三公和大名士，它的政治倾向一般是接近外戚集团，反对宦官集团。它的进一步发展，就成为魏、晋、南北朝的士族。

◆ 大事年表 ◆

● 公元 66 年
为樊、郭、阴、马四姓的子弟立学，称"四姓小侯"
● 公元 73 年
班超镇抚西域各国
窦固至天山，占据伊吾庐地
● 公元 76 年
秦彭做山阳郡守，占稻田数百顷
● 公元 83 年
马防兄弟因为奢侈逾制获罪
● 公元 84 年
下诏分田给没有土地的农民
● 公元 86 年
张禹修复浦阳陂，得田数百顷
● 公元 87 年
马棱做广陵太守，占田二万多顷

外戚与宦官的时代

——东汉末期

▌"跋扈将军"

公元88年，10岁的汉和帝继位，窦太后临朝称制，外戚窦宪总揽大权。首先宣布"罢盐铁之禁，纵民煮铸"。这就是朝廷让出盐铁大利来换取豪强对窦氏政权的默许。从此豪强实力大增，政治上的野心也随之加强。东汉后期国家衰弱，豪强却拥有强大的武力，最终酿成东汉末年社会空前大破坏的军阀混斗局面。

窦宪掌权后，窦家的大批徒党都做了朝官和地方官，最小的也得做个县令。这些徒党们尽量搜刮民财给窦宪送礼报恩。窦家又养了许多刺客，迫害比较正直不肯附从的官僚集团中人。公元107年，邓太后临朝，邓骘辅政。邓太后授权河南尹、南阳太守等重要地方官严格管束邓家人和邓家的亲戚宾客。邓太后为开国元勋邓禹的孙女。邓禹家教很严，其子孙都能遵守祖训，谦恭谨慎，遵守法度，自奉节俭。邓太后临朝称制十余年，对她的娘家子弟严加约束。邓骘兄弟也能束身自修。

邓太后死后，安帝亲政，阎显得势。公元125年，阎太后临朝，阎显掌大权。汉冲帝刘炳即位时年仅2岁，由梁太后临朝听政，太后兄梁冀掌管朝政。梁太后选用熟悉典章有办事经验、柔媚谦恭、不抵触任何人的官僚，逐杀李固为首的耿

∽ 主要人物 ∽

窦宪：东汉外戚权臣。字伯度。扶风平陵人。和帝即位，窦太后临朝，窦宪在内掌握机密，对外宣布诏命。大破北匈奴于稽落山。遂阴图篡弑君，被迫自杀。

邓骘：东汉外戚权臣。殇帝即位后，邓太后临朝听政，任车骑将军，执掌军政大权。又迎立安帝。安帝亲政后，联合部分宦官和新的外戚，排斥、逐杀邓氏家族，邓骘被杀。

阎显：阎显为汉安帝的皇后阎姬的兄长。安帝即位，由邓太后临朝称制，垂帘听政。阎显专政的时间短，但是所作所为直接危害汉朝廷的安定，东汉由此而转衰。

梁冀：顺帝即位，外祖父梁商掌权。梁商死后，梁冀继任大将军，穷奢极欲，为所欲为达到了极点；权重势盛，不可一世。质帝称其为"跋扈将军"，遂毒死质帝。为汉桓帝所杀。

直派官僚，取得相当的均衡，梁家政权因此保持了将近 20 年。

冲帝死后，梁太后为了长期掌权，又将另一个年仅 8 岁的皇族成员刘缵迎入宫中，于公元 145 年正月立为皇帝，改元"本初"，此即汉质帝。

质帝即位后，朝政仍旧由梁氏家族把持。梁冀专横跋扈，甚至公开贪污、勒索。东汉政治从此开始进入最黑暗时代。少年质帝天性聪明伶俐，对梁冀的专横跋扈极为不满。某日上朝时，小皇帝竟当着满朝文武大臣，指着梁冀说："此跋扈将军也。"梁冀大为恼怒，担心质帝成年后难以控制，竟命令内侍把毒药掺进饼中，将汉质帝毒死。此时，质帝在位才 1 年多，年仅 9 岁。

梁冀毒死汉质帝后，又拥立另一个少年皇族刘志做皇帝，改元"建和"，此即汉桓帝。梁冀做了 20 多年的大将军，穷奢极欲，为所欲为达到了极点，权重势盛。朝廷内外所有官吏无不畏惧，无不俯首听命，乃至连皇帝也不能过问任何政事。这 20 多年是东汉外戚掌权的鼎盛时期，也是梁冀及其家族的"黄金时代"。然而，盛极转衰，在这个"鼎盛"的背后埋伏着梁氏

↑ 张衡制造的地动仪模型

覆灭的危机。公元 159 年，汉桓帝结合一批宦官杀梁冀，又杀梁家重要徒党自三公、九卿至州刺史、郡太守凡数十人，斥逐次等徒党 300 余人，朝官几乎一下空了。这几百个徒党献给梁冀和梁冀自己直接搜括来的赃物，被朝廷没收后，官卖得钱 30 亿。

▌党锢之祸

汉光武帝为集中权力，在朝官中设尚书六人，分掌全国政事。在宫内设中常侍、小黄门、中黄门等宦官多人，掌传达皇帝口诏，阅览尚书呈进的文书。东汉

后期，宦官经常从外戚手中夺得政权，指挥尚书们发号施令，朝廷大官无法对抗。宦官都是无赖凶狡人出身，他们夺得政权后，成为有市籍地主，也就是下层豪强的政治代表。

公元 92 年，汉和帝与宦官郑众密谋，杀窦宪，窦家党徒全部革官下狱治罪。郑众因功封侯，宦官从此参与政事。

东汉后期，朝官主要是外戚徒党，做地方官的主要是宦官徒党，耿直派官僚当然感到不满，企图仕进的士人更是无路可走。这种情形，迫使耿直派官僚、名士、太学生结合起来，联络外戚来反对宦官。

太学生们斥责宦官"噬食小民"，固然是出于义愤，但梁冀罪恶并不比宦官轻多少，太学生却一句话也没说，足见他们的主要目的，还在于反对宦官侵夺仕路。

↑李膺像

自公元 159 年梁冀死后至公元 167 年汉桓帝死，几年间宦官势力几乎达到独霸政权的地位。内外重要官职多被宦官党徒把持，官僚集团的道路比梁冀死前更狭窄了。耿直派官僚、名士、太学生以及地方官学生、私门学生结成广泛的士人集团，展开了士人、宦官间的斗争。

耿直派官僚大都是名士出身。有些人已经做了大官，仍保持名士身份。如李膺做河南尹，与名士郭泰等人交结，被士人推为名士的首领。另外太学生 3 万余人，以郭泰、贾彪为首领。郭泰等人结合陈蕃、李膺等耿直派大官僚，评论朝政，褒贬人物，公卿大臣竭力接待士人，希望免受恶评。公元 166 年，汉桓帝指名士

主要人物

李固：东汉大臣，字子坚，汉中南郑人。通晓典籍。纵论时弊及为政所宜，建议削夺外戚梁冀势力，罢退宦官。

窦武：字游平，扶风平陵人。宦官专横，李膺、杜密等为党事拷问之时，上书切谏，为李、杜等"党人"鸣冤。

陈蕃：字仲举，汝南平舆人。为人方正，厌恶特权，为太学生所敬重，被尊为"不畏强御"，对汉末士大夫崇尚气节之风影响很大。

李膺：字元礼，颍川襄城人。生性高傲，反对宦官专权，有"天下楷模"之誉。经历两次党锢事件，受株连而被处死。

杜密：字周甫，颍川阳城人。与李膺齐名，故时人称为"李杜"。太学生誉之曰"天下良辅"。党锢事件再起，被迫自杀。

郭泰：东汉名士，太原介休人，字林宗。东汉末为太学生首领，被太学生标榜为"八顾"之一。不危言骇论，故不在禁锢之列，后闭门教授生徒。

观众　吹笙手　伴舞女　鼓瑟者　柔术手　击磬者　击鼓者　观众

↑ 舞乐百戏图　东汉
此图是东汉豪强地主宴乐豪奢生活的真实写照。

李膺、范滂等 200 余人为党人，下狱治罪。公元
167 年，汉桓帝赦党人回家，禁锢终身，不许再做
官。这是第一次党锢之祸。原来在政治上有极大势
力的外戚集团，自梁冀失败以后，政治势力和社会
影响都降落了。代表下层豪强的宦官集团，虽然政
治上有极大权力，却以获得名士们的一些礼遇为荣
幸。东汉初年以来，逐渐形成世代做官的"衣冠望
族"或姓族，散布在各州郡。所谓"衣冠"是指各
种身份的官僚，所谓"诸儒"是指太学生一类的士
人。士族内部按族望的高低，门阀的上下，也就是
按势力的大小来分配做官权。魏、晋、南北朝的九
品中正制，就是这一既成事实的法律规定。

　　窦武、陈蕃死后，汉灵帝大兴党狱，杀李膺、
范滂等一百余人，禁锢六七百人，太学生被捕
一千余人。党人五服内亲属以及门生故吏凡有官
职的人全部免官禁锢。这是第二次党锢之祸，对
士族的打击是惨重的，内外官职几乎全部被宦官
集团占据了。

　　党锢之后，东汉的政治更加腐败。汉灵帝和
宦官们为了彻底排斥士族并满足自己的贪欲，索

❖ 大事年表 ❖

● 公元 159 年
单超等五人为列侯，权势归
宦官
● 公元 164 年
桓帝南巡，费用巨大
● 公元 165 年
李膺被诉诬
● 公元 166 年
张成弟子上书诬告李膺结党，
李膺入狱，第一次党锢开始
● 公元 167 年
窦武为党人上疏讼理，200
多党人被遣还乡，禁锢终身
● 公元 168 年
宦官王甫等杀大将军窦武，
宦官复得志
● 公元 169 年
张俭被诉诬，第二次党锢开
始，李膺死于狱中，党人死
百多人
● 公元 171 年
大赦天下，唯党人不赦
● 公元 176 年
曹鸾上疏免党人下狱，被杀

性开一个叫作西园的官员交易所，标出官价公开卖官，地方官一般比朝官价贵一倍。各县肥瘦不等，让求官人估价投标，出价较高的人才能得标上任。公元189年，汉灵帝死，皇子刘辩继位。何太后临朝，何进掌朝政。何进企图依靠下层豪强董卓杀宦官，不料宦官首先发动起来，杀死何进。士族大豪强袁绍起兵杀宦官二千余人，宦官被全部歼灭。董卓引兵到洛阳，逐走袁绍，废皇子刘辩，杀何太后，立汉献帝。象征中央集权的朝廷已经消灭，豪强公开进行武装混斗，中国社会转入了空前的大破坏时期。

黄巾大起义

◆ 大事年表 ◆

● 公元 184 年
张角黄巾起义，全国响应，京师震动
灵帝赦天下党人

● 公元 185 年
黄巾起义之后，各地纷纷起义

● 公元 188 年
黄巾起义余众攻太原、河东马相起义，自号黄巾，不久失败

● 公元 189 年
皇甫嵩击破梁州贼王国

黄巾起义是东汉末年河北巨鹿人张角领导的一次农民大起义。当时，地主阶级的掠夺、兼并变本加厉，农民纷纷破产，社会阶级矛盾十分尖锐，从而激起东汉农民群众更激烈的反抗斗争。

巨鹿人张角自称"大贤良师"，奉事黄老，号"太平道"。他畜养弟子，为徒众画符治病；并分遣弟子八人，周行四方，以其道教化天下，深得农民信任。十多年时间，收聚徒众数十万，遍布青、徐、幽、冀、荆、扬、兖、豫八州。于是，他便部署徒众为三十六方。大方一万多人，小方六七千人，各立渠帅。并传言说："苍天已死，黄天当立，岁在甲子，天下大吉。"还派人在京城寺门和州郡官府等处都用白土写上"甲子"字样。

东汉灵帝中平元年（公元184年），大方马元义等先聚集荆扬徒众几万人，以中常侍封谞、徐奉为内应，约定在三月五日内外一起起事。不料张角弟子唐周背叛，上书朝廷告密。汉廷收捕马元义，在洛阳车裂，并命令冀州刺史逐捕张角等

⌒ 主要人物 ⌒

张角：巨鹿人，东汉末年黄巾大起义主要领导人。创建太平道，免费给穷人看病和传道，秘密地组织群众，发动了黄巾大起义。

汉灵帝：即位时，任太傅陈蕃主持朝政，准备消灭宦官腐朽势力。后穷奢极欲，设立官爵交易所，公开标价卖官。

皇甫嵩：字义真，安定朝那人，东汉末期名将。黄巾起义爆发时，任左中郎将，与朱儁率军镇压起义军。

图　例

- 公元184年黄巾军主要作战地区
- 黄巾军余部及其他起义军活动地区
- 与黄巾军同年起义的其他起义军活动地区
- ✕ 战场
- —·— 黄巾军宣传活动的八州范围
- 起义地点

↑黄巾起义形势图

人。张角见事已败露，便星夜传檄四方，于是"八州并发"。起义者都头裹黄巾为记，史称"黄巾起义"。张角自称天公将军，弟弟张宝称地公将军，张梁称人公将军，在不到一个月的时间里席卷了河北直至长江以北的广大地区。黄巾义军所到之处，燔烧官府，劫掠乡邑，一时，州郡失守，长吏逃亡，天下响应，京师为之震动。

东汉朝廷极其恐惧，派遣北中郎将卢植率东汉军队同张角军战于广宗。卢植在广宗城周围筑起围墙，挖了壕沟，架上云梯攻城，久攻不下。朝廷遣小黄门左

↑ **手搏图　东汉**

丰监视卢植，后撤换了卢植，用东中郎将董卓
来代替，继续围攻广宗。但直到第二年的六、
七月间，广宗依然在起义军的坚守之下。八月，
张角不幸病死，他的弟弟张梁指挥战斗，张梁
军越战越勇，东汉军队处处被动。

重大成就

◆道教兴起，并开始广泛传播。
◆《古诗十九首》成书。
◆《孔雀东南飞》是汉代乐府民
歌发展的最高峰。

　　东汉朝廷吃了败仗，撤换了董卓，又遣皇甫嵩来代替。英勇善战的张梁军又
给了这个刽子手以沉重打击。但是，十月间，起义军麻痹大意，遭到皇甫嵩的夜
袭，损失很大，张梁英勇战死，阵亡和投河牺牲的共8万多人。

　　十一月，皇甫嵩攻张角弟张宝于下曲阳，经过一场激烈的战斗，张宝军10万
多人壮烈牺牲。九个月的战斗，黄巾军显示了农民群众的威力，给了东汉王朝以
极其沉重的打击，动摇了东汉王朝的腐败统治。

第二章

东方的中国

　　继东汉末年形成的三国分立局面再次印证着"天下大势，分久必合，合久必分"的道理。始自三国，经由两晋，直至南北朝，整个历史形态亦是分分合合，尤其东晋、南北朝混乱和战争给人民带来巨大的灾难，同时也促进着多民族的交流融合。这个时期玄学、儒学的兴盛跟士大夫面对黑暗混乱的政治，以致精神上所承受的痛苦和无以发泄的愤懑有莫大关系。隋朝在某种意义上说只是唐朝的前奏，真正奏出盛世凯歌的是盛唐，四面来朝，威震宇内，东方的中国以一种凌人气势屹立东方，为西方诸国仰望倾慕。制造出惊艳奇观的一代女皇更为男权至上的传统礼制所不容，也为世人惊叹不止。盛极而衰，合久即分，历史在不断重演里推进。五代十国的割据混战，两宋的发展没落，北方少数民族入侵，东方的中国奏出的歌曲由高亢趋向低落、再低落，等待另一个高潮的来临。

三国鼎立

——魏蜀吴

↑曹操像

▌"挟天子以令诸侯"

灵帝中平五年（公元188年），东汉政府为了加强统治力量，在中央筹建了一支新军，称为"西园八校尉"。新军正统帅是宦官蹇硕；副统帅是大贵族出身的袁绍。曹操也被任命为八校尉之一的典军校尉。

第二年，汉灵帝病死，少帝刘辩即位，年仅14岁，由何太后临朝听政。大将军何进与袁绍等人谋划诛灭宦官，以巩固外戚地位，并打算召并州牧董卓带兵进京，以为声援。曹操不同意这样做，他认为杀几个首恶的宦官，只要交付狱吏去处理就可以了，没有必要把宦官全部杀死，更不必引进外兵，以免朝廷受制。但何进一意孤行，没有接受曹操的意见，又走漏了消息。结果宦官先发制人，提前杀死了何进。袁绍闻讯后，立刻带兵进宫，杀死了全部宦官。这时董卓已经领重兵进京，在混乱中毫不费力地控制了首都。不久，又废掉少帝，另立刘

→ 水田附船陶器　汉

东汉末年，曹操占据北方，实行屯田，这样既能舒解军粮短缺的压力，又可操练军队，控制军纪。汉代规定，作战士兵每人以月供应粮物，粮物的进出都有严格的手续，曹操更是规范了这一程序，并且更为严密。此器即是军屯的士兵在水田中劳作的形象反映。

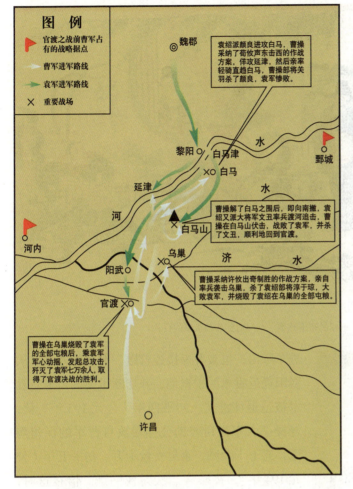

← 官渡之战示意图

图 例
- ▶ 官渡之战前曹军占有的战略据点
- → 曹军进军路线
- → 袁军进军路线
- × 重要战场

袁绍派颜良进攻白马，曹操采纳了荀攸声东击西的作战方案，佯攻延津，然后亲率轻骑直趋白马，曹操部将关羽杀了颜良，袁军惨败。

曹操解了白马之围后，即向南撤，袁绍又派大将军文丑率兵渡河追击，曹操在白马山伏击，战败了袁军，并杀了文丑，顺利地回到官渡。

曹操采纳许攸出奇制胜的作战方案，亲自率兵袭击乌巢，杀了袁绍部将淳于琼，大败袁军，并烧毁了袁绍在乌巢的全部屯粮。

曹操在乌巢烧毁了袁军的全部屯粮后，乘袁军军心动摇，发起总攻击，歼灭了袁军七万余人，取得了官渡决战的胜利。

协为献帝，朝廷大权完全落入他的手中。董卓十分跋扈和残忍，他的军队由汉、胡等多种民族组成，军纪很坏，经常在洛阳附近烧杀抢掠，人民深受其苦。

曹操自幼放荡不羁，才华横溢，足智多谋，善于随机应变。汝南有个善于评论人物的名士许劭，评论曹操为"治世之能臣，乱世之奸雄"。董卓企图拉拢曹操，但曹操不愿和他合作，因此改名换姓逃至陈留，集结义兵，声讨董卓。东汉末年，政治腐败混乱，出现了农民大起义和地方势力割据与混战的局面。在混战中，曹操"明设赏罚，逐间设奇，昼夜会战"，广招贤士，势力发展最快，在兖州建立了根据地。

献帝初平元年（公元 190 年），关东各州郡的牧守和地方豪强，在讨伐董卓的名义下纷纷起兵。其中有冀州牧韩馥、渤海太守袁绍、河内太守王匡、兖州刺史刘岱、陈留太守张邈、东郡太守桥瑁、济北相鲍信等人。以袁绍的声望最高，因此大家公推他当盟主，各地军队由他统一指挥。这时曹操还没有固定的地盘，粮草器械靠张邈接济，因此要受他的节制。各路将领心怀鬼胎，义军失败。

初平三年（公元 192 年）冬，盘踞在南阳的袁术，勾结幽州公孙瓒进攻袁绍和曹操，企图夺取冀州和兖州地盘。曹操当时与袁绍利益相同，对袁术不满，因此袁术与公孙瓒很快结合了起来。但公孙瓒的军队不久就被袁绍击溃，逃回幽州。袁术

↑ 连环计 年画

本图绘王允利用美貌貂蝉来离间董卓和吕布的感情，从而达到诛杀董卓的目的。

◆ 大事年表 ◆

● 公元 189 年
董卓之乱

● 公元 190 年
董卓挟持献帝西行，焚烧洛阳宫室民居

● 公元 192 年
王允杀董卓，曹操破青州黄巾军，收青州兵

● 公元 196 年
献帝回到洛阳，不久曹操迎献帝到许昌

● 公元 200 年
官渡之战，曹操大败袁绍

● 公元 205 年
曹操击破乌桓，平定河北

进军陈留，也被曹操接连打败。荆州牧刘表又从襄阳逼近袁术的根据地，并切断了他的粮道，袁术被迫退往淮北。初平四年（公元 193 年）秋，曹操率大军征讨曾助公孙瓒攻打曹军的徐州陶谦，连下十余城，杀男女数十万。初平五年（公元 194 年），曹操第二次讨伐陶谦。恰在这时，曹军留守张邈、陈宫勾结吕布造反，曹操撤军北归，打败叛军，重新巩固自己的地盘。

当曹操与吕布在兖州鏖战之时，李傕、郭汜发生了火并，汉献帝落入李傕手中。后来李傕部将杨奉叛变，与董承、韩暹等人拥献帝辗转回洛阳。自经董卓之乱，洛阳已残破不堪，还都之后，朝廷百官连居住的地方都没有，粮食十分缺乏，有些官员甚至饿死在断垣残壁之下。而当时各州郡的牧守，皆拥兵自重，没有谁肯来过问皇帝的困难处境。建安元年（公元 196 年），汉献帝由长安回到故都洛阳，曹操亲自到洛阳朝见献帝，见洛阳残破，乘机迁都许昌。从此，曹操牢牢控制了东汉政府，"挟天子以令诸侯"，在政治上占据很大的优势，以献帝名义东征西伐，先后平定关东、关中一带。

当时袁绍盘踞幽、冀、并、青四州，军力雄厚，勇将如云。虽然曹操已成中原霸主，但就兵力而言始终与袁绍有一定距离。建安五年（公元 200 年），袁军南下，与曹军会战于官渡。当时曹操结集在官渡一带的军队不超过三四万人。双方兵力如此悬殊，因此曹操部下有些人对于能否打败袁绍缺乏信心。白马、延津之战是官渡决战的序幕，曹操连战皆捷，大大鼓舞了士气，坚定了将士们战胜袁绍的信心。最后曹操用降将许攸之计亲率五千骑兵偷袭袁军粮仓。袁军见军粮被烧而大乱，曹军乘势出击。袁绍败走。官渡之役奠定了曹操在北方的霸主地位，此时冀、幽、并、青四州皆已归入曹操势力范围，统一北方的事业基本完成。

▌赤壁之战

官渡之战，袁绍曾派人与刘表联络，希望他夹攻曹操。但当时荆州有叛乱，刘表无暇北顾。袁绍战败，曹操回师击刘备，刘备逃奔刘表。在官渡会战胜利后，曹操用数年时间稳定北方，追击袁氏余党。建安十三年（公元 208 年），曹操亲率大军南征刘表。曹操担心荆州落入刘备或孙权之手，于是年七月，匆忙对荆州发动了进攻。曹操轻易地接管荆州，大军入境，刘表之子刘琮不战而降。

← 东汉斗舰复原图

曹操认为刘备、孙权都不难吞灭。他在写给孙权的信中说："我带领八十万大军，准备和你一起在江东会猎。"孙权召开多次军事会议，会中主战和主降派展开

↑三国鼎立形势图

了激烈的争辩。面对曹操的军事威胁，孙权统治集团内部意见分歧。很多人都惧怕曹军威力，认为只有投降一途。实力派人物周瑜、鲁肃等人则主张抵抗，他们对曹操的军事实力作了详细的分析，认为曹军号称八十万，实际上并没有这么多的军队。曹操本身的军队只有十五六万，但连年作战，已十分疲惫。而且自从南下以来，有很多人感染了疾病，战斗力不会很

〇 主要人物 〇

曹操：即魏武帝，东汉末年的政治家、军事家、文学家。"挟天子以令诸侯"，逐渐统一了中国北部。用人唯才，抑制豪强。

刘备：字玄德，河北涿州人，为三国蜀汉开国君王。三顾茅庐得诸葛亮辅佐，后与孙权联合大败曹操于赤壁，取得益州与汉中，自立为汉中王。伐东吴兵败，退回白帝城，因病崩逝。

孙权：字仲谋，吴郡富春人，三国吴国的创建者。孙策猝亡后，接掌江东。在赤壁之战中，打败曹操，此后又夺取荆州。采取了一些促进江南经济开发的措施。

周瑜：字公瑾，庐江舒县人。三国时期吴国著名将领、战略家，在孙氏开基立业、创立鼎足三分格局的过程中，起了重要的作用。生逢乱世，立志廓清天下，可惜天不假年，英才早逝。

→ **赤壁之战战场遗址**
位于今湖北省蒲圻。

强。刘琮的军队最多不超过七八万人，他们投降不久，心怀疑惧，也不可能认真打仗。曹操军队的优势是骑兵，水战非其所长，舍长就短，对他们很不利。何况马超、韩遂占有关西大部分地区，威胁着曹操的后方，曹操不可能长期留在南方作战。周瑜等人认为江东出兵三万，再加上刘备和刘琦的两万多军队，足以打败曹操。在周瑜和鲁肃的鼓励下，孙权决定出战。

建安十三年秋冬之际，曹操率水陆两军从江陵出发，沿长江东下，到达赤壁时，与孙、刘联军相遇；曹军初战不利，退至北岸乌林，双方夹江布阵。周瑜部将黄盖建议用火攻，先致书曹操，诈称投降。到约定投降之日，黄盖用大船数十艘，船中装满薪材，灌以膏油，外面盖上帷幕，使曹军不易察觉。快驶到北岸时，各船同时点火，当时正值东南风大起，火势冲天，曹操战船皆不及躲藏，很快就被延烧了起来，接着又延烧到岸上的营寨，曹军大乱，孙、刘联军乘势冲杀，击溃了曹操的军队。曹操留下曹仁守江陵，自己带领一部分军队狼狈地退走了。后来由于江陵长期被围，曹仁又退守到襄阳、樊城一带。

从此，曹操无力大举南征。同时，刘备西定益州，自封汉中王。三国鼎立之势已成，盖世雄主曹操亦再无力改变这个事实。

诸葛亮与蜀汉

刘备屯兵新野时，徐庶为幕僚，向刘备推荐诸葛亮。刘备三顾茅庐，诸葛亮才与其相见，并立刻提出了著名的《隆中对》，即占据荆、益二州，联合孙权，对抗曹操，统一天下的建议。深得刘备的赞赏，自此成了刘备的主要辅佐。后助刘备败曹操于赤壁，佐定益州，使蜀与魏、吴成鼎足之势。

曹丕代汉为帝后,刘备也称帝,诸葛亮出任丞相,总理国家大事,关羽镇守荆州。

猇亭一战,刘备大败,召诸葛亮嘱托后事说:"君才十倍于曹丕,必能安国,终定大事。若嗣子可辅助,便给以辅助;若其不才,您可取而代之。"诸葛亮急忙哭着表示:"臣必竭心尽力相辅,效忠贞之节,死而后已!"

后主即位,诸葛亮受封武乡侯,建立丞相府以处理日常事务,又兼任益州牧。当时,全国的军、政、财,事无大小,皆由诸葛亮决定。诸葛亮执政后,首先要办的第一件大事是恢复与东吴的外交关系。刘备死后,东吴一方面继续向魏称臣,一方面尚未拿定主意怎样对待蜀国,仍陈大军于蜀国边境。诸葛亮派尚书邓芝出使东吴,说服孙权与蜀联合,与魏断绝关系。

当时,南中诸郡在刘备东伐之时,受东吴策动而叛乱,严重威胁蜀汉后方。诸葛亮执政后,与东吴恢复邦交,切断了南中的外援。经过两年调养,诸葛亮上书后主,决心平定南中叛乱。对叛军首领孟获七擒七纵,使其心悦诚服。平叛战斗结束后,诸葛亮吸取"众建诸侯分其力",将南中四郡分为六郡,起用大量土著大姓为官吏。

建兴五年(公元227年)三月,诸葛亮上《出师表》于后主,率军至汉中,准备北伐。他先在汉中练兵约一年,然后北攻。魏南安、天水、安定三郡当即降蜀。魏明帝亲赴长安督战,以曹真督关右诸军,采用以防守为主的战略。蜀军先扬言

↑古隆中,在今湖北襄樊。

↑ 七擒孟获图

要由斜谷道攻取郿县，并使赵云、邓芝率一军据箕谷为疑军，诸葛亮率主力西攻祁山。参军马谡领一军为先锋，驻街亭。马谡指挥不当，大败于魏军，丢失街亭。蜀军只好退回汉中。诸葛亮挥泪斩马谡，上书自贬三级，以右将军身份行丞相之职。

建兴六年（公元228年）冬，魏军三路攻吴，关中空虚。诸葛亮再次率军北伐。蜀军此次出大散关，围攻陈仓二十余日不下，粮尽而退。建兴七年（公元229年），诸葛亮第三次率军北伐。蜀军取魏武都、阴平二郡而回。诸葛亮复任丞相。

建兴九年（公元231年），诸葛亮第四次伐魏，命李严在汉中负责后勤供应，李严未及时筹集到粮草，便写信给诸葛亮说皇上命令退兵。诸葛亮弹劾李严，将他免为庶人。建兴十二年（公元234年）二月，诸葛亮第五次北伐，以大军出斜谷，据五丈原。此次出兵，事先与东吴约好同时攻魏。但东吴迟迟不发兵，迄至五月，孙权率大军围合肥新城。魏明帝亲率水军东征，命西守的司马懿坚守不战，让蜀军粮尽自退。诸葛亮鉴于以往的教训，分兵屯田。八月，诸葛亮突患急病，暴卒于前线。蜀军全线撤军。

不以成败论英雄，尽管诸葛亮没有完成统一大业，但是他作为一代名相，在三国时期进行的纵横天下的军事策略和治理蜀国取得的业绩，使他在我国人民的心目中永远成为智慧与忠诚的化身。

∽ 主要人物 ∽

诸葛亮：三国时期政治家、军事家，辅佐刘备联吴抗曹，建立蜀国，七擒孟获，六出祁山，一生真可谓"鞠躬尽瘁，死而后已"。

关羽：字云长，本字长生，河东解州人。汜水关前斩华雄；杀颜良诛文丑；千里走单骑，过五关斩六将；水淹七军；骄傲轻敌，刚愎自用，兵败麦城。一生重情义，智勇双全，武艺绝伦。

姜维：字伯约，天水冀地人。始为魏将，后弃魏投蜀，屡立战功，在诸葛亮的培养下，成为刘禅政权中不可多得的宰辅。

高平陵政变以及蜀汉和东吴的灭亡

　　高平陵政变是司马懿政治生涯中最精彩的篇章，也是最能体现他深谋远虑的历史事件。齐王曹芳即帝位后，司马懿和曹爽之间的权力斗争日趋激烈。曹爽培植党羽，排挤司马懿，司马懿则不动声色，在暗中积蓄力量，等待机会。曹爽奏请皇上将司马懿提拔成太傅，但没有实权，这样司马懿就明升暗降，被剥夺了军权，而曹爽将他的几个兄弟都安排到了重要部门，从而掌控了曹魏政权。司马懿为了迷惑

↑ 司马懿像

麻痹曹爽，干脆向皇帝请了病假，长期在家休息。但在暗地里，司马懿招募训练了三千死士，并争取到太尉蒋济、司徒高柔、太仆王观等元老重臣的支持。曹爽的心腹河南尹李胜调往荆州任刺史，借着向司马懿辞行的机会前往打探消息。司马懿当然知道李胜的来意，又故伎重演，假装已经病入膏肓，两个侍女给他穿衣服都穿不上，喂他喝粥他洒得满身都是，也难怪后人评价司马懿阴险狡诈。

　　嘉平元年（公元249年），魏帝曹芳拜谒明帝高平陵，曹爽兄弟四人及其心腹率领禁卫军出城护驾。司马懿看时机成熟，带领两个儿子司马师、司马昭和三千死士假传太后旨意关闭城门，占据武器库，并派兵占领城南洛水上的浮桥，封锁曹爽回京的通道。然后司马懿派司徒高柔临时行使大将军的权力，占领曹爽的军营，命太仆王观行使中领军的权力。这样，司马懿就完全控制了军权。布置完毕后，司马懿和太尉蒋济等人联名上书魏帝曹芳，列出曹爽的种种罪状，并要求罢免曹氏兄弟的权力，如若不然，就军法处治。奏章传到高平陵，曹爽兄弟慌忙把皇帝车驾留在伊水，征发了几千名屯田兵筑寨守卫。司马懿接二连三地派人去劝说曹爽投降，并说自己指着洛水发誓，只要曹爽交出兵权，最多革职免官，绝不治罪。曹爽等人回到洛阳，向司马懿请罪。

　　不久，司马懿就以大逆不道、企图谋反的罪名将曹爽集团全部处死，并灭其三族。司马懿收拾曹爽一伙的时候，还跟曹爽的心腹何晏开了个玩笑。何晏是魏晋名士，司马懿让何晏去主持审理曹爽集团的"谋反"大案。何晏像是抓住了救命稻草似的，也顾不上什么昔日好友、旧时同僚了，刑讯逼供，坑骗引诱，什么招数都使出来了，为的是讨好司马懿，幻想着得到宽恕。等到何

重大成就

◆魏国马均发明灌溉工具翻车，他还改进织绫机、制造指南车。

◆孙权收服山越，开发江南，促进了当地的经济发展和民族融合。

◆玄学兴起，促进了学术发展。

◆书法家钟繇创楷书。

晏将案子的审判结果呈给司马懿看的时候，司马懿用手指头比划了一个"八"字，意思是要杀八个家族他才解恨。何晏报上去的只有桓范、丁谧等7个人，司马懿一个劲摇头，说还不够。何晏岂不明白，战战兢兢地问："难道还有我？"司马懿点头道："这就对了！"当即把何晏推出去斩首灭门。高平陵政变后，曹魏政权完全被司马氏集团掌控。

三国鼎立局面形成后，曹魏大规模实行屯田，兴修水利，提倡增加生产，北方经济逐步上升。关中曾是破坏最严重的地区，人民流入荆州的十余万家，听说本土安宁了，都纷纷回乡。战乱时到辽东避难的农民，也纷纷渡过海峡，回到山东。社会经济的日益兴复，使魏国实力日益增强。吴和蜀虽然也注意境内土地的开发和生产的恢复，但是，由于那些地区都比中原开发晚，生产技术也比较落后，所以都赶不上北方。吴国由于赋税徭役都很繁重，刑罚也很严酷，再加上豪族地主的残酷压榨，人民不断起义反抗；孙权死后，宗室和大臣相互残杀，政治局面动荡不安。蜀国连年攻魏，加重了人民的赋役负担；诸葛亮死后，以刘禅为首的统治集团日益腐朽，阶级矛盾逐渐激化。所以，吴、蜀力量日益衰落。

景元五年（公元263年），司马昭派三路大军伐蜀。邓艾自狄道向沓中，进至阴平。蜀将姜维退守剑阁。魏军受阻。邓艾决定偷渡阴平。阴平地处偏僻，人烟稀少，崇山峻岭，蜀军没有设防。邓艾身先士卒，亲自探险开路，终于通过阴平小道，绕过剑阁天险，进占了江油。随后，又陆续攻下涪城、绵竹，直取成都。刘禅懦弱无能，在大臣谯周劝说下，向魏军投降，被迁往洛阳封为安乐公。

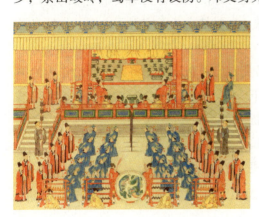

← 司马昭宴请刘禅

刘备去世后，刘禅即位。他昏庸无能，加上诸葛亮等辅佐他的人相继去世，蜀汉国势日消。不久，就为魏国所灭，刘禅被俘，演出了"乐不思蜀"的闹剧，被世人传为笑柄。

分裂时代中的短暂统一

——西晋

↑晋武帝司马炎像

司马炎统一中国

司马昭掌握朝政大权，但他自己不做皇帝，想效仿曹操让自己的儿子曹丕称帝那样，将帝位留给儿子司马炎去做。后来司马炎接替父亲掌管魏国朝政。泰始元年（公元265年），司马炎在洛阳逼魏帝曹奂让出帝位，建立了晋朝。

司马炎坐上皇帝宝座之后，并没有开始过高高在上的奢靡生活，而是审时度势地巩固自己的帝位。他知道父亲司马昭和祖父司马懿对曹氏所进行的残酷杀戮使人们对他也存有戒心，南边的东吴也还没有统一，这都是他的心病。为了灭东吴统一天下，司马炎采取了以仁义治国的方针：赏赐安乐公刘禅的一个子弟做驸马都尉，安抚人心。又专门下诏书，准许原是皇帝现为陈留王的曹奂继续用皇帝的仪仗出入，向他上书时也可以不用称臣。这样做，主要是为了安定天下人心，包括自己统治区、西南的原蜀国领地。

为了发展经济，增强国家实力，司马炎专门颁布诏书，将无为而治作为治国方针。当年，他又向地方的郡国颁布了五个诏书，一是正身，二是勤百姓，三是抚孤寡，四是敦本息末，即鼓励农业这个国家之本，压制商业这种末业，五是精简机构，裁撤冗员。

重大成就

◆ 司马氏相继灭亡蜀、吴，实现中国的统一。

◆ 王叔和著《脉经》，奠定中国脉学理论基础。

司马炎知道吴国并非那么不堪一击，几年后派羊祜到边界镇守，为以后灭吴做准备。羊祜到任之后，首先占领了战略要地和物产丰富的地方，然后实行屯田，为以后的军事行动做充分的物质准备。羊祜在和吴国作战时，不是为了战胜对方，而是用攻心战来得到吴国将士的人心，俘虏的将士和百姓，或者送回，或者热情款待。时间一长，吴国竟有人称羊祜为羊公。羊祜最后举荐另一个儒将杜预代替他驻守边镇，在他和其他朝中大臣的共同努力下，司马炎终于决定进兵江东。

咸宁六年（公元279年），司马炎发兵二十多万，分六路，在东西千里的边境线上，同时进击吴国。当时，东吴只有新任丞相张悌和少数将领坚决主张抗击晋军。经过激烈战斗，吴军失败，张悌

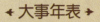

◆ 大事年表 ◆

● 公元 264 年
司马昭自称晋王
● 公元 265 年
司马炎废曹奂，自立皇帝，国号为晋
● 公元 277 年
晋武帝复位分封制度，遣宗室诸王归国
● 公元 279 年
击斩鲜卑树机能，平定凉州
● 公元 280 年
孙皓投降，吴国灭亡，天下统一

及部将孙震、沈莹等战死。孙皓得知这一消息，还企图进行垂死挣扎，派人准备领兵迎敌。谁知拼凑起来的两万多士兵阵前逃跑了。晋军逼近建业。孙皓见山穷水尽，无力抵抗，决定投降。太康元年（公元280年）二月，晋将王濬率兵8万开进石头城，孙皓投降，被迁往洛阳，司马炎封孙皓为归命侯。在江东割据60来年的吴国最终被西晋所灭。

吴国一灭，三国鼎立的局面宣告结束，中国再次统一。为了更快地发展生产，司马炎颁布了占田制，废除了原来曹操所实行的屯田制。每名男子可以占田70亩，

← 谷仓罐　西晋
此罐上塑一组庄园式建筑，四周有院墙，院墙四角各按一坞堡。

∽ 主要人物 ∾

司马昭：司马懿次子。利用蜀国内部混乱的机会，派邓艾、诸葛绪、钟会率大军攻蜀。后主刘禅出降，蜀亡。他自己不做皇帝，效仿曹操，将帝位留给儿子司马炎。

司马炎：晋朝的建立者。字安世，司马昭的长子，建立晋朝，统一全国。

孙皓：孙权孙，孙和子。在位期间，专横残暴，奢侈荒淫，后期更宠信佞臣岑昏，朝政昏暗，大失民心。在位17年，国亡，投降西晋。

女子占田 30 亩。占田制的实行极大地促进了西晋经济的发展，这从户口数量上可以看出来，灭吴国那一年的户数是 240 万户，两年后猛增到了 371 万户。

▍白痴皇帝

从魏国的明帝时开始，社会逐渐蔓延开一种奢侈浮华的风气。司马炎在奢侈风气中又起了带头作用。统一以后，原来节俭的司马炎追求起奢靡的生活，大兴土木、修建宫殿。

斗富风气中最有名的是石崇和王恺。石崇是渤海南皮人，官职升到了侍中，后来又出任荆州刺史，他靠搜刮过往的客商致富。王恺则是司马炎的舅舅，也是豪富无比。石崇的屋子华丽异常，房子上挂满了缎带，饰有翠玉。王恺不肯认输，用紫丝布做了 40 里长的帷帐来炫耀，石崇就做了个 50 里长的来和他比。司马炎常帮舅舅王恺来斗富，赏赐给他珊瑚树，高有二尺，世所罕见。王恺请石崇去看，石崇却用铁如意将珊瑚打碎，王恺很心疼，说石崇嫉妒自己。石崇却说我马上赔你，然后让手下人都去拿珊瑚树，高三四尺的就有六七个。

晚年的司马炎因为荒淫过度，身体状况逐渐下降，他不得不考虑继承人的问题。他立的太子却是个痴呆，他觉得这个痴呆的儿子不太合适，但有一次，傻儿子的小儿子司马遹却让司马炎下决心让傻儿子继续做太子。一天晚上宫中着了火，司马炎到城楼上观看火情，这时，年仅 5 岁的孙子司马遹却拽着爷爷的衣服说夜里危险，不能

◆ 大事年表 ◆

● 公元 290 年
司马炎逝世，惠帝即位
● 公元 291 年
贾后杀汝南王亮、楚王玮，八王之乱开始
● 公元 300 年
赵王伦杀贾后，自称相国
● 公元 306 年
东海王越毒死惠帝，怀帝即位；南阳王谋杀河间王，八王之乱结束
李雄自称成都王
● 公元 308 年
刘渊称帝，迁都平阳
● 公元 316 年
刘曜围攻长安，西晋灭亡

↑ **贵族出行仪仗图　西晋**
贵族骑马出行，由穿着盔甲、持武器旌旗的侍从簇拥，声势喧赫。

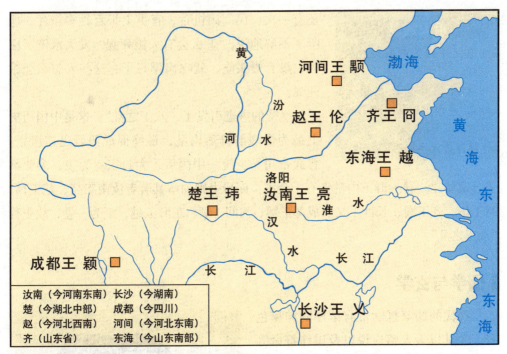

↑八王封国略图　西晋

西晋建立后，为防止权臣篡权，晋武帝司马炎大封宗室为王，希图诸王夹辅王室。没想到，诸王势力强大，与中央矛盾激化，最终演变为"八王之乱"。

让光亮照到皇帝身上。司马炎听了既感动又惊讶，如此小的孩子竟有这样的智力。司马炎从此坚定了让傻儿子做太子的决心，希望孙子以后能有大的成就。

新继位的皇帝司马衷天生愚钝，呆傻而不明事理。有一天，司马衷在皇宫的御花园游玩，见池塘中青蛙正呱呱鸣叫，他扯住一位侍从的衣襟问："青蛙是在为官家叫，还是为私家叫？"侍从早已熟知如何糊弄这位白痴皇帝，便应道："青蛙在官家地里时便为官家叫，在百姓的自家地里时，便是为私家叫。"他听后，认为侍从言之有理，还赏了银子给侍从。

主要人物

晋惠帝：名司马衷，字正度，晋武帝司马炎第二子，历史上有名的白痴皇帝。武帝死后继位，在位17年，被东海王司马越毒死。

贾后：晋惠帝皇后贾南风，精明能干，杀死操纵朝政的杨骏，接着，又先后杀死了司马亮和司马玮，设计毒死了太子。赵王司马伦借口此事，捕杀之。

石崇：西晋文学家。字季伦，祖籍渤海南皮。年少敏慧，勇而有谋。在荆州劫掠客商，遂致巨富，生活奢豪。

李雄：十六国时期成国建立者。字仲俊。兴文教，立学官，简行约法，政治较为清明。注意发展生产，赋役较轻。

刘渊：字符海，匈奴族。十六国时期汉国的建立者。世袭匈奴左部帅。西晋末年，他利用北方民族矛盾和阶级矛盾，在离石起兵反晋，称大单于，后称帝。

重大成就

◆佛教开始在中国大规模传播。

◆皇甫谧著《针灸甲乙经》，是为中国第一部针灸学专著。

◆陈寿著《三国志》。

还有一次，民间闹饥荒，官吏上报百姓多饿死，他听了不解地说："怎么会有人饿死呢？发大水淹了庄稼，没有馒头吃，就吃肉粥好了，这些人怎么会饿死呢？"

皇帝的愚蠢引发了"八王之乱"，这是中国历史上最为惨烈的群藩内乱，最终促成西晋迅速溃亡。晋武帝司马炎统一中国后，大封宗室为王，多兼都督分镇要津。卷入群王内乱者有十余王，而晋书则列举其著者汝南王亮、楚王玮、赵王伦、齐王冏、长沙王乂、成都王颖、河间王颙、东海王越，汇为一卷，故史称"八王之乱"。

儒学与玄学

汉代的儒家哲学带有浓厚的神秘色彩，尤其以天人感应说以及谶纬符命等怪论的流行为尚，这种思想氛围使得儒家学说成了巩固政权的工具，而不再能够担负指导人生理想的任务。再加上东汉末年宦官为祸，政治昏暗混乱，君主以篡夺残杀相尚，仕宦以巧媚游说相欺。于是到了魏晋时代，一般士大夫转而竞尚虚无，谈玄说理。有的嬉笑怒骂，行近癫狂；有的袒裼裸裎，违叛礼法。而《老》《庄》《周易》之学，便成为当时知识阶层灵魂的寄托了。

清谈，亦称"玄言""玄谈""谈玄"，是魏晋时期崇尚虚无空谈名理的一种风气。始于魏，上承东汉末清议，从品评人物转向以谈玄为主，以《周易》《老子》《庄子》"三玄"为基本内容，用

↑谢玄像

谢玄，字幼度，谢安之侄，东晋时陈郡阳夏（今河南太康）人。《世说新语》记载了他大量的言行和生平事迹。《世说新语·言语》载："晋孝武帝每饷山涛，恒少，谢太傅（谢安）以问子弟，车骑（谢玄）答曰：'当由欲者不多，而使与者忘少。'"

老庄思想解释儒家经义，摈弃世务，专谈本末、体用、有无、性命等抽象玄理，到晋王衍辈，清谈之风大盛，东晋佛学兴起后渐衰。

魏晋的清谈可以分为玄论与名理两派。玄论派早期以何晏、王弼最为知名，

↑**高逸图 唐 孙位**

这是《竹林七贤图》残卷，图中只剩下了四贤：从左到右，分别是惯作青白眼的阮籍、嗜酒的刘伶、善发谈端的王戎、介然不群的山涛。人物重视眼神刻画，线条细劲流畅，似行云流水。作者孙位，名遇，号会稽山人，善画龙水、人物、松石墨竹和神王，是晚唐蜀中画家第一人。

后来有竹林七贤的兴起而达鼎盛；而名理派则以刘劭、钟会为代表。在东汉末年，一般高人名士都喜欢谈论，谈论的内容都偏重人物的品评，而鉴别人物的方法，只是凭借着直觉的观察。此时老庄之学与名家的论辩尚未对之有多大的影响，但是谈论的风气则推动了魏晋清谈的发展。率性而动、慷慨任气以及服药饮酒、扪虱而谈等等放荡不羁的行为只是魏晋风度的表象。产生这种表象的内在精神，却不是这些形迹本身所表现出的绝对自由精神。魏晋风度是飘逸与沉重，豁达与执着，欢乐与悲哀，奔放与压抑等等对立文化性格的矛盾体，最终根源于士族双重性格的内在冲突。

玄论派富于浪漫精神，他们所崇奉的是老子，早期何晏、王弼只注重《老》《易》，还未及于《庄子》，到了竹林七贤的时代才又加进《庄子》，于是逍遥齐物之论便成了他们最喜欢谈论的题材。在初期，他们对儒家采取调和的态度，到了此时，则由调和的态度改为正面的攻击了。薄周孔、反礼法成为玄论派共同的信仰。竹林名士志趣相投，到风景清幽的竹林里饮酒清谈，讨论《老》《庄子》《周易》的玄理，发明奇趣、振起玄风。尤其嵇康是当时学界的权威，还有王衍、乐广等政界的巨子，玄学清谈由这班人来提倡，后进之士自然要大肆仿效了。于是退可得名，进可干禄，矜高浮诞的歪风就日盛一日了。

◆ 大事年表 ◆

- 公元 240 年
何晏、王弼提倡玄学
- 公元 254 年
夏侯玄被杀
- 公元 262 年
司马昭杀嵇康
- 公元 263 年
阮籍逝世
- 公元 268 年
晋武帝下诏"敦喻五教"
- 公元 272 年
晋武帝整顿太学
- 公元 276 年
下诏设立国子学
- 公元 312 年
郭象逝世

重大成就

◆玄学大兴，思想繁荣。
◆道教中的丹砂金石之术已包含丰富的化学知识。

主要人物

何晏：字平叔，南阳宛人，何进之孙。提倡玄学。因行为缺少检束，为曹丕所憎。正始元年为司马懿所杀。

王弼：字辅嗣，山阳高平人。三国时期的玄学家。好谈儒道，辞才逸辩。与何晏、夏侯玄等一同开创玄学清谈风气，被称为"正始之音"。

嵇康：字叔夜，三国曹魏时人。文学家、音乐家。

向秀：字子期，河内怀县人。魏晋间文学家，竹林七贤之一。好老庄之学，作《庄子隐解》，解释玄理，影响甚大，对玄学的盛行起了推动作用。

阮籍：字嗣宗，陈留尉氏人。竹林七贤之一。生活在司马氏集团向曹氏集团夺权斗争最激烈的时期，用纵酒、谈玄做消极抵制。

郭象：西晋时期学术大师，注《庄子》。在理论上是主张崇有而反对贵无的，主张无中生有说和以无为本说。

　　另一方面玄风也有其坏的影响，玄学的"虚无""无为"之说，为一些士大夫不关心社会，逍遥空虚，生活腐化，道德堕落提供挡箭牌。魏晋当代有不少进步的思想家出来反对玄学谬论，反对清谈歪风。玄学和清谈，是一定历史条件的产物，它的风行和魏晋时代门阀地主占统治地位有密切关系，随着东晋王朝灭亡，门阀地主衰落，以及佛教在南朝的兴盛，玄学逐渐退出了历史舞台。

混乱与争战
——东晋、南北朝

▌北方的战乱

自公元 304 年匈奴刘渊建汉起，至公元 439 年北魏太武帝拓跋焘灭北凉止，135 年的历史被称为五胡十六国时期。

汉魏以来各族胡人内徙中国境内与华人交错杂居，西晋时沿边各州郡胡族部落已形成聚居态势：匈奴人聚集并州；羯人在上党；氐族、羌族分布于关陇一带，幽、并北部，鲜卑族在辽东、辽西一带。

西晋永兴元年（公元 304 年）至北魏统一期间，南至淮河，北至阴山，西至葱岭，东至黄海，相继建立了十六个割据政权：西晋永兴年建立的成（氐）、汉（匈奴，后改称前赵），西晋亡后建立的后赵（羯）、前凉（汉）、前燕（鲜卑）、前秦（氐）、后秦（羌）、后燕（鲜卑）、西秦（鲜卑）、后凉（氐）、北凉（匈奴）、南凉（鲜卑）、南燕（鲜卑）、西凉（汉）、夏（匈奴）、北燕（汉），史称十六国时期。入主中原的五个主要部族即匈奴、羯、鲜卑、氐、羌，史称五胡，总称五胡十六国。

西晋时，羌族及杂胡居泾水及渭水下游以北，氐族居渭水中游两岸及下游南岸。匈奴族则居汾水中下游，羯族居蜀漳河上游。西晋的民族歧视及残酷的压迫和剥削引起反抗，公元 294 年匈奴郝散反，公元 296 年郝度元联合羌、胡反，秦、雍二州氐、羌响应，推氐帅齐万年为帝。起义声势浩大，历时四年才被镇压。汉民大量流亡梁、益、荆、豫等州求活。晋惠帝末年，

↑重装甲马作战图　西晋
此图表现了北方战争的场面，再现了重装甲马和步兵作战的特征。

重大成就

◆北方民歌成就辉煌，最杰出的为《敕勒歌》和《木兰辞》。

◆敦煌莫高窟开凿，佛教造像艺术成就斐然。

关陇连年战乱，岁俭人饥，大批流徙入蜀，受当地官民压迫，胡汉居民推氐人李特为首，起义反抗。李特子李雄率领流民攻占成都，称王，国号大成。同年，刘渊也在左国城称帝，国号汉，后攻陷洛阳、长安。刘聪死后爆发内乱，刘曜在长安自立，改国号为赵（史称前赵），而刘渊部将羯人石勒亦据中原东部自称赵王（史称后赵）。公元329年石勒灭前赵，北方基本统一，并且维持了31年。汉人冉闵灭石氏，建国曰魏。氐族酋长苻生崛起于关中，公元352年苻健称帝，国号秦。鲜卑族慕容氏也乘乱自辽东进兵南下，自称燕帝。北方形成（前）燕、（前）秦两雄东西对峙的局面。公元370年苻坚灭前燕，又灭河西汉人张氏的前凉，北方恢复统一。公元383年苻坚挥兵进攻东晋，淝水一战秦军大败，北方又陷入四分五裂状态。陆续出现的胡族国家有汉慕容氏所建的西燕、后燕、南燕；汉族冯氏所建的北燕；羌族姚氏据长安建立后秦；匈

主要人物

石勒： 上党武乡羯族。统一北方。立太学，培养羯族士人，提高羯族文化素质。实行九品官制，招纳人才。

苻坚： 十六国时期前秦皇帝，字永固，一名文玉，氐族。博学多才艺，用人唯贤，行区种法，兴修水利，统一中国北方，是十六国时期封建帝王中的杰出人物。383年大败于淝水。

王猛： 字景略，晋北海人。不仅在政务上显示出杰出的才能，而且在统兵征战中也表现出卓越的军事才干和大将风范。苻坚以一切军国内外大事的裁夺之权赋予他，前秦逐渐呈现了国富兵强的新局面。

奴人赫连氏在陕北河套建夏国；凉州河西走廊一带有氐族吕氏的后凉，鲜卑秃发氏的南凉，鲜卑乞伏氏的西秦，匈奴系卢水湖沮渠氏的北凉，汉人李暠所建的西凉等。代北的鲜卑族拓跋氏于公元 386 年建立北魏。北魏先征服北燕，进入中原，继又消灭北凉，结束五胡十六国的长期分裂，北方再次统一，进入北朝时期。

十六国时期虽处于分裂时期，但它开创了少数民族入主中原的先例，汉族门阀庶族统治的独占被突破了。以少数民族与汉族寒门庶族联合的统治，其中多数受过儒学熏陶，重用寒门庶族，恢复和发展农业生产，北方获得短时间的安定。

南方门阀政治

公元 316 年，西晋灭亡。公元 317 年，琅琊王司马睿在南渡过江的中原士族与江南士族的拥护下，在建康称帝，国号仍为晋，司马睿就是晋元帝，因其继西晋之后偏安于江南，故史家称之为东晋。东晋政权于公元 420 年灭亡，享国 103 年，历 4 代 11 帝。

东晋的官员采用九品中正制来选举，这是沿袭东汉乡里评议的传统，在战乱时期人士流移的条件下发展而来的。东汉时孝廉察举是地方士人进入仕途的一条重要途径，其依据是乡里评议。汉

↑ 晋元帝司马睿像

代已以九品之法来区分人物优劣。乡里评议掌握在清议名士手中，他们甚至干预政府用人，互相交结。这些名士又往往是地方大族或受大族支配的人，他们交结在一起，任意臧否政治人物。东晋是门阀政治发展的鼎盛时期，皇权衰落。司马睿称帝有赖于南方官僚士族的拥戴，东晋政权建立之初，先后平息了王敦和苏峻之乱，统治趋于稳定。门阀大族王、谢、庾、

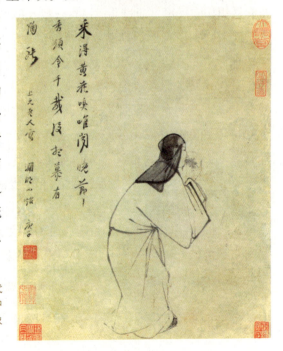

→ 陶渊明嗅菊图　清　张风

陶渊明超然世外，旷达悠然的性情成为历朝历代文人雅士仰慕向往的典范，在中国文人的书画中屡有出现。此图以篆书笔意勾勒人物衣纹，形象生动。

❖ 大事年表 ❖

● 公元 317 年
司马睿称帝，建立东晋，改元建武

● 公元 354 年
桓温北伐

● 公元 369 年
桓温第三次北伐失败

● 公元 383 年
淝水之战，东晋大败前秦

● 公元 409 年
刘裕北伐，灭南燕

● 公元 417 年
东晋军攻入长安，后秦灭亡

● 公元 420 年
刘裕废晋恭帝，自称皇帝，国号为宋，东晋灭亡

重大成就

◆ 南方经济进一步上升，文化更是远远超过北方，谢灵运山水诗，陶渊明的饮酒诗、咏怀诗和田园诗等取得较高的成就。

◆ 王羲之、王献之父子在书法上成就斐然，《兰亭序》成为千古珍品。

◆ 顾恺之的人物画在艺术成就上又创新高，并且提出相应的绘画理论。

◆ 葛洪写成《抱朴子》、《肘后备急方》，对道教及医学的发展做出较大贡献。

桓先后支配着王朝政局。

东晋虽然偏安于江南，但以王、谢、桓、庾四大家族为主的北伐，在东晋时曾进行过多次。公元 313 年，大将祖逖收复河北，后因受到朝廷的排斥，最终未能完成统一大业。桓温的三次北伐很著名，但都未能巩固北伐成果。公元 383 年，前秦南下，在宰相谢安的运筹下，谢石、谢玄率北府兵取得了淝水之战的决定性胜利。之后收复了徐、兖、青、司、豫、梁六州，取得了东晋北伐历史上的第一次重大胜利。北府兵将领刘裕起兵镇压农民军，通过北伐树立威望，最终取代东晋。

汉末魏初所抑制的是渐趋没落的世家大族，为曹氏政权所不容。而新出门户靠的便是九品中正制，其势力飞速发展，重新成为统一中央政权的威胁。到东晋，皇权式微，门阀政治兴盛起来。豪门大族十分重视威望，家学世代相袭，在地方上注重破私财，赈恤贫民，调解民间纠纷，领导农业生产，协助其他宗族与乡党得以独立生存。由于东晋统治者偏安于江南，门阀大族致力于南方的庄园经营。北方大族及大量汉族人口迁徙江南，促进了社会文化的发展。中国的文学发展一直处于大步前进的时期，东晋出现了山水诗人谢灵运、田园诗人陶渊明等人，他们对旧体诗作出改革，为隋、唐的诗文盛世创造了前提条件。北方的手工业技术与南方的技术相互融合，使东晋的手工业水平

← **彩绘宴乐漆盘　魏晋南北朝**

魏晋南北朝时期漆器工艺中出现了一种新方法，它利用颜色的变化，使漆面呈现出自然流利的层次效果，这种工艺反映了一种新颖的审美观念。此盘活灵活现地表现了当时贵族的生活，极具生活气息。

～ 主要人物 ～

王导：字茂弘，晋朝琅玡临沂人，名门望族。拥立司马睿为帝。官居宰辅，总揽元帝、明帝、成帝三朝国政，当时有"王与马，共天下"之说。

桓温：字元子，谯国龙亢人，东晋权臣、名将。英略过人，有文武识度。当政时期，东晋实行了"庚戌土断"。谋篡帝位失败，染病而死。

谢安：字安石，东晋陈郡阳夏人。孝武帝时，位至宰相。领导取得淝水之战的胜利。会稽王司马道子执政，排挤谢氏，令出镇广陵，不久病死。

谢灵运：陈郡阳夏人。出身士族豪门，世袭受封康乐公。由于政治上的失意，借游山玩水寄托自己的情怀，是中国第一位大量创作山水诗的诗人。他的山水诗给人清新开阔之感，擅长细致的景物描写。

陶渊明：一名潜，字元亮，世号靖节先生。东晋文学家，是汉魏南北朝时期最杰出的诗人。陶诗从内容上可分为饮酒诗、咏怀诗和田园诗三大类。

比西晋有了大幅度的提高。南下的北方农民和土著农民开辟南方广大的山泽荒野，促进了江南的开发，使中国经济重心开始由黄河流域向长江流域转移。

孝文帝的汉化改革

公元 471 年，孝文帝继位后，北魏进行班俸禄、行均田、立三长三大改革，促进了北魏经济发展。

北魏孝文帝拓跋宏即位时只有 5 岁，由具有汉族血统的冯太后主政。孝文帝受到冯太后的影响，为了融合胡人、汉人文化和以后统一中国，进行了许多重大的改革，称为孝文帝的汉化改革。

北魏的国都原本在平城，北魏孝文帝认为洛阳经济富足，又有运河可以四通八达，理应迁都，但遭到群臣极大反对，便以南征为借口，率领军队、文武官员南下，到洛阳就停止，隔年正式定都洛阳，接着展开了一连串的汉化改革。

北魏孝文帝自己以倡导衣冠礼乐的"哲王"

✦ 大事年表 ✦

- 公元 439 年

北魏灭北凉，统一了北方，河西世族人士被迁入平城

- 公元 466 年

冯太后临朝执政

- 公元 485 年

北魏实行均田制

- 公元 486 年

北魏实行三长制和新租调制

- 公元 490 年

冯太后逝世，孝文帝执政

- 公元 493 年

孝文帝迁都洛阳

- 公元 494 年

禁止穿胡服

- 公元 495 年

禁止朝廷上讲胡语，改迁到洛阳的鲜卑人籍贯为河南

- 公元 496 年

改鲜卑复姓为单音汉姓

- 公元 499 年

孝文帝逝世，颁布新《职员令》

重大成就

◆ 北魏孝文帝改革，促进了北方经济发展和民族融合，为中国的统一准备了条件。

◆ 郦道元撰写《水经注》。

◆ 贾思勰著《齐民要术》，总结了历代农副业知识。

◆ 佛教石窟在北方盛行，艺术成就以大同云冈石窟、洛阳龙门石窟为集大成者。

↑ 牛首步摇　北魏

这件金步摇做工极为精细，通体镶各种宝石珠玉，色泽明亮，为北魏鲜卑贵族妇女所佩的饰物之一。

自居，换上汉族帝王服饰，规定文武百官都穿汉服，凡官员 30 岁以下者都须断绝说鲜卑话，学汉语，否则免职。鼓励汉、胡之间通婚，希望消除胡汉之间的差距。凡帝室及功臣文武百官皆改为汉姓，如拓跋改为元、独孤改为刘、拔列改为梁等。

孝文帝的汉化规模很大，推行的速度快、范围广，汉化的结果提高了鲜卑人的文化水准，胡汉界限消弭，为中国的统一创造了条件。

▌南朝的更迭

南朝是东晋之后建立于南方的四个朝代的总称。公元 420 年东晋王朝灭亡后，在南方出现了宋、齐、梁、陈四个朝代，其中最长 95 年，最短的仅有 23 年。

宋朝的开国皇帝刘裕在与东晋四大家族的斗争中取得了胜利，于公元 420 年废掉晋帝，自立国号为宋，史称"刘宋"。由于刘裕出身贫寒，看到了东晋因大族屡屡兴兵反抗而灭亡的教训，故不再重用名门大族。用人也多为贫寒出身，兵权则主要交于自己的皇子。然而皇子之

↑ 齐高帝萧道成像

间因为争权夺利而相互残杀，是刘裕始料未及的。公元 422 年，刘裕卒，宋少帝、文帝相继即位。

文帝刘义隆在位的 30 年间，南方的经济、文化有所发展。宋与北朝的魏国交战虽各有胜负，但都损失惨重，南北方均无力再发动大规模战争。南北方政治相

对稳定下来。公元453年，文帝薨。文帝死后，宋孝武帝、宋明帝先后为帝，都是有名的暴君，政治一度混乱。

南兖州刺史萧道成趁政治混乱之机而形成了较强的势力。公元479年，萧道成灭宋，建立齐，齐存在时间仅有23年。齐高帝萧道成借鉴了宋灭亡的教训，以宽厚为本，提倡节俭。继位的武帝遵其遗嘱，使南朝又出现了一段相对稳定发展的阶段。武帝死后，齐国的皇帝又走上了宋灭亡的老路，同室操戈，至东昏侯时，几乎将朝内大臣全部处死。

公元501年，雍州刺史萧衍起兵攻入建康，于公元502年建立了梁朝。萧衍是为梁武帝，共在位48年。在武帝时期，北方的魏国已经衰落，再无能力对南方发动进攻。公元548年，投降梁的东魏大将侯景倒戈。他以武帝侄子萧正德为内应，进攻梁国。次年，侯景攻陷台城。梁武帝饿死于城中，其子萧纲即位，是为梁简文帝。公元551年，侯景杀死简文帝，此时梁已完全处于崩溃的边缘。

公元557年，在讨伐侯景的战争中发展起来的陈霸先灭梁建陈，是为陈武帝。陈武帝与其继承者文帝、宣帝先后消灭了王僧辩、王僧智等反对势力，又在建康附近打败北齐军。但毕竟由于国力衰微，陈的统治被局限于长江以南，宜昌以东

◆ 大事年表 ◆

- 公元420年
  刘裕废东晋恭帝，自称皇帝，国号宋
- 公元424—453年
  宋文帝元嘉之治
- 公元479年
  萧道成自称皇帝，改国号为齐
- 公元502年
  萧衍受禅称帝，改国号为梁
- 公元548—552年
  侯景之乱
- 公元557年
  陈霸先自称皇帝，国号陈
- 公元589年
  隋文帝伐陈，陈朝灭亡

主要人物

刘裕： 字德舆，小名寄奴。祖籍彭城绥里，屡充先锋，富有智谋，善于以少胜多。逼迫司马德文禅让，即皇帝位，是为宋武帝。

萧道成： 即齐高帝。南朝齐的建立者。字绍伯。祖先为东海兰陵人，迁居南兰陵。本为宋禁军将领，乘宋皇族内战，掌握军政大权，公元479年代宋自立。

萧衍： 字叔达，南兰陵中都里人。梁开国君主。后乘齐乱，篡而自立。博学能文，勤政爱民。晚年笃信佛教，曾五次舍身同泰寺，对侯景缺少警惕，终致战祸。

陈霸先： 南朝陈的创建者。字兴国，小字法生。侯景叛梁，攻灭勾结侯景的广州刺史元景仲，尔后起兵北上勤王。攻杀王僧辩，立梁敬帝，独掌朝政。公元557年代梁，国号陈。

陈后主： 字符秀。太建十四年正月即位。政治日趋腐败，荒于酒色，不恤政事，以江总为尚书令，不持政务。隋军分道攻入建康，与张贵妃、孔贵人避入胭脂井中，终被俘。

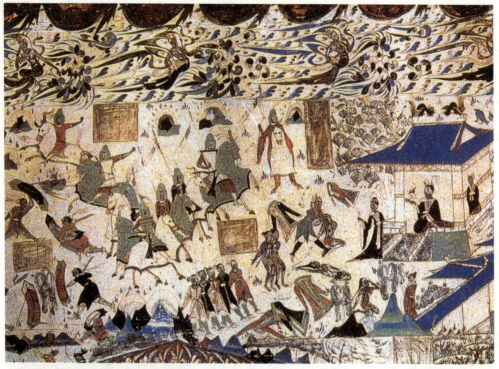

↑ 骑兵和步兵战斗图

重大成就

◆南北朝时期，佛教在中国开始盛行，众多寺庙建筑和佛像工程大肆兴建。

◆祖冲之改进历法，创立《大明历》。

◆祖冲之精确计算圆周率至小数点后七位，并撰写《缀术》。

◆陶弘景编写《神农本草经集注》，对医学发展贡献颇大。

◆范缜著《神灭论》，把中国唯物主义思想体系发展到新阶段。

◆范晔著《后汉书》。

的地方。陈宣帝死后，后主陈叔宝即位。此时北方已被隋朝统一，公元 589 年，隋文帝杨坚灭陈，结束了中国近三百年的分裂局面。

南朝是继东晋之后，由汉族在南方建立起来的朝廷，虽然他们的存在都不过几十年，但其作为汉族的统治，使汉文化得以保存和发展。南朝在中国历史上有着极其重要的地位，为华夏文明的发展，以及南部地区的进步作出了巨大的贡献。

重回统一的时代
——隋及唐前期

▌关陇集团

公元 499 年，拓跋宏死于南征的途中，北魏开始逐步走向衰落。魏宣武帝、孝明帝、孝庄帝等人先后执政，又恢复了鲜卑族的特权。公元 534 年，北魏的孝武帝因不满当时实权人物高欢的胁迫，出走长安，投奔宇文泰家族，高欢则另立元善见为帝，北魏分裂为东西两部分。此后，高欢之子高洋与宇文觉先后废东、西魏建立了北齐、北周。

北齐建立者高洋就是齐文宣帝。由于北齐是在东魏的基础上建立起来的，文帝在位期间，又进行了一系列改革，北齐的国力一度领先北周。但继位的孝昭帝、武成帝都是暴君，大肆杀戮北魏皇室与汉族官员，使得北齐失去了鲜卑族与汉族广大人民的支持，终被北周消灭。

北周建立之初，实力明显弱于北齐，但由于周武帝宇文邕的治理，北周逐渐强盛起来。大部奴隶被赦免为平民，武帝自己生活朴素、勤政爱民，颇受各族人民爱戴。公元 577 年，周武帝率军灭北齐，统一北方。公元 578 年，周武帝逝世，北周的军政大权逐步落入了外戚杨坚的手中。

↑隋文帝杨坚像

隋文帝杨坚统治期间国势强盛，经济繁荣，但迷信佛教，大建寺塔，建仁寿宫就役死者数万。晚年用法严峻，社会矛盾加剧，为其子杨广所弑。

重大成就

◆隋文帝结束长达 300 年的分裂割据局面，再次统一中国。

◆中央政治创立三省六部制，地方使用二级管理。

◆开皇年间，社会安定，经济繁荣，史称"开皇之治"。

◆宇文恺规划设计大兴（长安）、洛阳，获得巨大成功。

杨坚于公元581年建立隋朝，公元589年统一全国，结束了中国近三百年长期分裂的局面。

皇亲国戚杨坚是关陇集团上层强有力的军事统帅，享有很高的政治地位。年仅8岁的周静帝宇文阐即位后，杨坚便以"辅政"为由，总揽军政大权，都督内外军事。公元589年，隋军出师江南，完成统一中国的大业。隋朝建立初期，是一个百废待兴、百乱待治的局面。隋文帝精心治理，隋朝迅速强大繁荣起来，社会安定，户口迅速增长，垦田速增，积蓄充盈，文化发展，甲兵强锐，成为威动殊俗的强盛国家。隋文帝施展他的雄才大略，对政治制度进行了一系列改革。后人一般将隋文帝的大治誉为"开皇之治"。

首先确立三省六部制：中央设尚书、门下、内史三省，以尚书令、纳言、内史令为长官，行使宰相职

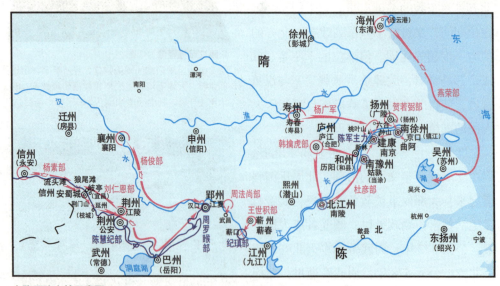

↑ 隋灭陈之战示意图
公元589年，隋军大举南下，攻灭陈朝，结束了西晋末年以来中国长期分裂的局面。

主要人物

高欢：字贺六浑，河北景县人。北齐高祖神武皇帝。进据洛阳，废节闵帝，另立孝武帝。注重缓和民族矛盾，整治吏治，并力求实现东西魏的重新统一。

高洋：建立北齐政权，即齐文宣帝。破山胡、拓淮南，威及长江北岸，从无败绩。治国用兵之功卓著。

宇文泰：出身于北魏北方六镇中武川镇的宇文泰，率领一批以武川镇人为主的鲜卑族军队，联合关陇地区的汉人豪族武装，建立起西魏政权。后宇文泰的第三子宇文觉代魏建周，史称北周。

杨坚：杨坚袭父爵，历任北周朝廷要职。建立隋朝以后，实行一系列改革，统一南北。勤于政务，崇尚节俭。晚年崇信佛教，次子杨广篡位。

能，辅助皇帝处理全国事务。这样不仅加强了中央集权，而且开创了中国封建社会政治体制的新阶段。内史省负责起草并宣行皇帝的制诏；门下负责审查内史省起草的制诏和尚书省拟制的奏抄；尚书省是国家最高行政机关。其下设吏部、礼部、兵部、都官、度支、工部六部，每部设尚书为长官。尚书令下有尚书左、右仆射各一，左仆射判吏、礼、兵三部事，右仆射判度支、都官、工部三部事。尚书令与左、右仆射及六部尚书合称"八座"。又设秘书和内侍二省，负责图书修撰及宫内供奉等事。另设御史、都水二台，负责监察和水利。

公元583年，杨坚从河南道行台兵尚书杨尚希的建议，废郡，改为州、县二级制。州设刺史，县设县令。

隋初，对一般农民，采取轻徭薄赋鼓励农桑的政策，对于豪强贵族兼并土地的行为则给予打击，以保证农民的正常生产。继续实行均田制，规定丁男、中男受露田80亩，永业田20亩，妇女受露田40亩。奴婢5口给田1亩。永业田不归还，露田在受田者死后归还。均田制实行后，国家可以控制更多的劳动力，增加赋税收入，也提高了农民劳动生产的积极性。

→ 仆役行装图　隋
此图描绘四人身着圆领或翻领衣袍，并肩而立，其中两个执高柄行灯，一个撑高柄伞，一人举杯肩，是隋代宫中礼仪的一种反映。

文帝时期最大的经济管理方式改革是设立官仓和义仓。设置官仓的目的，是在增加关东漕运的效率，也就是把原来关东各州对京师个别直接的输粮办法，改为集中和分段运输的办法。官仓的粮储，用以供养军功人员。在黄河沿岸设置米仓，先把关东各州的粮食集中，然后利用黄河及广通渠运到京师，时间及人力物力，都节省了不少。义仓又称社仓，设置于乡间，其储粮由人民捐纳，以备饥荒时赈济灾民。如遇某地收成不好发生饥馑之时，便以某地社仓中的储粮赈济饥民。义仓的设立对人民的生活起到了保障作用。

隋炀帝的悲剧

↑ 隋炀帝像

此图选自《历代帝王图》，相传为唐代著名画家阎立本所绘。图画通过改变人物大小，来突出帝王的威严。

杨坚建立隋朝后，很快将杨勇立为太子，当时只有13岁的杨广被封为晋王。杨坚让很小的儿子担任并州总管，拱卫京城。

隋朝兴兵灭南朝的陈，刚20岁的杨广是统帅，但真正领兵作战的是贺若弼和韩擒虎等将领。灭掉陈后，进驻建康，杨广杀掉了陈后主陈叔宝的奸佞之臣，封存府库，不贪钱财。灭陈后，杨广进封太尉之职。此后，杨广屡建战功：平定江南高智慧的叛乱；北上击败突厥进犯。

杨广知道父母都很节俭，他也装得很简朴。在听说父母要来时，他就让美丽的姬妾都躲藏起来，自己和正妻萧氏一同到门口亲自迎接，还让年老、面貌

一般的妇人穿着破旧衣服侍奉父母亲。杨广的伪装讨得了父母的欢心，还常给父母身边的侍从们一些好处，这些人自然都说杨广的好话，两方面的作用使得杨坚夫妻越来越喜欢次子杨广。最后，

重大成就

◆隋炀帝时，开通大运河。
◆完善科举制。
◆李春设计并建造赵州桥，代表了当时桥梁制造的世界最先进水平。
◆展子虔绘成《游春图》，为中国山水画之祖。

主要人物

隋炀帝： 隋文帝杨坚的次子。以弑父杀兄的手段夺取了皇位，是中国历史上著名的暴君。急功好利，远征高丽，开凿运河，赋役繁苛，激乱亡国。

杨素： 字处道，弘农华阴人，隋朝权臣、诗人，杰出的军事家、统帅。

宇文述： 字伯通，鲜卑族，本姓破野头，代郡武川人，隋朝名将。为击灭陈朝，统一南北，宇文述任行军总管，领兵 3 万准备南渡。

在权臣杨素的努力下，清除了支持杨勇的大臣，杨坚将杨勇废为庶人，立杨广为太子。不久，心狠手辣的杨广将自己病中的父亲和哥哥杨勇杀死。

杨广即位后，也做了一些政治体制改革，取得一定政绩。功绩较大的一是进士科的建立，创建了对后世影响深远的科举制，这为选拔下层优秀知识分子提供了极好的机会。二是修订法律，隋炀帝将一些残酷的法律条文取消，或者是减轻处罚程度。三是兴办学校，访求遗散的图书，并加以保护。四是恢复了被杨坚废除的国子监、太学以及州县学。

隋炀帝的亡国主要是因为屡兴土木，大失民心。隋炀帝即位第一年，杨素等人就开始负责修建洛阳城。修建洛阳城，隋炀帝是有统治国家的战略考虑的。当时首都长安在西北面，往东的路不太畅通，影响了国家政令的畅达。洛阳则处在国家的中心地带，可以有效地治理江南，控制北方。从洛阳可以很方便地取得粮食，也相应地减轻了百姓负担。

隋炀帝先后开凿疏浚了由黄河进入汴水，再由汴水进入淮河的通济渠；还有从淮河进入长江的邗沟；从京口到达余杭的江南河；引沁水向南到达黄河，向北到达涿郡的永济渠。这就是历史

→ **隋炀帝龙舟出行图**
史称隋炀帝"靡有定居"，经常巡游各地，每次出游都穷极奢靡，尤以南游江都为甚。炀帝在位 12 年，有 11 年是巡游各地，只有一年时间在京城居住。

上有名的京杭大运河。

隋炀帝四处用兵，开始大规模地开发经营西域。打败了西突厥的处罗可汗，扫除一大障碍。击败吐谷浑，将其领地建成四郡，派遣官员治理，保证了和西域的畅通。前后三次对高丽的用兵，使隋朝的国力大减。

隋炀帝喜欢女色，喜欢华丽宫殿，喜欢四处游玩。去江都看江南山水前后就有三次之多，北上到突厥可汗驻地，向西还到达过张掖。隋炀帝的生活很是奢华，史书上说他每一天都在建造新的宫殿，虽然有些夸张，但和实际情况也差不了太多。

公元 618 年，侍从的卫士们推举宇文述的儿子宇文化及为首领，发动了兵变，隋炀帝最后被勒死，谥号是"炀帝"。

唐朝的建立

建立唐朝的李渊也是关陇贵族，隋末任太原留守。在农民起义烽火燃遍全国，隋朝灭亡已成定局之时，李渊才决定起兵反隋。次子李世民在晋阳结交豪杰。大业十三年（公元617 年）五月，李渊在晋阳起兵，捕杀隋炀帝派来监视他的副留守王威和高君雅。

晋阳起兵后，李渊决定进军关中，夺取长安。瓦岗军和河北军在中原地区牵制了大批隋军，关中防卫力量薄弱。于是，李渊便打着安定隋室的旗号，率军 3 万向关中进发，沿途赈赡穷乏，废隋苛政，争取人心；对各地豪杰结交拉拢，获得了河东与关中地主阶级的广泛支持。很快攻占长安，立代王杨侑为傀儡皇帝，遥尊隋炀帝为太上皇，李渊掌

↑ 青瓷武士俑

重大成就

◆ 孙思邈成为最为杰出的医学家，后撰写《千金方》，创立复方治疗法。

◆ "初唐四杰"开辟了唐诗在文学中的地位。

◆ 雕版印刷技术发明并被推广应用。

主要人物

李渊：唐高祖，祖籍陇西成纪人。祖父李虎在西魏时官至太尉，为西魏八柱国之一。李渊任隋朝太原留守时起兵反隋，建立唐朝。

李密：字玄邃，隋朝京兆长安人。隋末瓦岗起义军首领。参与杨玄感起兵反隋，投奔翟让领导的瓦岗起义军。大量起用隋的降官降将，入关降唐，不久以反唐罪被杀。

窦建德：河北故城人，世代务农。有胆识，有勇力。能与士卒均执勤苦，很得部众的拥护。为唐军所俘，解至长安被害。形象长期存留在河北人民的心中，河北大名县有"窦王庙"。

王世充：西域胡人，姓支氏。王世充性格狡诈，口才伶俐，熟悉经史、兵法、律令。指挥进攻刘元进，并在淮南征募了数万新兵。确实有能力，屡战屡胜。后败于唐军。

握实权。

唐朝建立时，李渊以关中为根据地，不断发展自己的力量，并开始着手统一全国的战争。李渊先集中力量剪除陇右的薛举、河西的李轨、河东的刘武周。李渊兵进关中时，留下四子李元吉守太原。武德三年（公元 620 年），李世民率军出击，消灭了刘武周，恢复了对代北的统治。此时，瓦岗军已瓦解，中原地区还有洛阳的王世充和河北军窦建德两大势力。李世民率唐军进攻洛阳，王世充不支，武德四年（公元 621 年）二月，窦建德率军援助王世充。李世民率唐军大败窦建德，窦建德被俘，7 天后王世充投降。武德六年（公元 623 年），唐军镇压了河北地区刘黑闼起义军。贞观二年（公元 628 年），唐太宗乘突厥衰乱，派兵攻灭了梁师都。唐朝重新统一了全国。

◆ 大事年表 ◆

- 公元 617 年
  李渊起兵
- 公元 618 年
  宇文化及杀死隋炀帝，李渊迫使恭帝退位，建立唐朝
- 公元 621 年
  消灭窦建德等，统一全国
- 公元 626 年
  玄武门事变，李世民被立为太子；李渊退位，李世民即位

李渊、李世民父子，利用农民起义的力量消灭隋军主力，削弱割据势力，依靠自己的政治、军事经验，完成了统一全国的宏伟事业。一个统一强大的唐帝国，出现在中国历史上并屹立于世界的东方。

李渊爱好酒色，既无创业的志向，也无创业的才干。从太原起兵至建立唐朝、平定全国，主要依靠次子李世民的谋略和征战。李渊见李世民的威望日益高涨，渐渐疏远世民，亲近建成、元吉，并默许李建成等人打击谋害李世民，但因战争未止，还须借重李世民，才没有最后下决心除去他。武德九年（公元 626 年）六月，李世民先发制人，发动了玄武门之变，杀死李建成和李元吉，并派尉迟恭带兵进

→ **秦王破阵乐　敦煌壁画　唐**
《秦王破阵乐》是歌颂唐太宗李
世民武功的。贞观元年（公元 627
年），唐太宗命吕才等人创作，由
一百二十人披甲执戟表演。此为表
现战阵的乐舞，音乐粗犷雄壮。伴
奏乐器以大鼓为主。表演时声势浩
大，所谓"发扬蹈厉，声韵慷慨"。

↑ **鎏金铺首　唐**
鎏金铺首原是唐大明宫宫殿的门
环。铺首之大，前所未见，反映了
大明宫建筑的富丽辉煌。

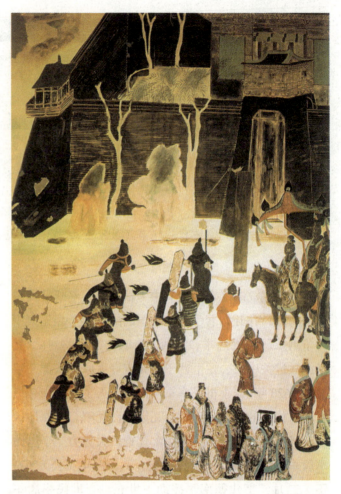

宫。三天后，李渊正式立李世民为太子，执掌国政。同年八月甲子日，李世民逼李
渊禅位，尊李渊为太上皇。第二年改年号为"贞观"，一个崭新的时代开始了。

▌唐太宗

　　公元 627 年至 649 年，唐太宗贞观年间，统治集团较开明廉洁，重视民意，
从而出现了一段封建社会历史上少有的治世。此间政治清明、经济迅速恢复和发
展、社会安定、国力逐渐强盛，多民族国家进一步巩固发展，史称"贞观之治"。
　　贞观之治出现是因为隋朝的政治制度和经济繁荣为唐朝加强中央集权和经济
发展创造了条件，隋末农民战争沉重打击了统治阶级和士族势力，使唐初统治者
吸取隋亡教训，调整统治政策。就唐太宗个人而言，他开明务实的驭政才干是出
现贞观之治的重要因素。
　　唐太宗李世民即位初始，因亡隋之鉴，顺应天下思治的民情，推行去奢省费、

轻徭薄赋、选用廉吏、兴修水利、鼓励垦荒、增殖人口、广设义仓等措施，使因隋末战乱一度凋敝的社会生产又呈现生机。太宗充分发挥贤者能人的德才之长，亲君子、远小人、士庶并举、新故同进、汉夷并用，以至人才济济，文武荟萃，成为贞观之治实现的重要因素。太宗重视吏治，慎择刺史亲民，执法务求宽简，提倡节俭，抑制旧士族势力，并大兴学校，盛开科举，笼络知识分子，为庶民地主广开参政之门。继续推行均田制，纳绢代役不再有年龄限制，并多次减免租税，兴修水利，促进生产发展。唐太宗知人善任，虚怀纳谏，臣下直谏蔚然成风，下情上达，避免决策失误。用人"唯贤是与""量才授职"，政府机构精炼。在隋制基础上，进一步革新，完善三省六部制、科举制，制定唐律等。兴科举，以儒为师，兴办学校，进一步打击门阀士族势力，加强皇权，提高寒门出身的功臣地位，扩大统治基础。经济

↑ 唐太宗像

方面轻徭薄赋，劝课农桑，戒奢从简，提倡节俭，减轻了社会负担。贞观之治调整统治政策，在一定程度上调整了生产关系。

唐政府在边疆地区设立行政机构，加强与吐蕃的友好关系，促进了统一多民族国家的进一步巩固和发展。唐太宗坚持反击突厥的侵扰，在华夷一体思想指导下，实行较开明的民族政策。注意保存少数民族部落体制，任用少数民族首领进行管理，密切了民族关系，促进了各民族经济、文化交往。太宗致力于巩固边防，安抚边疆各族降众，广设羁縻州府，缓和了西北、北方的边患，民族间的交往得到加强，北方各族尊太宗为"天可汗"，并开辟"参天可汗"道，以加强羁縻府州同中央的联系。太宗推行的和亲、团结、德化的民族政策，为统一的多民族国家做出了卓越贡献，如文成公主入藏和

重大成就

◆ 唐太宗采取的各项积极措施，造就了"贞观之治"繁荣局面。

◆ 完善三省六部，这是中国政治制度史上的重大事件。

◆ 玄奘到印度取回佛经，精确翻译，在中国佛学界产生了广泛的影响，并撰《大唐西域记》。

◆ 阎立本绘成《步辇图》《历代帝王图》。

亲，在汉藏友好史上意义深远。

唐朝中央行政机构最重要的是三省六部。唐朝的三省为中书省、门下省、尚书省。中书省负责定旨出命，长官中书令二人；门下省掌封驳审议，长官侍中二人；中书、门下通过的诏敕，经皇帝裁定交尚书省贯彻。尚书省职责为执行，长官尚书令一人，副长官左、右仆射各一人。尚书省下辖吏、户、礼、兵、刑、工六部，长官尚书，六部分理各种行政事务，每部又领四司，计24司。三省长官共议国政，执宰相之职，议政的场所叫政事堂。尚书令位高权大，自隋以来，基本不设，加之唐太宗曾任此职，故此后，唐朝不再授人以尚书令之职。唐太宗在贞观年间常让品位较低的官员同三省长官共议国政，加以"参知政事""参预朝政"等名号，执行相职。以后又出现"同中书门下三品""同中书门下平章事"等宰相名号。这些做法表明皇帝任用宰相的范围扩大了，宰相成员增多，既便于集思广益，又使之互相牵制，从而避免出现大臣专权的局面。

贞观年间，唐太宗采取的各项积极措施，不仅造就了"贞观之治"繁荣局面，其各种制度、用人政策、重视发展生产的方针和民族政策等一直影响、贯穿到武则天统治时期和唐玄宗统治前期，为唐朝持续发展，直至出现"开元之治"鼎盛局面奠定了基础。贞观后期，太宗屡兴营建，日趋骄逸，又连年用兵，亲征高句丽，加重了人民的负担，在纳谏、用人、执法等方面不如前期。当然，这并不影响唐太宗作为杰出政治家和"贞观之治"的历史地位。

→ 三彩鞍马　唐

唐代骑兵极为强大，对军马的饲养非常重视，故而唐代各种马饰种类繁多，三彩马俑很是普通。此马身体壮，四肢劲健，弯头站立，马体洁白，鬃毛深黄，身佩翠绿色的辔头、鞍具，系黄绿色杏叶形饰，装饰华丽，白、绿、黄等色相交相辉映，形成强烈的对比，显得更有生气。可以想象，这样"金羁玉勒绣罗鞍"的骠骢，乘上风流倜傥的将士，正如唐诗中所描绘"春风得意马蹄疾，一日看尽长安花"，可谓相得益彰。

封建社会的高峰

——盛唐气象

▌天皇与天后

　　盛唐之所以能够在中国历史上占据如此重要的地位，与一位女政治家有关。她就是武则天。她 67 岁登基称帝，在位 15 年。退位后，唐中宗李显上尊号曰"则天大圣皇帝"，死后谥号"则天大圣皇后"。从此，"则天"二字逐渐代替其名，习惯称她为武则天。

↑武后步辇图　唐　张萱

　　武则天是中国历史上唯一的女皇帝，封建时代杰出的女政治家。她上承贞观之治下启开元盛世，把唐王朝推上东方强国的地位。

　　贞观十一年（公元 637 年），14 岁的武则天受召入宫。武则天时时在寻找机会展示自己的才华和政治抱负。一次，唐太宗得到一匹烈马，名号"狮子骢"，没有人能够驯服。当时武则天侍候在侧，她勇敢地提出驯马的请求："妾能驭之，然需三物，一铁鞭，二铁锤，三匕首。铁鞭击之不服，则以铁锤锤其首；又不服，则以匕首断其喉。马供人骑，若不能驯服要它何用。"唐太宗听了夸奖她的胆略。这也正是日后武则天的一条驭政之道。之后，她逐渐与太子李治志趣相投，关系密切。贞观二十三年（公元 649 年），唐太宗驾崩，武则天出家为尼。两年的尼姑生活使她的政治思想日趋成熟。

　　永徽二年（公元 651 年）八月，武则天再次回到自己生活过的唐朝皇宫。这是她与唐高宗李治的共同要求，同时还有着另一层复杂的背景，这就是王皇后在宫中受到萧淑妃争宠的困扰，迫切希望借武则天回宫来离间皇帝对萧淑妃的宠爱之情。武则天回宫之初，只是宫女身份，出于政治上的要求，她聪明乖巧，卑词

主要人物

武则天：并州文水人，唐高宗李治的皇后，唐代女政治家。与高宗并称"二圣"。自立为则天皇帝。在她掌理朝政的近半个世纪，社会稳定，经济发展，为后来"开元盛世"打下基础。

唐高宗：唐太宗李世民第九子，母为长孙皇后。在位34年。去世后葬于乾陵，谥为天皇大帝。

来俊臣：唐朝武则天时酷吏。雍州万年人。历任侍御史、左御史中丞。因告密得武则天信任，凡罗织人罪，皆先进奏事状，敕令依奏，即籍没其家。

狄仁杰：字怀英，并州太原人。武则天时期宰相。谨慎自持，从严律己。进言而使唐祚得以维系。

长孙无忌：唐代宰相。字辅机，河南洛阳人。其祖出自鲜卑拓跋部贵族。妹为太宗皇后。受命辅政高宗，后许敬宗迎合武后意旨使人诬告无忌谋反，被流放到黔州，自缢死。

重大成就

◆唐高宗、武则天主持了一系列对外战争并获得胜利，奠定了中国作为东方最主要国家的地位。

◆文化上以文赋诗歌取材的方式成为科举制度的重要组成部分。

◆大规模撰修史书，《晋书》《周书》《陈书》《梁书》《隋书》《北齐书》相继修成。

曲体。

永徽三年（公元652年），武则天生长子李弘。永徽六年（公元655年）十月十九日，唐高宗下诏立武则天为皇后，她的政治生涯也由此开始了。废立皇后中表现出来的矛盾，归根到底是新君与旧臣之间的矛盾。长孙无忌、褚遂良等顾命大臣总是以长辈身份、先朝旧制管束新皇帝，而新皇帝又总想按自己的想法去处理朝政事务，摆脱旧臣的控制。这也是所谓皇权与相权的矛盾。武则天与唐高宗的密切配合开始于显庆年间，到显庆四年贬逐长孙无忌之后，史称"政归中宫"，武则天在朝廷的影响已比较重大。

唐高宗主持的8次对外战争的胜利，使大唐帝国发展成东有高丽，西至波斯，北含西伯利亚，南扩越南的多民族融合的强盛大国。这些政绩都是在武则天参与朝政的情况下取得的。显庆五年后，唐高宗患病、风眩头重、目不能视，百司奏事请武则天裁决。从此武则天被委以政事，高宗患病，权不下移，靠皇后担起内外朝政大事。

上元元年（公元674年），唐高宗追尊高祖李渊为神尧皇帝，追尊太宗李世民为文武圣皇帝，自称天皇，武则天称天后。同年，武则天建言十二事：劝农桑，薄赋徭；给复三辅地；息兵，以道德化天下；南北中尚禁浮巧；省工费力役；广言路；杜谗口；王公以降皆习《老子》；父在，为母服齐衰三年；上元前勋官已给告身者无追复；京官八品以上益禀入；百官任事久，才高位下者得以进阶。武则天在国内外威望更加提高，天下使臣都共称唐高宗、武则天为"二圣"。公元684年，在废掉李显立李旦为皇帝后，武则天开始临朝称制，改元光宅。

武则天在消除政敌，为称帝扫清道路的斗争中，采用过两个特殊手段——酷吏与铜匦。垂拱二年（公元686年），鱼保家设计铜匦，是一个四面开口的意见箱，中有四隔，以受表疏，可入而不可出。东面口曰延恩，献赋诵求官职者投之；南面口曰招谏，言朝政得失者投之；西面口曰伸冤，有冤枉案情者投之；北面口曰通玄，言天象灾变及军事密计者投之。由正谏大夫、拾遗、补阙各一人管理。

天授元年（公元690年），67岁的武则天在6万民众与官员的拥护下登上皇帝宝座，改国号为周，改元天授，仍以李旦为皇嗣。历史上将武则天的周朝叫作武周。

◆ 大事年表 ◆
- 公元655年
立武则天为皇后
- 公元664年
杀死上官仪；掌握大权，天下称"二圣"
- 公元690年
武则天改国号为周，自称皇帝，开始殿试
- 公元705年
武则天病重，被迫退位；李显复位，恢复国号唐

辉煌灿烂的手工业

唐代在相对开放和安定的社会环境中，工艺美术呈现出一派繁荣昌盛的景象，达到了历史新高度，形成了中国封建文化的一个高峰，成为封建时代东方文明的代表之一。唐代的丝织品、唐三彩、玉器、金银器等都达到了前所未有的工艺水平。

↑青玉花鸟纹钗　唐
玉为青白色，局部有斑浸，器薄透明。此玉钗由两部分组成，一部分为钗插，已残缺；另一部分为玉饰钗头。钗头镂雕两面花纹相同，均为阳线丹凤朝阳纹，下部的牡丹花茎下钻孔两处，可系。

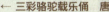
← 三彩骆驼载乐俑　唐

→ 舞马衔杯纹银壶　唐
壶口上有鎏金覆莲形盖，提梁呈弓形，鎏金。平底上接椭圆形圈足，腹两两各锤出舞马衔杯纹，底足连接处饰一周瓣纹，纹饰全部鎏金。圈足内有墨书"十三两半"四字。造型巧妙，工艺精美。

武则天统治时，除了大力打击士族外，还重视和发展农业生产，发展科举制度，加强边防，主张文章取士。武则天本人雄才大略，颇有唐太宗风度，知人善任，她任用的狄仁杰、李昭德、王孝杰、娄师德，都是当时的人才，而她选拔的姚崇、宋璟、张九龄，后来都成为开元名相。武则天也较能兼听纳谏。武则天统治时期，整个国家不仅基本安定，而且继承了唐太宗所开创的政治局面并有所发展。

后女皇时代

神龙元年（公元 705 年），82 岁的武则天重病，宰相张柬之等人发动政变，逼迫武则天交出政权，让位唐中宗李显，复唐国号。唐中宗复位后，将政治中心从洛阳迁回长安。不久，武则天去世，唐朝政权陷于动荡之中。

唐代正处于贵族社会向官僚社会的过渡阶段，贵族的势力在唐代特别是在唐前期的政治中还发挥着重要作用。各地域各层次贵族之间的分化重组是唐前期政治的重要内容之一。从唐高祖建立唐朝以后，几代皇帝都对传统的一等大族特别是山东士族采取了又拉又打的政策，主要以抑制为主。唐高宗显庆四年（公元 659 年）下诏禁止太原王氏、荥阳郑氏、清河崔氏、范阳卢氏等"自为婚姻"，以削弱山东士族的势力。皇族也多与当世名臣或关中、代北贵族联姻，而基本不与山东士族通好。

唐中宗昏庸懦弱，大权为皇后韦氏所掌，韦后为效法武则天当女皇，先杀太子李重俊，景龙四年（公元 710 年）六月，安乐公主欲让韦氏临朝封己为"皇太女"，遂合谋进毒饼于中宗。中宗食饼暴死，震惊朝野。韦氏害怕国人兴师问罪，秘不发

← **无字碑　唐**
现存陕西乾县乾陵陵园。碑额刻八米螭首相交，两侧线雕龙云纹，初立时，未刻一字，是表示帝王功高德大，无法用文字表述，取《论语》"长无德，而称为"之意。

重大成就

◆佛教再次兴起，寺庙、佛像石窟再次大规模兴建，石窟艺术达到鼎盛。

◆刘知几撰成《史通》。

◆禅宗兴盛，对社会产生巨大影响。

主要人物

韦后：京兆万年人。中宗皇后。在流放生活中，二人患难与共，艰危互济。为了报答韦氏的这种济困扶危之功，中宗听任韦氏为所欲为，不加禁止。后被李隆基所杀。

唐睿宗：名李旦，唐高宗李治第八子。前后两次称帝，共在位两年。

太平公主：武则天女儿，参与中唐政治动乱，迎立睿宗复位，后与李隆基夺权，失败后被迫自杀。

→ **彩绘文官俑 唐**

唐代艺匠对于文官俑塑造，着意从外形上突出表现，一方面将其塑以峨冠博带，长袍阔袂，头戴冠，身着长袍，双手执圭拱手胸前，表现出一副神情拘谨和温顺的神态；另一方面则将其矜持尊严、唯命是从的形态刻画得淋漓尽致。这些文官神态自如，举止文雅，显示出唐代文臣的端庄形象。

进德冠

丧，召集朋党密谋对策，乃以刑部尚书裴谈、工部尚书张锡管理朝廷政事，留守东都；又命左金吾大将军赵承恩、薛简以兵五百前往均州以防备谯王李重福发动叛乱；还任命子侄统领南北衙禁军，以防不测。做了这些部署之后，乃与其兄韦温商定暂立温王李重茂为太子，然后发丧。少帝即位，尊韦氏为皇太后，临朝摄政，韦温则总领内外兵马，并策划效法武则天临朝称帝。

武则天第四子李旦和女儿太平公主成为韦后称帝专权的障碍。韦后准备排挤以至消灭李旦和太平公主，李旦的第三子李隆基联络羽林军，抢先发动军事行动，攻入皇宫，杀韦后、安乐公主及其党羽。太平公主宣布废黜了李重茂，恢复了唐睿宗李旦的帝位，李隆基因功被立为太子。

太平公主因拥戴唐睿宗有功，又是唐睿宗仅存的一个妹妹，所以深受唐睿宗的信任和尊崇。但她有强烈的权力欲望，乘机树立私人势力，七个宰相中五出其门。先天元年（公元712年），唐睿宗传位太子，李隆基即位。太平公主阴谋发动政变未遂，唐玄宗先发制人，杀死太平公主党羽数十人，逼太平公主自杀，依附太平公主的官吏被黜逐。动荡的政局稳定下来，一个历史上的盛世要开始了。

◆ 大事年表 ◆

● 公元705年
韦后专政
● 公元706年
太平等七公主各设官署
● 公元707年
金城公主出嫁吐蕃
武三思、武崇训被杀
● 公元709年
太平、安乐公主各建党羽
● 公元710年
韦后毒死中宗，立温王重茂为少帝
太平公主和李隆基合谋杀韦后
废少帝，唐睿宗即位
● 公元712年
睿宗退位，玄宗即位
● 公元713年
玄宗改元为开元；杀太平公主

▌开元盛世

在武则天统治的晚年和唐中宗、唐睿宗时期，政治昏暗，弊端丛生。唐玄宗在位44年，针对社会弊病，在开元年间任用政治家姚崇、宋璟等人进行改革，取得了显著的效果。

首先重新重视发展农业生产。兴修水利，灭蝗止灾。开元九年（公元721年）派宇文融为劝农使到全国各地检括逃户和隐田，检出80余万客户和不少田地。对客户免6年租调徭役，由各州安插于均田土地上。唐初，规定食

↑ 唐玄宗像

实封的贵族，国家按食实封的户数将课户拨给封家，租调由食实封贵族派人征收。抑制食封贵族，封家租调由政府统一征收，增加了国家收入。唐玄宗裁汰冗官，整顿吏治，注重职官的铨选，强调以功、以才授官，尤其重视直接临民的县令的选任。加强对官吏的考核，各道按察使对地方官吏循名责实，进行政绩考核，作为黜陟的根据。唐玄宗接受姚崇建议，压抑佛教，整顿财政，提倡节俭。经过开元年间的改革，唐玄宗统治下的唐王朝进入了全盛的时期，出现了经济繁荣，社会比较安定，文化昌盛，国力强大的局面。

开元年间，从契丹手中收复了辽西21州，日本、朝鲜半岛同唐朝的联系频繁，漠北拔也古、同罗、回纥等都重新归顺唐朝，收复了碎叶城；并打败了吐蕃、小

◆ 大事年表 ◆

● 公元710年
任命姚崇为宰相

● 公元716年
任命宋璟为宰相

● 公元720年
再次颁布租庸调法

● 公元731年
赐吐蕃《毛诗》《春秋》《礼记》

● 公元734年
罢免张九龄，任命李林甫为宰相

● 公元744年
任命安禄山兼任范阳节度使；纳杨玉环为贵妃

● 公元754年
鉴真东渡日本

● 公元756年
安禄山军队攻入长安，李隆基逃往四川，被迫赐死杨贵妃和杨国忠

● 公元762年
玄宗逝世

重大成就

◆ 唐玄宗统治时期，经济繁荣，社会安定，文化昌盛，国力强大，史称"开元盛世"。

◆ 著名的诗人李白、王维、孟浩然、王昌龄等开创了中国诗歌的"盛唐"时代。

◆ 书法家颜真卿创"颜体"字。

◆ 画家吴道子成就极高，被誉为"画圣"。

◆ 科学家一行最早测量出子午线的长度。

◆ 发明筒车和曲辕犁，促进农业发展。

◆ 青瓷、白瓷达到很高的工艺水平，唐三彩辉煌灿烂。

→ **庄园生活图 敦煌石窟 唐**

图中表现的是具有西北地方色彩的地主庄园。一座二层门楼围绕着回廊的院落里，殿阁内主人坐在胡床上，主妇在院中吩咐指点，侍仆们忙碌地出出进进。院外宽阔的马圈里拴着肥壮的马匹，饲养者肩扛着扫帚，端着饲料走进墙边，附近的田野里雇农正紧张地犁地，生活气息浓厚。

勃律，唐朝的声威远播西亚。

杜甫在《忆昔》诗中描写开元时期繁盛情况道："忆昔开元全盛日，小邑犹藏万家室。稻米流脂粟米白，公私仓廪俱丰实。九州道路无豺虎，远行不劳吉日出。齐纨鲁缟车班班，男耕女织不相失。"开元年间物价较为低廉平稳，国家仓储盈满，以至"左右藏库，财物山积，不可胜较"。直至天宝末年，物价长期稳定，物价低廉平稳对社会的安定有着积极的作用。在此时期，户口增长明显。

∽ 主要人物 ∽

唐玄宗：名李隆基，又叫唐明皇，是唐睿宗李旦的第三个儿子。开创了唐朝的鼎盛时期，但从安史之乱开始，唐朝盛极而衰。

姚崇：原名元崇，字元之。陕州硖石人。历事武则天、唐中宗、睿宗、玄宗诸朝，任宰相，多次出任地方长官，为唐朝前期名臣。

宋璟：字广平。唐高宗年间进士及第，年仅17岁。睿宗称帝后，为宰相。玄宗执政后，在姚崇推荐下，调京再度封相。

张九龄：一名博物，字子寿，韶州曲江人。为人刚正不阿，直言敢谏，曾劾安禄山必反。主张用人不循资格，被称为开元时期贤相之一。晚年被李林甫排挤出朝。

鉴真：扬州江阴人，俗姓淳于。原为扬州大明寺高僧，先后五次东渡均未成功。第六次东渡日本，带去佛教经典以及建筑、雕刻和医学等知识，在日本10年，深受日本人民的崇敬。

李白：唐代诗人。字太白，号青莲居士。绵州昌隆人。被玄宗召入长安，不久即被迫辞官离京。诗歌今尚存900多首，内容丰富多采。

世界帝国的衰亡

——唐末割据

▌安史之乱

"开元盛世"的出现，与唐朝统治者，尤其是与唐玄宗改革的促进作用分不开的，但是"开元盛世"也蕴藏着深刻的社会矛盾，随着唐玄宗统治趋向腐败，各种社会危机也就进一步暴露出来。

开元二十二年（公元 734 年），李林甫出任宰相，这是唐朝政治衰败的标志。李林甫笑里藏刀，善于迎合上意，权倾朝野后一手遮天，加之小人得志，诬陷名臣，杀戮忠良。继任的杨国忠本是无赖，为了向玄宗表示能干，一人竟身兼四十余职，广受贿赂，打击异己。

安禄山是营州柳城的"杂胡"。早年在幽州节度使处任捉生将，常以奸诈计捕杀契丹人充报军功而被逐渐提升。几次入长安朝见玄宗，表示"愿以身为陛下死"，以骗取信任，被杨贵妃收为养子。天宝元年（公元 742 年），他被委任为平卢节度使，天宝三载（公元 744 年），又兼范阳节度使，天宝十载（公元 751 年），更兼任河东节度使，统领近 20 万军队，在各个节度使中力量最大。

安禄山因和杨国忠争宠而有矛盾，又看到内地武备废弛，于是经过 10 年左右的准备，以诛杨国忠为名，率兵 15 万，从范阳起兵叛乱。

唐大将封常清奉诏募兵抗敌，很快为叛军所败。不到三个月，叛军就占领了洛阳，安禄山自称大燕皇帝，分兵进

↑ **贵妃出浴图 清 康涛**

杨贵妃与唐明皇的爱情故事成为后来文学艺术中的重要题材之一，许多文学家、艺术家，从不同的角度解读他们的爱情，抒发自己的感想，也为后人留下了大量文学艺术精品。

重大成就

◆伟大诗人杜甫创作大量诗歌，反映社会现实，被后世尊为"诗圣"。

◆发明火药。

◆张旭、怀素被称为唐代"草书二绝"。

❧ 主要人物 ❧

杜甫： 唐代诗人。字子美，世称杜少陵、杜工部，自号少陵野老。生活在唐朝由盛转衰的历史时期，其诗沉郁顿挫，直录社会现实，其诗被誉为"诗史"。其人忧国忧民，被奉为"诗圣"。

唐肃宗： 名李亨，唐玄宗第三子。马嵬驿兵变后玄宗西逃，他在灵武继位，在位6年，在宫廷政变中惊忧而死。

郭子仪： 华州郑县人。在平叛安史之乱的战争中，立下了卓越的战功。又说服回纥与唐和好，联兵抗击吐蕃。单骑亲说回纥，大破吐蕃，使唐王朝又一次转危为安。

李光弼： 唐朝大将。营州柳城人，契丹族。安禄山叛乱，与郭子仪进军河北，捣安禄山后防，收常山等十余郡。

安禄山： 营州柳城人，原名轧荦山，本姓康。身兼三镇节度使，在范阳起兵叛乱，后被其长子安庆绪杀死。

史思明： 宁夷州突厥族人。因屡建战功，受安禄山赏识。后杀安庆绪，自称大燕皇帝，后被其长子史朝义杀死。

攻潼关，逼取长安。各地官民纷纷反抗叛军，如常山太守颜杲卿、平原太守颜真卿和河南一带的地方官张巡、许远等。

杨国忠猜忌驻守潼关的大将哥舒翰，促令其放弃固守方针，出关迎敌，结果大败，潼关失守。玄宗匆忙逃往成都，行至马嵬驿，从行军士哗变，杀死杨国忠并迫使玄宗缢杀杨贵妃。

长安陷落后，太子李亨从马嵬驿回军北上，同年七月即位于灵武，是为唐肃宗，遥尊玄宗为太上皇。肃宗用李光弼、郭子仪为将，会集西北各军，又得到西域各族和回纥的援助，转入反击。至德二年（公元757年），安禄山被其子安庆绪杀死，同年，唐军收复长安和洛阳。

此后，降唐复叛的安禄山旧部史思明自范阳起兵，数十万唐军溃败。同年九月，史思明南陷洛阳。安史内部矛盾又激化，史思明在邺城杀安庆绪，自立为帝。上元三年（公元761年），史思明又被其子史朝义所杀，叛军内部分裂，势力大减。代宗即位后，借用回纥兵收复洛阳，叛军将领因大势已去，纷纷降唐，史朝义穷迫自杀。前后持续八年的安史之乱，至此结束。

❧ 大事年表 ❧

●公元751年
安禄山身兼范阳、平卢、河东三镇节度使

●公元755年
安禄山起兵范阳

●公元756年
李亨即位，尊玄宗为太上皇
李光弼大败叛军

●公元757年
安禄山被其子安庆绪杀死李光弼、郭子仪收复长安

●公元759年
史思明杀安庆绪，自称皇帝

●公元761年
史朝义杀史思明

●公元763年
史朝义自杀，安史之乱结束

安史之乱是唐朝由盛而衰的转折点，战火波及地区社会经济遭到极大破坏。在平定叛乱前后增设的节度使，权力日益膨胀，形成地方与中央的对抗局面，"藩镇割据"的情况一直持续到宋代。

藩镇割据

唐朝中后期藩镇割据，藩是保卫，镇指军镇。唐朝中叶以后，一部分地方军政长官据地自重，出现了不服从中央命令的政治局面。唐朝在边境长期驻守军队，称为镇兵，最初为了保卫边境和通往西域的商路，直到公元711年，因为吐蕃、回纥的侵扰，才任命贺拔延嗣为凉州都督、河西节度使，自此出现节度使的官名。唐玄宗年间的节度使已不是府兵时那种战时率兵出征，战后兵散归府、将帅归朝的情况，而变成一个地区管理军政、行政、财政的最高长官。

安史之乱时，唐政府又增设了许多节度使。他们名义上是唐朝的藩镇，事实上是独立割据势力。节度使死后，职

↑回鹘宝髻长裙女 唐

位由其子侄或部将继承，皇帝只能认许，否则就兵戎相见。在唐朝后期的150年里，河北三镇的57个节度使中，真正由唐朝廷任命的只有四人。唐朝内地许多节度使，也效法三镇，各占一方，唐朝的统一局面破坏了，形成了"藩镇割据"的局面。

藩镇为了巩固和扩大自己的势力，牢牢地掌握着所管辖区内的土地、人民和军、政、财权，作为自己割据的物质基础。藩镇还从军队中挑选强悍壮汉，给以优厚的待遇，充当警卫，叫作"牙兵"，是藩镇依靠的武力

重大成就

◆杨炎创两税法。
◆白居易等领导文学界进行新乐府运动。
◆传奇小说兴起，《柳毅传》《李娃传》为其中名篇。
◆词兴起并开始流行。
◆杜佑著《通典》，开创了后世典制体史书的先河。

◆大事年表◆

●公元763年
任命薛嵩、田承嗣、李怀仙为河北各镇节度使
●公元765年
李正已占据山东，北方藩镇割据形成
●公元781年
李宝成逝世，李惟岳发动"四镇之乱"
●公元782年
朱滔、田悦、王武俊、李纳称王反唐
李希烈谋反
●公元783年
泾原兵变
●公元817年
平定吴元济叛乱
●公元822年
河朔三镇恢复割据状态

核心。牙兵往往是当地地主豪强的子弟兵，到后来节度使也控制不了。如河北三镇的 57 节度使中，被杀和被赶走的就达 23 人之多。藩镇割据，战乱频繁，他们相互之间，时而彼此火并，时而联合反对唐朝廷。在所辖区内，横征暴敛，战乱之中，掳掠抢劫。由于赋税不入中央，唐政府的征税区域日益缩小。唐宪宗即位时，经其祖、父十多年努力之后，中央军力和财力都有了一定基础，他开始执行削藩政策。但成效甚微，伐叛所创下的新局面没有维持多久。当时江南 140 万民户，负担着 80 多万军队的粮饷，史称"两户养一兵"。

▌甘露之变

初唐、盛唐政治纷纭变幻，但是宦官似乎对此介入很少，主要是唐太宗制定了内侍省的宦官不得做三品官的制度。但是玄宗时出了一个宦官高力士，他却是个大功臣、大将军。玄宗不是一个被制度约束的人，加之高力士可以凭借军功升官，宦官不可以做朝官、做大官的惯例就被打破了。

玄宗没有能够制住安禄山，在"安史之乱"中被迫退位，肃宗李亨登基做了皇帝，而宦官李辅国在这次改朝换代中贡献最大。这个大宦官一时权倾天下，权力大到居然可以废立宰相，最后肃宗也被活活气死了；张皇后密谋除掉李辅国，因为秘密泄露竟然被勒死。李辅国根本就不把士大夫集团当作对手，李氏皇族拿他没有办法，肃宗的儿子代宗称他作"尚父"。李辅国跋扈到了直接命令皇帝不要干涉国家政务、只要负责宫中的事宜就够了的程度。倒是宦官集团最终容不下他，另一个大宦官程元振设计斩杀了李辅国。

李辅国之后的唐代政治仍然是掌握在宦官手中，代宗时期的鱼朝恩竟然担任了"天下观军容使"，节制九个节度使，这比安禄山节制三个节度使的权力大得多了。鱼朝恩的权力大到连太子也要巴结他。等到太子当上了皇帝，就是唐德宗，丝毫没有接受教训，还是让宦官掌握了军政大权。唐德宗的皇位也坐得不安稳，竟然被关内的亲兵赶出了长安，这就是"奉天之难"。此后大宦官霍仙鸣居然掌管了十万禁军，从此宦官一直凭借兵权把持朝政和废立大权，诛杀皇帝的事屡屡发生，顺宗、宪宗、敬宗都先后

→ **仕女弈棋图　唐**
新疆维吾尔自治区吐蕃市阿斯那塔古墓出土。此画描绘贵族妇女的闲逸，与唐朝的中原画风一脉相承。

死于宦官之手。

德宗死后，由长子李诵继位，是为顺宗。顺宗在位期间，任用王证、王叔文、柳宗元、刘禹锡等革新派进行改革，革除弊政，打击宦官和藩镇势力。但改革遭到宦官势力的打击，顺宗最终被迫禅位给太子，"二王"及柳宗元、刘禹锡等人先后遭贬，革新运动以失败而告终，这就是"二王八司马"事件。

敬宗之后的文宗也是被宦官拥立的，但他对宦官王守澄非常痛恨。大宦官王守澄凭借拥立之功目无天子，为所欲为。文宗与宰相宋申锡、王璠密谋铲除王守澄，不料走漏了消息。结果反被王守澄先下手诬陷宋申锡谋立漳王李凑为帝，文宗只好舍车保帅，把宋贬官。结果逮捕了许多大臣，软禁了皇帝。自此王守澄更加肆无忌惮，大臣人人自危，士大夫与宦官的矛盾就直接化了。唐文宗不敢利用大臣反对王守澄，反而利用大宦官仇士良与王守澄的矛盾，暗中指挥大臣李训、舒元舆合谋暗杀了王守澄的死党陈弘志，继而毒死了王守澄。

不料仇士良的跋扈比王守澄还要严重，大臣们与宦官为了控制皇帝终于爆发了一次大的冲突，这就是"甘露之变"。史家们认为这是唐朝宦官力量扩张到足以要挟皇帝与朝臣抗衡时的一次激烈交锋。

大和九年（公元835年）十一月二十一日，文宗在紫宸殿会见群臣。左金吾卫大将军韩约，按照宰相李训等的布置，奏称"左金吾仗院的树上，天降甘露"。文宗带了百官移至左金吾仗院旁的含元殿，命宰相李训

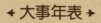

◆ 大事年表 ◆

● 公元713年
任命高力士为知内侍省，宦官干政开始
● 公元732年
创立宦官监军制度
● 公元758年
任命鱼朝恩为观军容使
● 公元762年
任命李辅国为司空兼中书令
● 公元766年
宦官董秀掌管枢密
● 公元805年
"永贞革新"失败，二王八司马被贬
● 公元821年
李德裕、李宗闵各分朋党，相互倾轧
● 公元823年
任命牛僧儒为同平章事，牛李党争更加激烈
● 公元835年
甘露之变
● 公元849年
李德裕逝世，朋党之争平息

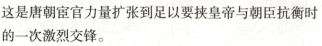

← 宫廷仪仗图 唐
唐代禁军肩负着极其主要的宿卫任务，军士多为从各军中选拔出的骁健者。因此军事战斗力很强，装备优良。唐朝中后期，宦官专权时，禁军多掌握在宦官之手，成为他们翻云覆雨的军事工具。

等先去察看，李训回奏说甘露未必是真。于是文宗命仇士良、鱼志弘领众宦官再去验看。按计划，院里设有伏兵，只等众宦官到来就下手。但是待仇士良一行刚进左金吾仗院，就发现韩约神色不对，恰巧一阵风吹来，刮起布幕，露出伏兵，仇士良等大惊，奔回殿上，抢先把皇帝劫夺入宫。尽管李训等拼力抢夺，未能将皇帝夺回。仇士良发兵擒拿李训、舒元舆，还将并未参与其事的宰相王涯也一起捕捉。仇士良将李训、舒元舆、王涯、郭行余、罗立信、李孝本等策划或参与者统统灭族。"甘露之变"以士大夫集团彻底失败而告终。

← 唐代铠甲

　　"甘露之变"后，朝廷大权全归宦官掌管，文宗为此郁郁而终。此后，武宗、懿宗、僖宗、昭宗都为宦官所立。僖宗在位期间，爆发了黄巢大起义，唐王朝在风雨飘零中离灭亡不远了。

▌黄巢起义

　　唐朝末年，山东黄巢领导农民反对唐王朝统治，继王仙芝牺牲之后，他高举王仙芝打起的"均平"大旗，展开了不屈不挠的长期战争。

　　唐朝末年，朝政混乱，赋租繁重，且连年天灾，民不聊生。先是王仙芝在长垣聚集数千人起义，盐贩黄巢起兵响应。起义军聚众数万，四处流动作战，义军迅速壮大到 30 万人。乾符三年（公元 876 年）底，王仙芝、黄巢率领义军攻打蕲州时，因黄巢等反对王

重大成就

◆ 李商隐和杜牧在诗歌上取得一定成就，有小李杜之称。

◆ 说唱文学"变文"兴起。

主要人物

王仙芝：僖宗乾符元年（公元 874 年），聚众数千人在长垣举兵反唐起义。号称"天补平均大将军兼海内诸豪都统"，传檄四方，号令天下，其间曾一再动摇。后于黄梅大败，被唐军所杀。

黄巢：唐朝曹州冤句人。文武皆能，领导农民起义，号"冲天大将军"，持续十年之久。

唐僖宗：名李儇，懿宗第三子。由于唐政府在剿抚上犹豫不定，措施不力，逃到成都后向各路节度使封官许愿，又借助沙陀兵来平叛。唐政权此时已名存实亡。

仙芝求皇帝赏封发生斗殴争执，黄巢与王仙芝从此分道扬镳。黄巢自领 2000 余人，独自作战。乾符五年（公元 878 年），王仙芝在黄梅兵败战死，义军将士共推黄巢为黄王，号"冲天大将军"，废弃李唐乾符年号，改元王霸，建立农民政权，起义军在黄巢领导下进入新的发展时期。

黄巢率义军从亳州出发，转奏朝廷"乞降"为缓兵之计，义军攻陷朗州和岳州，攻打宋、汴二州，兵锋直指东都洛阳，极大地震惊了唐僖宗。为了避免与强敌作战，保存实力，黄巢遂率军转战中原。

黄巢义军攻占杭州后改变策略，攻打福建诸州，随后率军急攻广州。从该年三月渡江，至翌年九月占领岭南，在一年半的时间里，黄巢义军以高速流动作战方式，由中原向江南进军，经今河南、江西、安徽、浙江、福建、广东和广西等地，攻州夺县，打富济贫，壮大队伍，发展成为数十万人的大军。果断改变一直北上西取长安的战略意图，率军沿长江东进，迂回作战，攻占潼关，把唐王朝赶出长安城。黄巢在含元殿即皇帝位，国号大齐，改元金统。此后黄巢二返长安，没有乘胜追歼官军以彻底打破唐廷对长安城的包围，终于酿成后患。在瑕丘与唐将李师悦和叛徒尚让激战时，终因兵力悬殊太大，伤亡殆尽。黄巢和从弟黄思邺、黄揆等义军将领，宁死不屈，自刎于泰山。

黄巢起兵反唐是中国古代规模最为宏大的农民起义。义军从北向南，由南向北，由东击西，长驱数千里流动作战，攻占两京，建立农民政权，给唐王朝以致命打击，体现了劳苦大众要求"均平"的政治愿望。唐王朝也就这样在风雨飘零中让给了一个黑暗的割据时代。

割据与战乱

——五代十国

▌梁唐更迭

　　中国历史上一个大的混乱时期开始了，直到元朝的最终统一。这一时期中国的经济、社会发展受到了严重阻碍，五代十国只是这一时期的开始。

　　五代十国简称五代，五代指的是中原地区前后更替的梁、唐、晋、汉、周，为了和历史上其他同名的朝代相区分，史称为后梁、后唐、后晋、后汉、后周。十国则是秦岭淮河以南的九个小国：吴、南唐、前蜀、后蜀、南汉、楚、吴越、闽、荆南，加上北方的北汉。

↑ 朱温像

　　五代的第一个王朝后梁的创立者是朱温。他出身于贫苦家庭，后和兄朱存一起加入黄巢起义军，受到黄巢的重用。在黄巢危急之时，朱温背叛了他，投归唐河中节度使王重荣，被唐僖宗封为左金吾卫大将军，赐名全忠，与李克用等联合镇压了黄巢起义。他以河南为中心，扩张势力，他先后吞并了其他藩镇，成为唐末最大的割据势力。

　　公元 901 年，朱温带兵进入关中，击败凤翔节度使李茂贞，夺得唐昭宗，控制了中央政府；又挟持唐昭宗迁都洛阳。不久，他又派人杀死了唐昭宗，立哀帝。公元 907 年，逼迫哀帝退位，朱温改名朱晃，建国号为梁，定都汴京，史称后梁。

　　朱温执政之初，改革了一些唐末的弊政。但连年用兵，又经常杀戮将帅功臣，使统治集团内部矛盾日益尖锐，政权不稳。朱温的儿子朱友珪带兵杀入禁宫，弑父。朱温死后谥号为太祖。接下来皇室内争夺权力的斗争越来越激

> **重大成就**
>
> ◆ 南方经济进一步发展，超过北方，成为中国经济重心。
> ◆ 涌现了荆浩、关仝、董源、巨然一批绘画大师，他们创作了许多山水画精品，使山水画走向成熟并成为中国画的大宗。

烈，最终导致梁的迅速灭亡。

中和元年（公元881年），黄巢攻占长安，唐僖宗召李克用入援。次年李克用等击败黄巢军队，黄巢被迫退出关中。从此，太原一带便成为李克用的根据地。李克用成为唐末割据势力中被封王的第一人。此后为争夺河东、河北的南部地区而与朱温血战连年，尽管一度居于下风，但李克用拒不承认朱梁政权，表示他继续奉唐朝正朔，与朱温势不两立。

李克用临死时，交给李存勖三支箭，嘱咐他要完成三件大事：一是讨伐刘仁恭，攻克幽州；二是征讨契丹，解除北方边境的威胁；第三件大事就是要消灭死敌朱温。李存勖将三支箭供奉在家庙里，每临出征就派人取来，放在精制的丝套里带着上阵，打了胜仗后送回家庙，祷告天地祖宗。

◆ 大事年表 ◆

● 公元 907 年
朱温篡位称帝，国号梁
● 公元 908 年
李克用逝世，李存勖称晋王
● 公元 912 年
朱友珪杀朱温，自称皇帝
● 公元 913 年
朱友贞杀朱友珪，自称皇帝
● 公元 923 年
朱友贞自杀，李存勖称帝，国号唐
● 公元 925 年
攻灭前蜀，统一黄河流域
● 公元 926 年
李嗣源入洛阳称帝

李存勖的用兵使朱温大惊，很多藩镇竟和李存勖结成联盟共同对付后梁。后梁为了保护河北，不惜一切，出兵再战，双方在柏乡又展开了一场血战。柏乡之役，李存勖抓住机会，以骑兵猛烈突击梁军。梁军丢盔弃甲，死伤殆尽，丧失了对河

→ **陶女舞俑　五代**
这件南唐女俑曲身细腰、扬袖起舞、姿态生动。五代十国时南唐统治今江西全省及安徽、江苏、福建、湖北等一部分地区，在南方诸国中为最较为强大，其农业、手工业和商业都有很大发展，经济富足，兴办科举，办学校、重文化，文艺之盛，为当时各政权之冠。

∽ 主要人物 ∽

梁太祖：名朱温，出身贫寒，后掌握唐朝兵权，废哀帝而自立。在位6年，为其子所杀。

李克用：本姓朱耶氏，祖先是唐时我国西北沙陀人。为唐廷拓边守土，因讨伐庞勋有功，赐姓李。在与朱温争夺霸业中病死。

李存勖：五代时后唐庄宗。应州人，小名亚子，李克用长子。攻灭后梁，统一北方，称帝，国号为唐，不久迁都洛阳，史称后唐。在政治上却十分昏庸无知，重用伶人。他征战沙场出生入死，后在兵变中身亡。

李嗣源：五代时后唐明宗。出生于应州金城。本名邈佶烈，无姓氏，其先祖为沙陀族。即帝位后，政治清明，中原地区出现长治久安的局面。

五代十国兴亡表

朝代和国名	创建人	年代	灭于何朝何国
后梁	朱温	907—923	后唐
后唐	李存勖	923—936	后晋
后晋	石敬瑭	936—946	契丹
后汉	刘知远	947—950	后周
后周	郭威	951—960	宋
吴	杨行密	902—937	南唐
南唐	徐知诰	937—975	宋
吴越	钱镠	907—978	宋
楚	马殷	927—951	南唐
闽	王审知	909—945	南唐
南汉	刘䶮	917—971	宋
前蜀	王建	907—925	后唐
后蜀	孟知祥	934—965	宋
南平	高季兴	924—963	宋
北汉	刘旻	951—979	宋

北的控制权。李存勖进一步安定了河东局势，息兵行赏，任用贤才，惩治贪官恶吏，宽刑减赋，河东大治。

经过十多年的交战，李存勖于后梁龙德三年（公元923年）攻灭后梁，统一北方，在魏州称帝，国号为唐，迁都洛阳，史称后唐。

李存勖在战场上出生入死，但在政治上却昏暗无知。称帝后，他不再进取，常常面涂粉墨，穿上戏装，登台表演，不理朝政；并自取艺名为"李天下"。李存勖还用伶人做耳目，去刺探群臣的言行。伶人受到皇帝宠幸，侮辱戏弄朝臣，有的朝官和藩镇还争着送礼巴结他们。

李嗣源是李克用养子，即帝位后又更名李亶，是为后唐明宗。李嗣源不喜欢声色淫乐，即帝位后，禁止中外诸臣进献珍奇玩物。宫廷供应及其机构之简单，在历史上是十分少见的。他不喜欢臣下阿谀奉承，比较能够约束自己的行为，并能够接纳臣下的忠谏。他的平实简朴的作风保持到晚年。李嗣源又通过表彰廉洁官员，来扭转吏治风气。为政宽仁，比较关心百姓疾苦，饱经战乱之苦的中原民众，总算是获得了短暂的喘息机会。李嗣源是五代时期一个少有的开明皇帝，他在位时间稍长，因此能使国家稳定，政治清明，人民休养生息，对社会起了一定的促进作用。但是，由于继位者唐愍帝李从厚昏庸无能，后唐王朝很快也就灭亡了。

→ **后唐庄宗击鼓图**
画中后唐庄宗粉墨登场，与伶人取乐，不思国事，他的昏庸无知最终断送了自己的性命。

↑ 石敬瑭像

▍"儿皇帝"

"儿皇帝"石敬瑭本是勇将，唐朝沙陀部人，辅佐李克用和李存勖，屡立战功，升至刺史。他从小沉默寡言，喜欢读兵法书，而且非常崇拜战国时期赵将李牧和汉朝名将周亚夫。李嗣源对他很器重，还将自己的女儿嫁给了他，让他统领自己的亲军精锐骑兵"左射军"，将他视为心腹之将。

石敬瑭不仅在战场上救岳父李嗣源，在遇到政治难题时又是他为李嗣源分析局势，指点迷津，体现出了过人的政治谋略。这方面最突出的就是劝李嗣源顺应时势，在兵乱时取得帝位。石敬瑭后来去河东任节度使，并兼云州、大同军等地蕃汉马步军总管，掌握了河东这块后唐起源地区的军政大权。

石敬瑭不仅在军事和政治方面有勇有谋，有韬略，在地方事务的治理方面也表现出色。在陕州、魏博、河东等地，他都很有政绩。石敬瑭在任时异常节俭，不贪声色，很多事都亲自处理。到陕州时不到一年就将当地治理得井井有条，再加上他自己很清廉，施政很得人心。

后唐末帝李从珂派兵讨伐石敬瑭，石敬瑭见自己力量不足，就向契丹的耶律德光求救，许诺条件是：割让十六州给契丹，每年进贡大批财物，以"儿皇帝"自称。正愁没机会南下的耶律德光喜出望外，立即领兵来救石敬

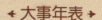

◆ 大事年表 ▶

● 公元 936 年
契丹立石敬瑭为大晋皇帝，割让十六州给契丹
● 公元 937 年
南唐建立
● 公元 938 年
石敬瑭称耶律德光"父皇帝"
● 公元 945 年
后晋向契丹乞和
● 公元 946 年
契丹攻占开封，后晋灭亡
● 公元 947 年
契丹称帝，建立大辽；刘知远称帝，建立后汉
● 公元 950 年
郭威消灭后汉
● 公元 951 年
郭威建立后周；刘崇建立北汉

← 散乐图浮雕（局部）　五代

此图为五代王处直墓墓室西壁壁画，此图对称式构图及丰满的人物造型有着典型的唐代画风。同时此图又是这一历史时期军阀奢侈宴乐生活的真实写照。

主要人物

石敬瑭：后晋高祖，著名将领。身逢乱世，缺乏气节，出卖国土求荣，向契丹称"儿皇帝"，为万世唾弃。

耶律德光：辽朝第二代皇帝。字德谨。亲率辽军长驱直入援石敬瑭，败后唐兵，册封石敬瑭为后晋皇帝。改革官制，北面官以契丹旧制治契丹人，南面官以汉制治汉人。整订赋税。改国号契丹为辽。

刘知远：后汉建立者，庙号高祖。其祖先本为沙陀部人，世居太原。对契丹更多的是主张笼络、利用他们以图中原安定，还曾两次大破契丹，称帝后也没有中断同契丹的战事。

冯道：字可道，景城人。初为刘守光参军，后历唐、晋、汉、周，事四姓十君。自号长乐老，卒谥文懿，追封瀛王。

→ 出行图　辽

图中人物为典型契丹男子形象，留髡发，戴耳环，身着各色长袍，腰系革带，有拿笔砚的，有握短刀的，也有双手捧黑色皮帽的，表现等待出发的情形。

瑭，最后大败了后唐军队。石敬瑭称比他小 10 岁的耶律德光为"父皇帝"，每年进奉帛 30 万匹。于是，耶律德光就让石敬瑭做了皇帝，建号大晋，石敬瑭就是后晋高祖。石敬瑭则将十六州，即现在河北和山西北部的大片领土割让给了契丹。

石敬瑭这个儿皇帝并不好当，契丹使者经常无礼骄横、横加斥责。在称帝之前，石敬瑭很节俭，但称帝后就开始奢侈起来。用人和施政措施也不当，民心开始背离，这又给属将作乱提供了借口和有利时机。他的侄子石重贵继位后，四年内后晋就灭亡了。

▌黑暗中的光明

　　郭威是五代时期后周的开国皇帝。奉命讨伐并平定了李守贞的叛乱后，被封为邺都留守兼天雄军节度使。公元 950 年，郭威起兵反汉，进入汴京，纵军大肆抢掠，夺得国政。他在公元 951 年称帝，国号为周，定都汴京，史称后周。

← 郭威像

∽ 主要人物 ∾

周太祖： 邢州尧山人，五代时期后周的建立者。称帝后，治国注意招收人才。免除额外赋敛，改进刑律，纠正沙陀部后汉的好杀之风。禁止州县贡献，并虚心纳谏。

周世宗： 名柴荣，又名郭荣。周太祖郭威养子，郭威死后继位，是五代十国时期最有作为的帝王。他精明强干，志气宏大，决心统一中国，为日后北宋的统一奠定了基础。

郭威出身于贫苦人家，深知民间疾苦，即位后改革弊政，免除额外苛敛，停止州县贡献珍美食品及特产。他生活节俭，减轻了一些赋税，削减了一些严刑峻法。臣下提出的好建议，他能虚心采纳。留心搜罗人才，所任用的魏仁浦、李穀、王溥、范质等人都能忠于职守，遵守法度，君臣合力，逐渐改革了一些弊政，使北方地区的政治、经济形势渐趋好转。

郭威减轻刑罚、废止苛税，在一定程度上减轻了对人民的压迫剥削。他逝世后，养子柴荣即皇帝位。柴荣继续进行改革，整顿吏治，严明军纪，士卒精强，为统一准备条件。新皇帝能虚怀纳谏，

◆ 大事年表 ◆

● 公元 951 年
周太祖郭威称帝，国号周，史称"后周"

● 公元 954 年
太祖逝世，周世宗即位

● 公元 956 年
三次亲征南唐，南唐称臣

● 公元 958 年
推行"均田"

● 公元 959 年
攻取瀛、易二州，平定关南

精明强干，志气宏大，内政和军事都取得了成就。他限制佛教，废除寺院三万多所，连历朝受优待的曲阜孔家，也被取消了免纳赋税的特权。他颁布"大周刑统"，加强法制，赏罚分明。柴荣有雄才大略，致力于全国统一，亲率大军败北汉军，逼迫辽军退兵，初步巩固了北部边防。

五代时期战乱不已，政治黑暗，官吏贪暴，人民极端痛苦。郭威、柴荣父子起于民间，体察民情，改革五代的积弊，为后来宋王朝统一中国作出了贡献。

← 万壑松风图轴　五代　巨然
五代时期，山水画成熟并进入第一个高峰期，荆浩、关仝、董源、巨然是当时最杰出的代表，他们的画或描绘北方的名山大川，或点染南方的灵秀山水，对我国以后的山水画产生了深远的影响。

黄袍加身

——北宋初年

▌耶律帝国

　　契丹为古代东胡一支，北魏以来活动在今辽宁西拉木伦河与老哈河一带。契丹族在北方建立起来的政权——辽，与五代同时开始，又和北宋几乎同时结束。虽然其与中原地区常年征战，但由此引发的政治、经济、文化等方面的交流，使其作为少数民族的政权深受中原文化影响。

　　契丹的开国皇帝耶律阿保机原是部落联盟的军事首长，公元907年耶律阿保机当选为可汗，设立了宿卫军等，把握了稳固的权力。在击败了剌葛、迭剌等对抗力量以后，耶律阿保机于公元916年废除部落联盟制度，称天皇帝，建立契丹国（于公元947年改国号为辽，公元983年复称契丹，1066年仍改为辽）。契丹建国后，阿保机逐步消灭了周边的弱小部落。公元926年，契丹吞并渤海国，基本完成长城以北的统一。

↑ 观音菩萨坐像　辽

　　太祖耶律阿保机曾设斡鲁朵宫帐，斡鲁朵即皇帝宫帐，有直属的军队、民户和州县，皇后也可有自己的斡鲁朵。契丹国又设南北面官制，所谓"以国制治契丹，以汉制待汉人"。南北面官制设立于太宗时期，北面官主治契丹事务，其中亦有南北区别。南面官主治汉族，设三省六部，制度基本按照隋唐旧制。北面官多由地位显赫的家族世选，南面官依据科考或其他途径选用汉人和契丹人参用。契丹兵制有禁军、部族军以及五京乡丁和属国军等，凡辽民15岁以上，50岁以下均选入兵籍；法律设蕃汉二律。契丹国的赋役与行政措施也基本分为契丹、汉两类。

　　从公元926年到947年，是太宗耶律德光统治的时代，辽国从石敬瑭的手中得到了燕云十六州，从此开始了对中原地区的扩张。太宗数次对晋进兵，希望征服中原，但因中原人民的反抗，最终未能实现。太宗之后，世宗耶律阮和穆宗耶律璟统

← 棺床小木帐 辽

◆ 大事年表 ◆

● 公元 916 年
耶律阿保机称帝，建立契丹王朝

● 公元 947 年
契丹主称帝，建立大辽

● 982 年
萧太后摄政

● 1004 年
契丹大举南侵，订立澶渊之盟

● 1101 年
天祚帝即位

● 1120 年
阿骨打攻占上京

● 1125 年
金军俘获天祚帝，辽灭亡

● 1134 年
耶律大石建立西辽

治时期因为内部出现了激烈的纷争，国力日渐衰弱。

　　景宗耶律贤执政时期，国内政治基本稳定，社会、经济开始飞速发展，辽的统治才渐渐稳定。景宗死后，其子 12 岁的辽圣宗即位，由母后萧太后摄政。萧太后是中国历史上著名的女政治家，她于公元 986 年大败宋军。此后辽国连年发兵攻宋，1004 年，辽国攻至澶州城下，与宋真宗签订了"澶渊之盟"，迫使宋朝年年向辽国进贡"岁币"，辽宋两国从此相对安定下来。辽圣宗的政策进一步推动了辽的经济发展起来，此时辽国达到了历史上的鼎盛时期。

　　经过圣宗、兴宗盛世之后，辽国开始走向衰亡。1101 年，辽天祚帝即位，此时随着女真族的兴起，辽国的统治逐渐受到威胁。1115 年，金兵攻占辽国重镇黄龙府，随后又与宋朝订立"海上之盟"，共同抗辽。金兵在几年的时间里，占领了包括东京辽阳府在内的大部分辽国土地。1125 年，金国俘虏了逃亡中的天祚帝，

重大成就

◆ 耶律阿保机统一长城以北地区，促进北方各民族间的经济文化交流。

◆ 辽圣宗在位期间，辽国进入鼎盛时期，使北方经济得以恢复并有所发展。

◆ 辽国汉文学出现繁荣。

◆ 辽代雕塑和绘画取得较高成就，尤以佛像雕塑为盛。

◆ 应县木塔成为辽代木构建筑经典之作。

↑ 辽鎏金马具饰件
从这精美的饰件，能想见契丹（辽）人骑马征战、游牧的情景。

辽国自此灭亡。

辽国虽然是少数民族政权，但文化事业蓬勃发展。太祖建国后即令人造契丹文大字，后又有小字出现，但主要在文人中使用。佛教极流行，雕凿石经，校印佛藏，建筑寺院，都使佛教文化深入到社会深处。儒学也有所继承和发展。辽印制的书籍，在装帧、印刷、用纸等方面均超过了唐五代的水平。辽的雕塑、建筑、绘画均有特色，诗歌风格承

↑ **备茶图　辽**

此图为河北宣化辽代张匡正墓前室东壁壁画，生动描绘了辽代贵族的仆人们为主人煮茶备茶的情景，反映了汉文化对契丹人生活方式的巨大影响。

自唐，亦有很多创新。从政治、经济、文化的视角来看，辽国是具有世界影响的王朝，对奠定中国北部、西北部广袤疆土，弘扬中国的声威，传播中国文化起到了推进作用。

▌杯酒释兵权

后周世宗柴荣死后，儿子柴宗训只有 7 岁，身为殿前都点检的赵匡胤既掌握着禁军又统率着出征军，兵至陈桥被诸将"黄袍加身"，"拜呼万岁"，成为大宋朝第一位皇帝。

赵匡胤担心别人用同样的手段迫使他"禅位"，就和丞相赵普商量"欲息天下之兵，建家久长之计"。赵普向他建议对执掌军权的将领"稍夺其权，制其钱谷，收其精兵"。

公元 961 年，赵匡胤召集禁军将领石守信、

王审琦等饮酒，叫他们多积金帛田宅以遗子孙，歌儿舞女以终天年，从此解除了他们的兵权。在公元969年，又召集节度使王彦超侍宴饮，解除了他们的藩镇兵权。赵匡胤任命石守信等为节度使，却不让他们赴任，而是待在京城，过着只拿俸禄不管实事的悠闲生活。宋朝采取这样的官僚制度，便形成了一个庞大重叠的官僚机构和种类繁多的官俸禄。"杯酒释兵权"使武职官员形同虚设，名义上是节度防御使，实际上什么事也不管，只是依照品级领俸禄。实际管理军政事务的官员，由朝廷临时差遣。因为是临时差遣，像走马灯一样

↑ 宋太祖赵匡胤像

转来转去。对武将如此，文职官员也分为勋职和管事的实职，实际管事办事的被称为职式差遣的人，也都是流动性很强的。

赵匡胤接着又在兵制上进行了改革，分全国军队为禁兵、厢兵、乡兵和藩兵四种。乡兵、藩兵不常有，也不训练，都是有名无实的军种。禁兵是皇帝的卫士，一部分驻守京城，另一部分镇守边防要地，但要经常移防换地，名义上是"习勤苦、均劳逸"，实际上是为了达到"兵没有固定的将、将没有固定兵"从而达到防止他们联合叛变朝廷的目的；厢兵是各

◀ 大事年表 ▶

- 公元960年
赵匡胤陈桥兵变，建立宋朝
- 公元961年
宋太祖"杯酒释兵权"，整顿禁军
- 公元962年
设枢密使
- 公元964年
设副宰相参知政事
- 公元965年
取消节度使收税权力
- 公元969年
解除节度使兵权，任命文官为地方郡县令，设立三司掌管财政

◠ 主要人物 ◡

宋太祖：名赵匡胤，宋朝开国皇帝，涿郡人。由部下拥立为帝，建立宋朝。先后攻灭南平、后蜀、南汉、南唐等国，重视农业，兴修水利，鼓励垦荒，减轻租税。

宋太宗：宋朝第二代皇帝，宋太祖之弟。原名赵匡义，后改名为光义。继位后完成了统一南方的任务，出兵灭北汉，结束五代十国。削弱节度使和地方的权力，纂修类书巨著《太平御览》。

赵普：宋初谋臣，字则平。刚毅果断，多谋有略。参与策划陈桥兵变，拥立赵匡胤称帝。参与制定先南后北、先易后难的统一战争方略，提出强干弱枝、罢禁军统帅和节镇兵权。

州的守军，只供官府役使，从不练习武艺；乡兵是从农民中抽来的壮丁，名义上是地方守军，却没有一点战斗力；藩兵是招募来守卫边防的，但大多是空名额。

宋太祖的做法后来一直为北宋诸帝沿用，主要是为了防止兵变。但这样一来，北宋时期的武备变为兵不知将，将不知兵，能调动军队的不能直接带兵，能直接带兵的又不能调动军队。虽然成功地防止了军队的政变，却削弱了部队的作战能力，以至宋朝在与辽、金、西夏的战争中，连连败北。

▌御驾亲征

北宋建立后曾向北发展，恰与辽国利益相冲突，此时的辽国也正想南下扩展，势力正盛，两国间屡屡发生战争。公元979年，宋太宗为统一中国北方，率军攻打北汉，辽派使者前来质问，大军至高梁河一带与辽军相遇，高梁河之战是辽宋第一次交战。辽军仓促迎战，先失利，但后援军队及时赶到，由两翼反击宋军，宋军溃败。此后辽多次主动向宋挑战，夺取所需战略物资。

公元982年，北宋乘辽主年幼，母后主政的时机，发兵北伐，史称"雍熙北伐"。以河北曹彬军为主力，以山西潘美军、河北田重进军为两翼。两翼军作战顺利，势如破竹，连夺重镇。辽圣宗率军支援保卫南京的辽军，曹彬军被打败。

↑北宋胄甲穿戴复原图

↑还猎图　辽
契丹人生活在荒凉的草原上，以游猎为生，擅长骑马射箭。由契丹勇士组成的辽军，作战勇敢，战斗力强。

重大成就

◆ 农具多样化，农业耕作技术进一步完善，使传统农业精耕细作技术体系走向成熟。

◆ 火药、指南针开始逐渐大规模使用。

◆ 交子开始在蜀流通。

◆ 宋太宗倡导文教，组织编写四大类书。

萧太后又率军击溃山西宋军，俘虏杨继业。雍熙北伐失败，从此宋再也无力北伐。

1004 年，辽国萧太后、辽圣宗率兵 20 万南下，攻打宋朝，兵临澶州。宋朝野震惊，甚至欲迁都金陵，宰相寇准认为皇上如能御驾亲征，既给辽军以震慑，又可鼓舞宋军士气，力主宋真宗亲征。宋真宗登上澶州城门，召见宋军各路将士。将士们远远看见真宗的黄龙大旗下的伞盖，立即欢声雷动，高呼"万岁"的声音震山撼地。宋军士气大振，射杀察看地形的辽大将萧挞凛，辽军士气受挫，遂与宋主动议和。

宋保证每年向辽输送银 10 万两，绢 20 万匹，约为兄弟，真宗称萧太后为叔母，所订之盟称澶渊之盟。此次战役后，辽的国势渐衰，不再向宋大举进攻，宋也不再议北伐，两国关系转入稳定时期。双方在河北等地边界处设榷场，辽从宋输入茶、绢、瓷、药品等，宋则从辽输入羊、马、驼等牲畜。

→ 辽代叠胜金牌

主要人物

宋真宗： 宋太宗子。至前线重镇澶州，与辽订立澶渊之盟，每年给辽大批银绢，结为兄弟之国。伪造"天书"下降，东封泰山，西祀汾阴，耗费大量人力财力。

寇准： 北宋政治家。字平仲，华州下邽人。辽兵攻宋时，他力排众议，主张坚决抵抗，促使真宗亲往澶州督战，与辽订立澶渊之盟。

为了富国强兵

——北宋改革

▎先天下之忧而忧

　　北宋王朝到宋仁宗庆历年间，财政危机日益加深。军饷和官俸成为庞大的财政开支，单用于养兵的费用竟达全国财政收入总数的十分之七八。宋太祖时正规军的禁军约有38万人，宋仁宗时为对西夏用兵和加强对内镇压，各路广募兵士，仅禁军就激增至80万人，还有厢军近50万。北宋政府官僚机构日益庞大，通过恩荫、科举、进纳、军功、胥吏出职等途径入仕者不断增加。在和辽国订立"澶渊之盟"后，每年又须向辽国交纳银10万两、绢20万匹的所谓岁币。到宋仁宗时为了抵御西夏的军事侵犯，调集大兵到陕西诸路，军费开支陡然大增，支出总数达3390万两，辽国

↑范仲淹像

又乘机迫使宋廷把每年交纳的岁币在原数的基础上增加了三分之二。大官僚大地主阶级竞相兼并土地，官僚豪绅大地主阶层都享有免税免役的特权，赋税的负担都落在中小地主以至自耕农民的身上，这就促使广大的负担赋税者和统治集团之间的矛盾日益加深。中小地主的赋税负担，总是通过加重地租或放出高利贷而转嫁给佃农。北宋政府只有依靠增加课税的收入，主要是依靠加重按地亩征收的农业税来解决这些问题。宋初这些强化专制主义中央集权的政策和措施，长期负面作用的积累，致使国家陷于积贫积弱的局势中。

　　有些人提出了改革弊政的主张，以图改变阶级矛盾和民族矛盾日益严重，统治集团面临危机四伏的局面。同判礼院宋祁上疏，以为国用不足在于"三冗三费"。"三冗"是全国有定官而无限员，各级官员比以前增加5倍；几十万厢军坐耗衣食；僧尼道士人数日增而没有限额。"三费"是道场斋醮、百司供费无数；京师多建寺观、多设徒卒，增添官府衣粮；大臣罢黜仍带节度使衔，靡费薪水。

→ 岳阳楼

位于今湖南岳阳古城，背靠岳阳城，俯瞰洞庭湖，遥对君山岛，北依长江水，为我国古建筑中的瑰宝，自古有"洞庭天下水，岳阳天下楼"之誉。始建于唐，后毁于兵，北宋时重修，范仲淹在此留下了传世名篇《岳阳楼记》，其中"先天下之忧而忧，后天下之乐而乐"尤为后世传诵。后岳阳楼屡毁屡修，1983年经落架重建后对外开放。

范仲淹和韩琦一道在延州戍边三四年。在那段时间里，他们改革兵制，严明军纪，修筑城堡，争取羌人，爱护士兵，安定边民，边关由危急变为安定。1043年，参知政事范仲淹向仁宗提出整顿吏制、加强军备、发展生产的十项建议，以新政颁行全国，史称"庆历新政"。

范仲淹对改革弊政、奖励生产、富国强兵早有考虑，他便向仁宗皇帝提出治国的十项建议。这十项建议是：改变以前文官三年一升迁的办法，对于官员中确实有作为、立大功的人，才能提拔重用；改变贵族子弟承受恩荫做官的旧法，以减少冗官；考试学子时着重在策论经学，不在诗赋；严格选择提点刑狱以及各州县长官；各级官员要按等级分给职田，防止贪污；每到秋天，各地开渠修堤，以利农业生产；招募卫兵5万，保卫朝廷；减徭役；朝廷有政令，各地必须执行；注重统一命令。

为贯彻新政，范仲淹派了一批按察使到各地去视察，根据按察使送来的报告，他将那些不称职的官员从登记

◆ 大事年表 ◆

● 1033年
范仲淹上书减少军队及开支，被贬职

● 1036年
贬谏官范仲淹、欧阳修

● 1042年
富弼出使辽国，宋增加进贡与辽国议和

● 1043年
任命范仲淹为参知政事，范仲淹上《答手诏条陈十事》

● 1044年
改举贡法；宋夏议和

● 1045年
罢免范仲淹、富弼，"庆历新政"失败

◇ 主要人物 ◇

范仲淹：字希文，吴县人。在西部抗击西夏进攻，主持庆历新政。

韩琦：字雄圭，相州安阳人。出任陕西安抚使，与范仲淹共同防御西夏，时人称"韩范"。在并州时收回辽国侵占的土地。与司马光等同为保守派首脑。

宋仁宗：赵祯，真宗子。初由刘太后垂帘听政。当政期间，辽、西夏进攻北宋，屈辱求和，起用范仲淹任参知政事进行改革，不久即废罢。

李元昊：西夏太宗李德明子。武艺高强，精通汉文，熟读宋朝法律、兵书。制定了官制、军制、法制，扩军到40多万，创造了西夏文字，刻印书籍，成为西北方的一个强大政权的国君。

簿上除名。枢密副使韩琦看到范仲淹勾掉了很多官员的名字，非常吃惊，劝告道："一笔勾掉一个名字很容易，可是，被勾掉的一家人都得哭了。"范仲淹回答说："一家哭怎比得上一路哭呀！"

范仲淹的改革虽然没有解决社会的根本问题，但是新政触动了皇亲国戚权贵大臣的利益，范仲淹在京城无法立足，就自动请求到陕西戍边，实行了一年多的新政被宋仁宗全部废止。

庆历六年（1046年），范仲淹的好友滕子京重建岳阳楼，请他写一篇重修岳阳楼的记文。范仲淹一夜写成了那篇名垂千古的《岳阳楼记》，抒发出"先天下之忧而忧，后天下之乐而乐"的高尚情怀，这一直被后人传诵。

> ## 重大成就
> ◆制瓷业大放光彩，宋代五大名窑工艺精湛。
> ◆毕昇发明活字印刷术。
> ◆欧阳修领导古文运动，宋代散文取得辉煌成就。
> ◆政府设馆修史，《旧五代史》《新五代史》《新唐书》修成。

王安石变法

庆历新政失败了，社会矛盾并未缓和，财政危机更加严重。在这种情况下，士大夫要求改革的呼声此起彼伏，一场更大规模、更为深刻的改革运动已在酝酿之中。

北宋中期王安石主持了最为重大的社会改革活动。王安石有感于北宋社会矛盾的尖锐，力主改革政治，以扭转国势的衰落。先上《万言书》，希望改革，受到冷遇。宋神宗继位后，宋王朝面临社会矛盾尖锐，民众起义不断，冗兵、冗员、冗费问题严重，国库空虚，财政困难的局面，西夏、辽不断侵扰宋王朝，蚕食宋朝疆域，破坏了北宋北方的经济，也威胁到宋朝的政权存在。

↑青玉鹤衔枝佩　北宋

> ## 重大成就
> ◆农作物品种增多，产量增加。
> ◆沈括撰写著名科学著作《梦溪笔谈》。
> ◆开封成为城市建设的典范。李诫著《营造法式》，我国古代建筑业走向成熟。
> ◆学术繁荣，宋学兴起，推动儒学进一步发展。
> ◆柳永、苏轼、周邦彦等一大批词作家把宋词推向繁盛。
> ◆司马光主持修成史学名著《资治通鉴》。
> ◆张择端《清明上河图》传世。

王安石变法的根本目的是实现"富国强兵"，改变北宋的积贫积弱局面，增强对外防御、对内镇压的能力，巩固和加强封建统治。通过十几年的努力，变法"强兵"的目标虽然没有达到，但"富国"的目标却部分达到了。改革以增加财政收入，节俭支出，稳定经济秩序，整理经济环境，加强军事力量为主要内容。

王安石变法中，先后颁行均输、青苗、农田水利、募役、市易、方田均税、保甲、保马、将兵等法，可以说，王安石制定新法时希望国富民强，"民不加赋而国用足"，但良好的动机未必有好的收效。

青苗法是变法最为重要的内容之一。它规定取息二分或三分。在青苗法实行的初期，曾强迫高利贷者借贷青苗钱，按期向政府交纳利息。高利贷者的活动在青苗法实施后受到了一定程度的限制，政府却增加了大量的利息收入。

募役法中的以雇役代替差役，也顺应了当时商品货币经济和雇佣关系发展的历史趋势。另外，政府由此获得了巨额收入，北宋的财政状况明显好转。在宋神宗时府库的积蓄可供朝廷20年的财政费用。

农田水利法实施后，仅在1070年至1076年的7年间，兴修水利就有1万多处，受益的土地有民

田36万多顷，官田2000顷。大量的薄地成了良田。

在变法过程中由于用人不当，出现了一些危害百姓的情况，但总的来看，变法的进步意义是应当肯定的。1086年，司马光出任宰相，新法几乎全部被废除，变法失败。

← 清明上河图（局部） 北宋 张择端

∽ 主要人物 ∽

王安石：字介甫，北宋政治家、文学家。抚州临川人。早年有文学成就，有政绩。神宗熙宁年间两任宰相，实行变法，企图改变宋朝积贫积弱的局面。

宋神宗：名赵顼，原名仲，英宗赵曙长子。即帝位时20岁，起用王安石，推行新政。优柔寡断，未能坚定支持变法。

司马光：字君实，号迂叟，陕州夏县涑水乡人，世称涑水先生。以积极用世的态度，认为即使改革，也定要稳妥。专事著史15年，编写巨著《资治通鉴》。

▌靖康之耻

　　王安石变法后，中原地区出现了比较稳定的发展时期。金国占领辽的东京州县后，同辽进行了长达两年的和谈。北宋君臣欲借助金国军力灭辽，收回燕云失地。重和元年（1118年）八月，宋使马政自登州渡海使金，以买马为名，初议夹攻，金亦遣使至宋。宣和二年（1120年），和议成，史称"海上之盟"。

　　宋朝的北征军屡为辽军所败，不能应夹攻之约，直到金军入燕，还不见宋朝一兵一卒到达。而辽大败宋军的消息却不断传入金国。金军独

↑ 宋徽宗赵佶像

力攻取燕京后，以宋未能履行夹攻之约，不肯将燕云诸州交割与宋。经使臣多次交涉，金太祖决定将燕京所属涿、易、檀、顺、景、蓟6州归与宋朝，宋除将原交纳辽国的岁币如数交与金国外，另交燕地代税钱100万贯，并折成丝帛等实物。宋朝也希望依靠本身较强的经济实力和固有的影响招诱燕蓟的武装力量。

　　经宋朝遣使多方交涉，金太祖同意将燕京所属6州地交割与宋，也同意以后将西京所属州县也归与宋朝。1123年，宋官进驻燕山，并继续遣使要求交割西京。在燕地交涉中，金太祖与诸将间已存在分歧，降金的辽官也进言宋朝军事无能，

> **重大成就**
>
> ◆苏颂制成世界上最早的天文钟"水运仪象台"。
> ◆军事技术进步，战争所用火器被大量制造出来。
> ◆院体画派兴起，中国画走上重神韵的文人画道路。
> ◆苏、黄、米、蔡四大家，在书法上创新颇多。

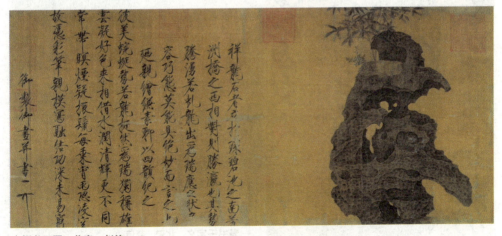

↑ 祥龙石图　北宋　赵佶

～ 主要人物 ～

宋徽宗：北宋皇帝，名赵佶。政治上昏庸，生活上荒唐，艺术上聪颖。

宋钦宗：北宋皇帝，名赵桓。1125年金兵南下时受父徽宗之禅即位。开封城破后，降金。靖康二年与徽宗为金兵俘掳北去，囚死于五国城。

蔡京：北宋奸臣，假托"绍述"改革，天资诡谲，又善于阿谀。行奸固权，钳制天子，培植亲信，广布党羽，铲除异己。

李纲：字伯纪，别号梁溪先生、梁溪居士。担负防卫京都的重任，后因其反对议和被免职。屡遭诬陷，屡被放逐。

◆ 大事年表 ◆

● 1100 年
哲宗逝世，徽宗即位

● 1102 年
任命蔡京为宰相

● 1117 年
宋徽宗自称道君皇帝

● 1120 年
宋、金签订海上之盟

● 1121 年
招降宋江起义军，镇压方腊起义

● 1125 年
金分两路大举进攻北宋，宋徽宗禅位，南行避难，钦宗即位

● 1126 年
任命李纲留守开封，后又罢免李纲，割三镇给金

● 1127 年
徽宗、钦宗被俘，北宋灭亡

不应许地与宋。但金军追袭辽帝时，宋乘机策动张觉背金降宋，首先背叛盟约，给金人对宋用兵提供了借口。宗望攻下平州，尽得宋所给张觉的诏书，又掌握了宋朝破坏盟约的物证。宗翰等奏请不再割西京地与宋，宗望也奏宋治军燕山，拒不交出逃入宋地的燕地户口，要求加兵于宋。

金灭辽后，开始向北宋进攻。1125年一月，金兵分两路南下，一路从河北指向大名，一路由大同指向太原，准备东西两路会师，夺取北宋京城开封。驻太原的河北河东宣抚使童贯闻风而逃，太原人民在知府张孝纯、副总管王禀的率领下，高举抗金大旗，同金人进行了整整8个月的浴血奋战。1126年九月，太原沦陷，张孝纯被俘，王禀自杀，金人把他的尸体踏成肉泥。太原人民死于战火的不计其数。金军占领太原后，长驱南下，十一月便渡过黄河，占领开封，宋徽宗和宋钦宗当了俘虏，北宋灭亡。

← 草书千字文　北宋　赵佶

南北对峙

——金、南宋

▌抗金的悲剧

女真族于 11 世纪勃兴于白山黑水之间。女真族杰出首领完颜阿骨打，于 1115 年称皇帝，建立金国。金崛起后，占领了辽国的许多土地，后来，金和北宋联合夹攻辽。1125 年，金军俘获辽的皇帝，辽国灭亡。

金灭辽以后，看到北宋统治腐朽，防备空虚，就在灭辽的当年冬天，挥军南

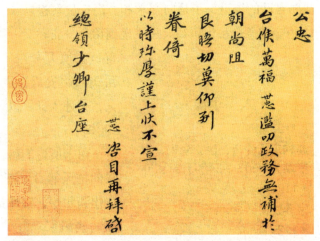

↑韩世忠书札

下，大举进攻北宋。1127 年，金军攻陷开封，掳走宋徽宗、宋钦宗以及后妃、宗室、大臣等 3000 人，北宋灭亡。历史上称这一变故为"靖康之变"。北宋灭亡的同一年，宋钦宗的弟弟赵构在应天府做了皇帝，后来定都临安，历史上称为南宋。南宋初年，金军几次南下，追击南宋统治者。

北宋灭亡以后，山西处于金的统治之下，山西人民纷纷组织武装，展开抗金斗争。"八字军"就是上党人王彦组织的，他们在脸上刺上"赤心报国，誓杀金贼"八个大字，以示抗敌救国的决心。八字军很快发展到 10 多万人，联络河北的义军共同抗金，声势浩大，对金人形成了很大的威胁。1127 年，八字军向泽州、潞州一带进兵，猛攻金军统帅粘罕的大营，大败金军。

岳飞是南宋最杰出的抗金将领，他带领的军队被人称为"岳家军"。这支军队作战勇敢，在抗金战争中多次获胜。岳家军纪律严明，"冻死不拆屋，饿死不掳掠"。金军中流传："撼山易，撼岳家军难！"正是对岳家军的高度评价。

1129 年，金军渡过长江。南宋的抗战派将领对金军的进攻给予坚决的抗击。韩世忠把金军阻截在黄天荡 48 天之久，岳飞收复了被金军占领的建康。1140 年，金军分四路向南宋进攻，南宋派兵分路抵抗。岳飞带领的中路军，在郾城大败金将兀术的主力骑兵"拐子马"，乘胜收复了许多失地，进军朱仙镇。其他几路宋军也取得了许多战果。河南河北义军纷纷响应，士气高涨，以"直捣黄龙府与诸军痛饮"相激励。正当抗金斗争顺利发展的时候，宋高宗和权臣秦桧害怕抗金力量的壮大，会威胁自己的统治，于是向金求和。高宗、秦桧以 12 道金牌急令岳飞班师。岳飞接到诏令，痛心疾首，悲愤万分。

↑ 岳飞像

岳飞回临安后，被解除兵权，任枢密副使。不久，被诬入狱，以"莫须有"罪名被杀害，时年 39 岁。

南宋所造的船，已装有指南针，并且具有较强的抗风能力。海外贸易的国际性港口有泉州、广州和明州，对外贸易东达日本、朝鲜，西至非洲一些国家。由于北方先进技术的引入，水田增加，太湖流域的苏州、湖州等地，稻米产量很大，当时流传着"苏湖熟，天下足"的谚语。同时，棉花的种植扩展到长江流域和淮河流域。

金国盛衰

金国的建立者女真族生活在黑龙江中下游和长白山地区，在辽统治初期，随着人口的增加与铁器的大量使用，快速发展起来。到辽末年，女

◆ 大事年表 ◆

- 1127 年
赵构应天称帝，建立南宋，以李纲为宰相，宗泽为开封留守
- 1128 年
宗泽忧愤而死
- 1129 年
金兀术南下，宋高宗逃到杭州
- 1130 年
韩世忠大败金兀术
金立刘豫为帝，国号大齐
- 1132 年
高宗回临安，大兴土木
- 1134 年
岳飞进攻伪齐政府，收复失地
- 1138 年
任命秦桧为宰相
- 1140 年
岳飞大败兀术，奉诏班师
- 1141 年
以莫须有的罪名杀害岳飞
南宋向金称臣纳贡，签订和议

重大成就

◆ 李清照、辛弃疾、陆游创作出许多优秀的爱国主义诗词。

◆ 南戏在温州出现，对元曲的产生至关重要。

◆ 南方的造船业、造纸业兴旺发达，书业兴起。

↑ 金上京皇城遗址
图中为金上京皇城午门遗址。1124 年，金国统治者仿照北宋都城开封格局，在今黑龙江阿城附近营建皇城，作为金国都城。海陵王迁都后，此处作为五京之一，仍是金国东北的政治文化中心之一。金亡后，此城荒废。

真族已成为北方一支不可小觑的力量。1114 年，女真贵族完颜阿骨打誓师起义。次年，阿骨打称帝，建立了金国。金国建立后，阿骨打马上发兵攻打辽国控制女真族的黄龙府。1120 年，金与宋签订"海上之盟"共同对辽。1125 年，辽天祚帝被俘，金国完全控制了北方。金是中国历史上继辽之后的另一个较大规模的北方少数民族政权，在灭亡辽国之后，又趁势灭了北宋王朝，基本统一了中国北方。

金国刚刚建立时，内部还存在着一些原始制度的残余。太宗、熙宗、海陵王执政后，进行了全面的改革和制度创新，使其从原来的游牧部落变为一个以农业为主的封建集权制国家，为其发展和壮大奠定了基础。

在灭亡辽国以后，金国大举进攻宋朝，虽遭宋军民全力反抗，金国仍然连连得胜，最终攻占了北宋都城开封，掳去徽、钦二帝，北宋灭亡。南宋王朝建立后，金国继续向南进兵。而南宋的名将岳飞、韩世忠等人的抵抗使得金军实力大降，无力再和南宋交战，从而形成南北对峙的局面，直至金国被蒙古灭亡。

主要人物

完颜阿骨打：即金太祖。领导女真族取得反辽战争胜利后在会宁称帝，国号金。委任完颜希尹仿汉字楷书和契丹字，创制了女真文字。

金太宗：名完颜晟。攻陷北宋都城，俘走徽钦二帝，确立了金对中原的统治。逐步采用汉制，改革旧俗，创造各种典章制度，奠定了金国的规模。

海陵王：金国第四位皇帝，字元功，汉名亮。自幼聪敏好学，汉文化功底甚深，将"三省六部制"改为"一省六部制"。前期较有作为，但后期荒淫残暴，挑起宋金战事，战败后死于内讧。

　　金灭北宋后，与南宋划淮为界，占有中原和中国北部的疆土。金国威服高丽、西夏等国，所辖地域广袤，而首都却偏于东北一隅。海陵王想通过迁都，分化、解除女真皇族的反抗力。海陵王命卢彦伦等人，在燕京原有的基础上进行扩建和改建，历时3年燕京皇城建成。1153年，迁都燕京，改燕京为中都。

　　金国的后期，北方发展起来的蒙古族成为劲敌。1206年，成吉思汗统一蒙古各部，组织起北方最强大的军事力量。1211年，蒙古发动对金战争。成吉思汗、窝阔台先后发动多次对金国的战役，大大削弱了金的国力。为躲避蒙古的进攻，金不得不将首都南迁至黄河以南，希望依靠黄河天堑阻挡南进的蒙古军队。但是蒙古骑兵要横扫欧亚大陆的趋势已经不可抵挡，1233年，窝阔台率军攻下开封，次年金哀宗自杀，前后共历九帝，统治中国北方119年的金国宣告灭亡。

重大成就

◆ 海陵王将金熙宗期间的"三省六部制"改为"一省六部制"，此后一直沿用。

◆ 卢沟桥建成，桥上所刻大小石狮反映了当时精湛的石雕艺术。

◆ 全真教的兴起促进道教进一步发展。

↑ 文官坐像　金

← 卖子孝父母砖雕　金

金国迁都中都后，从"一依本朝旧制"到"尽行中国法"，汉化很彻底。这幅砖雕取材于中国汉族的二十四孝故事，由此可见，女真族和汉族融合之深。

屡战屡败的北伐

建炎二年（1128 年）十月，张浚兼任御营使司参赞军事，从此参与抗金的军事活动。建炎三年（1129 年）二月，金军突袭"行在"扬州，宋高宗仓惶出逃海上，张浚与吕颐浩追随渡江，任同节制军马，驻守

平江抗金。杭州发生苗傅、刘正彦兵变，宋高宗被迫退位，3 岁皇子赵旉被立为帝，孟太后垂帘听政，张浚在平江组织张俊、刘光世、韩世忠等所部勤王。四月，苗刘兵变平定，宋高宗复位，张浚升任知枢密院事。

张浚任命曲端为处置使司都统制、威武大将军后，举行了隆重的登坛拜将仪式，树起西北的抗金大旗。张浚得知金军早已渡江南下后，立即亲率步骑数万人自秦州东进救援。自张浚经营川陕以来，陕西军民受到很大鼓舞。

绍兴二十五年（1155 年）十月，奸相秦桧病死，张浚被重新起用。绍兴三十一年（1161 年）正月，金军南犯已迫在眉睫，宋高宗在不得不作抵抗准备的同时，起用张浚判建康府。当他到任时，"采石之战"已结束，金帝完颜亮已被部下杀死，两淮金军也开始退兵。高宗认为交战陷于胶着，终归于和，直到绍兴三十二年（1162 年）才任命张浚专一措置两淮事务兼两淮及沿江军马，全

◀ 大事年表 ▶

● 1161 年
宋军唐岛之胜，采石大捷

● 1162 年
宋高宗退位，孝宗即位

● 1164 年
隆兴和议，宋称金主为叔

● 1194 年
罢免赵汝愚，韩侂胄专权

● 1206 年
宋军北伐

● 1208 年
宋金签订嘉定和议，称伯侄之国

● 1217 年
下诏伐金，两国从此连年战争

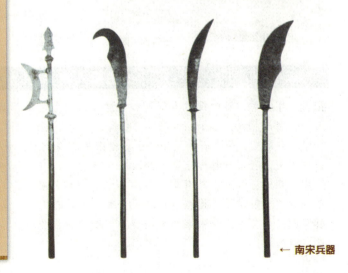

← **南宋兵器**

面负责江淮防务。不久，高宗退位，孝宗即位。

隆兴元年（1163 年），张浚命李显忠、邵宏渊出兵北伐，李显忠接连攻占灵璧、虹县、宿州，准备收复中原。不久，金军还击，因邵宏渊坐视不战，李显忠被迫退兵，宋军溃败，史称"符离之战"。主和派势力随即抬头，秦桧党羽汤思退开始主持议和活动。

淳熙十六年（1189 年）二月，宋孝宗传位给"英武类己"的太子赵惇，是为宋光宗，朝政受制于李皇后。韩侂胄被引见给赵汝愚，赵汝愚请他将策立嘉王赵扩为帝、迫光宗退位的事，设法请太皇太后吴氏下旨，不久，政变成功。赵汝愚独居奇功，因跋扈被罢相，韩侂胄通过向宋宁宗荐用其亲信等手段，掌握实权。理学人士朱熹、蔡元定等上

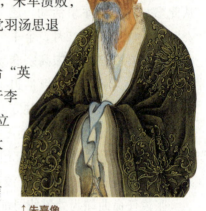
↑朱熹像

疏论救赵汝愚，庆元四年（1198 年）五月，下"诏禁伪学"，史称"庆元党禁"，赵汝愚、朱熹等 59 人被列为伪学逆党。

宋金自隆兴和议的 40 余年中，和平相处，边境宁静。此时金国府库空匮，国势日弱，金国北面的蒙古逐渐兴起，不断攻金。南宋知道真相后，主战派终于看到攻金复仇的希望，有人就劝韩侂胄乘金内乱起兵攻金，收复中原以建盖世功勋，收复中原的舆论日益高涨。嘉泰四年（1204 年），辛弃疾和不少官员请求出兵北伐。追

↑玉带钩　南宋

封岳飞为鄂王，为北伐中原制造舆论，鼓舞士气。韩侂胄出任平章军国事，权位在丞相之上，并开始作出兵部署。

南宋开禧二年（1206 年），宋军与金军进行了一次规模较大的作战。此时

∽ 主要人物 ∽

张浚：字德远，汉州绵竹人。附和黄潜善，攻击左相李纲独擅朝政。多次主持陕西军务，率军北伐，未果。

张栻：字敬夫，号南轩，张浚长子。南宋著名理学家，理学湘学派创始人，与朱熹、吕祖谦交往密切，时称东南三贤。

朱熹：南宋哲学家、教育家，婺源县城人，字元晦，又字促晦，号晦庵。致志于理学，哲学思想发展了程颢、程颐关于理学关系的学说，集理学之大成。

韩侂胄：字节夫，北宋宰相韩琦曾孙。世代为皇亲国戚，掌握军权后组织北伐，失败，被暗杀。

金国还没真正衰落，韩侂胄北伐也没有做好充分准备，仓促北伐攻金，选择攻金的时机也过早，宋军总是败多胜少。由于韩侂胄当初用人不当，西线主帅吴曦被金招降，震动朝野，只好遣使议和。礼部侍郎史弥远奉密旨策划杀死韩侂胄，函首送金，并订立宋金议和中最为屈辱的"嘉定和议"。

▍败局已定

　　1258 年，蒙古大汗蒙哥分兵三路进攻南宋。蒙哥在进攻合州钓鱼城时受重伤而死。忽必烈接到蒙哥死讯，仍然坚持率军大举渡江，将鄂州团团围住。宋理宗命贾似道为右丞相到汉阳督战，又命各路宋军救鄂州。贾似道瞒着朝廷派亲信到蒙古兵营求和，表示只要蒙古退兵，宋愿称臣纳币。忽必烈接到密信，蒙古贵族正准备立他的弟弟阿里不哥做大汗。忽必烈急着回去争夺汗位，答应与贾似道订立秘密协定。

　　根据协定，贾似道答应把江北土地割给蒙古，每年向蒙古进贡银、绢各 20 万。贾似道向宋廷隐瞒了议和、纳币之事，以所杀获俘士卒报功，谎称"诸路大捷""江汉肃清"，诈称宋军大胜。南宋政权的腐败发展到了无以复加的地步。被誉为"真将才"的刘整受统帅吕文德、俞兴忌恶构陷，被迫投降蒙古。宋朝方面大部分官员仍然认定蒙古兵攻不破"长江天堑"。

◆ 大事年表 ◆

- 1232 年
  配合蒙古攻打金
- 1235 年
  蒙古大举进攻南宋
- 1258 年
  蒙古分三路进攻南宋
- 1259 年
  贾似道私自向蒙古求和
- 1270 年
  贾似道下令禁止谈论边疆军事
- 1276 年
  任命文天祥为右丞相，元军进入南宋都城临安
- 1278 年
  宋端宗逝世，文天祥被俘
- 1279 年
  元军在崖山大败南宋余部，陆秀夫抱幼帝投海，南宋灭亡

← **蒙古骑兵图**
在骑马飞驰之际扭身射箭，蒙古猎手的灵活与勇猛使他们在欧亚战场上成了无敌的草原神兵。

重大成就

◆引进或推广农作物新品种，如占城稻、棉花、甘蔗等。

◆姜夔作品水平很高，成为宋末词坛的杰出代表人物。

◆文天祥写下《正气歌》《过零丁洋》等爱国主义名篇，他的精神成为中华民族的宝贵财富。

↑蒙古骑士牵马玉雕　元

至元十一年（1274年）三月，元廷调兵数十万，配合攻宋，构成三路进兵态势，而以伯颜一军为主攻。忽必烈叮嘱他要效法曹彬，"不杀"而取江南。伯颜领军自襄阳沿汉水趋郢，揭开大举攻宋的战幕。南宋江汉守军士气瓦解，汉阳、鄂州、德安相继投降。宋军屡战屡败，襄阳城也被围困了5年。贾似道把战争前线的消息封锁起来，宋度宗再也听不到元军进攻南宋的消息。南宋灭亡的厄运，谁也挽救不了。江北扬州、泰州等，江南常州等地虽都婴城固拒达数月，却已无法阻止元军南下。

↑文天祥像

陈宜中主持下的宋廷，乞求罢兵，几度遣使至日益逼近宋都的伯颜军前，表示愿意称侄，如不许，称侄孙亦可，再不许，甚至只求封一小国仍可。但这时元军灭宋之势已成定局，不同意和议。太皇太后谢氏献传国玉玺及降表于伯颜军前。张弘范至潮阳，擒文天祥。文天祥宁死不降，留下了"人生自古谁无死，留取丹心照汗青"的千古绝句。

1279年，张弘范、李恒两军会合后，对宋崖山水师发起总攻，宋兵全军溃败，陆秀夫负幼帝赵昺自沉，南宋灭亡。

主要人物

贾似道：南宋灭亡的重大责任者。字师宪，台州人。冒充军功，贪赃枉法，弄权跋扈。后骗局败露，被革职放逐，为监送人郑虎臣所杀。

文天祥：别号文山，庐陵人。对元军进行了顽强的抵抗，曾经一度收复了一些失地。元人屡次劝降，都被他坚决拒绝了。临死从容不迫，表现了宁死不屈的英雄气概。

陆秀夫：南宋大臣。字君实，楚州盐城人。临安陷落时，继续抗击元军。又和张世杰等立赵昺为帝，共撑危局。兵败，抱小皇帝赵昺从容投海。

第三章
世界的中国

　　蒙古族人在成吉思汗的领导下以其强悍和善于征战的特质在统一中原后继续南征北战，致使国家版图跨欧亚两洲，造就了真正的世界大帝国，威震域外。明朝的统治以酷刑著称，明朝的衰败以宦官为首要因素，这些在前朝都各有映照。清朝又是一个由少数民族掌权的朝代，在整个清朝前期圣明天子与开明制度并重下，成就了历史少有的盛世。然而到了晚清，清政府日益腐败，社会矛盾异常尖锐。这时西方资本主义市场需求无限膨胀，他们对外侵略拓展殖民地已势在必行。鸦片战争使西方列强敲开中国大门，他们贪婪的、无休止的掳掠，惊醒了睡梦里的国人。仁人志士奔走呼告，要求变法求强，农民的反清起义也风生水起。清朝在从改良到革命的里程中告别历史舞台，共和深入人心，任何帝制、复辟都无法将其动摇。

一代天骄

——元朝初期

▌蒙古大帝国

　　12世纪，蒙古草原上部落林立，他们互相攻掠，雄踞东南的金国开始衰弱，为蒙古统一提供了有利条件。经过长期的兼并战争，至12世纪末叶，形成了塔塔儿、克烈、蒙古、蔑儿乞、乃蛮五大部落。

　　铁木真9岁时，父亲也速该被塔塔儿人毒死。残酷的现实使铁木真认识到，要保存自己，恢复祖业，就要依靠和联合强大的部落。他致力于收集离散部众，力量逐渐强大，1189年他被推举为汗。

　　金国几次对蒙古部落的征伐，为铁木真夺取富饶的呼伦贝尔草原扫清了障碍。铁木真称汗后，为增强经济和军事实力，巩固汗

↑成吉思汗像

权而展开了夺取东部地区的斗争。铁木真的实力迅速增强，引起蒙古贵族们的敌视，铁木真组成十三翼迎战于斡难河附近的答兰板朱思，后兀鲁的术赤台、忙乌部的畏

重大成就

◆蒙古统一中国北部，形成了新的北方强势国家。

◆中国军事技术先进，火器发达，蒙古军是当时世界上实力最强大的军队。

◆《蒙古秘史》成书。

～ 主要人物 ～

成吉思汗：名铁木真，建立蒙古国。平西辽，灭西夏，攻破俄罗斯联军，版图跨欧亚两洲，威震域外。

窝阔台：蒙古国第二代大汗，成吉思汗第三子。采取耶律楚材的建议，用汉法，定赋税，置仓廪，括户籍，加强了各民族的联系和经济文化交流。联合南宋灭金。

蒙哥：蒙古国第四代大汗，成吉思汗之孙。极力恢复大汗的权威和政令的统一，加强汉地、中亚和波斯三大行政区的统治。自率主力入四川，屡攻不克，卒于钓鱼城。

答儿、晃豁坛的蒙力克率部归附铁木真，铁木真的力量日益壮大。铁木真与王罕军于海剌儿河附近再败贵族联军，铁木真为巩固后方趁势攻灭了察罕塔塔儿、按赤塔塔儿等部，完全占据呼伦贝尔草原。

1202 年秋，阔亦田之战，结束了铁木真长期与贵族联盟的战争。不久铁木真与王罕关系恶化，铁木真秘密包围王罕，杀王罕父子。不久之后，铁木真进抵阿尔泰山，完成了统一漠北诸部的大业。

1206 年，蒙古贵族在斡难河畔召开忽里勒台，推举铁木真为大汗，尊称为成吉思汗，建立蒙古国。成吉思汗建国后，在整个蒙古高原建立军事行政制度，普遍实行千户制，开始使用蒙古文字。成吉思汗大举攻金，迫使金国遣使求和。与此同时，他还发动了大规模的对外战争，三次进攻西夏，1226 年，成吉思汗再次进攻西夏，翌年在甘肃病死。

> **◆ 大事年表 ◆**
> ● 1206 年
> 铁木真即位，号成吉思汗，蒙古国建立
> ● 1215 年
> 蒙古军攻占金中都
> ● 1219 年
> 成吉思汗西征花剌子模
> ● 1227 年
> 成吉思汗逝世
> 蒙古灭西夏
> ● 1234 年
> 蒙古灭金
> ● 1258 年
> 旭烈兀灭阿拔斯哈里发王朝

▌元朝的建立

1251 年，宪宗蒙哥刚继位，忽必烈受命总领漠南汉地军国庶事。忽必烈热心于学习汉文化，先后召僧海云、僧子聪（刘秉忠）、王鹗、元好问、张德辉、张文谦、窦默等，问以儒学之道；任用汉人儒士整饬邢州吏治，任用诸儒臣兴立屯田，恢复农业。

← **蒙古军作战图　伊朗　志费尼**
蒙古大帝国的崛起，依赖的是精悍善战的骑兵。远途奔袭，速战速决，符合骑兵的优势，因此往往利用骑兵强大的四面冲击和侧翼迂回的能力，或千里奔袭，或远道增援，或轻兵邀击，或重兵集结，掌握战争的主动权，击败了数不清的对手和敌人。

← 骑射图　蒙古

此图绘箭在弦上蓄势待发的瞬间，表现出蒙古人的矫健，很有"弯弓射大雕"之势。

忽必烈采取汉法的活动招致蒙哥不满。1258年蒙哥兴师伐南宋，忽必烈受命代总东路军。蒙哥在合州前线病逝的消息传来，忽必烈正挥军围鄂州。从皇后处得知留守漠北的幼弟阿里不哥擅自征兵，图谋汗位，于是他同意与贾似道议和，轻骑不分昼夜北返燕京。1260年3月，忽必烈即大汗位。

忽必烈建立与中原经济基础相适应的中央集权制封建政权。首先开始按中国传统王朝的年号纪年，建元中统。弟弟阿里不哥不承认忽必烈的汗位，引发长达四年的战争，阿里不哥败。1271年，改"大蒙古"国号为大元；1272年底，迁都大都。在中央设中书省，王文统任平章政事，在各地分设十路宣抚司，任汉人儒士为使。

中统三年（1262年），益都行省李璮乘机叛乱，引起忽必烈对汉人的猜忌，于是采取了一系列措施，废除汉人诸侯的世袭制度，削弱汉族军权，在地方上实行军民分治。同时强调加强中央集权，在各级政权中引用色目人分掌职权，与汉人官僚相互牵制，对汉人严密防范。

→ 中统元宝交钞　元

随着商品经济的兴旺，市场交易中需要大量货币。金、银、铜等金属量很难满足需要，于是纸币开始出现在流通领域，元朝时纸币成为主要的流通货币。

∽ 主要人物 ∽

忽必烈：元朝的创建者，热心于学习汉文化，以儒学治国。建立与中原经济基础相适应的中央集权制封建政权。统一全国，促进了国内各民族的经济文化交流。

八思巴：八思巴·洛追坚赞，藏传佛教萨迦派第五位祖师，元代著名的宗教领袖、政治家和学者。众人称为"八思巴"，意为圣者。

← 蒙古人攻城图　伊朗　志费尼

忽必烈即位以后，蒙古的军事实力已经呈现出对南宋的压倒性优势，因而开始大举出兵攻南宋。1276 年攻克临安，1279 年南宋灭亡，忽必烈完成了全国的大统一。

忽必烈又继续进攻日本、安南、占城、爪哇等国，没有取得明显效果。忽必烈吸收中原地区历代封建统治的经验，建立包括行省制度在内的各项制度，逐步加强中央集权的统治。在确立中央集权政治的过程中，恢复了正常的统治秩序，采取一些有利于农业和手工业生产的措施，采取一些劝课农桑、兴修水利的措施，让社会经济逐步恢复和发展。边疆地区也得到开发，促进了国内各民族的经济文化交流。元朝是中国历史上第一个少数民族统治全国的王朝，它也初步奠定了中国疆域的基本规模。

重大成就

◆元朝实现了中国再一次的大一统，各民族再一次实现大融合。

◆在地方创立行省制度，被沿用至今。

◆元朝时期西藏正式纳入中国版图。

◆纸币成为流通货币，促进了商业的发展。

◆开通海运。

◆八思巴创制蒙古文字。

◆马端临著《文献通考》。

◆赵孟頫书画双绝，成就很高，对后世影响深远。

◆ 大事年表 ◆

● 1260 年
忽必烈即位

● 1269 年
创制蒙古新字

● 1271 年
定国号大元

● 1275 年
封藏传佛教萨迦派法王八思巴为国师

● 1276 年
元军进入南宋都城临安

● 1279 年
元军在崖山大败南宋余部，南宋灭亡

● 1281 年
发兵远征日本，遇台风

● 1284 年
攻安南、占城

重用聚敛之臣

蒙古国初期，部众兵牧合一，分属于大汗各支宗王领导，史称"官制简古"。进入中原汉地农耕区域之后，被征服地区的传统制度渐次恢复，并与被保留的那一部分蒙古旧制结合在一起，逐渐形成新的经济制度。

全国统一后，忽必烈对以"藩府旧臣"为主体的一批儒臣十分信任。但是在经济制度的设计和创制过程中，忽必烈与朝廷儒臣之间产生了很大的分歧，导致了忽必烈对儒臣和汉人的疏远乃至猜忌排斥。平定李璮之乱后忽必烈就开始对汉人疏远，转而重用察必皇后宫帐侍臣阿合马，把他"超擢"为中书平章政事。此后阿合马一直独擅朝政，主管中央财政，多方搜刮，权势日重。由制国用使而平章尚书省事，又在尚书省并入中书省时夺得中书权柄，逐步因"理财"得宠而得以控制朝政，当政近 20 年。阿合马在任期间，色目富商的权势也有很大发展。

阿合马在国家多事、急需用钱的情况下，在社会经济能承受的范围内保证了国家的必要收入。阿合马当政时期，钞币的发行也较正常，通货膨胀在这时尚处于温和阶段。理财措施主要是整顿和增加盐、茶、商、酒、醋等课税收入；对各地账籍进行"理算"，追征欺隐、逋欠财赋。阿合马理算的对象，本当是侵吞中饱的贪官和隐产逃赋的富豪，但往往流毒民间。1282 年春，忽必烈和真金太子动身赴上都度暑以后，元廷内一批高级官僚以真金之名，击杀奉命留守大都的阿合马，大都城中弹冠相庆，燕京酒市三日不空。

← 简仪　元

简仪是一种用来测量日月星座位置的天文仪器，它是郭守敬对西汉落下闳发明的浑仪改造而来的。郭守敬大刀阔斧地把浑仪几个妨碍视线的活动圆环去掉，又拆除原来作为固定支架的圆环，改用柱子托住，这样既简单，又实用，故称简仪。简仪制成于 1276 年，比欧洲发明同样类型的仪器要早 300 多年。

← 征税图　意大利

此图描绘的是忽必烈的税吏征税的情景。元朝统治者征收的最重的税种有盐税、糖税和煤税。由于帝国开支的庞大，税收逐步加重，后来引发了一系列的社会矛盾，使元朝终至崩溃。

皇太子真金改组中书省，改革吏治，汰废冗官，但是很快国家经济和财政陷入崩溃。桑哥推荐的汉人卢世荣开始主持财政。真金集团对卢世荣曾多有掣肘之处，卢世荣很快被忽必烈诛杀。卢世荣罢废以后，通货膨胀持续不下，经济和财政改革势在必行。

真金因为与忽必烈在继位问题上失和，忧惧而死。汉人儒臣对朝政影响更为微弱。为挽救财政的恶化，忽必烈以藏族人桑哥为平章政事主持财政，复置尚书省，并将六部及天下行省从中书省划归尚书省统辖。桑哥开浚会通河以利漕粮北运，增加盐、茶、酒、醋的税额，主持发行至元钞以救钞制之混乱，元政府印钞数量基本上被控制在每年 50 万锭左右。理财措施在稳定国家财政方面立见成效，经济和财政的稳定发展维持数十年之久。

忽必烈晚年主要凭借政治经验和手腕，使蒙古色目大臣和汉、南人朝臣之间互为制约，保持平衡，以此维持朝政。1291 年，忽必烈被迫诛杀桑哥，诛死诏下达之前，忽必烈还向他询问治国理财的人选。不久，元廷废尚书省，归政中书省。

重大成就

◆郭守敬创制多种天文仪器，主持了全国范围的天文观测，并编定《授时历》，使得中国天文历法处于当时世界领先地位。
◆开凿通惠河和会通河，京杭大运河开通，成为南北交通大动脉。
◆大都、泉州、杭州成为繁荣的国际大都市。
◆建立了沟通世界的陆上交通线和海上交通线，海外贸易发达。

主要人物

阿合马：元朝初期大臣，深得世祖宠信。专权横暴，打击异己，贪赃不法，引起普遍愤恨。

桑哥：更改钞法，发行至元钞，财政危机好转，继而清理江南钱谷，增加赋税、盐课，引起天下骚动，起义不断发生。

郭守敬：字若思，顺德府邢台人。修订新历，主要负责仪器和观测。创制了近 20 件天文仪器，新历被命名为《授时历》。晚年转向水利工作。

元帝国的忧思

——元朝末期

变局频频

蒙古人发挥出惊人的军事才能，向外四处扩张，缔造一个空前庞大的帝国。

蒙古以游牧民族入主中国，所凭借的是强大的武力。统一全国后，元室唯恐汉人不服，遂施行高压的统治。元朝把全国人民强分民族等级，分别是蒙古人、色目人（包括西域、中亚各族和西夏人）、汉人（包括北方汉人、契丹人、女真人）、南人（南宋境内的汉人）四等。任命中央和地方高级官吏时，必须由蒙古人或色目人担任，汉人最多只能做到副职。在法律上，蒙古人无故杀死汉人、南人，只是罚钱了事；汉人或南人杀死蒙古人，会受到灭族的处罚。为了加强对汉人的防范，又立里甲制，以20家为一甲，蒙古人担任"甲主"，负责监视全甲居民，蒙古统治者在全国各地置兵驻防。蒙古法律明文规定禁止汉人和南人打造、私藏武器，不得打猎、聚众集会、习武，无公事不得夜行。

当时社会的职业有官、吏、僧、道、医、工、猎、娼、儒、

> ### 重大成就
>
> ◆ 王祯著《农书》。
> ◆ 黄道婆改进棉纺织技术，推动松江一带棉纺织业的发展。
> ◆ 景德镇青花瓷、大都景泰蓝等新工艺出现，手工业发达。
> ◆ 元朝杂剧成就极其辉煌，优秀的戏曲作家关汉卿、王实甫、马致远、白朴，并称为元曲"四大家"。

← 大宴图（局部）

元朝末年，统治阶级内部为争权夺利展开激烈斗争，政变频频发生，政局日趋动荡。为维持奢华生活，蒙古贵族对社会各阶层横征暴敛，人民生活逐步恶化，财政危机加深，社会走向崩坏。此图真实地描绘了蒙古贵族豪华腐朽的生活场景。

～ 主要人物 ～

马可·波罗: 世界著名的旅行家，在中国游历了17年。回国后撰写《马可·波罗游记》，对以后新航路的开辟产生了巨大的影响。

关汉卿: 元代戏曲大师，伟大的现实主义作家。悲剧《窦娥冤》、喜剧《救风尘》互相映衬，显示了作家思想深度及伟大的艺术成就。

王实甫: 名德信，实甫为其字。元代前期著名杂剧作家。《西厢记》为其杰出代表作。

丐十等，儒生的地位仅在乞丐之上。这是因为蒙古人鉴于汉族传统儒生地位高、影响大，难以管理，只能压制其社会地位来实现对其的统治。

元朝中央政府的军政机构主要由中书省、枢密院、御史台构成。中书省领六部，主持全国政务，枢密院执掌军事，御史台负责督察。地方行政机构，分别为行省、路、府、州、县。行省是朝廷委派重臣分疆寄土，即行使中书省职权的简称，逐渐由中央临时派出机构转为地方常设的最高行政机构。元朝在全国设有中书省直辖的腹里以及岭北、辽阳、河南、陕西、四川、云南、甘肃、江浙、江西、湖广等10个行省。行省权力很大，统辖路、府、州、县的政务、钱粮、兵甲、屯种、漕运、军事等等，至此，地方行政制度演化为行省制度是自秦汉以来中央集权制度的一次重大发展。

蒙古用残酷的杀戮来镇压汉人的反抗，与其统治相终始。随着蒙古贵族日益腐败，各地民变发展到不可遏止的地步。1344年，黄河大决口，600千米狭长地带上的村庄全部淹没。河水泛滥导致10万以上饥民无处求食，仅山东、河北地区，就有300余起农民暴动。

元代经济在生产技术、垦田面积、粮食产量、水利兴修以及棉花的广泛种植等方面都超过了宋代。建筑方面，元代再次出现大规模建筑群，其中元大都的建设可为典范。大都为元首都，即今天的北京，是13—14世纪世界

◆ 大事年表 ◆

- 1295年
缅甸献象
- 1297年
八百媳妇国反抗
- 1301年
征金齿国
- 1303年
《大元大一统志》修成
- 1325年
赵丑厮、郭菩萨提倡"弥勒佛当有天下"，被捕杀

← 掐丝珐琅缠枝莲纹象首足炉 元
此炉由不同时期的器物组成，只有腹外壁的莲花枝叶丰满舒展，花朵硕大，釉色光泽亮丽，为元代器物。此炉是研究早期珐琅工艺的珍贵实物。

上最宏伟壮丽的城市。元代在词和民间通俗文学的基础上，发展出元曲，它包括散曲和杂剧两种。元朝杂剧成就极其辉煌，优秀的戏曲作家关汉卿、王实甫、马致远、白朴，并称为元曲"四大家"。

皇统纷争

元世祖忽必烈所立太子真金很有政治才干，奸臣如阿合马、卢世荣、桑哥等对他都心存畏惮。忽必烈暮年，有些朝臣上书禅位给真金，一些心怀不满的人趁机挑拨。忽必烈大怒，真金大为惊惧，郁郁而死。

忽必烈去世后，帝位由真金的第三个儿子铁穆耳继承，即元成宗。皇太后答己是个迷信的女人，想让真金第二个儿子答

↑元成宗像

剌麻八剌的次子爱育黎拔力八达继承元成宗铁穆耳的帝位。真金第二个儿子答剌麻八剌的长子海山当时率兵镇守北疆，答己派人向他透露了自己的意思。海山迅速派麾下勇将康里脱脱先行进京，向答己表示自己要当皇帝的决心；随即亲自率领大军，兵分三路向大都开发。康里脱脱进京后，极力斡旋，使得答己、海山与爱育黎拔力八达三方利益兼顾。帝位由海山继承，史称元武宗，立爱育黎拔力八达为皇太子，尊答己为皇太后。

元武宗海山病死后，爱育黎拔力八达继皇帝位，史称元仁宗。爱育黎拔力八达死后，他的儿子硕德八剌在祖母的支持下，登基为皇帝，史称元英宗。元英宗硕德八剌深受儒家思想的影响，很想在政治上大有作为。他任命有"蒙古儒者"之称的拜住为左丞相，以限制铁木迭儿的权力。并且开始任用大批汉族官僚和知识分子，罢免了一批依靠特权、窃踞要津的蒙古、色目官员。英宗新政的主要措施包括大量起用汉族官僚和士人；推行"津助赋役法"，助役田多被分配到承当差役的个人户，归他们经营，以其收入作为当役补贴。颁布《大元通制》，成为具有法典性质的权威官方政书，加强了作为一个正统中原王朝的形象，对于统一元朝的政制起了积极的作用。

奸臣铁失怕元英宗整顿朝政，纠集了一批对

◆ 大事年表 ◆

- 1313 年
诏开行科举
- 1323 年
颁行《大元通制》
- 1328 年
燕帖木儿发动政变，拥文宗
- 1331 年
政书《经世大典》修成

重大成就

◆ 英宗颁布《大元通制》，成为具有法典性质具权威的官方政书。

◆ 修成《宋史》《辽史》《金史》。

◆ 画坛"元四家"致力于山水画创作，为后世留下不少传世杰作。

主要人物

元成宗：又称完泽笃皇帝，名铁穆耳。尚无为而治，号为善于守成。在位后期滥赏贵族使国库消耗极大。

元仁宗：名爱育黎拔力八达，元武宗弟，元朝第四代皇帝。大张旗鼓地进行改革，取消尚书省，停用至大银钞，减裁冗员，出兵西北，开科举取士。

伯颜：元朝大臣，蔑里乞氏。以拥立功大，进封浚宁王。专权自恣，无所忌惮，力主加强对汉人的压迫，曾提出要尽杀张、王、刘、李、赵五姓汉人。

元英宗：名硕德八剌，元仁宗长子，元朝第五代皇帝。早年从汉儒学习经史。大力进行改革，颁行《大元通制》，加强法制。

元英宗心怀怨恨的守旧贵族发动政变，拥立封地在漠北高原的晋王也孙铁木耳为帝，史称泰定帝。

此后的皇帝中，只有元文宗大力倡导汉文化，创建奎章阁，编修《经世大典》等。泰定帝死后，留守的知枢密院事燕帖木儿发动政变，派人迎接文宗回大都即位。天历二年（1329 年），元明宗在和林北即帝位，元文宗逊位，与燕帖木儿前去迎接，途中毒死明宗，复即帝位。但是文宗在位期间，朝政被燕帖木儿把持，国势日衰，元朝的统治很快就进入了晚期。

红巾军

1351 年，正当汉民族反抗即将排山倒海而起之际，元朝宰相脱脱亲自主持引导黄河恢复故道工程，征调民夫 17 万人，使黄河仍向东北流入渤海。这加速了元王朝的灭亡。刘福通命令他的教徒刻一个一只眼的石人，背上写着："石人一只眼，

↓浴马图 元 赵孟頫
蒙古族靠马上功夫一统天下，此图即描绘了河边浴马的情景。

挑动黄河天下反。"当民夫在施工中把这个石人挖出来的时候，17万人人心震动，他们中的大多数都集结在刘福通的红巾军之下，红巾第一次成为反压迫求平等的标志。

同年，徐寿辉占领长江中游，派军进入江南，称帝。1355年，刘福通迎立白莲教已故教主韩山童的儿子韩林儿称帝，国号宋，占领中原淮河流域和黄河以南地区。刘福通率领新兴的武装力量，打击了军事力量强大的元朝。元朝把亳州大宋政权看作是心腹大患，令丞相脱脱率大军前往镇压。为了避开元军的攻击。1358年，刘福通攻陷开封恢复宋的首都后，分三路向元朝进兵，发动总攻。1359年，元军由察汗帖林儿率领，猛攻汴梁，刘福通战死。北方红巾军失败后，南方红巾军还在活动。元朝和韩宋的力量相互完全消耗，元朝的灭亡近在眼前。

处于南北红巾军之间的朱元璋利用这一有利条件，按照徽州老儒朱升提出的"高筑墙，广积粮，

缓称王"的建议，自1356年占领集庆后，先后削平了陈友谅、张士诚、明玉珍等势力，势力扩张到苏南、浙江、安徽一带。刘福通战死后，朱元璋救出皇帝韩林儿，将其迎往滁州。1366年，朱元璋命令廖永忠迎韩林儿至应天府，途中韩林儿落水淹死。最后，朱元璋命令大将徐达挥师北上，推翻了元朝统治，于1368年建立了明朝。

❖ 大事年表 ❖

- 1351 年
  白莲教首领韩山童、刘福通率红巾军宣誓起义
- 1352 年
  郭子兴起兵
- 1355 年
  刘福通拥韩林儿为帝，国号宋；朱元璋继承郭子兴统帅军队
- 1356 年
  朱元璋攻占集庆
- 1363 年
  朱元璋大败陈友谅
- 1367 年
  朱元璋攻克苏州，俘张士诚
- 1368 年
  徐达攻占大都，顺帝北逃

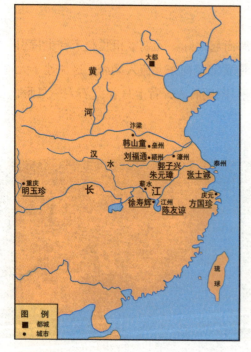

← 元末农民起义示意图

朱元璋及其时代

——明初

▎"乞丐皇帝"

朱元璋在南征的同时，派出大军北伐中原，发布文告提出"驱逐胡虏，恢复中华，立纲陈纪，救济斯民"的纲领。

1368年初，朱元璋于应天称帝，国号大明，建元洪武。同年夏，徐达率领的北伐军逼近大都，元顺帝妥欢贴木儿携后妃、太子仓惶出逃上都，宣告了元朝的终结。汤和率领的南征军将福建、两广尽入版图，四川、云南、山西、陕西以及东北相继平定，全国实现统一。

经元末战乱，明初土地荒芜、人口锐减、经济凋敝，社会生产亟待恢复。朱元璋出身于贫苦农民家庭，深切地懂得农民遭受灾荒时的痛苦，他下令清丈土地，编制赋役黄册、鱼鳞图册、建立里甲及粮长制，使封建国家的赋税和徭役制度得到保障。坚持实行休养生息的经济

↑ 朱元璋像

政策，采取奖励垦荒、实行民屯、军屯、商屯等屯田制度，兴修水利，限制和打击旧豪族地主、规定工匠轮班制、放松对手工业者的人身控制等政策。在元朝的残酷统治和元末长期的战争以后，适当减轻人民的负担，让人民在比较安定的条件下进行生产，成功恢复和发展了社会经济。

朱元璋制定的一系列政策和制度影响深远，奠定了明朝二百多年的统治基础。他将中央集权君主专制发展到空前

重大成就

◆ 结束动乱，统一中国。

◆ 明初社会安定，经济迅速恢复发展，并繁荣起来，史称"洪武盛世"。

◆ 罗贯中著《三国演义》，这是我国文学史上第一部长篇历史小说。

◆ 施耐庵著《水浒传》，这是我国文学史上第一部以农民起义为题材的长篇小说。

程度，并对社会经济产生了消极作用，同时也反映出中国封建社会后期的历史特色。

朱元璋鉴于元代官吏贪污腐败以至亡国的教训，决意整顿吏治，为了惩治不忠顺的官员，有时就在廷上施以杖刑，叫做廷杖；廷杖也由锦衣卫派人执行，不少朝廷大臣在朝廷上被毒打至死；同时使用剥皮囊草来惩办贪官污吏，办法之严酷为历史上所罕见。厉行整顿有一定效果，但因此滥杀了不少无辜。

政治制度上，朱元璋在中央废中书省和丞相，六部尚书直接听命于皇帝，结束了自秦汉以来存在一千多年的丞相制度。改监察机构御史台为都察院，与大理寺、刑部合称"三法司"。在地方改变了原行中书省长官独揽地方大权的局面，设立承宣布政使司，又设提刑按察使司、都指挥使司，合称都、布、按三司，分掌地方民政财政、刑法、军事，直属中央。为充实官僚机构，采取荐举、学校、科举三途并用的办法选取官吏。同时，朱元璋为保证封建统治秩序的稳定，制订了《大明律》和《大诰》。还特别设立锦衣

↑ 南京城

卫特务机构，为了掌握臣下的情况，派出一批名为"检校"的特务人员，命他们在暗中监视和察听"大小衙门官吏不公不法及风闻之事"。

军事制度上，创立卫所制度，军事重地设卫，一般地方设所，统于各地都指挥使司，都指挥使司隶属于中央的中、左、右、前、后五军都督府。卫所还实行屯田，耕战结合，对明初生产力的恢复起了积极作用。五军都督府和兵部各自掌管军籍和军政，皇帝亲自遴选军官，战后军回卫所，避免了大将拥兵自重。为了强化皇权，使明王朝长治久安，朱元璋借胡惟庸案、蓝玉案大肆诛戮功臣，朝中旧臣一空。

总体上而言，明朝初期是中国历史上一个比较强盛的时期，这与朱元璋是中国历史上一个杰出的政治家是密不可分的。

↑ 徐达像

↑ 汤和像

∽ 主要人物 ∾

朱元璋：执掌濠州红巾军的领导权，采纳了谋士朱升"高筑墙，广积粮，缓称王"的建议。夺取了全国政权。制定一系列的政策和制度，使专制主义中央集权进一步强化和发展。

徐达：明朝开国功臣，军事统帅。字天德，濠州钟离人。一生刚毅勇武，持重有谋，纪律严明，屡统大军，转战南北，功高不矜，被朱元璋誉为"万里长城"。

宋濂：明初散文家，字景濂，号潜溪，浙江金华人。奉旨修《元史》。擅长散文创作，朱元璋推其为"开国文臣之首"。

胡惟庸：明定远人。权重后，结党营私，藐视皇权，洪武十三年（1380年）以谋逆罪被杀，牵连致死者3万余人，史称"胡惟庸案"。

蓝玉：明开国功臣。凤阳府定远县人。有谋略，勇敢善战，屡立战功。恃功骄纵，又多蓄庄奴、假子，以谋反罪被杀，牵连致死者达1.5万余人，史称"蓝玉案"。

↑ 宋濂像

▎"靖难之役"

朱元璋吸取历史上异姓王叛乱的教训，封自己的子孙为王，派驻边关重镇，以加强皇室对地方的控制，其中分布在北方边防线上的塞王兵力尤为雄厚，导致明成祖朱棣因此夺得建文帝的皇位，这是朱元璋所始料未及的。

靖难之役，是一场明朝统治阶级内部争夺皇位的战争。起于建文元年燕王朱棣以"清君侧"名义举兵，至建文四年（1402年）朱棣登基结束，历时4年。

在朱元璋大封诸王的时候，大臣叶伯巨指出，藩王势力的膨胀，势必构成对中央政权的威胁。藩王势力削弱不了，恐怕会酿成汉代"七国之叛"、西晋"八王之乱"的悲剧。朱元璋不但听不进劝告，反而把叶氏囚死狱中。

朱元璋立太子的嫡子朱允炆为皇太孙，朱允炆即建文帝。朱允炆在做皇太孙时，曾与他的伴读黄子澄商量削藩对策。即帝位后，令诸亲王不得节制文

↑ 明成祖朱棣像

重大成就

◆郑和下西洋是世界航海史上的壮举，说明中国航海技术及造船技术领先世界。
◆紫禁城、天坛落成，这些都是中国建筑史上的典范之作。
◆《永乐大典》修成，这是中国最大的一部类书。

◇ 主要人物 ◇

朱棣：明成祖，明太祖第四子。长期参与北方军事，以反对建文帝削藩为名起兵，号称"靖难"。即位后继续削藩，设置内阁，继续太祖恢复经济措施，多次命人出使外国。

朱允炆：明惠帝，明太祖孙，太子朱标次子。用齐泰、黄子澄议，先后削夺诸王权力。燕军入京后，宫中起火，不知所终。

齐泰：初名德，赐名泰。溧水人。建议削藩，力主伐燕。京师失守，奔走外郡以图兴复，不屈而死，祸及九族。

黄子澄：江西分宜人，洪武进士。建议削夺诸藩王权。燕军渡江破京师，被执后抗辩不屈，磔死，诛九族。

方孝孺：浙江宁海人，字希直，一字希古，号逊志，人称正学先生。幼聪颖，总裁《太祖实录》等书。力主复古改制，创行井田。燕王夺位后，命其起草登基诏，坚持不从，被灭十族。

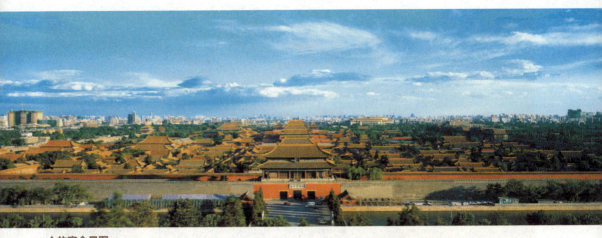

↑ **故宫全景图**

武将吏，先削掉几个力量较弱的亲王的爵位，然后向朱棣动手，皇族内部矛盾由此迅速激化。朱元璋当政时，恐权臣篡权，规定藩王有向中央索取奸臣和举兵清君侧的权利。朱棣指责齐泰、黄子澄为奸臣，称自己的举动为"靖难"，史称"靖难之役"。

朱元璋大肆杀戮功臣宿将，造成朝中无将的局面，朱允炆只好起用年近古稀的老将耿炳文为大将军，率军13万伐燕。耿炳文军败后，根据黄子澄的推荐，任李景隆为大将军对燕军作战。

朱棣带领燕军内外夹攻李景隆，李景隆乘夜率先逃跑。李景隆一败再败，建文帝改任盛庸大将军。燕军因为屡胜轻敌大败，朱棣被南军包围，此后双方互有胜败。

建文四年正月，燕军进入山东，绕过济南，进抵宿州，双方相持于泄河。建文帝以割地分南北朝为条件同燕王议和，却被拒绝。燕军进入南京城，历时4年的"靖难之役"以燕王朱棣的胜利而告终。朱棣在群臣的拥戴下即皇帝位，年号永乐。"靖难之役"给明初刚刚有所恢复的社会经济以较大的破坏，而直接遭到战争危害的地区，破坏更为严重。

朱棣大肆杀戮迎附建文帝的文臣武将，齐泰、黄子澄、景清等被夷族。方孝孺因不肯为朱棣撰写即位诏书，被诛九族，其朋友门生又被作为一族而全部遭杀害，十族共诛873人。先后共有数万人因为政治立场与朱棣敌对而惨死。

◆ 大事年表 ◆

● 1399年
燕王朱棣发动"靖难之役"
● 1402年
朱棣攻入南京，称帝
● 1403年
改北平为北京
● 1405年
郑和首次下西洋
● 1417年
颁布《五经》《四书》《性理大全》
● 1420年
设立东厂
● 1421年
迁都北京

↑ 南都繁华图　明

经过明朝初期几十年的休养生息，到了明宣宗时，社会经济开始繁荣起来。当时，农业产品品种增加，手工业品极大丰富，商品交换十分频繁。此图描绘了当时南京城繁荣兴旺的景象。

↑ 明宣宗像

重大成就

◆农业技术进步，农作物品种增加。

◆景德镇成为制瓷业中心，明代瓷器制造进入鼎盛时代。

◆明初到仁宗、宣宗两朝，出现了社会经济的繁荣，后世称之为"仁宣之治"。

◆明孝陵、明长陵落成，为我国陵墓建筑中的杰作。

仁宣之治

朱棣去世后，太子朱高炽即帝位，是为仁宗。朱高炽身体十分肥胖，而且有足疾，不善骑射，行走不便，但为人宽厚仁慈。朱棣比较欣赏次子朱高煦，但因为又异常喜欢朱高炽的儿子朱瞻基，最终还是立朱高炽为太子，立14岁的朱瞻基为皇太孙。朱棣亲自挑选著名文臣担任朱瞻基的老师，并多次指明皇孙是可造之才，要求老师一定要尽心竭力。同时朱棣总是将朱瞻基带在身边远征漠北，让他了解如何带兵打仗，锻炼他的勇气，这对后来朱瞻基的亲征有非常大的帮助。朱棣经常带朱瞻基到农家看看，让他了解农家的艰辛，使他以后做一位爱民的好皇帝。朱瞻基后来成为优秀的守成之君，是与朱棣对其精心教导有莫大关系的。

朱高炽在位9个月，突然病逝，其子朱瞻基继位，是为宣宗。明宣宗即位后，朱高煦图谋篡夺皇位，多次伏击宣宗皆失败。宣德元年（1426年），朱高煦乘北京地震之机，在山东举兵造反。宣宗亲率大军征伐，很快将其击溃，并将他囚禁入狱后杀死。宣宗得胜回到北京后，马上传诏给另外一个皇叔朱高燧，逼迫他交出兵权。就这样，明初近半个世纪的藩王问题在明宣宗时期终于得到了解决。

安南问题是宣宗时最为重要的对外问题。早在永乐时期，安南一片混乱，成祖派大将张辅率兵平叛，并在安南正式建衙，这使得明初的财政背上了沉重的负担。宣宗即位后，毅然决定议和，放弃对安南占领，从长远来看，此举节省了大批人力财力，减轻了中原人民负担，也利于安南与中国各族人民的交往。

明初社会经济经洪武、建文、永乐三朝休养生息的恢复和发展，到仁宗、宣宗两朝，出现了社会经济的繁荣。仁宗时停罢采买，宣宗时实行重农政策，赈荒惩贪，加快了社会经济的发展。仁宣两朝，内阁大学士杨士奇、杨溥、杨荣、蹇义、夏原吉执掌朝政，一时人才济济，多有建树，使得当时政治清明，社会安定，百姓安居乐业，经济得到空前的发展。后世称之为"仁宣之治"，比之于西汉"文景之治"。宣宗朱瞻基对明王朝的贡献是不可磨灭的，他被史家誉为太平天子。

← 掐丝珐琅菊花螭耳熏炉　明

◆ 大事年表 ◆

● 1425年
设北京行都察院
● 1426年
设立内书堂教习
汉王朱高煦叛
● 1428年
任命宦官镇守大同
● 1430年
任命于谦等外出为巡抚，各地专设巡抚开始
● 1433年
郑和第七次下西洋，归途中逝世
● 1435年
宣宗逝世，英宗即位，三杨辅政

◇ 主要人物 ◇

明宣宗：朱瞻基，明仁宗长子。永乐九年立为皇太孙。即位后平定汉王朱高煦叛乱。重视整顿吏治和财政，继续实行仁宗为政以宽的措施，史称"仁宣之治"。

杨士奇：明江西泰和人，名寓，号东里，字以行。仁宣朝及英宗初年，长期主持内阁。知人善任，引荐于谦、周忱、况钟等人，居官清廉。

杨溥：明湖广石首人，字弘济。建弘文阁，掌阁事。宣宗即位，召入内阁，与杨士奇等共理政务。

杨荣：明福建建安人。初名子荣，字勉仁。多次随成祖北征，规划边务，参决军事。力主罢交兵，并劝宣宗亲征汉王。

宦官专政

——明中后期

▍王振的任性

明宣宗病逝后，9岁的太子朱祁镇继位，将朝政委付内阁诸臣。张后委信老臣，限制宦官外戚干政，小皇帝即位后的政局，得以继续保持稳定。

英宗即位后，朝廷关于南征麓川与北防蒙古形成两种不同的主张。杨士奇、何文渊与翰林侍讲刘球等力主宽待麓川，防御蒙古。张辅、王骥等则主张集中兵力征讨麓川。不久，思任发反明南侵缅甸，王骥大败思任发后班师，北方又狼烟四起。

↑ 明英宗朱祁镇像

明太祖曾建铁牌铸"内臣不得干预政事"字样，悬于宫门。明朝宦官干预朝政，宦官操纵锦衣卫，秘密杀害文臣，均始于王振。英宗成年后，信任东宫太监王振。张后死后，王振日益干预朝政，权势渐盛。对边境军务，王振也力主南征。英宗倚信的重臣张辅、将军王骥、宦官王振都主南征，明廷北边的防务，日渐虚弱。

明军南下作战刚刚结束，瓦剌发动了对明朝的大举进攻。脱脱不花与也先统率大军，分四路侵入明境。攻掠辽东，进攻甘州、宣府，围赤城。也先亲率大军直逼大同。大同明守军战败，消息传到北京，兵部尚书邝埜和侍郎于谦力言六师不宜轻出，太监王振劝英宗亲

重大成就

◆江南出现双季稻，岭南出现三季稻。

◆高产和经济作物玉米、甘薯、花生、烟草被引进中国。

◆长城的修建是宏大工程的代表，南方园林艺术也取得较高成就。

◆王守仁著《传习录》《大学问》，形成"心学"思想体系。

◆不朽杰作《西游记》成书，这是中国第一部长篇神话小说。

◆吴门画派树立起明代绘画的独特风格。

征。英宗下诏亲征，诏下两月后，军需都来不及充分准备，大军匆匆出京了。英宗率领 50 余万大军从北京出发，大军到阳和，遇见败军，军心大受影响。也先主动北撤，诱明军深入。太监郭敬密告王振，如继续北进，正中虏计，英宗下令班师，退至宣府。大军遭到追击，英宗逃到离怀来城 20 里的土木堡，随从的文武官员主张入堡里，王振因辎重千余辆未至，主张留待。瓦剌军四面围攻，英宗与亲兵乘马突围，被瓦剌士兵俘虏。明王朝遭遇到建国以来未曾遇见的严重危机。

↑ 于谦像

明英宗被也先由宣府押解到大同，孙太后命英宗异母弟郕王朱祁钰监国，兵部侍郎于谦等人坚决反对南迁避难。于谦受命备战，抗御瓦剌。也先自宣府引兵改道南下，进逼京师。郕王由群臣拥戴即皇帝位，尊英宗为太上皇。景帝即位，于谦等主战诸臣更得以全力奋战。

也先抵紫荆关，督促瓦剌军攻关。喜宁向也先建策，要明臣出迎英宗。明廷以通政使参议王复、中书舍人赵荣到也先营见英宗。也先要求胡濙、于谦、王直、石亨、杨善等前往迎接。于谦知瓦剌军将攻德胜门，命石亨伏兵道路两侧空房中。瓦剌军来攻，明军神机营的火炮、火铳齐发。瓦剌军三面受敌，被迫退去。瓦剌军自德胜门和西直门退走后，又在彰义门进攻。于谦挫败了瓦剌军的前锋。明军抗御瓦剌，屡获胜利，士气旺盛，于谦领导的守御京师战最终取得胜利。

也先派遣使臣来京师议和，送英宗还京，以太上皇居处南宫。景帝无意让位，对南宫严加防范，不准与廷臣交往，英宗也以丧师辱国，身为敌虏，无颜复辟。

景泰八年（1457 年）正月，景帝病危，石亨与都督太监曹吉祥等密议，共谋废立，向英宗密陈。扶拥英宗入东华门，至奉天殿升座，宣告太上皇复位。明英宗由臣僚太监仓促拥出，时称"夺门之变"。英宗复位，随即逮捕于谦、陈循

→ **明将官胄甲穿戴图**
明朝的新式铠甲主要有锁子甲和布面甲两种。锁子甲是用小铁环编成，布面甲由棉布和甲片制成。这两种铠甲都非常轻便，并能有效地抵御火铳的攻击。

∽ 主要人物 ∾

王振：明宦官，山西蔚州人。勾结内外官僚，擅作威福，明宦官专权自此开始。挟英宗亲征瓦剌，至土木堡全军覆没，为将军樊忠怒杀。

明英宗：朱祁镇，宣宗长子。土木堡之变为瓦剌所俘，次年释还，居南宫。景泰八年，发动"夺门之变"，改元天顺，废景泰帝，杀于谦。

明代宗：朱祁钰，宣宗次子。奉皇太后命监国，一月后即皇帝位，年号景泰。任用于谦主持军事，加强北京守御，击退瓦剌军于京郊。

于谦：明钱塘人，字廷益，号节庵。随宣宗镇压汉王朱高煦叛乱。土木之变后力排南迁之议，坚请固守。整饬兵备，部署要害，亲自督战，破瓦剌军。英宗复辟后被杀。

曹吉祥：明宦官，滦州人。迎英宗复位。门下养冒官者多至千百人，朝士亦有依附者。发动叛乱，事败，被处死。

等，而后下狱治罪。处死于谦后，又进而诛除"于谦党"。石亨、曹吉祥恃功要赏，权势日盛，英宗将石亨下狱，太监曹吉祥策划再次起兵夺门。兵败，以磔刑处死曹吉祥。

英宗逝世后，宪宗即位，阁臣李贤等受命辅政，对于弊政重加厘正，以争取朝野的支持，扶正驱邪，顺乎人心，稳定了新朝的统治。

▌张居正改革

明神宗朱翊钧继位时，只有 9 岁。穆宗朱载垕病重时，太监冯保秘密地嘱托张居正预先起草一道"遗诏"。高拱布置一些官员上疏攻击冯保，张居正密告冯保，两位太后指责高拱专权擅政、蔑视年幼的皇帝，并下令罢他的官，驱逐出京城。张居正当上首辅，并且在此后的 10 年中主持国家大局。

→ **铜铳　明**
铸造于明朝中后期，由前堂、药室、尾銎三部分组成，供兵部使用。

↑张居正像

↑明神宗朱翊钧像

张居正为人机敏，处事干练，敢于负责。冯保与张居正的关系也处得很好，两人在重大事情上，互相配合。张居正当宰相，李太后、冯保很支持，实现了"宫府一致"的局面，这是张居正得以进行改革的基本条件。

在政治上，张居正主张加强君主专制统治，整顿腐朽的吏治，裁减了许多冗官。万历元年（1573年）提出考成法，逐级考核，随事考成。加强了与蒙古的政治经济联系。在大同、宣府、甘肃等地设立茶马互市，开展中原与蒙古族之间的贸易往来。又调抗倭名将戚继光北上守蓟门，派李成梁镇辽东，加强边防。

◆ 大事年表 ◆

- 1572年
张居正结纳宦官冯保，被任命为首辅
- 1573年
正式推行"考成法"
- 1581年
全国丈量土地完成；实行"一条鞭法"；利玛窦到广州传天主教
- 1592年
明朝出兵抗日援朝
- 1594年
顾宪成革职回家，在东林书院讲学
- 1599年
反矿税民变

∾ 主要人物 ∾

张居正：字叔大，号太岳，湖北江陵人，明代著名的政治家。掌权期间，明朝中兴。

明神宗：朱翊钧，年号万历。初年用张居正辅政，整饬吏治，摧抑豪强，清丈土地，推行一条鞭法。亲政后晏处深宫，大事营建。遣宦官赴各地掠夺民财，多次激起市民反抗。

戚继光：山东蓬莱人，字元敬，号南塘，晚号孟诸。召募金华等地农民、矿工三千余人，建"戚家军"。备有火器，纪律严明，破倭于台州，平海卫大捷歼倭寇两千余人。镇守蓟州，屡败蒙古诸部。

李时珍：字东璧，晚年自号濒湖山人，明代蕲州瓦硝坝人。著有药物学名著《本草纲目》一书。《本草纲目》对世界医药学、植物学、动物学、矿物学、化学的发展产生了深远的影响。

← **台州大捷示意图**

1561 年，戚继光率军取得了台州大捷，后来又和广东抗倭军一起肃清了福建沿海的倭寇，彻底结束了从元末到明中期一直为祸东南沿海的倭寇的侵扰。

↑ 葡萄图轴 明 徐渭

张居正改革的重点是整顿赋役制度。量入为出，节缩开支。为挽救当时的财政危机，维持国家财政收支的平衡，下令清查全国土地，凡勋戚庄田、民田、职田、军屯田等，一律丈量。改革赋役制度，实行一条鞭法，社会经济进一步发展，府库钱粮充羡，边防力量加强，达到了富国强兵的目的。

张居正按照"不拘资格"的方针，破格提拔了一批人才，同时下大力度整顿驿站管理。张居正的改革，涉及财政、税收、教育、国防等各个方面，并取得了显著效果，举国呈现升平气象。

张居正父亲病逝，夺情在官守制一事，酿成一场政治风波，使张居正的威望大为下降。张居正一死，神宗朱翊钧摆脱了约束，一心要做个威福自专的皇帝，明朝很快就走向灭亡。

重大成就

◆张居正的改革，取得了显著效果，举国呈现升平气象。

◆一条鞭法简化了税收手续，放松了农民对国家的人身依附，有利于经济的发展。

◆手工业高度发展，手工工场出现，资本主义生产关系开始萌芽。

◆李贽著《焚书》等作品，表现出强烈的反专制思想。

◆李时珍撰写《本草纲目》，是中国医学史上最重要的著作。

◆徐渭创泼墨花卉。

▎魏忠贤专权

神宗死后，光宗即位，一年以后，熹宗继位。魏忠贤成为炙手可热的当权人物，从此他开始了专权生涯。从天启元年到四年，短短四年时间，他的一系列罪恶勾当激起了朝中大臣和黎民百姓的强烈愤慨。

魏忠贤有恃无恐地排斥异己，迫害无辜。阉党许显纯假造口供，强拉汪文言画押，又将他活活打死。诬陷杨涟、左光斗等人，从而达到铲除异己的目的。接着矫旨逮捕了杨涟、左光斗、周朝瑞、魏大中、顾大章、袁化中 6 人。每天都勒令六君子跪在阶前，施以酷刑，甚至将他们的衣服撕碎、扒光，让他们裸体受辱。

↑ 明熹宗朱由校像

顾大章自尽在狱中，而其他 5 人都死于酷刑之下。杨涟死时，被土囊压身，铁钉贯耳，面目皆非。左光斗更是受过炮烙之刑，面额焦烂，膝下筋骨全部脱裂。

杨左冤狱的第二年，魏忠贤再一次对清流儒生大开杀戒，逮捕了周起元、周顺昌、高攀龙、缪昌期、周宗建、李应升、黄尊素等 7 人，诬告受贿罪名。周顺昌裸体受刑，又被重物压首而死，死后鼻子都被压扁了。缪昌期因拒绝给营造坟墓的魏忠贤写碑文被魏忠贤明目

重大成就

◆徐霞客撰写《徐霞客游记》，对中国地理学、地质学作出巨大贡献。
◆徐光启撰写《农政全书》，是对中国两千年农学的总结。
◆《金瓶梅》成书。
◆汤显祖创作优秀戏剧《牡丹亭》。
◆陈洪绶在人物画上取得杰出成就。

✑ 主要人物 ✑

魏忠贤：原从继父姓李，名进忠，河间肃宁人。排斥异己，把持朝政议决权，与外朝进行党争。朱由检继帝位，魏忠贤上吊自尽。

明熹宗：宠信乳母客氏和太监魏忠贤，纵容其大肆打击屠杀东林党人。错误干预辽东军略，屡败于后金。

海瑞：广东琼山人，字汝贤，号刚峰，回族。以刚直著名，疏谏罢斋醮。疏浚吴淞江、白茆河，遭豪强反对被解职。

顾宪成：明末东林党领袖，字叔时，别号泾阳，南直隶无锡县人。与高攀龙、钱一本、于孔兼等讲学和集会，讽议朝政，致东林名声大著。

高攀龙：明朝大臣，东林党领袖之一。与部分在朝的士大夫遥相应和，与顾宪成并称"高顾"。顾宪成卒后，主持东林大会，力主澄清吏治。

↑ **东林书院旧迹**

明朝末年，宦官专权，朝政昏暗，一批清正的士大夫在东林书院讲论时事，评议朝政，被宦官集团称之为"东林党人"。后来宦官集团和东林党人展开了激烈的斗争，许多东林党人被冤杀。图中建筑为东林书院旧迹。

张胆地定了"反魏"的罪名，十指都被折断。还有周宗建，被铁钉钉身，又以沸水浇烫，惨死狱中。

这两次冤狱，许多大臣因反对魏忠贤的暴行受牵连惨遭杀害。如苏继欧、丁乾学、吴怀贤、张江等人，只因良心未泯，被魏忠贤施以报复手段，或被缢死，或受杖刑而死，或被迫自杀。

两三年内官员接连不断入狱，中央政治一片黑暗，社会底层的生活更是悲惨，又一场农民大起义酝酿并即将爆发。

▋"大顺"和"闯王"

张居正改革，人亡政息；东林党人议政，徒遭迫害。明朝的社会危机日益严重，熹宗朱由校、思宗朱由检在位的期间，农民起义势如暴风骤雨，迅猛异常，最终埋葬了朱家王朝。

明末农民起义领袖人物李自成是陕西米脂人。李自成投奔了高迎祥率领的农民起义军，高迎祥自称"闯王"，李自成在他麾下为"闯将"。崇祯七年（1634 年），李自成率领的农民军在陕南与明军作战，采用谋士顾君恩献上的"诈降计"，带领部队走出绝境。

崇祯八年（1635 年），13 路义军兵分五路：一路向四川、湖广发展；一路向陕西方向发展；一路向河南进军；高迎祥、张献忠这一路则向东进军。向东发展的高迎祥、张献忠攻下凤阳，焚毁了凤阳的皇陵建筑群，打出了"古元真龙皇帝"的旗帜，表示了他们决心取明代之的政治主张。

高迎祥被俘获，处以磔刑而死后，因李自成不好酒色，生活朴素，领导有方，旧部推举他继任闯王。张献忠在湖北谷城重新起兵造反，李自成从商洛山中杀出，进入河南。李岩深得李自成赏识，建议李自成实行"均田免粮"，以争取贫苦农民的拥护，他们把纲领编成歌谣："吃他娘，穿他娘，吃着不尽有闯王，不当差，不纳粮。杀牛羊，备酒浆，开了城门迎闯王，闯王来时不纳粮。"李岩还劝李自成整顿纪律，宣布"不淫妇女，不杀无辜，不掠资财"，使农民军大得人心。

崇祯十四年（1641 年），李自成率军攻入洛阳。崇祯十七年（1644 年）3 月，李自成率军攻入北京城，受到百姓的热烈欢迎。农民起义军勒令明朝官员交出自己搜括的赃款充当义军的军饷。刘宗敏在向退休官员吴襄追赃时，把吴襄儿子吴三桂最宠爱的歌女陈圆圆也抢来据为己有。吴三桂起初还有投降李自成的打算，后来听到父亲被抓，家产被抄，宠姬被夺，不禁气得捶胸顿足，赶紧派人同清摄政王多尔衮接

← 李自成雕像

↑ **北京故宫武英殿**
李自成率农民军攻克北京后，曾在这里处理日常政务，后又在此殿登基称帝。

洽，请求支援。

李自成的农民军与吴三桂军在山海关决战。双方激战正酣之际，多尔衮指挥事先埋伏在附近的清军向农民军发动突然袭击。农民军猝不及防，惨遭失败。

李自成率军退回北京城，在武英殿匆忙举

重大成就

◆ 白银成为流通货币，促进了商品经济的发展。
◆ 李自成实行"均田免粮"，把农民战争推向新阶段。
◆ 宋应星著成《天工开物》。
◆ 董其昌书画双绝，成就颇高。

行登基典礼，第二天清晨，率领军队向陕西方向撤退。清军步步紧逼，李自成的农民军节节败退，不久起义被清军镇压。

明末农民大起义，最终推翻了腐朽的明朝统治。领导这场伟大斗争的农民英雄李自成所具备的顽强的反抗斗争性格，杰出的军事才能，不屈不挠的斗争精神，勤俭朴素的高贵品德，成为中国劳动人民的光荣与骄傲。

主要人物

李自成：米脂县李继迁寨人，明末农民起义领袖。继称闯王，率军百万。在西安建立大顺政权，不久攻克北京，推翻了明王朝。

明思宗：朱由检，光宗第五子，熹宗弟。即位后即杀魏忠贤及其党羽，罢黜阉党，力图振作。刚愎自用刻薄寡恩，终致亡国。

杨嗣昌：明末大臣，字文弱，湖广武陵人。博涉文籍，多识先朝典制。提出"四正、六隅、十面网"战术，企图在三个月之内扑灭民变。

张献忠：明朝延安卫柳树涧人，聚众于米脂十八寨起义，号闯将，进攻湖南、江西及两广北境，大肆杀掠。

八旗入主中原

——清初

▌后金的建立

后金创建者爱新觉罗氏是明建州左卫指挥使猛哥帖木儿的后裔。努尔哈赤青年时深受汉族封建文化的影响，投靠明将李成梁部，屡立战功。万历十一年（1583年），努尔哈赤以父、祖遗甲13副起兵，逐渐统一建州各部，表面上对明朝极为恭顺，实际暗自扩张势力。

古勒山一战，努尔哈赤击败海西女真叶赫、哈达等九部3万联军，统一了海西女真扈伦四部和东海女真的大部分。在文化建设上，努尔哈赤令额尔德尼和噶盖用蒙文字母标注满语语音，创制了满文，适应女真内部加强联系的需要。万历三十六年（1608年），努尔哈赤停止向明中央政府朝贡。

↑ 努尔哈赤像

万历四十四年（1616年），努尔哈赤在赫图阿拉称汗，建立了"后金"政权。颁布法条，建立军政合一的八旗制度，设议政大臣参决机务。天命三年（1618

← 调兵信牌

木质，长20.3厘米，宽31.2厘米，厚2.6厘米。为皇太极统一东北各部时使用的调兵信牌，牌中间汉字为"宽温仁圣皇帝信牌"。

年），努尔哈赤以"七大恨"告天，向明朝宣战。率军 6 万在萨尔浒大败分四路合围的 10 万明军，攻占沈阳、辽阳以及辽河以东 70 余城。

天命十一年（1626 年），宁远战役中努尔哈赤被明将袁崇焕击败，不久去世。努尔哈赤第八子皇太极继位。这位清朝的奠基人，审度内外形势，采取了一系列增强实力的战略举措。为了改变自己与代善、阿敏、莽古尔泰四大贝勒"俱南面坐"的局面，皇太极独自控制了正黄、镶黄、正蓝三旗，进行内政改革，加强君权，使后金政权进一步封建化。建立内三院及六部，厘定官制。

崇德元年（1636 年），皇太极称皇帝，改国号为"清"。继续开科取士网罗汉族士人，扩大统治基础；颁布保护农业的法令。针对明朝做出了"剪重枝，伐美树"的重大决策，增编汉军八旗和蒙古八旗。压服朝鲜，统一黑龙江流域，打败蒙古察哈尔部，稳定后方。对明朝以和谈为烟幕，多次越过长城大掠京畿北直隶、山东等地。发动松山、锦州战役，尤其以反间计智除袁崇焕，大败明军。清军只待时机成熟，就准备攻入中原了。

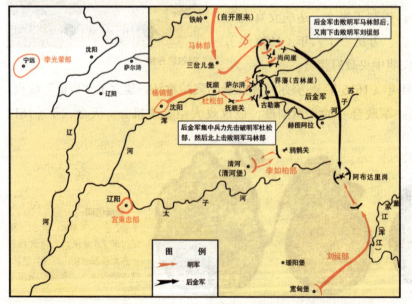

← **萨尔浒之战作战经过示意图**
1619 年，明军兵分四路进攻后金。努尔哈赤采用"凭你几路来，我只一路去"的战术，连续击败三路明军，取得了萨尔浒大捷。从此，明军转攻为守，后金军转守为攻。

山海关之战

　　明朝末年，三方势力激烈角逐。明朝一面在东北应付满洲骑兵，一面在中原与农民军苦战。崇祯帝调动在山海关外抵御清军的吴三桂部保卫京师，清军乘机占领了关外全部土地。李自成率大顺农民军攻克北京，清摄政王多尔衮率军 10 万大举南下，企图与大顺争夺天下。宁远总兵吴三桂得知北京已为大顺军占领，退守山海关。

　　清顺治元年（明崇祯十七年，1644 年）四月，吴三桂联合多尔衮所率清军，在山海关与李自成领导的大顺军决战。

　　李自成亲自统领 6 万兵马，进攻山海关吴三桂所率明军。多尔衮接到吴三桂乞求合兵攻李自成书后，立即改变进军路线，日夜兼程，急驰山海关。山海关守军共计 8 万人，吴三桂于西罗城外的石河列阵迎战。大顺军士气高昂，李自成同时在石河及东、北、西三面全线进攻。激战一昼夜，吴军已渐渐不支。大顺军自角山亘渤海，列南北长蛇阵，胜利在望。中午，风沙骤起，蓄势伺机的清军骑兵在英亲王阿济格、豫亲王

◆ 大事年表 ◆

- 1644 年
  多尔衮率军进军北京，清朝确立在中原的统治
- 1645 年
  清颁布圈地令
  清兵屠扬州、嘉定、江阴
- 1646 年
  清朝开始会试、殿试
- 1648 年
  和硕肃亲王豪格论死

重大成就

◆《崇祯历书》颁布，引进西方历法，并且成为《时宪历》模版。

↑以吴三桂得名的"定辽大将军"铜炮，是明清兴亡交替的一件实物见证。

→ **山海关城楼和镇炮**
山海关位于明朝长城的最东端，是明朝防御清军入侵的战略要地。明末清初，明军和清军曾多次在此交战。后来，吴三桂引清兵入关击败李自成。山海关见证了那段风云激荡的岁月。

↑ **明崇祯刻本《崇祯历书》**
此书为徐光启晚年专心规划，督率编译并亲加校改而成。

多铎率领下，突然从吴军阵右杀出，大顺军猝不及防，阵脚大乱，全军崩溃。李自成率部退回北京，于紫禁城武英殿仓促称帝，随即率大顺军西撤。多尔衮命吴三桂向西追击，自己统领清军直趋北京。

　　吴三桂击败殿后的大顺军刘宗敏、李过等部，奉命继续追击。李自成疑杀李岩，内部失和，士气大衰。清军新占领的京畿及附近地区基本略定，兵锋同时指向西北和东南。

↑ **史可法像**

英亲王、靖远大将军阿济格，同平西王吴三桂、智顺王尚可喜等部，进攻大顺军；豫亲王、定国大将军多铎，同恭顺王孔有德、怀顺王耿仲明等部，南下进攻南明弘光政权。

　　清军与大顺军在潼关激烈争夺，阿济

← **大顺通宝、永昌通宝**
李自成在西安称帝，建国号曰"大顺"，建元曰"永昌"，改六部为政府，设局铸造钱币名曰"永昌通宝"。

❧ 主要人物 ❧

多尔衮：爱新觉罗氏，努尔哈赤第十四子。与郑亲王济尔哈朗共辅朝政，统兵入关，创建清代入关后的各项制度。独揽朝政，死后追尊为成宗义皇帝，又以谋逆罪夺爵。

多铎：爱新觉罗氏，努尔哈赤第十五子。屡从出征，赐号"额尔克楚虎尔"。以定国大将军从多尔衮入关，击败李自成军。旋挥师破扬州，下江南，是"开国诸王战功之最"。

史可法：河南祥符人，字宪之，号道邻。受马士英排挤，以兵部尚书大学士督师扬州。清兵至，城破自刎未死，被捕后不屈而死，以袍笏葬于城外梅花岭。

格军主力直逼西安。李自成转战湖广，清军围武昌，大顺军退往咸宁、蒲圻。不久，大顺政权灭亡。

少年天子

清世祖爱新觉罗·福临，太宗皇太极第九子，是清朝入关后的第一位皇帝。福临的即位是皇室内两大政治集团互相妥协的产物。这两大政治集团一个以多尔衮为首，一个以皇太极的长子豪格为首，多尔衮集团拥有正白、镶白两旗，还有英亲王阿济格、豫亲王多铎等实权派将领；豪格集团则掌握两黄旗，还有亲信老臣及蒙古的支持。太宗皇帝驾崩后，两集团为争夺皇位剑拔弩张。清代女政治家孝庄文皇后，提出由福临即位，封多尔衮为摄政王，与郑亲王济尔哈朗共掌朝政。

↑ 顺治帝像

顺治元年十月初一（1644年10月30日），迁都北京。在多尔衮的主持下，下令剃发，圈地，颁布《大清律》，禁止文人结社。同时派兵西进和南下，镇压农民军，消灭了南明政权，控制了中国绝大部分地区，奠定了清王朝的基础。

重大成就

◆ 颁布《大清律》，镇压农民军，消灭了南明政权，奠定了清王朝的基础。
◆ 郑成功收复台湾。
◆ 四僧绘画，别开生面。

顺治帝少年气盛，刚愎自用，急躁易怒，但他注意积极吸收汉文化，对成法祖制有所更张，审时度势，倚重汉官。以明之兴亡为借鉴，警惕宦官朋党为祸，重视整饬吏治，推行与民生息的政策。

↑ 清木把黑皮鞘腰刀

↑ 郑成功像

↑ 郑成功厦门水操台

位于厦门鼓浪屿日光岩。郑成功当年在此亲自检阅和指挥水师于海中操练。

→ 郑成功收复台湾示意图

顺治十八年（1661年）四月，郑成功军浮海东渡，从鹿耳门登陆，向荷兰殖民军展开猛烈的攻击。在中国军队强大的攻势下，荷军统帅被迫在投降书上签字。至此，非法在台湾占据了38年之久的荷兰侵略者被赶出去，台湾回归祖国。

顺治帝为稳定社会、恢复经济、巩固清王朝统治作出了贡献。

顺治七年（1650年）十二月，多尔衮在喀喇城围猎时病逝，顺治帝亲政。正白旗大臣苏克萨哈等讦告多尔衮生前"谋逆"，顺治帝下诏削多尔衮睿亲王爵位，撤庙享，黜宗室，财产入官。

顺治帝亲政之初，面临的军事、政治、经济形势相当严峻。孔有德、尼堪相继战败身亡，全国出现新的抗清高潮。顺治帝决定采取"抚"重于"剿"的策略，一方面重新起用老谋深算的洪承畴，命他经略湖广、广东、广西、云南、贵州等处。一方面向郑成功和各地抗清力量颁发诏书，宣布实行"招降弥乱"的怀柔政策。洪承畴剿抚并用，为日后统一全国奠定了基础。

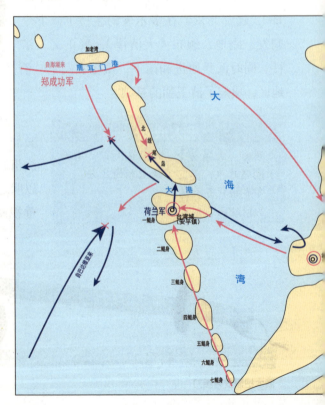

清初因长期战乱，流民遍地，农田荒芜，不仅使清廷难以建立稳定的统治秩序，也严重影响朝廷的财政收入。顺治帝采纳范文程等人的建议，推行屯田，积极鼓励地主、乡绅招民垦荒。对地方官员制定《垦荒考成则例》，按垦荒实绩，分别予以奖惩，使濒于绝境的农业开始有了转机。

顺治帝对地方官员普遍进行甄别考核，并规定以后每三年举行一次。爆发顾仁贪赃案后，顺治帝严令，此后凡官员犯赃十两，衙役犯赃一两以上者流徙，赃重者斩绞，惩治了一批贪官污吏。顺治帝允许汉官拥有比过去较多的权力，但并没有摆脱满洲贵族对汉人根深蒂固的猜忌，尤其害怕汉官结党。顺治十一年（1654年），宁完我弹劾大学士陈名夏"结党怀奸"，陈名夏即被处绞刑。为了提高官僚机构的办事效能，顺治帝比较注意发挥汉官的作用，他要求不分别满汉区别的做法引起满洲贵族的不满。

顺治帝逝世后，孝庄太后在顺治帝遗诏中，对于满洲贵族的权力再次做出了保证。承认对满族大臣使用和安排不当，使有些满洲大臣有才能而不能施展。顺治帝死后的庙号为世祖章皇帝，因为清朝皇帝只有一个年号，又称顺治皇帝。

← 和田青玉鸠纹执壶　清

⟲ 主要人物 ⟳

顺治帝：清世祖，名爱新觉罗·福临，推崇儒学，重用汉官；整顿吏治，严惩贪污；积极推行招抚政策；推广屯田，奖励垦荒；因天花病逝。

郑成功：明末清初民族英雄，字明俨，号大木，福建南安人。南明隆武时，赐姓朱，改名成功。在南澳起兵抗清。1661 年率大军在台湾登陆，赶走窃据台湾的荷兰殖民者，收复台湾。

永历帝：朱由榔，明神宗孙，思宗堂弟。于肇庆即帝位，朝臣派系复杂，危机纷呈，不断退败。出逃缅甸，为吴三桂绞杀。

帝国余晖

——康乾盛世

▌康熙初政

顺治十八年（1661年），世祖在北京去世后，由第三子玄烨继位，第二年改年号康熙，以索尼、苏克萨哈、遏必隆、鳌拜为辅政大臣。鳌拜凭借军功卓越，总有些跋扈的行为。康熙八年（1669年），年仅16岁的康熙帝暗结内大臣索额图等人智捕鳌拜，夺回大权。直到晚年，康熙帝念鳌拜战功之多，改赐鳌拜子孙一等男爵。

康熙帝亲政后，即宣布永停圈地，准许壮丁"出旗为民"，又奖励垦荒，蠲免钱粮，任用靳辅、陈潢治理黄河，规定"额外添丁，永不加赋"。

康熙十二年（1673年），吴三桂试探性要求削除王位，这些奏章送到朝廷，康熙帝召

↑ 康熙帝像

集朝臣商议。许多大臣认为吴三桂他们要求撤藩是假的，如果批准他们的请求，吴三桂一定会造反。

康熙帝认为：吴三桂早有野心。撤藩，他要反；不撤，他迟早也要反。不如来个先发制人。就下诏答复吴三桂，顺水推舟同意撤藩。吴三桂果然暴跳如雷，就在这年冬天，

重大成就

◆康熙帝平定三藩，收复台湾，统一中国。
◆反击俄罗斯、喀尔喀的入侵，基本勾画近代中国的版图。
◆轻徭薄赋，与民休息，经济繁荣，渐有盛世景象。
◆清初，一大批知识分子对满清不予以合作，潜心著作，涌现一大批优秀的学术成果。思想家顾炎武著《日知录》等、黄宗羲著《明夷待访录》等、王夫之著《噩梦》等书。
◆蒲松龄著《聊斋志异》。

从昆明起兵反清。

吴三桂为了笼络民心，在永历帝的墓前假惺惺地痛哭一番，又换上明朝将军的盔甲，说是要替明朝报仇雪恨。但是，人们都清楚记得：把清兵引入中原的是吴三桂；最后绞死永历帝的还是吴三桂。老百姓甚至认为，天下只有吴三桂没有造反的资格。

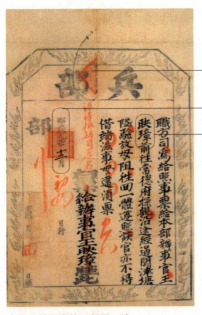

—— 吴三桂所用玺印

—— 吴三桂称帝时的年号

—— 吴三桂麾下将官名（姓王）

↑ **吴三桂颁发的兵部票　清**

不久，杨起隆自称朱三太子，在北京放火起事，情况一时非常危急。康熙帝马上拉拢三藩中的另两位，以及广西的孙延龄，但是吴三桂的旧部在各地响应，四川、湖南很快陷落。不久，三藩和孙延龄尽叛，康熙非常信任的陕西提督王辅臣不久也叛变了。由平西王吴三桂、平南王尚可喜之子尚之信、靖南王耿继茂之子耿精忠引发的三藩之乱此时达到顶峰。

康熙十四年（1675 年），蒙古察哈尔部趁八旗都调至南方之际，发兵威胁北京。康熙帝命信郡王鄂礼（多铎孙）为主将，以图海为副，率领八旗家奴沿途肆意抢劫，以充军饷。六个月荡平蒙古叛乱。

为适应战事的需要，康熙帝设立南书房掌票拟谕旨，加强皇权。满洲八旗的军事优势很快就发挥出来，康熙二十年（1681 年），清军平定了长达 8 年的三藩之乱。

主要人物

康熙帝：清圣祖，名爱新觉罗·玄烨，公元 1661 年至 1722 年在位，是中国历史上在位时间最长的皇帝。

鳌拜：瓜尔佳氏，满洲镶黄旗人。军功卓著，被赐号"巴图鲁"。顺治帝死后，以顾命大臣辅政。康熙八年，被囚禁。

吴三桂：字长伯，辽东人。李自成军陷北京后，降清并招引清兵入关，在山海关配合清兵击败李自成军。又充清兵先驱，进攻南明永历政权，绞死永历帝。后拥兵云南，发动反清叛乱，史称"三藩之乱"，不久病死。

顾炎武：字宁人，原名绛，昆山人，明朝诸生。生而双瞳，中白边黑，读书一目十行。誓死不与清朝合作。

王夫之：字而农，衡阳人，明朝举人。用刀遍刺肢体以换回被抓为人质的父亲。以明朝遗臣自居，博学，起初默默无闻，后刊行全集，天下闻名。

黄宗羲：字太冲，余姚人，明御史黄尊素长子。参与南明政权，不得志。后专心治学，成为一代宗师。

康熙二十二年（1683 年），以姚启圣、施琅为将，攻陷台湾，首次明确地将台湾纳入中央政府版图。自此，中原地区的军事行动结束，长达百年的康乾盛世开始。

康熙帝还亲自三次率军出征，平定准噶尔部噶尔丹叛乱，巩固国家统一；又两次发起雅克萨反击战，沉重打击沙俄侵略势力，派索额图、佟国纲赴尼布楚与沙俄谈判边境问题，签订《尼布楚条约》，确定黑龙江流域的广大领土"皆我所属之地，不可弃之于俄罗斯"的原则，划定中俄东段边界。

康熙帝一生苦研儒学，提倡程朱理学、开博学鸿辞科，设馆纂修《明史》，编纂《古今图书集成》《全唐诗》《佩文韵府》《康熙字典》等。同时，他又屡兴文字狱，残酷镇压反清思想。就在康熙二年（1663年），有官员告发浙江湖州庄廷鑨，私自主持编辑《明史》，不仅攻击清朝统治者，还使用南明年号。这时候，庄廷鑨已死去，朝廷下令，把庄廷鑨开棺戮尸，他的亲属和参与作序、刊刻、印刷、出售的人以及当地官吏，分别处死或充军。康熙晚年，又有人告发，在翰林官戴名世的文集里，对明朝表示同情，又用了南明年号，戴名世被腰斩。这个案件又牵连三百多人。

→ **神威无敌大将军炮　清**
此炮造于康熙十五年(1676年)，御赐名为"神威无敌大将军"。该炮曾参加雅克萨之战，并发挥了巨大作用。

↑ **康熙帝大阅兵盔甲　清**

▍皇位之争

　　康熙四十七年（1708 年）八月，康熙帝率诸皇子出塞西巡行围。7 岁的皇十八子突然夭折令康熙帝悲痛不已，众皇子也十分悲戚，唯有皇太子胤礽若无其事，毫无悲痛之意。康熙帝为此指责他，不料胤礽竟当面顶撞父亲。而且，胤礽总是在晚上从行宫大帐篷的缝隙向内窥视，使得康熙帝唯恐"今日被鸩，明日遇害，昼夜戒慎不宁"。

　　康熙帝命皇长子胤禔严密保护自己，迅速宣布废黜皇太子。九月初四，正西巡行围的康熙皇帝突然将诸王和副都统

↑ 康熙帝读书像

以上大臣召集到行宫前，宣布废黜皇太子，并将其拘禁。

　　废除皇太子之后，继位人问题成为困扰康熙帝后半辈子的心病。皇长子胤禔迫不及待地想取而代之，因为康熙帝的信赖和倚重，胤禔居然要杀死胤礽。康熙帝表面上没有叱责胤禔，暗中派侍卫保护好废太子胤礽，防止胤禔下毒手。然后，康熙帝宣布胤禔秉性躁急愚顽，不可立为皇太子。胤禔见自己希望落空，权衡一番赶紧倒向皇八子胤禩。

　　胤禩受到康熙帝的信任，地位迅速提高。从清朝历史来看，皇室内部发生重大事件后，皇帝往往派宠信亲属掌管内务府。内务府是掌管宫禁事务的机关，承办皇室生活具体事务，属皇帝身边的要害部门。康熙帝把内务府交给胤禩颇具意味，胤

∽ 主要人物 ∾

胤礽：生于康熙十三年，生母是康熙皇帝的结发妻子孝诚仁皇后赫舍里氏。康熙十四年立为皇太子，四十七年废，四十八年复立，五十一年再废。

胤禔：康熙的皇长子。三次随康熙帝出征、巡视，都有所作为。废太子后，进言要杀胤礽。后皇三子胤祉告发胤禔使用魇术，夺郡王爵，幽禁。

胤祉：皇三子，于康熙五十二年衔命开蒙养斋馆修书，处境似比诸兄弟为优越，属人孟光祖案件使他声望下降。

胤禩：皇八子，生母卫氏出身于辛者库，地位低微。自幼聪明机灵，交结可资利用的各阶层人物，康熙对其同党进行了严厉的打击。雍正将其囚禁。

胤禵：皇十四子，其生母为德妃乌雅氏，雍正帝同母兄弟。参与康熙末年争夺皇位的斗争，雍正帝登基后被幽禁。

◆ 大事年表 ◆

- 1703 年
索额图因结党乱国被拘禁
- 1708 年
废太子胤礽，并处分其党羽；胤禔被圈禁
- 1709 年
复立胤礽为皇太子
- 1712 年
再废太子胤礽
- 1713 年
册封班禅五世罗桑意希为"班禅额尔德尼"
- 1718 年
命皇十四子胤禵为抚远大将军，指挥各路清军进藏平叛

禩对昔日冤家对头胤礽的爪牙非但没有严加惩处，而是从宽从轻处理，康熙帝却认为他是收买人心。

皇四子胤禛有接班当权的迫切愿望，并将此伪装起来，暗中苦心网罗培养了一批人才。在政治上逐步赢得了康熙帝的信任。与略懂一些医药知识的胤祉、胤禩、胤祺一起审检方药，为皇父精心治疗护理，使康熙帝日渐恢复健康。胤禛对政敌胤禩等人表面上十分友善。胤禩遭皇父大骂时，只有胤禛出来为其说好话。这样既能赢得宽厚的好名声，又令胤禩顿生感激。康熙帝喜欢住畅春园，胤禛得到的是离畅春园很近的圆明园，并且"圆明"二字也是康熙亲笔所书。康熙帝初次见皇孙弘历，当即下令送其到宫中养育。在康熙帝考察选拔继位人的视野中，胤禛绝对是一个重要角色。

康熙五十七年（1718 年），准噶尔部进犯并控制了西藏地区，西北战局一触即发。康熙帝决定派皇十四子胤禵挽回西北战局。胤禵在西北征战四年，击败准噶尔部，战功赫赫。

康熙六十一年（1722 年）十一月十三日丑刻，康熙帝生命垂危。弥留之际，他对选择继位人的问题仍不释怀，皇四子胤禛继位。根据现存的遗嘱，康熙帝交代将废太子胤礽、皇长子胤禔继续拘囚，废太子第二子特封为亲王。

雍正帝的继位虽然疑团重重，但是他的政治热情和治理的结果，使康熙之后的中国得到进一步的繁荣和发展。

重大成就

- ◆ 王锡阐的"金星凌日"的计算方法，其精确性世界领先。
- ◆ 梅文鼎著《中西数学通》。
- ◆《皇舆全览图》绘制成功。
- ◆ 编撰《古今图书集成》《康熙字典》，是康熙朝文化盛事。
- ◆ 孔尚任的《桃花扇》、洪昇的《长生殿》两部戏剧名著传世。

→ **皇太子宝印及印文**
康熙十四年，康熙帝立年仅两岁的嫡长子胤礽为皇太子。"皇太子宝"是册封他为太子时颁赐的印信。

雍正王朝

雍正帝即位时已45岁，他比较了解世情，具有丰富的统治经验。即位后，首先采取措施巩固自己的皇位。分化瓦解诸皇子集团，消除异己，将胤禵从西北军前召回。晋封胤禩为廉亲王和总理事务大臣。

雍正元年（1723年），新皇帝接受山西巡抚诺岷的建议，施行耗羡归公和养廉银的措施，以此限制、减少官员的贪赃舞弊和横征暴敛。又针对康熙末年各地亏空钱粮严重的情况，决定严格清查，对贪官污吏抄家追赃。

雍正三年（1725年），雍正帝以结党营私之名，责令抚远大将军年羹尧自尽，同时削隆科多太保，后圈禁致死，并因此株连出汪景祺《西征随笔》案和查嗣庭"维民所止"

↑ 雍正帝朝服像

试题案。雍正七年（1729年），发生曾静遣其徒张熙策动川陕总督岳钟琪谋反的投书案，牵连到已故理学家吕留良。借此大兴文字狱，以作为控制思想和提高皇权权威的手段。

在制度创新上，雍正帝鉴于清朝没有行之有效的立储制度，屡次出现因争夺皇位继承权而产生争端，创立了秘密立储制度。为适应西北用兵之需，始设军机房，后又改为军机处。军机大臣只能缮述皇帝命令，使皇帝更加集大权于一身。

主要人物

雍正帝：清世宗，胤禛，圣祖第四子，即位后年号雍正。统治期间，建立军机处，加强君主专制。经济上实行摊丁入亩。又在少数民族地区推行"改土归流"政策。与沙俄订有《布连斯奇条约》《恰克图条约》。

年羹尧：进士出身，高官显爵集于一身。运筹帷幄，驰骋疆场，曾立下赫赫战功。后被雍正帝削官夺爵，列大罪九十二条，赐自尽。

隆科多：满洲镶黄旗人。参与雍正帝夺权。雍正帝即位，以拥戴殊勋。以党附年羹尧、徇庇查嗣庭获罪，被罗织罪状，于畅春园外永远禁锢。

张廷玉：字衡臣，号砚斋，安徽桐城人。是康熙、雍正、乾隆三朝的老臣。清代汉臣中获配享太庙的第一人。

鄂尔泰：雍正、乾隆时大臣。字毅庵，满洲镶蓝旗人，西林觉罗氏。积极推行改土归流政策，对统一的多民族国家的发展和西南边疆的巩固，起到积极作用。

← 军机处

军机处的设立，最初是为了西北用兵的需要，开始称军机房，雍正八年（1730年）改名为军机处，雍正十年铸造关防印信，机构不断完善。军机处本为军务而设，但它逐渐部分取代了内阁的作用，成为由皇帝亲信组成的新的行政中枢。军机处的创立，是行政制度的重大改革。

他还在题本、奏本之外，命督抚、布政使、按察使等封疆大吏密折奏事，以加强皇帝对地方的控制。雍正四年，根据云贵总督鄂尔泰的建议，推行改土归流，取消云南、贵州、广西、湖南、四川的土司制度，委任官吏，加强了中央对上述地区的统治。

在经济上，雍正帝采取了一些旨在发展农业生产的传统措施。雍正二年（1724年），开始实行直隶巡抚李维钧提出的"摊丁入亩"的赋役制度。为了解决人口日益增长所需粮食问题，鼓励垦荒，强调粮食生产，更加严格地执行传统的重农抑末方针，并反对开矿和发展手工业。由于黄河连年大水，雍正帝十分注意兴修水利，除治理黄河、建筑浙江海塘外，命怡亲王胤祥在直隶开展营田水利，在宁夏修筑和疏浚水渠。雍正元年，下令山西、陕西乐籍、浙江绍兴惰民、安徽徽州"伴当"、宁国世仆、广东疍户、江苏常熟丐户相继开豁为良，打击了残存的蓄奴制度，对

◆ 大事年表 ◆

● 1723 年
青海罗布藏丹津叛乱
雍正帝建立秘密立储制度
● 1724 年
实行摊丁入亩；定耗羡归公和养廉银制
● 1725 年
年羹尧、隆科多获罪
● 1726 年
治胤禩、胤禟、胤禵罪，消籍离宗
中俄双方先后签订《布连斯奇条约》等条约
● 1729 年
命岳钟琪、傅尔丹出师征讨准噶尔噶尔丹策零
设军机房，后改为军机处
宣布禁止吸食鸦片
● 1733 年
下令各省设立书院

重大成就

◆ 雍正时期实施"摊丁入亩"政策，解除了农民对封建国家的人身依附，进一步促进了经济的发展。
◆ 商品经济繁荣，四大名镇兴起，江南城镇星罗棋布。
◆ 在西南地区实施"改土归流"，促进了当地社会经济的发展。
◆《古今图书集成》的编成，对中国文化事业作出很大贡献。

社会发展起到积极作用。

在对外关系方面，雍正帝同俄国签订《布连斯奇条约》和《恰克图条约》，划定中俄边界及处理两国通商问题，维护了国家主权。

雍正帝大力清除康熙统治后期的各种积弊，勤于政务，取得一定成效。君主专制制度在他统治期间达到顶峰。但他统治严酷，刻薄寡恩，猜忌多疑，后世颇有非议。尤其到了民国初年，为了反对君主专制，对其多有抨击。

▌"十全武功"

清高宗乾隆帝名爱新觉罗·弘历，在位60年，继承了康熙帝和雍正帝的政策，在内政和外交上都取得了很大成绩。人们把他们当政时期叫"康乾盛世"。

弘历幼年天资聪颖，康熙皇帝特别喜爱他，曾为其慎择良师，进行多方面教育。康熙帝逝世后，雍正帝继位，封为和硕宝亲王，开始参预军国要务。雍正帝留下一份由弘历继承皇位的密诏，藏在乾清宫"正大光明"匾后。雍正帝逝世后，大臣们从匾后取出密诏宣读，25岁的弘历即位，是为乾隆皇帝。

↑乾隆皇帝朝服像

乾隆帝即位后，政治上矫其祖宽父严之弊，实行"宽严相济"之策，整顿吏治，厘定各项典章制度，优待士人，安抚雍正朝受打击之宗室。经济上奖励垦荒，兴修水利，全国呈现出一派繁荣昌盛之势。

乾隆帝儒雅风流，一生诗作竟达4万余首。他重视文物典籍的收藏与整理，

◇ 主要人物 ◇

乾隆帝： 清高宗，雍正帝第四子。完成《四库全书》的修纂。夸称"十全武功"。晚年政治腐败，禅位给嘉庆帝。

傅恒： 乾隆朝重臣，出兵伊犁，取得初步胜利，不久病逝。

福康安： 傅恒第三子，19岁开始戎马生涯，一生转战南北，是乾隆朝叱咤风云的大将，也是名垂青史的爱国将领，病逝军中。

曹雪芹： 18世纪伟大的文坛巨匠，创作文学巨著《红楼梦》。他童年过着锦衣纨绔的生活，后因家道衰败曾以教书为生，晚年移居西山。

最突出的文化成就是在全国范围内征
集图书，编纂巨帙《四库全书》。然而
他同时大兴文字狱，焚毁中国历史上
许多重要文化典籍。乾隆帝还曾六下
江南，六莅五台山，祭奠孔林等，数
十次木兰秋狝，多次于避暑山庄宴见
西北边疆少数民族首领，这些举措对

→ 四库全书楠木匣　清

发展经济、巩固统治、安定边疆产生了重要作用。

在乾隆帝60年的皇帝生活中，打了不少次仗。每次打仗，他都非常关心前线
的战况，就是在深夜，他也要派太监在门外等着军报，有时候自己干脆不睡觉等待
军情报告。到了晚年，乾隆帝想起自己一生中打的仗，自称"十全老人"，就是打了
十次大胜仗。在这十次大仗中，有的是平定了叛乱，维护了国家的统一。乾隆帝的
"武功"主要是对边疆的战事，虽有胜有负，有义
与不义，然而他皆自诩为"十全武功"。

后期倚重于敏中、和珅，尤其宠信贪官和
珅，加之乾隆帝本人年事已高，致使吏治败坏，
弊政丛生，贪污盛行，使乾隆帝辉煌的一生罩上
了阴影。

乾隆帝执政60年后，虽禅位与其子嘉庆帝颙
琰，但又以太上皇的身份进行了3年统治。他不
仅是中国历代帝王中寿命最长的皇帝，也是实际
执政时间最久的皇帝。嘉庆四年（1799年），乾隆
帝去世。

◆ 大事年表 ◆

- 1740 年
荷兰殖民者制造"红溪惨案"
- 1762 年
设伊犁将军，"总统新疆南北
两路事务"
- 1764 年
曹雪芹逝世
- 1771 年
土尔扈特部从沙俄重返祖国
- 1780 年
班禅六世入京，到热河行宫
祝贺乾隆帝七十寿辰
- 1786 年
天理教起义
- 1792 年
乾隆帝定藏传佛教金瓶掣签
制度
- 1793 年
英国马戛尔尼使团来访

重大成就

◆乾隆帝对边疆作战，巩固了广阔的疆域，促进多
民族国家的民族融合与经济发展。
◆出现社会安定、经济繁荣的"康乾盛世"。
◆有"万园之园"之称的圆明园落成。
◆惠栋、戴震创立乾嘉学派。
◆《四库全书》完成，为我国文化事业的发展作出
杰出贡献。
◆吴敬梓写成长篇讽刺小说《儒林外史》。
◆曹雪芹著《红楼梦》，把我国古典文学推向最高峰。
◆扬州八怪不断创新，取得令人瞩目的艺术成就。

大梦未醒

——清中后期

嘉道守成

乾隆帝退居太上皇后，嘉庆帝有什么事都要托和珅转告父亲。和珅弄权，欺上瞒下，聚资敛财。在他的影响下一时敲诈勒索贪贿成风。嘉庆四年（1799年）正月初三，太上皇乾隆帝逝世。正月初五，和珅被人劾奏。正月初八，嘉庆帝将和珅革职查办。正月十七，公布查抄清单，随即赐和珅自尽。和珅通过贪贿勒索，聚得家产共合白银10亿两，相当于清政府十多年的财政总收入。与此同时，社会上贫困人口迅速增加，西北爆发回民起义，白莲教起义也在中原腹地爆发。

嘉庆帝是一位励精图治的守成君主，亲政后采取的一系列政策措施，对改变乾隆后期的种种弊政起到了一定作用，但他不可能从根本上扭转清朝的衰落之势。嘉庆帝个人始终开不出一个根治日趋严重的腐化和怠惰的药方，土地高度集中于大官僚、大地主手中，农民们大量破产、流亡，政治腐败。他对西方殖民主义者的侵略有一定的防备，但一个日趋衰弱的帝国不可能有效地对付外来侵略者，加之川、楚白莲教和鲁、豫天理教等大规模的农民起义纷纷爆发，一个曾经辉煌一时的帝国只能沿着衰败的道路走向灭亡了。

嘉庆帝当政时遭逢两次宫廷事变。嘉庆八年（1803年）闰二月二十日，嘉庆帝从圆明园返回大内，到顺贞门时，平民陈德突然冲出行刺，一百多随从一时受惊呆住，只有几个亲王卖命格斗，才将

重大成就
- 乾嘉学派成就辉煌，对传统文化的整理贡献巨大。
- 龚自珍提出思想革新的要求，颇有影响。
- 京剧艺术兴起。

主要人物

和珅： 出身于一个贫穷的满族家庭，极善于察言观色。26岁成为军机大臣兼内务府大臣、步军统领、崇文门税务监督。贪赃枉法，弄权一时，嘉庆帝登基后，赐和珅自尽。

嘉庆帝： 颙琰，嘉庆元年正月初一受乾隆禅让而继位，当即年号"嘉庆"。乾隆病死后亲政，处死和珅，进而采取的一系列政策、措施，对于改变乾隆后期的种种弊政起了一定的作用。

道光帝： 旻宁，嘉庆帝的次子。即位之初，中华帝国正面临严重的内外危机，史称"嘉道中衰"。吏治腐败，武备废弛，国库空虚，民众反清斗争频频。被迫与英国签订《南京条约》。

刺客擒住。

　　嘉庆十八年（1813年）九月，嘉庆帝离宫北去木兰狩猎。京郊林清领导的一支天理教农民起义军决定趁王公大臣外出迎接时攻占皇宫。起义军扮成商贩，暗藏武器，混进京城，和皇宫内的部分太监取得联系后，于十五日中午发动起义，冲入西华门，直扑隆宗门，转而从养心门对面南墙外，攀援树木，爬上墙头。皇次子旻宁率领清军火枪队击败起义军。后来，嘉庆帝下令将宫内树木全部伐掉，以防止类似危险再次发生。

　　嘉庆二十五年（1820年），皇帝病情日益严重，连忙宣召大臣赛冲阿、托津等入室，宣布立即传位于皇次子旻宁，道光帝即位。

　　道光帝采取了一系列措施，冀图实现中兴。道光帝柄政30年，朝纲独断，事必躬亲，但内政如吏治、河工、漕运、禁烟等均无起色。时代的背景使得他勤政图治而鲜有作为。才智平庸的道光帝徒以俭德著称，他处于历史转折的关键时刻，"守其常而不知其变"，来自东南海上的鸦片流毒和英军入侵，使他寝食不安。他想严厉禁烟，也曾下决心抗击侵略者，但由于平素无知人之明，临危无应变之策，以至战守茫然，毫无方略。中华帝国正面临严重的内外危机，清王朝"康乾盛世"已是明日黄花，因此史称"嘉道中衰"；吏治腐败，武备废弛，国库空虚，反清斗争频频爆发；西方列强势力东侵，鸦片荼毒国民，殖民主义者已经磨刀霍霍了。

↑ 嘉庆皇帝朝服像

两次鸦片战争

　　1838年冬，道光帝派湖广总督林则徐为钦差大臣，于翌年3月10日赴广东查禁鸦片。6月3日至25日，林则徐将收缴的鸦片，共19179箱、2119袋，总计约2376254斤，在虎门当众销毁。为此英国驻华商务监督义律一再向英政府请求对中国出兵。

　　1840年6月，英军舰船47艘、陆军4000人在海军少将懿律、驻华商务监督义律率领下，陆续抵达广东珠江口外，封锁海口，鸦片战争爆发。

　　远征军封锁广州、厦门等处的海口，截断中国的海外贸易。中国沿海地区，除广东在林则徐督饬下稍作战备外，其余均防备松弛。7月英军攻占浙江定海，8月英舰抵达天津大沽口外。道光帝罢免林则徐，改派直隶总督琦善为钦差大臣，英方同意南下广东进行谈判。

↑ 道光帝朝服像

　　1840年12月，琦善与义律在广东开始谈判。1841年1月7日，英军出动海陆军攻占虎门沙角、大角炮台。道光帝派内大臣奕山为靖逆将军，从各地调兵万余人赴粤，对英宣战。英军又直逼广州，广东水师提督关天培力战殉国。英军炮击广

重大成就

◆林则徐虎门销烟，打击外国侵略势力。
◆丁拱辰改进中国造炮技术。
◆魏源编写《海国图志》，提出向西方学习。

⤳ 主要人物 ⤳

林则徐：字元抚，又字少穆，福建侯官人。受命为钦差大臣，赴粤查禁鸦片。倡办义勇，屡挫英军武装挑衅。设立译馆，翻译外文书报，编成《四洲志》，开创了近代研究西方的风气。

琦善：字静庵，博尔济吉特氏，满洲正黄旗人。鸦片战争中未能为国尽力，损兵折将，力主求和。

关天培：字仲因，号滋圃，淮安人。任广东水师提督，协助林则徐成功地进行了虎门销烟，率兵与英军死战，英勇战死。

左宗棠：清末大臣，洋务派地方代表，湘军领袖。

冯子材：字南干，号萃亭，广东钦州人。1884年法军进犯滇桂边境时，积极备战，参加抗法战争，取得镇南关大捷。

↑ 虎门销烟池纪念碑

州城，奕山被迫接受英方条件，纳银600万两，英军撤出广州地区。值得一提的是，英国侵略者的暴行激起广州城北郊三元里一带民众自发武装起来进行抗英斗争，大大挫伤了英军的锐气。

英国政府对义律在广州所获尚嫌太少，乃改派璞鼎查为全权代表来华，扩大侵略。1841年8月，璞鼎查率舰船37艘、陆军2500人离香港北上，先后攻破福建厦门，占据鼓浪屿。旋北进浙江，攻陷定海、镇海、宁波、吴淞，江南提督陈化成战死。

1842年8月初英舰队驶抵南京江面，8月29日清政府授命耆英与璞鼎查签订不平等的中英《南京条约》，中国割让香港给英国，赔偿英国共2100万元，开放广州、福州、厦门、宁波、上海五口为通商口岸。继又与美、法两国分别签订《望厦条约》和《黄埔条约》。中国开始从封建社会走向半殖民地半封建社会。

鸦片战争之后，道光帝只能力保和局。国内以天地会、白莲教等为组织的民众起义风起云涌。陷入内外交困之中的道光帝，于1850年愁死于圆明园，咸丰帝继位。

19世纪中叶，西方资本主义国家对外侵略扩张日益加剧。1854年和1856年，英、法等国驻华公使向中国提出"修约"要求，企图攫取更多特权。1856年至1860

← 广州海战图　清

在这幅英国的凹版腐版法印制的图画中，一艘中国战船被英国战舰"奈米西斯"号开炮击中，烧毁在熊熊烈火中，此战发生在1841年1月，地点在珠江三角洲亚森湾，它充分展示了英国战舰的高度灵活性及威力。在两个小时的作战中，11艘中国战船被击沉，船上的500名船员全部牺牲，而英军则只有几人受伤。像"奈米西斯"号——英国的第一艘铁甲战舰——这样的战舰是这场战争中英国战胜中国的关键。能装备重武器且吃水深度不到两米的英国汽船，可以在中国占领水域袭击并战胜中国海军。

年间英法联军再次入侵，因其性质与鸦片战争基本相同，史称第二次鸦片战争。英、法在美、俄支持下，恃其海军的优势，以军事实力胁逼清政府同意"修约"。

1856 年 10 月 23 日，英国以清军到持有过期港英执照的中国船"亚罗"号上搜捕海盗为借口，挑起事端。英舰闯过虎门，攻占珠江沿岸炮台，集中炮火轰击广州城。

同时，法国以潜入广西进行非法活动的天主教马神父被判死刑为借口，也决定派出侵华远征军，英法组成联军。两广总督叶名琛奉咸丰帝"息兵为要"的谕旨，未切实加强战备。英法联军攻入广州城，叶名琛被俘，囚死于印度加尔各答。

英法联军侵入广州后仍未能迫使清政府屈服，军舰直抵天津大沽口外，附近炮台相继失守。英、法、美、俄公使威逼清政府签订《天津条约》，同时英、法政府坚持进京换约。大沽的防务在科尔沁亲王僧格林沁筹划下已有所加强，给予侵略者以沉重反击，联军惨败。

1860 年，英法联军再次攻占大沽、天津，咸丰帝认为英法两国提出的条件过于苛刻，决心与敌决战。联军袭击清军，僧格林沁逃跑，各部纷纷败退，咸丰帝逃往热河。联军先后在圆明园等处大肆劫掠焚烧，胁逼清政府签订中英《北京条约》和中法《北京条约》。俄国迫使清政府与之签订中俄《北京条约》，使中国的领土主权遭受重大损失。

第二次鸦片战争前后延续 4 年，清政府正忙于与太平军作战，对外国侵略实行消极避战以和为主的方针，战局结果毫不意外。

从 1883 年到 1884 年，法国又发动对华战争，清军海战失利，福建水师全军覆没。陆战中冯子材在镇南关大败法军，取得辉煌战果，清廷趁胜与法议和。

↑ 林则徐像

◆ 大事年表 ◆

● 1839 年
林则徐虎门销烟

● 1840 年
第一次鸦片战争爆发

● 1841 年
英军攻占虎门炮台，关天培壮烈牺牲；三元里人民抗英

● 1842 年
与英国签订《南京条约》

● 1845 年
上海成为第一个租界

● 1856 年
英国制造亚罗号事件，第二次鸦片战争开始

● 1858 年
中俄《瑷珲条约》签订，中俄、中美、中英、中法《天津条约》签订

● 1860 年
英法联军火烧圆明园，中英、中法《北京条约》签订

太平天国

鸦片战争以后，清政府加紧搜括人民。贪官污吏、土豪劣绅也乘机勒索盘剥百姓。从1842年到1850年，各地农民起义和暴动有百余起。1843年洪秀全创立拜上帝会，举起反清义旗，领导了规模宏大的农民战争。

洪秀全撰写的《原道觉世训》是一篇战斗檄文，它标志着洪秀全决心推翻清朝统治、建立人间天国的理想。

1851年1月，洪秀全在广西桂平金田村宣布起义，建号"太平天国"，起义军称"太平军"。转战中，洪秀全自称"天王"。攻占永安后，太平军在此进行整顿建制，封五位核心领导成员为王，并决定由东王节制诸王，太平天国政权初步建立。

太平军北上途中，冯云山和萧朝贵先后在战斗中牺牲。太平军攻占武汉三镇，队伍发展到50万人。1853年3月，太平军攻占南京，并定都，改名天京，正式建立起与清政府对峙的政权，同时，颁布《天朝田亩制度》。清军在天京附近建立了江南大营和江北大营围困天京。

太平天国为了推翻清朝统治，决定北伐，1853年林凤祥、李开芳率兵进军北京。清政府忙从各地调集部队围攻北伐军。由于孤军深入，给养和武器供应不足，北伐军经过两年浴血奋战，全部壮烈牺牲。太平军为了巩固天京大本营，又派兵西征，打破了清军的围困。太平军为了断绝清政府的财源，充实自己的经济力量，不久发动东征。

太平天国定都天京以后，主要领导者被胜利冲昏了

◆ 大事年表 ◆

- 1851年
  洪秀全广西金田起义
- 1851年
  洪秀全永安分王建制
- 1853年
  太平军攻占南京，定都南京，改名天京，颁布《天朝田亩制度》
- 1855年
  太平军北伐失败
- 1856年
  北王韦昌辉杀东王杨秀清，洪秀全杀韦昌辉
- 1859年
  封洪仁玕为干王，颁布《资政新篇》
- 1862年
  李秀成率军解天京之围，失败
- 1863年
  石达开全军覆没
- 1864年
  湘军攻入天京

↑ 湘军克复武昌战图　清

咸丰六年（1856年）十月，清军将领杨载福率长江下游水师进攻武昌，其他各路积极策应，遂于十一月二十二日破城。清军沿街纵火，烧杀劫掠。

主要人物

洪秀全： 广东花县官禄村人。创立了拜上帝会。金田起义，建号太平天国。称天王，在永安州增订官制。进军南京，后沉溺于宗教迷信，病逝于天京。

曾国藩： 晚清重臣，湘军创立者和统帅。初名子城，字伯涵，号涤生。有感于政治废弛，主张以理学经世。以钦差大臣督办江南军务，镇压太平天国起义。

杨秀清： 太平天国前期领导人之一。广西桂平人。掌握军政，起义军前期的实际指挥者。因居功骄横与天王洪秀全矛盾加剧，被韦昌辉诛杀全家。

石达开： 太平天国军事统帅之一。屡建战功。因受洪秀全疑忌，率 10 余万精兵，进军四川，为大渡河所阻，投降清军，在成都遇害。

头脑，领导集团内部矛盾尖锐，进取心逐渐减退，腐朽思想日益滋长。1856 年秋发生的天京事变使太平天国元气大伤，出现"国中无人""朝中无将"的危险局面。太平天国领导集团内部为争夺权势而分裂，北王韦昌辉奉命杀了东王杨秀清，继而韦昌辉因擅权被处死。由于洪秀全的猜忌，翼王石达开率领精锐部队出走，后在四川全军覆没。清军重建江北、江南大营，再次围困天京。青年

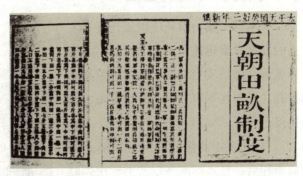

↑《天朝田亩制度》

太平天国定都天京后，为巩固政权，1853 年颁布了以解决农民土地问题为中心，包括政治、经济、军事、文教和社会生活各方面内容的纲领性文件《天朝田亩制度》，提出了平分土地、平均分配生活资料的方案，建立兵农合一的军政制度，试图实现"无处不均匀，无人不饱暖"的绝对平均理想社会，带有明显的乌托邦的空想性质。

将领陈玉成、李秀成脱颖而出，洪秀全封族弟洪仁玕为干王，总理朝政。

1861 年冬，刚刚掌权的慈禧授权曾国藩统辖苏、浙、皖、赣四省军务。曾国藩坐镇安庆统筹安排进攻太平军。曾国藩派曾国荃率领湘军主力，主攻天京；派李鸿章率领淮军配合英国人戈登指挥的"洋枪队"，进攻苏州、常州；派左宗棠率领湘军一部，进攻浙江太平军。

1864 年夏，洪秀全在南京病逝。不久，湘军攻破天京，太平天国运动失败。太平天国运动坚持了 14 年，势力发展到 18 个省。太平天国的一些领袖主张学习西方，在中国发展资本主义，这标志着一个全新时代的来临。

重大成就

◆《天朝田亩制度》是太平天国运动的纲领，标志的中国农民战争发展到最高峰。

◆曾国藩创设安庆军械所，中国近代军事工业萌芽。

◆《植物名实图考》成书。

从改良到革命

——晚清

▌甲午战争与戊戌变法

日本自"明治维新"以来，资本主义的发展异常迅速，工业生产的扩大更为显著，经济实力增强，国际地位逐渐提高。日本在军事上早已开始准备，伺机侵占朝鲜。

自1888年沙俄和朝鲜订立陆路通商章程后，日本即准备以武力解决朝鲜问题。1894年春，朝鲜政府无力镇压东学党起义，革命形势日益发展。6月3日，朝鲜政府正式向清政府求援。日本准备乘中国出兵的机会，向中国挑

↑ 慈禧太后像

◆ 大事年表 ◆

● 1894年
甲午中日战争爆发
● 1895年
北洋海军全军覆没，李鸿章和伊藤博文签订《马关条约》，日军占领台湾；康有为联合会试举人"公车上书"
● 1898年
康有为上《应诏统筹全局折》，光绪帝召见康有为；光绪帝下"明定国是"诏书，戊戌变法开始；慈禧发动戊戌政变，幽禁光绪帝，谭嗣同等六人遇害

衅。日本政府知道朝鲜已决定请援于中国，当天内阁会议决定以保护使馆和侨民的名义出兵朝鲜，并且立即通知清政府，日本也准备出兵朝鲜，声明日本否认朝鲜为中国"属邦"。6月22日发出陆奥对中国"第一次绝交书"，声明日本决不从朝鲜撤兵。

　　清政府令李鸿章速筹备战。主战派以光绪帝为首，即所谓"帝党"，他们拥戴光绪帝，暗中与把持朝政大权的西太后的"后党"相对抗。真正具有决定清政府对外政策权力的是后党，帝党只能利用皇帝的"上谕"和朝论清议，督促李鸿章出战。

　　李鸿章在对外问题上的避战求和是他20余年来一贯坚持的方针，其目的在保全中国实力。李鸿章希望求得英俄的干涉，利用英俄的矛盾劝阻日本进兵。

　　国际干涉未能实现，日本要求朝鲜政府速令清军退出朝鲜，同时废除中朝间三个通商章程，为日本独占朝鲜扫清障碍。同时日本海军在牙山湾外，向中国海军实行突然袭击，8月1日，中日甲午战争爆发。

↑ 中日甲午海战图　清

　　日军从陆海两面进攻中国军队，9月攻占平壤，击败鸭绿江附近的中国军队，向中国东北境内进犯。9月17日，中日在黄海海面进行了激烈的海战。中国损失四艘军舰，主力尚存。李鸿章妥协退让，命令北洋舰队躲藏在威海卫港内，不许出战。10月下旬，日军分兵两路侵入我国东北，旅顺1万多居民惨遭日军屠杀，幸存者仅36人。清朝政府由于腐败无能和奉行妥协投降政策最终招致了战争的全面失败。

　　1895年，经过20多天的谈判，4月17日，清政府代表李鸿章和日本政府代表伊藤博文，在日本马关签订了丧权辱国的《马关条约》。主要内容有：清政府承认朝鲜"独立自主"；割辽东半岛、台湾、澎湖列岛及附属岛屿给日本；赔偿日本

↑ 李鸿章与伊藤博文等人会面图　清

↑《马关条约》　清

主要人物

慈禧太后：叶赫那拉氏。与恭亲王奕䜣发动辛酉政变，改元同治，垂帘听政。支持李鸿章等对日采取妥协投降主张。戊戌变法中发动政变，扼杀新政。对外一味妥协，对内严厉镇压。

光绪帝：爱新觉罗·载湉。亲政后仍受慈禧太后控制。采纳维新派的主张，宣布变法，实施新政。慈禧太后依靠守旧派势力发动政变，变法迅速夭折。

康有为：广东南海人。原名祖诒，字广厦，号长素，世称"南海先生"。中国近代史上著名的思想家、政治家、教育家和文学艺术家，资产阶级改良主义代表人物，清末"戊戌变法"的主要发起者。

谭嗣同：字复生，号壮飞，湖南浏阳人。团结维新志士，宣传变法，成为维新运动激进派。政变后不肯逃走，与林旭等六人同时被害，世称"戊戌六君子"。

↑康有为像

↑谭嗣同像

维新运动进行时，慈禧发动政变，谭嗣同密访袁世凯，劝其举兵相救。袁世凯当面曲意应允，却在谭走后将此事报于慈禧，众人被捕。当时谭嗣同有机会逃走，却执意不肯，他志在为变法流尽热血。他在临刑前所写"我自横刀向天笑，去留肝胆两昆仑"的诗句，慷慨悲壮，浩气入云。

军费白银2亿两；增开重庆、沙市、苏州、杭州为通商口岸；开辟内河新航线；允许日本在中国的通商口岸开设工厂，产品运销中国内地免收内地税。

《马关条约》的签订，损害了俄、德、法三国在华的权益。俄、德、法三国要求日本放弃侵占的辽东半岛，以白银3000万两作为交换。

甲午战争结束后，中国的半殖民地化和民族危机也进一步加深。1898年，光绪帝根据杨深秀、徐致靖、康有为等人的奏章和条陈，决定变法，史称"戊戌变法"或"百日维新"。康有为利用专折奏事的特殊待遇，经常提出许多新政建议。在百日维新期间，光绪帝根据康有为等人的建议，相继颁布了100多道改革诏令。6月上旬以前，主要集中在经济、军事、文教方面的改革。6月上旬以后，新政由经济、文教、军事方面延伸到政治方面。除了湖南巡抚陈宝箴认真执行之外，别的地方督抚大多等待慈禧的表态，变法诏书不过是一纸空文。

维新派的政治制度改革触动了以慈禧太后为首的满洲贵族和传统势力的利益，守旧派开始对光绪帝率领的维新派发动反击。光绪帝表示要重用袁世凯，袁世凯却出卖了维新派。慈禧太后发动政变，将光绪帝囚于中南海的瀛台，而维新派的代表人物谭嗣同等6人被杀害于北京菜市口，史称"戊戌六君子"。

义和团运动和八国联军

19世纪末爆发的义和团运动，是帝国主义侵略加深、民族矛盾空前激化的产物，也是甲午中日战争后，中国人民反侵略、反压迫斗争的英勇表现。虽然义和团运动最终在中外反动势力联合绞杀下失败，但是，中国人民所表现的爱国气节为后人所传颂。

义和团原名义和拳，是山东、河南、直隶一带的民间秘密组织。义和团的主要成员是贫苦农民，还有手工业者、城市贫民、小商贩和运输工人等。平原大捷以后，义和拳改名义和团，提出"扶清灭洋"的口号。1900年夏，义和团的势力发展到京畿地区。慈禧太后利用义和团抵抗外国侵略者，以达到同时削弱双方实力的目的。清政府承认义和团为合法团体，义和团纷纷涌进北京、天津，北京和天津一时被义和团控制。北京东交民巷使馆区一带被义和团的支持者包围，很多教徒和传教士被杀，义和团猛烈围攻外国使馆和西什库教堂。北京的外国传教士公然组织教民对抗义和团。北京东交民巷各国使馆的卫兵也不断枪杀义和团军民。

1900年6月，英、美、俄、日、法、德、意、奥八国侵略联军2000多人，由英国海军司令西摩尔率领，从大沽经天津向北京进犯。侵略军被义

◆ 大事年表 ◆

● 1898年
义和团运动开始
● 1899年
美国提出"门户开放"政策
● 1900年
义和团攻北京东交民巷使馆区和西什库教堂；西摩尔率领八国联军大举入侵中国
八国联军攻陷北京，慈禧太后带着光绪皇帝逃往西安，在西安下诏宣布"变法"
● 1901年
《辛丑条约》签订
● 1903年
清政府成立练兵处、商部《苏报》案发生，章炳麟、邹容被捕
● 1905年
废除科举考试制度
● 1906年
清政府宣布"预备仿行宪政"
● 1908年
颁布《钦定宪法大纲》
● 1911年
以奕劻为内阁总理大臣，组成"皇族内阁"

← 向北京进犯的八国联军旧照

↑《辛丑条约》签字的现场旧照

和团打得丧魂落魄，西摩尔率领残兵败将狼狈逃回天津。

　　八国联军从大沽登陆后，陆续开往紫竹林地区的外国租界并在此集结。7月中旬，八国联军攻陷天津。8月中旬，八国联军攻入北京。慈禧太后带领光绪帝仓皇逃跑。在逃跑途中，慈禧太后转而命令清军斩杀义和团，并请求八国联军"助剿"。

　　八国联军侵占北京以后，烧杀抢掠。八国联军统帅瓦德西在给德皇的报告中承认曾特许军队公开抢劫三日。重要图书、珍贵文物和国宝奇珍，遭到八国联军的洗劫。户部的钱库被日本侵略军盗劫一空。

　　八国联军还任意凌辱掳获的妇女。在八国联军进攻天津的时候，俄国出动军警把居住在海兰泡的中国居民押解到黑龙江边，刀砍斧劈杀死不少人后，把几千居民赶入波涛汹涌的黑龙江，制造了骇人听闻的海兰泡大惨案。俄国军队强占中国江东六十四屯，残酷屠杀当地居民。

　　在李鸿章的主持下，中国被迫同英、法、

重大成就

◆《钦定宪法大纲》颁布，一系列新法的制订，成为我国法制史上的重大转折。

◆废除科举制。

◆京张铁路建成通车。

◆中国传统史学复兴，新兴史学崛起，大批史学大家涌现。

◆四大谴责小说影响巨大。

← 义和团"扶清灭洋"旗

义和团为民间秘密社团，19世纪末兴起于山东、直隶一带，曾起兵反清。后来把斗争矛盾指向加紧侵略中国的帝国主义。"扶清灭洋"旗的出现表明了义和团运动的反帝爱国性质。

美、俄、德、日、意、奥等国，签订了丧权辱国的《辛丑条约》。主要内容包括：清政府赔款白银 4.5 亿两，以海关等税收作保；清政府保证严禁人民参加反帝活动；清政府拆毁大沽炮台，允许帝国主义国家派兵驻扎北京到山海关铁路沿线要地；划定北京东交民巷为"使馆界"，允许各国驻兵保护，不准中国人居住。《辛丑条约》严重损害了中国的主权，自此中国完全陷入半殖民地半封建社会的深渊。

▌打破帝制

晚清政府为了缓和矛盾，被迫再次宣布变法，推行新政。北洋大臣袁世凯借编练新军之机不断扩充实力。与此同时，中国资产阶级开始登上历史舞台。兴中会、华兴会和各省革命分子联合，1905 年在日本东京成立中国同盟会，提出了"驱除鞑虏，恢复中华，建立民国，平均地权"的革命纲领。

中国同盟会先后组织多次武装起义。1911 年的第二次广州起义，黄兴率 120 余人的敢死队攻入两广总督府。后收得烈士遗骸七十二具，葬于黄花岗，即黄花岗七十二烈士。

1911 年 5 月，清廷宣布"铁路干线国有"，激起各阶层人民反对，四川保路运动演化成武装起义，清廷急调湖北新军入川镇压。武汉的文学社和共进会在同盟会中部总会推动下，联合组成起义领导机关，制定起义计划。10 月 9 日，孙武配制炸弹不慎爆炸，新军中革命党人主动联络，决定提前起义。

↑ **孙中山像**

1912 年 1 月 1 日，中华民国南京临时政府成立，孙中山被推选为临时大总统，定 1912 年为中华民国元年。

起义军兵分三路向总督署及第 8 镇司令部发起进攻。湖广总督瑞澂、第 8 镇统制张彪逃走。起义军占领武昌，继又攻取武汉三镇。中国同盟会革命党人发表宣言，改国号为中华民国，随即成立了湖北军政府，推新军第 21 混成协统领黎元洪为鄂军都督，号召各省起义。

重大成就

◆ 共和思想广泛传播，孙中山创立三民主义。

◆ 辛亥革命结束了统治中国两千多年的封建君主专制制度，为以后中国人民实现彻底的民主革命开辟了广阔的道路。

◆ 冯如造出世界上最先进的飞机。

◆ 现代教育兴起，大批学校建立。

主要人物

孙中山：中国资产阶级民主革命的伟大先行者。名文，字逸仙，广东香山人。第一个提出了推翻清王朝，建立资产阶级民主共和国的政治主张。

黄兴：资产阶级革命家。原名轸，字廑午，又字克强，湖南善化人。积极支持孙中山创立中国同盟会，长期致力于武装反清斗争。

徐锡麟：字伯荪，一字伯圣，浙江山阴人。密商组织光复军起义，被俘，英勇就义。

秋瑾：字瑞卿，号竞雄，自称鉴湖女侠，浙江山阴人。提倡女权，主持大通学堂，秘密组织光复军。起义失败被俘，在绍兴轩亭从容就义。

宋教仁：字遁初，自号桃源渔父，湖南桃源人。提出"责任内阁"和政党政治的主张，被特务刺杀于上海车站。

清廷急派陆军大臣荫昌率新建第一军、海军提督萨镇冰率舰队前往镇压。黄兴赶赴前线，率领革命军抗击清军的进攻。一个多月中，湘、陕、赣、晋、黔、苏、浙、桂、皖、粤、闽、川等省相继宣布独立。江苏、浙江、上海的革命军联合攻克南京。武昌起义成功，促进了湖南等省脱离清廷独立，最终导致清王朝的灭亡。

孙中山于 12 月回国，经 17 省代表会议推举为临时大总统。1912 年 1 月 1 日，中华民国临时政府在南京宣告成立。2 月 12 日，清帝被迫退位，中国最后一个封建王朝被推翻了。辛亥革命结束了统治中国两千多年的封建君主专制制度，为以后中国人民实现彻底的民主革命开辟了广阔的道路。

◆ 大事年表 ◆

- 1904 年
蔡元培等在上海成立光复会
- 1905 年
中国同盟会成立
《民报》在东京创刊
- 1911 年
黄花岗之役爆发
四川人民保路运动
武昌起义爆发
湖北军政府成立，黎元洪为都督
袁世凯组成"责任内阁"
南北议和在上海举行
- 1912 年
孙中山就职临时大总统，中华民国成立
宣统帝颁发《清帝退位诏书》
袁世凯在北京就职临时大总统，《中华民国临时约法》公布

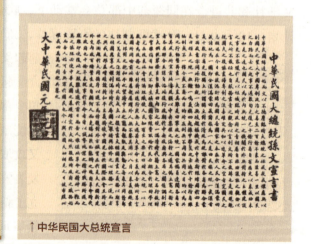

↑ 中华民国大总统宣言